Reihe
Germanistische
Linguistik 172

Herausgegeben von Helmut Henne, Horst Sitta
und Herbert Ernst Wiegand

126,-
Pg
B

AF864659

Konstanze Seutter

Eigennamen und Recht

Max Niemeyer Verlag
Tübingen 1996

SA F 96-3

Für meine Eltern

Die Deutsche Bibliothek – CIP-Einheitsaufnahme

Seutter, Konstanze:
Eigennamen und Recht / Konstanze Seutter. – Tübingen : Niemeyer, 1996
(Reihe Germanistische Linguistik ; 172)
NE: GT

ISBN 3-484-31172-X ISSN 0344-6778

(D29 Philosophische Fakultät II, 1995)

© Max Niemeyer Verlag GmbH & Co. KG, Tübingen 1996
Das Werk einschließlich aller seiner Teile ist urheberrechtlich geschützt. Jede Verwertung außerhalb der engen Grenzen des Urheberrechtsgesetzes ist ohne Zustimmung des Verlages unzulässig und strafbar. Das gilt insbesondere für Vervielfältigungen, Übersetzungen, Mikroverfilmungen und die Einspeicherung und Verarbeitung in elektronischen Systemen.
Printed in Germany.
Gedruckt auf alterungsbeständigem Papier.
Druck: Weihert-Druck GmbH, Darmstadt
Buchbinder: Industriebuchbinderei Hugo Nädele, Nehren

Justus-Liebig-Universität Gießen Bibliothekssystem Ausgesondert
Fachbereich Anglistik Universität Gießen
996/96 DM 126,-

Vorbemerkung

An dieser Stelle möchte ich all jenen Menschen danken, die mich auf meinem bisherigen Weg begleitet und mich in meiner Arbeit unterstützt haben.

Besonders bedanken möchte ich mich bei meinem Lehrer Herrn Prof. Horst Haider Munske, in dessen Hauptseminar *Namenkunde* alles seinen Anfang nahm. Durch seine konstruktive Kritik und seine Anregungen konnte ich sehr viel lernen. Das Wissen, daß er bei einem Problem stets für mich Zeit haben würde, hat mir die Ausgeglichenheit und Ruhe gegeben, die zu einem erfolgreichen Arbeiten nötig sind.

Bedanken möchte ich mich auch bei Herrn Prof. Uwe Diederichsen, dessen juristische Unterstützung mir vor allem in der Anfangsphase sehr geholfen hat.

Bei Rudolf Kleinöder bedanke ich mich herzlich für die vielen "onomastischen Teestunden" und die ausdauernde Korrekturarbeit.

Vor allem möchte ich aber meinen Eltern danken, deren persönliche und finanzielle Unterstützung mir dieses Projekt erst möglich gemacht hat. Besonderer Dank gilt schließlich meinem Mann, der mir immer wieder gezeigt hat, daß es neben der wissenschaftlichen Arbeit auch noch andere Dinge im Leben gibt.

Inhalt

Abbildungen und Tabellen

Abkürzungsverzeichnis

Abs.	Absatz
ahd.	althochdeutsch
BayGO	Bayerischen Gemeindeordnung
BayStrWG	Bayerisches Straßen- und Wegegesetz
BGB	Bürgerliches Gesetzbuch
BGH	Bundesgerichtshof
BVerfG	Bundesverfassungsgericht
DA	Dienstanweisung für die Standesbeamten und ihre Aufsichtsbehörden
FamNamRG	Familiennamenrechtsgesetz
FN	Familienname
GG	Grundgesetz
GO	Gemeindeordnung
HGB	Handelsgesetzbuch
IPR	Internationales Privatrecht
NamÄndG	Namensänderungsgesetz
NHGV	Verordnung über kommunale Namen, Hoheitszeichen und Gebietsänderungen
ON	Ortsname
PN	Personenname
PStG	Personenstandsgesetz
StrN	Straßenname
StVO	Straßenverkehrsordnung
UWG	Gesetz gegen den unlauteren Wettbewerb
VN	Vorname
WN	Warenname
WZG	Warenzeichengesetz

1 Einleitung

1.1 Zielsetzung der Arbeit

Roy-Black-Straße und *Willy-Brandt-Platz*, *Calibra* und *Kelts*, *Stone* und *Rosenherz* - diese sechs Namen haben mindestens ein verbindendes Merkmal: es handelt sich bei ihnen um - teilweise neu gebildete - Namen, die alle sechs in der letzten Zeit einer Straße, einem Platz, einem Auto, einer Biersorte, einem Jungen oder Mädchen gegeben werden sollten. Nicht immer kam es zur Taufe: für den Sänger Gerhard Höllerich alias *Roy Black* muß in Augsburg erst noch eine eigene Straße gebaut werden. Für *Willy Brandt* wurden in den meisten deutschen Städten mehr oder weniger zentrale Straßen oder Plätze umbenannt - je nach politischer Orientierung des Stadtrates ging diese Umbenennung zügiger oder auch schleppender voran. Bei den Produktbenennungen *Calibra* und *Kelts* schritten die Namengeber erst nach einer längeren Suchphase zum Taufakt: diese Namen wurden nämlich - abgestimmt auf das jeweilige Produkt - eigens von einer Frankfurter Agentur "erfunden", die sich ausschließlich um Branding, d. h. um die Kreation neuer Warennamen, kümmert. Die letzten beiden Namen schließlich meldeten die Amtsgerichte Ravensburg und Nürnberg: 1993 wollte eine Mutter ihren Sohn *Sven Mario Stone* nennen und Nürnberger Eltern ihre Tochter mit *Rosenherz* als drittem Vornamen in die Welt schicken. In beiden Fällen wurde die Eintragung gerichtlich untersagt, da weder *Stone* noch *Rosenherz* die Funktionen eines Vornamens erfüllen könnten.

Was zeigt dieser kurze Blick in die gegenwärtige deutsche Namenlandschaft? Zuerst einmal, daß Namen in unserem Alltag eine große Rolle spielen. Zwar wird man nur begrenzte Male Vater oder Mutter, zwar vergibt der Einzelne keine offiziellen Straßennamen oder erfindet neue Produktnamen, aber benutzen wird er diese verschiedenen Namen doch tagtäglich. Nun scheint aber die Namengebung in unterschiedlichem Maße von unserer Gesellschaft geregelt zu sein: Bei manchen Namen wie z. B. den Warennamen ist erlaubt, was gefällt, andere Namen wie beispielsweise die Straßennamen unterliegen offenbar häufig politischen Interessen; die Vornamen wiederum bedürfen der Zustimmung des Standesbeamten. Die meisten Menschen wissen auch, daß sich ihr Familienname ändern kann, wenn sie heiraten. Inwieweit hier noch der Großteil der Bevölkerung davon ausgeht, daß prinzipiell der Name des Mannes zum Ehenamen wird, sei dahingestellt.

Mit dem Phänomen *Name* beschäftigen sich so unterschiedliche Disziplinen wie die Rechtswissenschaft, die Sprachwissenschaft, die Sprachphilosophie oder auch die Geschichtswissenschaft und die Volkskunde. Das Interesse am Namen wird dabei in jeder Wissenschaft von einer eigenen Zielsetzung geleitet. In der Rechtswissenschaft wird der Name in erster Linie als Identifikationsmittel definiert, das einer effizienten Verwaltung dienen soll. Ebenfalls über das Kriterium der eindeutigen Identifizierung wird der Begriff Name in der Terminologie der Sprachwissenschaft festgelegt. Er steht damit in Opposition zum Terminus Appellativum: Mit dem Namen bezeichnet man eine singuläre Entität, während mit dem Appellativum eine Menge von Gegenständen oder diese selbst benannt werden. Ganz anders wird in der Sprachphilosophie die Frage "Was ist ein Name?" beantwortet: Hier trennt man allgemeine von individuellen Namen - diese Unterscheidung entspricht in etwa der linguistischen Trennung von Nomen proprium und Nomen appellativum - doch ordnet man den individuellen Namen nicht nur die Eigennamen *Paris* zu, sondern auch eindeutige Kennzeichnungen wie *die Hauptstadt von Frankreich* oder deiktische Ausdrücke wie *dies* oder *sie*. Für die Geschichtswissenschaft und auch die Volkskunde stellt der Name schließlich lediglich einen Anhaltspunkt dar, um vergangene Epochen zu erschließen; eine genaue Begriffsdefinition des Namens ist in diesen Disziplinen nicht notwendig. Die vorliegende Arbeit wird u. a. zeigen, daß gerade im interdisziplinären Zusammenhang eine eindeutige Beantwortung der Frage "Was ist ein Name?" nicht möglich ist. Doch möchte ich mit meiner Untersuchung die Diskussion um den Namenbegriff durch eine vergleichende Betrachtungsweise voranbringen. Die sprachphilosophischen Modelle und Erkenntnisse werden allerdings aufgrund des weiten Namenbegriffs, der sich nur teilweise mit dem linguistischen und auch dem rechtswissenschaflichen Begriff deckt, im folgenden nicht weiter miteinbezogen.[1] Meine Arbeit geht vielmehr von der allgegenwärtigen Präsenz der Namen aus und widmet sich einem umfangreichen und auffälligen Teilbereich des deutschen Namensystems: den rechtlich normierten Eigennamen. Untersucht werden soll der Zusammenhang zwischen Eigennamen und Recht. Im Zentrum der Arbeit stehen daher diese vier grundlegenden Fragen:

---

1 Eine umfassende Einführung in die sprachphilosophische Namensdiskussion stellt Wolf 1985 dar: Die traditionelle Eigennamentheorie - begründet von Mill - wird ebenso erläutert wie die neueren Modelle von Burks, Frege, Kripke, Russell, Searle, Wittgenstein und Zink.

1. Welche Eigennamengruppen werden rechtlich normiert?
2. Welcher Namenbegriff steckt hinter den jeweiligen Normierungen?
3. Inwieweit steuern diese Normierungen die Namengebung der jeweiligen Namenklasse?
4. In welchem Verhältnis stehen die rechtlichen Vorschriften zu den vorhandenen linguistischen Modellen?

Der interdisziplinäre Ansatz dieser Untersuchung führt somit in zwei Richtungen: zum einen sollen die Ergebnisse zweier Wissenschaften dargestellt und aufeinander bezogen werden - ich denke, beide Disziplinen, Rechts- und Sprachwissenschaft, können dabei viel voneinander lernen -, zum anderen sollen zentrale Forschungsgebiete der Namenkunde, die Problematik der Eigennamensemantik und der Prozeß der Namengebung, hier unter einem neuen Blickwinkel, nämlich mit "juristischen" Augen, betrachtet werden. So findet der linguistische Leser erstmals die wichtigsten rechtlichen Normierungen des Namens an einem Ort zusammengefaßt und kann daraus ersehen, wie dieses sprachliche Phänomen im juristischen Alltag geregelt ist. Gleichzeitig wird mit dieser Arbeit der interessierte Jurist, Standesbeamte oder Produktnamenplaner in die für die jeweilige Namengruppe relevanten linguistischen Modelle und Theorien eingeführt. Dabei sollte sich der Leser stets vergegenwärtigen, daß es sich hier um eine linguistische Untersuchung handelt: Die rechtlichen Normierungen werden lediglich deskriptiv aufgeführt, etwaige Rechtsprobleme können nur angedeutet, nicht aber diskutiert werden.

Die Eigennamen unterliegen sprachlichen, historischen, politischen und sozialen Konventionen: Teilweise handelt es sich um schriftlich fixierte Vorschriften, teilweise aber auch um "ungeschriebene Gesetze". Zu den ersteren gehören die rechtlichen Normen des Phänomens *Name*, sie entspringen dem politischen und sozialen Bedürfnis unserer heutigen Gesellschaft nach eindeutiger Identifizierung von Mensch und Objekt. Dieser Arbeit liegt ein weitgefaßter Normbegriff zugrunde, d. h. ich zähle nicht nur Gesetzesrecht und Richterrecht zu den rechtlichen Normen, sondern auch etwaige Verwaltungsvorschriften und Verordnungen, die zu bestimmten Namengruppen erlassen wurden.[2] Dieser weite Normbegriff

---

2 Gesetzesrecht beruht auf Gesetzen und Rechtsverordnungen, Richterrecht entsteht durch die Rechtsprechung. Letzteres "bildet sich dort, wo der Gesetzgeber Lücken läßt oder Konkretisierung von Generalklausel und unbestimmten Rechtsbegriffen der Rechtsprechung überträgt." (Baumann § 2 II 5). Zur Rechtsquellenproblematik s. Baumann § 2.

deckt sich nicht mit dem in der Rechtswissenschaft üblichen, engeren Begriff. Normierung im engeren Sinne findet aus juristischer Sicht nur auf der Ebene des Gesetzesrechtes statt:

> Die Rechtsnormen entstehen in der Gegenwart normalerweise durch einen bewußten, verfahrensmäßig geregelten Rechtssetzungsakt, der in der schriftlichen Fixierung der beabsichtigten rechtlichen Regelung seinen Abschluß findet. (Maurer § 4 Rn 5)

Dieser enge Normbegriff ist aber für eine überblicksartige Untersuchung wie die vorliegende nicht geeignet, da mit ihm ein Teil der für die Eigennamen relevanten rechtlichen Vorschriften nicht erfaßt wird.

Hinsichtlich ihres Bekanntheitsgrades und Anwendungsgebietes lassen sich die namenrechtlichen Normen in zwei Gruppen aufteilen. Ein Teil der Regelungen betrifft alle Bürger der Bundesrepublik Deutschland und ist daher in der Regel auch allen bekannt; hierzu gehören z. B. die Normen im Bereich des Familiennamens. Der Großteil der Normierungen reguliert allerdings aus der Sicht des "normalen" Bürgers Spezialfälle. Die Kenntnis dieser auf sehr unterschiedliche Rechtsgebiete verteilten Vorschriften wie z. B. des öffentlichen Rechts, des Handelsgesetzes oder des Warenzeichengesetzes bleibt dem spezialisierten Juristen oder dem von diesen Gesetzen Betroffenen wie z. B. dem Anmelder eines neuen Warenzeichens vorbehalten.

Die sprachlichen Regularitäten des Namensystems werden von der Mehrheit der Sprachbenutzer zwar intuitiv angewandt, aber nur eine kleine Minderheit von Sprachwissenschaftlern weiß um die "Gesetze", die für die Sprache gelten. Nun liegen die sprachlichen Normen natürlich auch den rechtlich erfaßten Namensproblemen zugrunde. Wie diese Untersuchung zeigen wird, werden die juristischen Vorstellungen nicht immer linguistischen Grundsätzen und Ergebnissen gerecht, d. h. den namen- und zeichenrechtlichen Prinzipien des Juristen fehlt es oft an sprachwissenschaftlicher Fundierung. Für den Bereich der Anthroponyme hat bereits Seibicke auf diesen Mißstand hingewiesen:

> Bis heute ist m. W. noch kein Namenkundler von den Juristen vor einer namensrechtlichen Entscheidung eingeladen und angehört worden. (...) Im Laufe der Jahrzehnte haben sich dann aber doch Probleme eingestellt; ich denke da in erster Linie an die Ehenamen-Regelungen, aber auch die Vornamen beschäftigen heutzutage immer öfter die Gerichte. (Seibicke 1992:332)

Aber auch in anderen Bereichen wie beispielsweise bei den Produktnamen wäre die Mitarbeit eines Linguisten sehr sinnvoll. Ausgehend von diesem Status quo möchte ich im folgenden den Aufbau der Arbeit näher erläutern.

Die inhaltliche Gegenüberstellung von rechts- und sprachwissenschaftlichen Ergebnissen begründet die formale Zweiteilung der einzelnen Kapitel: Im ersten Abschnitt werden prinzipiell die rechtlichen Normierungen, im zweiten Abschnitt die linguistischen Grundlagen der betreffenden Namengruppe dargestellt. Auch für die linguistischen Abschnitte gilt ein formal einheitlicher Aufbau: In jedem Kapitel werden ausgehend von den juristischen Problemen Fragen der Terminologie, der Namenbildung, der Namenschreibung, der Namensemantik und der Namenpragmatik erläutert.

Den Begriff Namenpragmatik verwende ich in dieser Arbeit als Oberbegriff für Namengebung und Namenverwendung.[3] Diese beiden Aspekte sind für den interdisziplinären Zusammenhang meiner Untersuchung von großer Bedeutung, da sich die rechtlichen Normierungen, wie die folgenden Kapitel zeigen werden, vor allem mit Fragen der Namenverwendung beschäftigen.

Jedes Kapitel wird durch eine eigene Zusammenfassung abgerundet, so daß der nur an einem Teilbereich interessierte Leser die für ihn wichtigen Ergebnisse bereits im Zusammenhang mit der jeweiligen Namengruppe finden kann.

Zu Beginn der Arbeit muß allgemein in den Zusammenhang von "Name und Recht" eingeführt werden (Kapitel 2). Grundlage des deutschen Namenrechts ist § 12 BGB, der zusammen mit den wesentlichen namenrechtlichen Grundbegriffen vor einer detaillierten Untersuchung der einzelnen normierten Namengruppen erläutert wird (Abschnitt 2.1). Abschnitt 2.2 erläutert die für die gesamte Untersuchung relevanten linguistischen Grundlagen: die Struktur des Namenschatzes, den onomastischen Namenbegriff und Aspekte der Namenpragmatik.

Zu den rechtlich normierten Eigennamen zählen nicht nur die Anthroponyme (Familienname, Vorname, Pseudonym), sondern auch toponymische Namenklassen wie die Orts- und Straßennamen und ergonymische Namenarten wie die Handels- und Warennamen. Aus linguistischer Sicht handelt es sich also im wesentlichen um drei Namengruppen, die im Rechtsleben geregelt werden müssen. Diese drei Gruppen - Anthroponyme, Toponyme und Ergonyme - korrespondieren mit drei großen Rechtsgebieten: dem Zivilrecht, dem öffentlichen Recht und dem gewerblichen Rechtsschutz.[4] In drei Kapiteln soll daher der Zusammenhang zwi-

3 Eingeschränkt auf den Bereich der Namengebung taucht dieser Begriff erstmals bei Greule 1978:327 auf.

4 In den Bereich des gewerblichen Rechtsschutzes fallen allerdings mehrere Gesetzbücher: das Handelsgesetzbuch (HGB), das Gesetz gegen unlauteren Wettbewerb (UWG) und das Warenzeichenrecht (WZG). Vgl. Abschnitt 5.1.

schen den einzelnen Namenarten und ihren rechtlichen Normierungen untersucht werden: Anthroponyme - Namen im Zivilrecht (Kapitel 3), Toponyme - Namen im öffentlichen Recht (Kapitel 4), Ergonyme - Namen im Handels-, Wettbewerbs- und Warenzeichenrecht (Kapitel 5).

In Kapitel 3 Anthroponyme - Namen im Zivilrecht werden im rechtlichen Teil (Abschnitt 3.1) u. a. die Reform des Ehenamenrechts, die inhaltlichen und formalen Beschränkungen der Vornamenwahl, die Vorschriften für eine Namenänderung und die rechtliche Einordnung des Pseudonyms dargestellt. Während für die Familiennamen im Familienrecht eine einheitliche gesetzliche Regelung vorliegt, gibt es für die Vornamen keine eigenen Gesetze, sondern nur verwaltungsinterne Vorschriften. Es wird sich zeigen, daß hauptsächlich im Bereich der Vornamen ein großer linguistischer Erklärungsbedarf besteht. Im Zentrum der Rechtsprechung stehen hier u.a. drei Fragen: Läßt sich durch den Vornamen das Geschlecht des Kindes markieren? Welche sprachlichen Zeichen kommen als Vornamen überhaupt in Betracht? Welche Rolle spielen die Assoziationen, die ein Vorname bei den Namenbenutzern auslösen kann? Neben der Klärung dieser Fragen geht es im linguistischen Abschnitt 3.2 um Aspekte der Namenschreibung, der Namensemantik und der Namengebung.

Anhand der Orts- und Straßennamen werden die rechtlichen Normierungen von Namen im öffentlichen Recht dargestellt (Abschnitt 4.1). Neue Ortsnamen werden in unserem Jahrhundert nur selten vergeben, zu Umbenennungen z. B. aufgrund von Eingemeindungen oder wegen negativer Assoziationen des Ortsnamens kommt es aber gelegentlich doch. Neben den entsprechenden Paragraphen der jeweiligen Gemeindeordnung - jedes Bundesland hat seine eigene Gemeindeordnung - werden die Ortsnamen, wie sich zeigen wird, vor allem in speziellen Verordnungen normiert. Für die Gruppe der Straßennamen gibt es keine Gesetze, ihre Namengebung wird ähnlich wie die der Vornamen lediglich durch Verwaltungsvorschriften der einzelnen Kommunen geregelt. Zu den linguistischen Grundlagen (Abschnitt 4.2) gehört in diesem Kapitel u.a. die Darstellung der allgemeinen Struktur der Toponyme, anhand derer man erkennen kann, welchen Platz Straßen- und Ortsnamen innerhalb der Toponymik einnehmen. Die Beschäftigung mit den Prinzipien der toponymischen Namenbildung konzentriert sich dann auf die Bildung dieser beiden Namenarten im 20. Jahrhundert. Im Zusammenhang mit den orthographischen Aspekten soll kurz in einem Exkurs auch auf Normierungsversuche der Ortsnamenschreibung im 19. Jahrhundert eingegangen werden. Fragen der Semantik spielen vor allem bei Namenänderungen eine Rolle. Dieser Abschnitt führt schließlich in einer direkten Linie zum Begriff des Ortsnamenwechsels und zu dem Prozeß des Namenwandels.

In Kapitel 5 stehen die Ergonyme - Namen im Handels-, Wettbewerbs- und Warenzeichenrecht zur Diskussion. Exemplarisch werden hier anhand der Handels- und Warennamen die rechtlichen Normierungen der Ergonyme aufgezeigt (Abschnitt 5.1). Wir bewegen uns mit dieser Namengruppe auf einem für den Nichtjuristen aufgrund des uneinheitlichen Aufbaus sehr undurchsichtig scheinenden Rechtsgebiet: dem Zeichenrecht. Die für uns relevanten Vorschriften verteilen sich auf verschiedene Kodifikationen: das HGB, das UWG und das WZG. Die anstehende Reform des Warenzeichenrechts, die zu einem neuen, einheitlichen Markengesetz führen soll, dürfte dieser wenig sinnvollen Verteilung auf mehrere Rechtsgebiete ein Ende bereiten.[5] Während im juristischen Bereich die Begriffsverwendung eindeutig ist, werden in der Onomastik die Termini Handelsname und Warenname leider sehr uneinheitlich verwendet, so daß im ersten Abschnitt der linguistischen Grundlagen (Abschnitt 5.2) dieser Begriffswirrwarr aufgelöst werden soll. Neben allgemeinen Prinzipien der Namenbildung muß im Hinblick auf die zeichenrechtliche Ablehnung solcher Namen wie *BMW* oder *BBC* das Kurzwort und sein linguistischer Status erläutert werden. Außerdem soll es in diesem fünften Kapitel um die in der Onomastik noch immer umstrittene Position der Handels- und Warennamen innerhalb des Namensystems gehen: Gehören die beiden Namenarten zu den Propria oder bilden sie neben diesen und den Appellativa eine eigenständige Gruppe? Namenpragmatische Aspekte runden den linguistischen Abschnitt ab: Wie beeinflussen die rechtlichen Normierungen die Namengebung? Wie läßt sich linguistisch die Verwechselbarkeit zweier Warennamen nachweisen?

In Kapitel 6 fasse ich die wichtigsten Ergebnisse der vorliegenden Untersuchung noch einmal zusammen und stelle sie in den Forschungszusammenhang der beiden Disziplinen.

Ziel der Untersuchung ist es nicht, das gesamte deutsche Namensystem vollständig darzustellen; hierfür sei auf die in Abschnitt 1.2.1 vorgestellten Einführungen in die Namenkunde hingewiesen. Mein Interesse gilt vielmehr einem besonderen Teilbereich des Namensystems: den rechtlich normierten Namen. So unterschiedlich also die im folgenden behandelten Namen auch sein mögen, eins haben sie alle gemeinsam: Ihre Vergabe und ihr Gebrauch sind in irgendeiner Art

---

5 Vgl. hierzu den Exkurs in Abschnitt 5.1.3.1.

und Weise rechtlich normiert. Analysiert man diese Rechtsnormen, so stellt man fest, daß sich hinter ihnen ein Namenbegriff verbirgt, der mit dem onomastischen Namenbegriff manchmal nur wenig zu tun hat. Gleichzeitig öffnet sich hier für die Namentheorie eine neue Dimension, die in meinen Augen bisher in der Onomastik nicht gesehen wurde.

Wenn man sich den "rechtlichen Taufakt" näher ansieht, gewinnt man auch über den Prozeß der Namengebung, wie die folgenden Kapitel zeigen werden, neue Erkenntnisse. Eines der wichtigsten Ergebnisse meiner Arbeit stellt deshalb das Namengebungsmodell dar, das ich ausgehend von den rechtlichen Normierungen entwickelt habe: Es versucht diesen Prozeß wesentlich differenzierter zu beschrieben als dies bisher in der onomastischen Forschung der Fall war. Die Arbeit mit der rechtswissenschaftlichen Literatur zeigt schließlich, daß in manchen Bereichen des Namen- und Zeichenrechts eine linguistische Fundierung dringend angebracht ist; exemplarisch sei hier nur auf das Vornamen- und das Warenzeichenrecht verwiesen.

Die Erkenntnisse meiner Arbeit stellen insgesamt in dreierlei Hinsicht einen großen Fortschritt für Rechts- und Sprachwissenschaft dar:

1. Erstmals werden an einer Stelle die grundlegenden rechtlichen Normierungen zum Namen zusammengefaßt.
2. Die rechtswissenschaftlichen Modelle führen zu neuen Ergebnissen im Bereich der Namentheorie, der Namengebung und der onomastischen Terminologie.
3. Die linguistischen Modelle geben manchen Teilbereichen des Namenrechts ihre bisher fehlende sprachwissenschaftliche Fundierung.

1.2 Zum Forschungsstand

1.2.1 Der onomastische Forschungsstand

Die vorliegende Untersuchung beschäftigt sich, wie soeben gezeigt wurde, mit sieben Namentypen: Zu den verschiedenen Namenarten gibt es teilweise sehr viele (Familien-, Vor-, Ortsnamen), teilweise sehr wenige Untersuchungen (Pseudonym, Straßen-, Handels-, Warennamen). Kernbereiche der germanistischen Onomastik waren - und sind es leider auch heute noch - die Anthroponyme und Toponyme; im Zentrum des Interesses standen hier lange Zeit nur die prototypischen Eigennamen (Vorname, Familienname und Ortsname). Vor allem in den Anfängen der Namenkunde beschäftigte man sich in der Personen- und Ortsnamenkunde fast ausschließlich mit historisch-etymologischen Fragestellungen, erst in den siebziger Jahren öffnete sich die Onomastik im Zuge der allgemeinen Pragmatisierung der Linguistik auch gegenwartssprachlichen Aspekten; so untersuchte man z. B. vor allem die Prinzipien der Vornamengebung. In letzter Zeit widmen sich einzelne Forscher auch bisher vernachlässigten Bereichen wie der Straßennamenforschung.[6] Zahlreiche Gruppen des deutschen Namensystems wie beispielsweise die Pseudonyme sind aber m. W. noch nicht erforscht.

Die weite Zielsetzung der Arbeit brachte es mit sich, daß ein Großteil der Literatur zur synchronen Onomastik gesichtet und kritisch eingearbeitet werden mußte. Einbezogen wurden ferner zahlreiche neuere systemlinguistische Untersuchungen zu Wortbildung, Orthographie und Semantik. Im Hinblick auf eine auch für den Nichtlinguisten verständliche Umsetzung des Themas erschien es sinnvoll, auf die einschlägigen Untersuchungen jeweils im Zusammenhang der einzelnen Kapitel einzugehen. Deshalb sollen an dieser Stelle nur kurz die für meine Arbeit wichtigsten onomastischen Standardwerke genannt werden; weiterführende Literatur findet sich dann in den jeweiligen Kapiteln und im Literaturverzeichnis.

Noch immer unangefochten sind im Bereich der Anthroponymik und Toponymik die Arbeiten von Adolf Bach (Bach 1952 und 1953), die sich nicht nur durch Materialfülle auszeichnen, sondern auch sehr wertvolle Literaturhinweise enthalten. Sowohl die Untersuchung über die Personennamen als auch die über die Ortsnamen kann heute noch als einführende Literatur zu Rate gezogen werden. Eine Einführung, die den neueren Stand der Onomastik in allen ihren Teilgebieten (Namentheorie, Methodik der Namenkunde, Namenbildung, Eigennamensemantik, Epochen der Namengebung, Namenpragmatik) ausführlich darstellt, stammt von Gerhard Bauer (Bauer 1985).[7] In seiner referentenorientierten Einteilung des deutschen Namenschatzes, auf die ich mich in meiner Arbeit stützte, erfaßt Bauer endlich auch einmal Randgruppen des Namensystems wie z. B. Straßennamen oder Buchtitel. Außerdem enthält diese Einführung zu den einzelnen Bereichen sehr viel weiterführende Literatur. Im Hinblick auf die Gruppe der Anthroponyme sei an dieser Stelle auch auf die zahlreichen, informativen Arbeiten Seibickes hin-

---

6 Vgl. Fuchshuber(-Weiß) 1983,1990 und 1995, Bering 1994a und Bering/Großsteinbeck 1994b/c.

7 Weitere Einführungen stammen von Laur 1989 und Koß 1990, wobei sich Laur 1989 primär philosophischen Diskussionen und weniger onomastischen Fragen widmet; einen sehr kurzen Überblick über die Onomastik bietet auch der Artikel *Onomastik* im Lexikon der Germanistischen Linguistik (Debus 1980).

gewiesen: "Die Personennamen im Deutschen" (Seibicke 1982a) und das Vornamen-Buch (Seibicke 1991a) stellen hervorragende Einführungen in die jeweiligen Bereiche dar.

Eine umfassende Darstellung der neuesten namenkundlichen Literatur dürfte das von Hugo Steger und Heinrich Löffler herausgegebene "Handbuch der Onomastik" bringen, das in Kürze in der Reihe Handbücher zur Sprach- und Kommunikationswissenschaft erscheinen soll; einige Artikel, die für den Zusammenhang meiner Arbeit relevant waren - so z. B. die Beiträge von Elisabeth Fuchshuber-Weiß (über Straßennamen) und von Uwe Diederichsen (über das deutsche Namenrecht) -, standen mir bereits vor ihrer Veröffentlichung zur Verfügung.[8]

Zum Bereich der onomastischen Terminologie gibt es bisher nur ein Werk: die 1964 erschienenen "Grundbegriffe der Namenkunde" von Witkowski (Witkowski 1964); soweit nicht anders angegeben verwende ich die dort definierten Begriffe.[9] Gerade auf terminologischem Gebiet ist in der Onomastik noch viel zu leisten, da in der Literatur selten ein Begriff einheitlich verwendet wird; am deutlichsten ist dies bei den Warennamen (vgl. Abschnitt 5.2.1). Um diesen Zustand zu ändern, habe ich jedem linguistischen Block einen Terminologie-Abschnitt vorangestellt, der die bisher gängigen Begriffe zusammenfaßt und dann eine einheitliche Lösung anbietet.

Einen sehr guten Überblick über die Eigennamentheorie gibt Heidi Aschenberg in ihrem 1991 erschienenen Buch über "Eigennamen im Kinderbuch". Die Namentheorie stellt ein zentrales Forschungsgebiet der Onomastik dar, das, wie der vorangegangene Abschnitt 1.1 über die Zielsetzung gezeigt hat, auch in die vorliegende Untersuchung miteinbezogen werden muß. Die wichtigsten zwischen 1965 und 1986 entstandenen Aufsätze zur Namentheorie haben Debus und Seibicke in ihrem ersten Reader zur Namenkunde[10] (Debus/Seibicke 1989) zusammengefaßt: Hier findet man unter anderem Arbeiten von Hilgemann, Leys, van Langendonck, Wimmer und Wotjak (vgl. Literaturverzeichnis). Größere Untersuchungen zur Namentheorie entstanden auch im Zusammenhang mit der Pragmatisierung der Namenkunde und der Öffnung für synchrone Fragestellungen; es sei hier

---

8 An dieser Stelle möchte ich mich bei den Autoren für ihre Unterstützung bedanken.

9 Kritische Bemerkungen zu Witkowski findet man bei Fleischer 1966.

10 Der Reader umfaßt nicht nur namentheoretische Aufsätze, sondern auch Arbeiten, die sich mit syntaktischen Problemen, mit Fragen der Namenbildung, der Namengeographie und mit stilistisch-literarischen Aspekten des Namens auseinandersetzen.

nur auf die Dissertationen von Wimmer 1973 und Kalverkämper 1976 verwiesen. Diese Untersuchungen und die in den letzten Jahren entstandenen namentheoretischen Modelle werden im Zusammenhang mit der Erläuterung des onomastischen Namenbegriffs in Abschnitt 2.2.2. vorgestellt.

Einen weiteren bedeutenden Teilbereich der Namenkunde stellt die Namenpragmatik dar, der sich die Onomastik, wie bereits angedeutet, erst seit gut zwanzig Jahren widmet. Dobnig-Jülch führt den auch für diese Arbeit grundlegenden Begriff der Eigennamenkompetenz (Dobnig-Jülch 1975) ein und untersucht in ihrem Buch "Pragmatik und Eigennamen" (Dobnig-Jülch 1978) anhand sprechakttheoretischer Modelle den Gebrauch von Tiernamen. Da diese Arbeit zwischen dem linguistischen und dem sprachphilosophischen Namenbegriff nicht eindeutig trennt, ließen sich die Ergebnisse Dobnig-Jülchs für die vorliegende Arbeit nur beschränkt verwenden. In der Regel sind aber nicht Randgruppen wie die Tiernamen Ziel onomastischer Untersuchungen, vielmehr widmet man sich innerhalb der Namenpragmatik fast ausschließlich der Untersuchung der Vornamengebung; richtungsweisend auf diesem Gebiet sind die zahlreichen Arbeiten von Debus (vgl. Literaturverzeichnis).

Mit dem Prozeß der Namengebung im allgemeinen hat sich innerhalb der Onomastik bisher außer Benson 1977 noch niemand beschäftigt, so daß mit der vorliegenden Arbeit erstmals der Versuch unternommen wird, ein Modell für alle Arten der Namengebung aufzustellen (vgl. Abschnitt 2.2.3.1). Die Tauglichkeit dieses Modells wird anhand der einzelnen Eigennamengruppen nachgewiesen.

Name und Assoziation - auch dieser Aspekt gehört in den Zusammenhang der hier vorliegenden Untersuchung. Zu diesem Thema, das in einem engen Zusammenhang mit der Eigennamensemantik steht, hat sich erstmals Boesch 1957 Gedanken gemacht. In seiner Nachfolge stehen die psychoonomastischen Arbeiten von Katz 1964 und Krien 1966 bzw. 1973. Eine Arbeit, die diesen Zusammenhang aus einem historischen Blickwinkel betrachtet und deren Ergebnisse in der vorliegenden Arbeit vor allem im Rahmen der Vornamengebung zu neuen Erkenntnissen führen, ist die 1987 veröffentlichte Untersuchung von Dietz Bering über die Namen der Juden und die mit diesen Namen verbundene negative Assoziationskraft: "Der Name als Stigma" (Bering 1987) stellt eine sehr gute, auch auf heutige Mechanismen der Namensstigmatisierung übertragbare Analyse dar.

Alle bisher aufgeführten Untersuchungen beschäftigten sich, auch wenn es um namentheoretische Fragen ging, fast ausschließlich mit anthroponymischen Namenarten. Zur grundlegenden Forschung im Bereich der Toponymik sind neben

Bach 1953 auch die zahlreichen Sammelbände, der von Rudolf Schützeichel geleiteten Kolloquien zu zählen (vgl. Literaturverzeichnis), bei denen meist die historische Ortsnamenkunde im Zentrum stand. Die amtliche Ortsnamengebung des 20. Jahrhunderts, um die es ja auch in der vorliegenden Arbeit gehen soll, wurde vereinzelt im Zusammenhang mit der Gebietsreform der siebziger Jahre untersucht (I. Frank 1977, Huisman 1986, Koß 1971a, Liess 1971, Siller 1992).

Fragen der Straßennamenkunde wurden bisher von Fuchshuber-Weiß und in neuerer Zeit auch von Bering und Großsteinbeck beantwortet (s. Literaturverzeichnis); insgesamt liegt dieser Teilbereich aber immer noch am Rande der onomastischen Forschung. Die vorliegende Arbeit möchte dieser Geringschätzung, die nicht nur die Straßennamen, sondern im anthroponymischen Bereich beispielsweise auch die Pseudonyme betrifft, ein Ende bereiten.

Ebenfalls unterschätzt wird in meinen Augen die Relevanz der Waren- und Handelsnamenkunde. Nur wenige Onomastiker haben sich bis heute eingehender mit diesen beiden Namengruppen beschäftigt, wobei in der Literatur zwischen Handels- und Warennamen kein Unterschied gemacht wurde (vgl. Abschnitt 5.2.1). Grundlegende Arbeiten stammen in diesem Bereich von Raible 1968, Römer 1968, Schippan 1989/1990 und Voigt 1984. Im Zentrum dieser Untersuchungen steht meist die Frage nach dem onomastischen Status der Warennamen. Von einem Großteil der Onomastiker werden die Warennamen nicht zu den Eigennamen gezählt, da sie zum einen nicht eindeutig nur ein Objekt markieren und zum anderen oft beschreibende Elemente enthalten, d. h. sie entsprechen nicht dem an prototypischen Eigennamen festgemachten Kriterium der Bedeutungslosigkeit.[11]

Nachdem nun allgemein die grundlegende onomastische Literatur und die für die einzelnen Teilkapitel relevanten Untersuchungen vorgestellt sind, möchte ich noch auf neuere Arbeiten zum Thema Eigennamen und Recht eingehen. Generell kann man festhalten, daß hierzu bis heute nur äußerst wenig zu diesem Aspekt erschienen ist und daß sich alle Untersuchungen mit Ausnahme des kurzen Artikels von Knobloch (1989) über die Verwechselbarkeit bei Warennamen nur mit dem Personennamenrecht beschäftigen. Aus onomastischer Sicht liegt hier der Schwerpunkt auf den Vornamen: Wegweisend sind auf diesem Gebiet die zahlreichen, in der Zeitschrift "Das Standesamt" erschienenen Anmerkungen Seibickes

---

11 Diese onomastische Diskussion wird im einzelnen in den Abschnitten 5.2.3 und 5.2.4.1 behandelt.

zu Problemfällen der Vornamengebung (vgl. Literaturverzeichnis); in seinem Vornamenbuch von 1991 faßt Seibicke außerdem die derzeit geltenden Vorschriften der "Dienstanweisung für die Standesbeamten und ihre Aufsichtsbehörden" (DA) zum Vornamen zusammen. Das namenrechtliche Kapitel im Buch über "Die Personennamen im Deutschen" (Seibicke 1982a) ist aufgrund der letzten Ehenamenreform von 1994 nicht mehr aktuell. Angela Reuber und Albrecht Greule befaßten sich schließlich mit Gerichtsurteilen zum Vornamen (Greule/Reuber 1988). Die vorliegende Arbeit stellt somit im Bereich der Vornamenkunde eine Weiterführung und Vervollständigung der bisher angestellten onomastischen Untersuchungen dar.

Mit den rechtlichen Normierungen der anderen hier bearbeiteten Namengruppen hat sich die Onomastik bis zum heutigen Tag noch nicht beschäftigt. Als einzige Ausnahme ist hier die unveröffentlichte Magisterarbeit von Karolin Siller (Siller 1992) zu nennen, die im Rahmen der Namengebung während der Gebietsreform auch auf die rechtlichen Vorschriften eingeht. So betrete ich mit meiner Darstellung des Zusammenhangs von *Eigennamen und Recht* weitgehend onomastisches Neuland.

1.2.2 Der rechtswissenschaftliche Forschungsstand

Das Namenrecht fristet in der Rechtswissenschaft ein eher unscheinbares Dasein. Die letzten umfassenden Darstellungen des deutschen Namenrechts sind vor ungefähr zehn Jahren entstanden: neben dem Kommentar von Simader und Diepold (1981) findet man weitere einführende Arbeiten nur in den siebziger Jahren (Edlbacher 1978, Raschauer 1978). Neuere Arbeiten beschäftigen sich fast ausschließlich mit dem Ehenamenrecht, das in den vergangenen Jahren aufgrund der anstehenden Reform im Zentrum des juristischen und politischen Interesses stand (vgl. Abschnitt 3.1.1.1). Blickt man über das deutsche Rechtsgebiet hinaus, so findet man vereinzelt auch neuere rechtsvergleichende Arbeiten wie die von Hoboken 1984, die sich unter Einbeziehung des deutschen Namenrechts mit dem schweizerischen Namenrecht beschäftigt, und Meyer-Witting, der sich 1990 mit dem englischen und dem deutschen Namenrecht auseinandersetzt; sehr detailliert und informativ sind bei Meyer-Witting vor allem die historischen Kapitel über die Entstehung der beiden Namenrechtssysteme. Aus dem Bereich des Personennamenrechts stammen die grundlegenden Arbeiten von Uwe Diederichsen, der sich seit den siebziger Jahren immer wieder mit den rechtlichen Normierungen der Vor- und Familiennamen beschäftigt hat (vgl. Literaturverzeichnis). Er ist gleichzeitig einer der wenigen Juristen, die sich bemühen, sprachwissenschaftliche Kategorien in die Normierungen der Personennamen mit einzubeziehen. Sein Aufsatz über die "Funktionen des Namensrechts und das Funktionieren von Namen im Recht" beschreibt "Aspekte einer juristischen Onomastik" (Diederichsen 1993). Dieser Aufsatz unterstreicht sehr deutlich die Dringlichkeit der vorliegenden Arbeit: In bestimmten Bereichen "verspräche sich der Jurist (...) Hilfe von der Linguistik" (Diederichsen 1993: 352).

Zum Personennamenrecht ist schließlich auch die 1985 zum Künstlernamen erschienene Arbeit von Hans-Michael Meyers zu zählen; die vor dieser Darstellung zum Pseudonym veröffentlichten Untersuchungen stammen alle aus den zwanziger Jahren unseres Jahrhunderts (vgl. Abschnitt 3.1.4).

Um die Orts- und Straßennamen hat man sich in der Rechtswissenschaft bisher nur sehr selten oder - im Falle der letztgenannten - gar nicht bemüht. Zwei große Untersuchungen zum Ortsnamenrecht erschienen in den achtziger Jahren (Winkelmann 1984, Prell 1989), vor allem Prells Überlegungen waren für die vorliegende Arbeit äußerst fruchtbar (vgl. Kapitel 4).

Die Waren- und Handelsnamen werden zum einen sehr ausführlich in den einzelnen Kommentaren zum Warenzeichenrecht und zum Handelsgesetzbuch erläutert, zum anderen zeigen auf diesem praxisorientierten Gebiet zahllose Gerichtsurteile, nach welchen Maßstäben diese beiden Namentypen aus zeichenrechtlicher Sicht behandelt werden. Eine fundierte theoretisch-rechtswissenschaftliche Auseinandersetzung wie im Falle der Anthroponyme und Toponyme steht also bei den Waren- und Handelsnamen noch aus.

Nicht näher einzugehen ist in diesem Abschnitt auf die juristischen Kommentare zu den einzelnen Rechtsgebieten; sie sollen jeweils im thematischen Zusammenhang unter dem Gesichtspunkt ihrer linguistischen Fundierung näher erläutert werden.[12]

---

12 Bei Zitaten aus den juristischen Kommentaren folge ich der in der Rechtswissenschaft üblichen Zitierweise, d. h. an erster Stelle steht der Begründer des Kommentars, an zweiter Stelle der aktuelle Bearbeiter, im Anschluß daran folgen der Paragraph und das Gesetzbuch, auf die sich der Kommentar bezieht. Abschließend wird die im Kommentar angegebene Randnummer aufgeführt: Baumbach/Hefermehl § 16 UWG Rn 58. Die vollständige Literaturangabe ist dem Literaturverzeichnis zu entnehmen.

1.2.3 Rezeption sprachwissenschaftlicher Literatur in der Rechtswissenschaft

Bei der Auseinandersetzung mit der rechtswissenschaftlichen Literatur - gleich welchen Rechtsgebietes - war auffallend, daß nur sehr selten sprachwissenschaftliche Arbeiten in die juristischen Überlegungen einbezogen wurden. Meines Erachtens sollte dies aber in Bereichen wie dem Namen- und Zeichenrecht, die sich auf elementare sprachliche Sachverhalte beziehen, doch der Fall sein. Das linguistische Standardwerk schlechthin ist für die meisten Juristen der "Duden": auf ihn wird in den Kommentaren und einem Großteil der rechtswissenschaftlichen Literatur verwiesen. Daneben arbeiten vor allem die Praktiker im Bereich der Vornamen mit onomastischen Untersuchungen.

In deutschen Standesämtern findet man häufig das "Internationale Handbuch der Vornamen", das auf 489 Seiten Vornamen aus 16 Sprachen zusammenfaßt. Jeder in diesem Buch vorhandene Name wird von den Standesbeamten zur Eintragung zugelassen. In seiner Rezension zeigt Seibicke 1988a jedoch, daß dieses Vornamenbuch aufgrund der äußerst unkritischen Quellenübernahme - das Material stammt aus 50 deutschen und ausländischen Vornamenbüchern und der Vornamenkartei der Gesellschaft für deutsche Sprache - und zahlreicher anderer Mängel nicht für die standesamtliche Arbeit geeignet ist. So werden, beispielsweise bei dem deutschen Vornamen *Andreas* und dessen französischer Variante *André*, völlig willkürliche Akzentsetzungen und Schreibungen akzeptiert: *Andrè*, *Andrèa*, *Andreè*, *Andrèe*, *Andrèas*. Keine dieser Namensformen existiert: weder im Französischen noch im Italienischen. Außerdem wird das Prinzip der Geschlechtseindeutigkeit in diesem Vornamenbuch nicht immer eingehalten; so wird z. B. der bei uns in Deutschland als Mädchenname übliche Vorname *Andrea* aus dem Italienischen als Jungenname übernommen und kann daher für beide Geschlechter verwendet werden. Als Fazit läßt sich über das Handbuch daher folgendes festhalten:

> Was in der Vornamenliste dieses Handbuchs steht, ist sprachliches Rohmaterial, mit dem die eigentliche Analyse und Interpretation erst beginnt. (....) Das Buch gehört deshalb nicht in die Hände von Standesbeamten und Richtern, die auf eine solche Aufgabe begreiflicherweise überhaupt nicht vorbereitet sind. (Seibicke 1988:174)

Bei den Vornamenbüchern muß man insgesamt unterscheiden zwischen den populär- und den sprachwissenschaftlichen Werken. Die ersteren richten sich an Laien und sind meist auch von Laien, d. h. Autodidakten auf dem Gebiet der Vornamenlexikographie, geschrieben. Leider führt die fehlende sprachwissenschaftliche Kompetenz zu zahllosen Fehlern in den einzelnen Vornamenbüchern; diese Fehler schleichen sich dann auch in den Personenstandsregistern ein, und ein einmal amtlich registrierter Vorname kann, auch wenn er aus sprachwissenschaftlicher Sicht falsch ist, immer wieder eingetragen werden.[13] Das wohl mit Abstand fundierteste sprachwissenschaftliche Vornamenbuch stammt von Seibicke (1991a), in der zweiten Auflage seines 1977 erstmals erschienenen Buches findet der interessierte Laie, Standesbeamte und Linguist nicht nur die rechtlichen Normierungen des Vornamens, sondern auch eine Darstellung der Vornamengeschichte; neben einer alphabetischen umfaßt dieses Buch eine rückläufige Vornamenliste.

Wenn in rechtswissenschaftlichen Arbeiten überhaupt sprachwissenschaftliche Literatur zitiert wird, so spiegelt diese meist nicht mehr den neuesten Stand der Forschung wider. Da es für den Nichtfachmann sehr schwierig ist, sich in kurzer Zeit in eine fremde Disziplin einzuarbeiten, sei an dieser Stelle noch einmal auf den Abschnitt 1.2.1 über den linguistischen Forschungsstand hingewiesen: Hier findet man die wichtigsten onomastischen Standardwerke und Einführungen.

1.2.4 Zusammenfassung

Den gesamten Forschungsstand kann man im Hinblick auf die Zielsetzung dieser Arbeit folgendermaßen zusammenfassen: Zum einen werden mit den Vor- und Familiennamen Gruppen untersucht, mit denen sich sowohl die Onomastik als auch die Rechtswissenschaft sehr ausführlich beschäftigt. Zum anderen wurden bestimmte Namentypen nur von jeweils einer der beiden Wissenschaften erforscht: Die Orts- und Straßennamen spielen in der Rechtswissenschaft nur eine sehr untergeordnete Rolle, die Pseudonyme, Handels- und Warennamen hingegen wurden in der Onomastik bisher eher stiefmütterlich behandelt.

Insgesamt spiegelt der ganze Forschungsstand das in jeder der beiden Wissenschaften unterschiedliche Erkenntnisinteresse wider: Die Onomastik hat sich bisher mit den prototypischen Eigennamen auseinandergesetzt, die Rechtswissenschaft ist bemüht, Rechtsprobleme des Alltags zu lösen. Beide Disziplinen stoßen daher in ihren Untersuchungen teilweise auf verschiedene, teilweise auf dieselben Namen. Gerade aber die aufgrund des unterschiedlichen Herangehens an das Phänomen Namen gewonnenen Erkenntnisse sollten meines Erachtens miteinander verbunden werden. Der Zusammenhang von *Eigennamen und Recht* stand bisher in der hier beabsichtigten Ausführlichkeit noch nicht im Zentrum onomastischer

---

13 Auf diese Mißstände der populärwissenschaftlichen Vornamenbücher geht neben Seibicke (1983a/1990a/1991c) auch Kleinöder 1994:88ff. ausführlich ein.

Forschung. Die vorliegende Untersuchung soll somit dazu beitragen, eine bedauerliche Lücke innerhalb der Onomastik zu schließen. Mit der Darstellung der sieben Namengruppen (Vorname, Familienname, Pseudonym, Ortsname, Straßenname, Handelsname, Warenname) ist dieses onomastische Forschungsgebiet zwar keineswegs vollständig abgedeckt - andere Namenarten wie z. B. die Institutionennamen sind ebenfalls noch weitgehend unerforscht - doch hoffe ich, mit meiner Arbeit dennoch neue Wege für Onomastik und Rechtswissenschaft eröffnen zu können.

2 Name und Recht

2.1 Grundbegriffe des Namenrechts

2.1.1 Rechtliche Einordnung des Namenrechts

> Familiennamen im eigentl. Sinne werden nach dem Zeugnis der Überlieferung in Deutschland erst seit dem 12. Jh. allmählich gebräuchlich. Die Sitte, einen Familiennamen zu führen, ist vom dt. Westen und Süden ausgegangen. Bis um das Jahr 1600 hat sie sich in den meisten dt. Gegenden durchgesetzt, wenn es auch nicht an Landstrichen fehlt, in denen feste vererbte Familiennamen später, z. T. erst im 19. Jh. aufkommen und nur durch amtl. Zwang eingeführt werden konnten. (Bach I § 340)[1]

Bis zum Aufkommen der Familiennamen galt im germanischen Namensystem das Prinzip der Einnamigkeit, welches ja auch heute noch in inoffiziellen Kommunikationsbereichen gültig ist. So wurde im germanischen Rechtsgebiet der bereits im römischen Recht geltende Grundsatz der Namensführungsfreiheit übernommen.[2] Als ein einziger Rufname zur Unterscheidung des Einzelnen nicht mehr ausreichte, entwickelten sich Beinamen und an deren Stelle traten allmählich feste Familiennamen.[3] Verschiedene Faktoren liegen diesem Wandel im Namensystem zugrunde: rechtliche Überlegungen hinsichtlich einer Regelung der Erbfolge, die Bevölkerungszunahme im Mittelalter, ein erstarkendes Familienbewußtsein und die Verwaltungsbedürfnisse des neuzeitlichen Staates. Die Festigkeit des Familiennamens, die auf seiner Vererblichkeit beruht, wurde zuerst durch Verbote des Namenwechsels herbeigeführt. So waren in Bayern ab 1677 und in Preußen ab 1794 willkürliche Namenänderungen untersagt:

> Das Verbot des Namenswechsels sollte anscheinend ermöglichen, die Bevölkerung polizeilich, steuerlich und militärisch zu erfassen.[4]

---

1 Bei Zitaten aus Bach 1952 und 1953 gebe ich aus Gründen der Übersichtlichkeit zuerst in römischen Zahlen den Teilband und dahinter den Paragraphen an, aus dem das Zitat entnommen ist. "Bach I" bedeutet also, daß das Zitat aus dem ersten Band der "Deutschen Namenkunde" von Bach stammt (im Literaturverzeichnis Bach 1952).

2 vgl. Lockemann 1981:836f.

3 Zur Geschichte der Familiennamen im Deutschen s. Bach I §§ 325ff., Gottschald 1982:45ff. und Seibicke 1982b:179ff.

4 Lockemann 1981:840.

Die Registrierung des Personenstandes und damit des Namens wurde seit dem Tridentinischen Konzil (1563) von kirchlichen Institutionen durchgeführt, mit Beginn des 19. Jahrhunderts übernahm der Staat sukzessive die Registerführung, und seit 1876 sind die Kirchenbücher endgültig durch zivile Personenstandsregister abgelöst.[5]

Die namenrechtlichen Normierungen beschränkten sich bis ins 19. Jahrhundert hinein auf die Anthroponyme, die zunehmende Industrialisierung förderte allerdings ein wirtschaftliches Interesse am Schutz des Handelsnamens. Dieser war im 18. und 19. Jahrhundert meistens mit dem Familiennamen des Geschäftsinhabers identisch und wurde daher rechtlich analog zum Familiennamen behandelt; heute gelten für den Handelsnamen eigene im Handelsgesetzbuch geregelte Vorschriften. Mit der Zeit mußte für verschiedene Namensarten nicht nur der Namenserwerb, sondern auch der Namensschutz detailliert gesetzlich geregelt werden.[6]

Unter Namenrecht im engeren Sinne versteht man heute die rechtlichen Normierungen des Personennamens; d. h. die Gesetze zum Namenrecht behandeln in erster Linie den bürgerlichen Namen der natürlichen Person. Das Namenrecht i. e. S. umfaßt drei Teilgebiete: das Nameninhaltsrecht, das Namenführungsrecht und das Namenschutzrecht. Rechtlich geregelt ist also, welche Namen vergeben werden dürfen, wie sie zu führen sind und vor welchem Mißbrauch sie geschützt werden können. Die wichtigste gesetzliche Regelung zum Namengebrauch und Namenschutz ist § 12 BGB, daran schließen sich die Paragraphen aus dem Familienrecht an, die die Namengebung des Familien- und des Ehenamens regeln. Weitere namenrechtliche Normierungen finden sich aber auch im Gemeinde-, im Handels-, im Wettbewerbs- und im Warenzeichenrecht. Das Namenrecht im weitesten Sinne erfaßt alle Rechtsnormen, die das Phänomen der Benennung von Personen, Orten oder Gegenständen betreffen. Man spricht hier auch vom objektiven Namenrecht, das alle den Namen betreffenden rechtlichen Bestimmungen umfaßt; hiervon ist das subjektive Namenrecht zu trennen, das Teil des allgemeinen Persönlichkeitsrechts eines jeden Menschen ist.

Die kurz skizzierte historische Entwicklung des Namenrechts zeigt, daß das Namenrecht eine privatrechtliche und auch eine öffentlich-rechtliche Seite besitzt.

---

5 Zur Entstehung der Kirchenbücher und zu ihrer Ablösung durch zivile Register s. Kleinöder 1994:45ff.

6 Einen Überblick über die Entwicklung des zivilrechtlichen Namenschutzes gibt Klippel 1985.

> Im Zentrum des rechtlichen Namensschutzes steht der Personenname als Unterscheidungszeichen der einzelnen Menschen untereinander. Er ist ein dem Menschen unmittelbar anhaftendes Wesensmerkmal. Er erfüllt eine unentbehrliche Identifizierungs- und Ordnungsfunktion nicht nur im Interesse des einzelnen Individuums, sondern auch der Allgemeinheit. Es greifen hier öffentliche und privatrechtliche Normen ineinander. (Krüger-Nieland 1979:339)

Das Namenrecht ist ein höchstpersönliches Recht der einzelnen Person, es kann weder aufgegeben noch übertragen oder vererbt werden. Es handelt sich um ein absolutes Recht, das jedes Individuum mit der Geburt automatisch erwirbt und das von jedem Menschen gegenüber jeder Person geltend gemacht werden kann. Die öffentlich-rechtliche Seite des Namenrechts zeigt sich zum einen in der Namensführungspflicht, der jeder Mensch unterliegt. In Deutschland erhält man mit der Geburt den sogenannten bürgerlichen Namen, der aus zwei Elementen besteht: dem Vornamen und dem Familiennamen (vgl. die Abschnitte 3.1.1 und 3.1.2). Diese Namen sind im Verkehr mit den Behörden, die ja den Staat vertreten, immer in korrekter Weise, d.h. in der in die Personenstandsbücher eingetragenen Form, zu führen. Zum anderen entscheidet der Gesetzgeber über die Namengebung beim Ehenamen (vgl. Abschnitt 3.1.1.1) und über die Möglichkeiten einer Namenänderung (vgl. Abschnitt 3.1.4). Neben dem Familiennamen gibt es aber auch andere Namentypen, bei denen die zweifache Einordnung des Namenrechts in Privatrecht und öffentliches Recht deutlich wird. So sind beispielsweise die Namen kommunaler Gebietskörperschaften auf der einen Seite Namen von Personen, nämlich von juristischen Personen[7] des öffentlichen Rechts, auf der anderen Seite ist das Namenrecht der Gemeinden und Kreise in Gemeindeordnungen (GO) und Kreisordnungen, also in Vorschriften des öffentlichen Rechts, festgelegt. Aus linguistischer Sicht stellt sich die Frage, ob die unterschiedliche rechtliche Einordnung des Phänomens "Name" die Prinzipien der Namengebung und des Namengebrauchs beeinflußt.

Einstweilen kann man bereits festhalten, daß sich jedem Namentyp schwerpunktmäßig ein bestimmtes Rechtsgebiet zuordnen läßt. Die Anthroponyme sind im Zivilrecht normiert, die Toponyme fallen in den Bereich des öffentlichen Rechts und die Handels- und Warennamen, die in dieser Arbeit exemplarisch für die Gruppe der Ergonyme behandelt werden sollen, sind im Handels-, Wettbe-

---

7 Unter einer juristischen Person versteht man ein "Gebilde aus Personen und (oder) Sachen, die das Recht der natürlichen Person gleichstellt, denen es Rechtsfähigkeit verleiht" (Baumann § 5 I 3). Es handelt sich um "selbständige Träger von Rechten und Pflichten" (ebd.).

werbs- und Warenzeichenrecht erfaßt. Die verschiedenen Rechtsbereiche spiegeln das juristische Gebiet wider, in dem die jeweiligen Eigennamen überwiegend verwendet werden. Die rechtliche Normierung ist in den einzelnen Teilbereichen, wie man sehen wird, unterschiedlich: Teilweise gibt es genau fixierte Rechtsnormen, bei denen kein Freiraum mehr besteht, andererseits sind nicht alle Benennungsprobleme durch Gesetze erfaßt. So ist z. B. der Erwerb des Ehenamens in § 1355 BGB normiert, die Vornamengebung wird aber lediglich durch Verwaltungsvorschriften geregelt. Das Namenrecht verteilt sich somit nicht nur auf unterschiedliche Rechtsgebiete, sondern auch auf verschiedene Normierungsebenen: auf Gesetze, Verwaltungsvorschriften und im Einzelfall auf Gerichtsurteile.

In zunehmendem Maße wurde § 12 BGB auch auf andere Bereiche als die Personennamen ausgedehnt und inzwischen gilt der Paragraph als "die grundlegende Norm für den gesamten zivilrechtlichen Bezeichnungsschutz" (Palandt-Heinrichs § 12 Rn 1). Der Schutz umfaßt nun alle Bezeichnungen, die eine Namensfunktion im rechtlichen Sinne erfüllen, d. h. die jeweiligen Benennungen müssen Unterscheidungs- und Identifizierungsfunktion übernehmen können (vgl. Abschnitt 2.1.2). Erweitert man den Anwendungsbereich des Paragraphen, so stellt sich die Frage, ob man das Namenrecht weiterhin als Persönlichkeitsrecht einordnen kann, oder ob es sich jetzt nicht eher um ein Immaterialgüterrecht, d. h. um ein Recht an einem nichtkörperlichen Gegenstand, handelt. Im Kommentar bei Staudinger heißt es hierzu:

> Das Namenrecht des § 12 ist Persönlichkeitsrecht, soweit es das Privatsphäreninteresse und 'Identitätsinteresse' einer Einzelperson schützt. Hierher gehören die Fälle des bürgerlichen Namens der Einzelperson und des Pseudonyms. Es ist Immaterialgüterrecht, soweit es sich um die Bezeichnung eines Unternehmens handelt und dessen Identitätsinteresse im Wettbewerb geschützt wird. (Staudinger-Coing § 12 BGB Rn 30)

Vieles kann mit einem Namen gekennzeichnet werden: eine natürliche Person, eine juristische Person, ein Produkt, ein Unternehmen oder eine Gemeinde. "Name" kann entweder der bürgerliche Name, ein Pseudonym oder allgemein eine identifizierende Bezeichnung sein.

Die Struktur des Namenrechts kann nach verschiedenen Kriterien aufgebaut werden. Klassifiziert man nach dem Namengeber, so gibt es "gesetzlich, gewohnheitsrechtlich und privatautomon zustandegekommene Namen" (Diederichsen 1993:346). Unterscheidet man Namen nach der Art der Namengebung, so scheiden sich Wahlnamen von Zwangsnamen. Letztere werden dem Namenträger durch ein Gesetz erteilt; Beispiele hierfür sind der bürgerliche Namen und der Handelsname eines Kaufmanns. Wahlnamen wie beispielsweise das Pseudonym können vom Namengeber frei gewählt und jederzeit geändert oder abgelegt werden. Schließlich können Eigennamen aus juristischer Sicht auch hinsichtlich ihres Inhalts klassifiziert werden: Personennamen stehen hier neben Sachnamen und gemischten Namen. Diederichsen (1993:346) schlägt ausgehend von diesen drei Perspektiven folgende Systematik des Namenrechts vor:

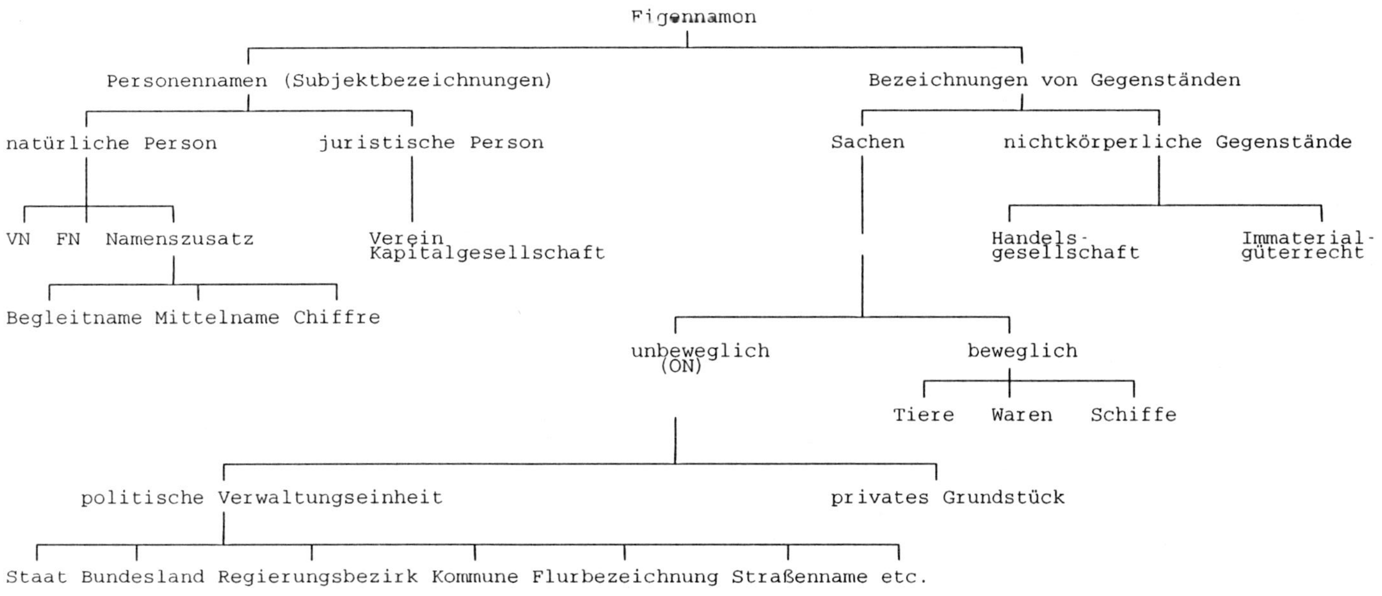

Abb. 1: Juristische Namenklassifikation nach Diederichsen 1993:346

Bei den amtlichen Namen unterscheidet das Namenrecht auf der ersten Ebene zwischen Subjekt- und Objektbenennungen: Mit der ersten Kategorie werden sämtliche Personennamen, auch die aus onomastischer Sicht als Ergonyme aufgefaßten Namen der juristischen Personen, d. h. Handelsnamen, zusammengefaßt. Zu den Namen der natürlichen Person gehören neben dem Vor- und Familienname auch etwaige Namenszusätze wie Zwischennamen oder Pseudonym (bei Diedrichsen als "Mittelname" und "Chiffre" bezeichnet). Vereinsnamen und Namen der Kapitalgesellschaften stellen Namen juristischer Personen dar. Die Gruppe der Objektbenennungen wird differenziert in die Untergruppen *Sachen* und *nichtkörperliche Gegenstände*. Aus rechtlicher Sicht wird hier also unterschieden zwischen *materiell* und *immateriell*: die Namen der beiden dadurch entstehenden Gruppen werden in unterschiedlichen Rechtsgebieten erfaßt. Die Toponyme gehören in erster Linie zum öffentlichen Recht, die Bezeichnungen für nichtkörperliche Gegenstände fallen entweder ins Immaterialgüterrecht oder sind Teil der Normierungen des HGB. Die Unterteilung der Ortsnamen in Benennungen für das Staatsgebiet, die Bundesländer, die Regierungsbezirke, die Kommunen, Flurbezeichnungen und Straßennamen auf der einen Seite und in Benennungen von privaten Grundstücken auf der anderen Seite weist darauf hin, daß diese beiden Kategorien auch unterschiedlich rechtlich normiert sind (vgl. Abschnitt 4.1).

Die Trennung von beweglichen und unbeweglichen Gegenständen führt in meinen Augen nicht recht weit, da mit ihr keine eindeutige Zuordnung zu bestimmten Rechtsgebieten verbunden ist. Die Ortsnamen werden in den Gemeindeordnungen normiert, die Warennamen sind weitgehend im Warenzeichengesetz (WZG) erfaßt und die Vergabe von Tier- und Schiffseigennamen wird schließlich in einzelnen Verbandsverordnungen geregelt. Daher bin ich der Meinung, daß die onomastische Einteilung der Eigennamen nach dem Bauerschen Modell hier zu einer sinnvolleren Gliederung führt (vgl. Abschnitt 2.2.1).

2.1.2 Begriff und Funktion des Namens

Zum juristischen Namenbegriff gibt es keine einheitliche Definition. In der Literatur zum Namenrecht wird der Name als "sprachliche Bezeichnung einer Person, durch welche sie von anderen unterschieden wird" (Staudinger-Coing § 12 Rn 2) beschrieben. Ähnlich definieren Palandt-Heinrichs den Begriff *Name*:

> Der Name ist eine sprachliche Kennzeichnung einer Person zur Unterscheidung von anderen. Er ist Ausdruck der Individualität und dient zugleich der Identifikation des Namensträgers. (Palandt-Heinrichs §12 BGB Rn 1)

Individualisierung und Identifizierung werden in den Kommentaren als die beiden Hauptfunktionen des Namens genannt. Man kann außerdem festhalten, daß das BGB im Begriff *Name* in erster Linie den amtlichen Gesamtnamen eines Menschen sieht. Das Namenrecht unterscheidet hinsichtlich der Art des Namenerwerbs, wie bereits angesprochen, zwischen Zwangsnamen und Wahlnamen. Der bürgerliche Name als Prototyp des Zwangsnamens setzt sich aus mindestens einem Vornamen und dem Familiennamen zusammen: "Der Familienname weist die Person einer bestimmten Familie zu, der Vorname unterscheidet sie von anderen Trägern des gleichen Familiennamens." (Staudinger-Coing/Habermann § 12 BGB Rn 3).

Welche rechtlichen Aufgaben übernimmt der Familienname? Zum einen hat er in zweifacher Hinsicht eine Identifikationsfunktion: Der Staat möchte seine Bürger identifizieren können und der Namenträger hat ein Interesse daran, von anderen Personen unterschieden zu werden. Die hier von der namenrechtlichen Literatur vorgenommene Trennung der Identifikation in zwei Aspekte beruht auf linguistischen Modellen[8]:

> Diese zweifache Deutungsmöglichkeit kommt in der Auffassung der Linguistik zum Ausdruck, welche die Identifizierung als kommunikative Funktion von Eigennamen ansieht. (Klippel 1985:356)

Klippel fügt dem in der rechtswissenschaftlichen Literatur üblichen Begriff der Identifikationsfunktion die Individualisierungsfunktion hinzu. Auf der einen Seite erfüllt der Name eine bestimmte Funktion aus der Sicht des Namenträgers: Er individualisiert. Auf der anderen Seite identifiziert der Name aus der Sicht des Staates eine Person. Oft sind zur genauen Identifizierung eines Menschen allerdings noch weitere Informationen nötig: der Vorname, das Geburtsdatum oder die genaue Wohnanschrift. Als Erweiterung der Individualisierungsfunktion sieht Klippel eine Individuierungsfunktion (Klippel 1985:358f) des Namens: der Personenname ermöglicht dem Individuum die Selbstdarstellung nach außen hin, wobei

---

8 Klippel beruft sich in seinen Ausführungen vor allem auf die pragmalinguistisch ausgerichtete Arbeit Kalverkämpers zur Textlinguistik der Eigennamen (Kalverkämper 1978), auf die ich noch in Abschnitt 2.2.2 "Der onomastische Namenbegriff" nähereingehen werde.

der Familienname das Individuum gleichzeitig einer bestimmten Familie zuordnet. Diese Funktion kommt in der genauen rechtlichen Normierung der Familiennamengebung zum Ausdruck: namenrechtliche Folgen bei einer Heirat, bei der Geburt oder Adoption eines Kindes sind in verschiedenen Paragraphen des Familienrechts festgelegt. Den sonst in der Literatur verwendeten Begriff der Ordnungsfunktion lehnt Klippel für den Familiennamen ab: Auf der einen Seite sei diese Funktion als Bezeichnung der Unterscheidungsfunktion mit dem Begriff der Identifikationsfunktion identisch, auf der anderen Seite entspräche seine Teilung in Identifikation und familiale Zuordnung der rechtlichen Einordnung des Namenrechts in das Privatrecht und das öffentliche Recht (ebd.).

Rechtlich betrachtet sind Namen im engeren Sinne also Personennamen, Namen im weiteren Sinne sind alle Benennungen, die die Namensfunktionen "Identifizieren/Individualisieren" erfüllen. Die Zweiteilung in das subjektive und das objektive Namenrecht beruht auf einer unterschiedlichen Definition des Namenbegriffs: Das subjektive Namenrecht ist referentenorientiert, d. h. es erfaßt nur Personennamen. Das objektive Namenrecht ist funktional definiert, *Name* ist alles, was der eindeutigen Kennzeichnung dient:

> Namensfunktion erfüllt eine Bezeichnung, wenn sie geeignet ist, eine Person oder ein Unternehmen mit sprachlichen Mitteln unterscheidungskräftig zu bezeichnen. Dazu gehört, daß sie aussprechbar ist und auf die beteiligten Verkehrskreise 'wie ein Name' wirkt. (Palandt-Heinrichs § 12 BGB Rn 11)

Zusammenfassend kann man also sagen, daß aus namenrechtlicher Sicht ein Name zwei Kriterien erfüllen muß: Er muß aussprechbar, also in der mündlichen Kommunikation verwendbar sein, und die Sprachgemeinschaft muß in der Benennung einen Namen erkennen. Auf das Problem der Aussprechbarkeit von Namen wird im Zusammenhang mit den im geschäftlichen Bereich häufig verwendeten Kurzwörtern des Typs *BMW* näher eingegangen: Ich halte dieses Kriterium aufgrund der Ergebnisse die Abschnitt 5.2.2.1 bringen wird, für nicht aufrechthaltbar. Der Begriff der Sprachgemeinschaft, der in der vorliegenden Arbeit noch mehrfach auftauchen wird, bedarf aber an dieser Stelle einer linguistischen Differenzierung. Denn immer wenn man in juristischen Texten, gleich welchen Gebietes, auf diesen Begriff stößt, fällt dem Linguisten auf, daß Juristen anscheinend davon ausgehen, es gäbe **die** Sprachgemeinschaft. Hinter dieser Ansicht steckt ein sehr weiter Begriff von Sprachgemeinschaft: alle Sprecher einer bestimmten Muttersprache werden hier zu einer Gesamtmenge zusammengefaßt. Doch in der Linguistik geht man heute von einem der "inneren Mehrsprachigkeit des Deutschen" (Henne 1986:220) aus. Dies bedeutet, daß sich die deutsche Standardsprache in verschiedene Varietäten unterteilen läßt:

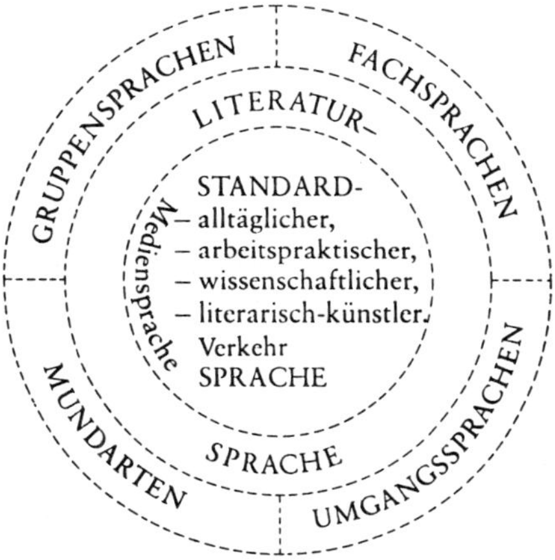

Abb. 2: Darstellung der inneren Mehrsprachigkeit des Deutschen nach Henne 1986:220

Im inneren Kreis der Graphik befinden sich die verschiedenen Stilschichten der Standardsprache und dieses Zentrum wird umgeben von den Mundarten, der Literatursprache, den Umgangs-, Gruppen- und Fachsprachen. Diese Ausdifferenzierung des Begriffs der Sprachgemeinschaft bedeutet, daß jeder Sprecher in der Regel über mehrere Sprachvarietäten verfügt, aber nicht alle Sprecher zwangsläufig über dieselben; eine Richterin gehört sicherlich anderen Sprachgemeinschaften an als beispielsweise eine 15jährige Schülerin, einziges gemeinsames Merkmal der beiden Sprecherinnen ist womöglich "nur" die gemeinsame Muttersprache. Diese Erkenntnis darf auch bei namenrechtlichen Entscheidungen nicht übersehen werden. Besonders relevant ist dieses Problem in meinen Augen im Bereich der Vornamengebung (vgl. Abschnitt 3.1.2), bei der es ja im Vergleich zu anderen namenrechtlichen Fällen besonders häufig zu Gerichtsentscheidungen kommt. Hier urteilen die Richter eben bisher stets von ihrer persönlichen subjektiven Warte her; gleiches kann man wohl für die Beurteilung von Warennamen sagen, auch wenn sich aus zeichenrechtlicher Sicht einige objektive Kriterien herausgebildet haben (vgl. Abschnitt 5.2.4).

2.1.3 § 12 BGB: Namengebrauch und Namenschutz

> Wird das Recht zum Gebrauch eines Namens dem Berechtigten von einem anderen bestritten oder wird das Interesse des Berechtigten dadurch verletzt, daß ein anderer unbefugt den gleichen Namen gebraucht, so kann der Berechtigte von dem anderen Beseitigung der Beeinträchtigung verlangen. Sind weitere Beeinträchtigungen zu besorgen, so kann er auf Unterlassung klagen.

Dies ist der volle Wortlaut des § 12 BGB zum Namenrecht. Eindeutig geht es hier um eine rechtliche Normierung der Namenverwendung: Auf der einen Seite steht die Person, die berechtigt einen bestimmten Namen führt, auf der anderen Seite wird der gleiche Name von einer anderen Person unbefugt verwendet. Doch wer führt einen Namen mit Recht und was ist unbefugter Namengebrauch?

Der Namenschutz richtet sich nach dem jeweiligen Namenbegriff und erfaßt somit alle Benennungen, die die oben genannte Namensfunktion "Identifizieren" erfüllen. In erster Linie schützt das BGB den bürgerlichen Namen, also Vorname und Familienname, wobei der Schwerpunkt auf dem Schutz des Familiennamens liegt. Als Bestandteile des Familiennamens gelten seit der Weimarer Verfassung (WRV) auch Adelsprädikate und Hofnamen. In Art. 109 Abs. 3 Satz 2 WRV heißt es zu den Adelsbenennungen:

> (...) öffentlichrechtliche Vorrechte oder Nachteile der Geburt oder des Standes sind aufzuheben.Adelsbezeichnungen gelten nur als Bestandteil des Namens und dürfen nicht mehr verliehen werden.

Das Adelsprädikat wird also zusammen mit dem Familiennamen an eheliche und adoptierte Kinder nach den geltenden Vorschriften weitergegeben. Seit dem Inkrafttreten der Weimarer Verfassung (14.8.1919) sind die persönlichen Adelsprädikate wie z. B. der Primogenituradel an den Namenträger gebunden und können nicht vererbt werden, sie erlöschen mit dem Tod des Namenträgers.[9] Eine Deklination der Adelsbezeichnungen ist rechtlich ebenso zulässig wie die Führung der femininen Formen bei Frauen (*Freiin*, *Freifrau*, *Gräfin*). Ein Verzicht auf den Titel kann nur durch eine Namenänderung erreicht werden.

---

9 Unter Primogenituradel versteht man Bezeichnungen, die immer nur einem bestimmten Familienmitglied zukommen (z. B. *Kronprinz*).

Der Hofname ist der Name eines Gehöfts, der auf den jeweiligen Besitzer übertragen wird und oft dessen ursprünglichen Familiennamen verdrängt.[10] Heute wird der Hofname in der Regel als inoffizielle Personenbezeichnung neben dem offiziellen Familiennamen gebraucht. Soll er einen amtlichen Status erhalten, so kann dies nur über eine Namenänderung geschehen. Wird der Hofname auf diesem Weg als Zusatz zum eigentlichen Familiennamen anerkannt, so kann er auch gemäß § 12 BGB vor unbefugtem Gebrauch geschützt werden.

Ebenfalls geschützt durch den § 12 BGB ist das Pseudonym, das in der juristischen Literatur auch als Künstler- oder Berufsname bezeichnet wird. Es soll hier nur kurz auf diesen anthroponymischen Namentyp eingegangen werden, da an anderer Stelle noch einmal genauer über das Pseudonym gesprochen wird (vgl. Abschnitt 3.1.3). Es handelt sich um einen Wahlnamen, der normalerweise nur in bestimmten Lebensbereichen getragen wird: Dies unterscheidet das Pseudonym in funktionaler Hinsicht vom bürgerlichen Namen, der als Zwangsname prinzipiell immer zu führen ist. Wenn es zur selbständigen Identifizierung des Namenträgers geeignet ist, erfüllt das Pseudonym Namensfunktion und kann durch § 12 BGB geschützt werden. Streitpunkte bei diesem Namentyp sind vor allem die morphologische Struktur und das Problem der Verkehrsgeltung: Muß das Pseudonym ebenso wie der bürgerliche Name zweiteilig sein und wann hat sich ein Pseudonym erfolgreich als Benennung durchgesetzt?

Akademische Grade wie der Dr.-Grad können zwar auf Verlangen in die Personenstandsurkunde eingetragen werden und dienen so in gewisser Weise der Identifizierung. Aus juristischer Sicht handelt es sich hier aber nicht um einen Namen, allenfalls um fakultative Namenszusätze. Die gleiche Funktion kann auch von Berufsbezeichnungen erfüllt werden, die allerdings ebenfalls keine Namensbestandteile im namenrechtlichen Sinne sind.

Dehnt man den Anwendungsbereich des § 12 BGB aus, so werden durch ihn alle individuellen Bezeichnungen mit Namensfunktion geschützt. Im Prinzip fallen daher auch andere Personenkennzeichen unter § 12 BGB: Steuer-, Versicherungs- und Kundennummer. Bei den numerischen Kennzeichen gilt der Schutz aber nur innerhalb des jeweiligen Anwendungsgebiets. Auch Wappen und Siegel können der Identifizierung und Individualisierung dienen, sie erfüllen dann Namensfunktion und sind durch § 12 BGB geschützt: "Hinweis- und Unterscheidungsfunktion" (Klippel 1985:481) begründen den Rechtsanspruch auf Namensschutz. In

---

10 Zum Begriff *Hofname* s. Abschnitt 4.2.1.

Ergänzung mit anderen Rechtsvorschriften schützt § 12 BGB unter anderem die Firma, Geschäftsbezeichnungen, Abkürzungen der Firma und sogar Phantasieworte, wenn sie ein bestimmtes Unternehmen unterscheidungskräftig bezeichnen. Weiteren Schutz für Namen im geschäftlichen Bereich bieten das HGB, das WZG und das UWG (vgl. Abschnitt 5.1).

Vor welchem Mißbrauch schützt § 12 BGB? Um den Begriff Mißbrauch zu klären, muß man sich erst einmal darüber im Klaren sein, was man unter dem Gebrauch eines Namens versteht. "Einen Namen gebraucht, wer damit eine Person oder ihre Leistung, insbesondere ein Unternehmen die von ihm hergestellten Güter, bezeichnet" (Staudinger-Coing § 12 Rn 129). Von diesem Namengebrauch unterscheidet sich in juristischer Hinsicht die bloße Namensnennung: Namen auf Gedenktafeln, in Fernsprechbüchern oder in Presseberichten fallen nicht unter § 12 BGB. Dieser Paragraph greift nur, wenn die Gefahr einer Identitätsverwirrung besteht, d. h., wenn ein Name bewußt verwendet wird, um eine bestimmte Zuordnung herzustellen, die aber den Interessen eines der beiden Namenträger zuwiderläuft. Gibt sich jemand mit fremdem Namen aus oder benennt bewußt einen Dritten mit falschem Namen, so liegt Namensanmaßung vor. Verletzt dieser Namensgebrauch die schutzwürdigen Interessen des Berechtigten, so kann letzterer auf Unterlassung klagen. Nur bei einer Interessensverletzung kann geklagt werden, eine bloße Rechtsverletzung reicht für eine Klage nicht aus. Wird jemandem das Recht zum Gebrauch eines Namens bestritten, so handelt es sich um Namensleugnung; auch in diesem Fall kann auf Unterlassung geklagt werden.

2.2 Linguistische Grundlagen

2.2.1 Die Struktur des Namenschatzes

Für die Klassifikation der Eigennamen stehen drei grundlegende Einteilungsmodelle zur Verfügung:

1. die Klassifikation nach morphologisch-syntaktischen Aspekten
2. die Klassifikation nach semantischen Aspekten
3. die Klassifikation nach pragmatischen Aspekten

Ein Vertreter des ersten Modells ist Wolfgang Fleischer. In seinem 1969 erschienen Aufsatz über die "Struktur des deutschen Namenschatzes" klassifiziert er die Eigennamen nach Wortbildungsmodellen. Ausgehend von diesem Ansatz vergleicht er die Propria mit den Appellativa und kommt so zu fünf Strukturtypen: 1) Identität der Namensform mit einem nicht-onomastischen Element (*Müller*), 2) Die Namensform ist auf synchroner Ebene nicht analysierbar (*Schubert*), 3) Nicht-onomastische Elemente werden als Suffixe oder Grundwörter zur Namenbildung herangezogen (*Nürnberger, Winklerstraße*), 4) Die Namenbildung beruht ausschließlich auf onomastischen Ableitungselementen (*-s*, *-sen*, *-reuth*, *-hausen* etc.) und 5) Die Namensform besteht aus zwei nicht-onomastischen Komponenten, deren Kombination im appellativischen Wortschatz unüblich ist (*Mißbach*). (Vgl. Fleischer 1969:7ff).

Die Klassifikation nach semantischen Aspekten ist nur auf synchroner Ebene möglich und dies lediglich dann, wenn die Eigennamen für sich "sprechen", d. h. ihre Herkunft aus dem appellativischen Wortschatz noch sichtbar ist und sie scheinbar eine lexikalische Bedeutung tragen. Innerhalb dieses Modells kommt man zu Kategorien wie Imperativ-, Bei-, Berufs- oder Herkunftsnamen.[11]

Bei einer Namenklassifikation nach pragmatischen Aspekten werden außersprachliche Sachverhalte in die Klassifizierung miteinbezogen: "Die Einteilung der Eigennamen richtet sich nach der Bewertung der den Namen als Referenten zugrunde liegenden Bestandteile der objektiven Realität" (Bauer 1985:51). Die von Bauer in seiner Einführung in die Namenkunde vorgeschlagene referentenorientierte Einteilung kommt zu fünf Hauptgruppen: Anthroponyme, Toponyme, Ergonyme, Praxonyme, Phänonyme; da diese Klassifikation die Grundlage der vorliegenden Untersuchung darstellt, soll sie im folgenden kurz erläutert werden.

In der ersten Propria-Klasse, den **Anthroponymen**, sind Namen, die zur Bezeichnung eines Menschen bzw. mehrerer Menschen dienen, zusammengefaßt. Hier findet man Individualnamen - unterteilt in Familiennamen und Vornamen - und Kollektivnamen als Untergruppen.[12] Die Kollektivnamen umfassen unter anderem die Ethnonyme (*die Deutschen*), die Namen für Parteien und andere Organisationen (*die SPD*, *der Deutsche Fußballbund*, *die UNO*) und die Namen für künstlerische Ensembles (*die Beatles*, *die Nürnberger Philharmoniker*). Weitere wichtige Kategorien der Personennamen sind die Hypokoristika und die Pseudonyme.

---

[11] Die Frage nach der Semantik von Eigennamen soll im folgenden Abschnitt 2.2.2. im Zusammenhang mit dem onomastischen Namenbegriff erörtert werden.

[12] Dieser Begriff wird in der onomastischen Literatur auch als Oberbegriff für Rufnamen und Vornamen eines Menschen verwendet. Vgl. Abschnitt 3.2.1.

Bei den **Toponymen** unterscheidet man u. a. Ortsnamen, Flurnamen, Gewässernamen (Hydronyme) und Gebirgsnamen (Oronyme). Wie Bauer richtig ausführt, hängt die Klassifizierung vom "Interesse des Klassifizierenden" (Bauer 1985:54) ab und man kann jederzeit weitere Subkategorien finden wie Wüstungsnamen, Straßennamen und Gebäudenamen.[13]

Die **Ergonyme** sind Benennungen für vom Menschen angefertigte Objekte und Produkte, daher spricht man hier auch von Objektnamen. Von unserem westeuropäischen Standpunkt aus gibt es die Namen für Einrichtungen, die im weitesten Sinne der Produktion dienen. Bauer (1985:55) nennt hier Fabriknamen (*die MAN*), Genossenschaftsnamen (*LPG Frohe Zukunft*), Namen für Bildungseinrichtungen (*Friedrich-Alexander-Universität Erlangen*) und Namen für militärische Objekte (*der Westwall*). Dieser Auflistung kann ich mich allerdings nur bedingt anschließen: Bei den Namen für militärische Objekte handelt es sich um topographische Bezeichnungen, die zu den Örtlichkeitsnamen zu zählen sind.[14] Daneben stellt sich die Benennung *Fabrik-name* als zu eingeschränkt dar: In die Klasse der Ergonyme fallen sicher nicht nur die Namen von Produktionsstätten, sondern auch die Bezeichnungen von Dienstleistungsbetrieben. So erscheint mir die allgemeinere, bei den Juristen eingeführte Bezeichnung *Handelsname* anstelle des Fabriknamens sinnvoller (vgl. Abschnitt 5.2.1). Neben diesen Benennungen findet man bei Bauer unter dem Begriff Ergonym die Namen für vom Menschen geschaffene Produkte; Warennamen wie *Sanso*, *Pril* und *Milka* gehören ebenso hierher wie die Bezeichnungen *die grüne Minna*, *die Braunsche Röhre* oder *Apollo II*. Schließlich werden zu den Objektnamen auch die Buchtitel, die Zeitungsnamen und die Namen von Kunstwerken gerechnet.

Unter der Kategorie **Praxonyme** versteht Bauer "alle Namen, die zur Bezeichnung von Ereignissen und Geschehnissen benutzt werden, als deren Auslöser, Träger, Teilnehmer und Betroffene Menschen gelten können" (Bauer 1985:5 5). *Der Dreißigjährige Krieg*, *der Versailler Vertrag* oder *das Biedermeier* sind Beispiele für diesen Namenstyp. Die Abgrenzung Proprium - Appellativum fällt hier oft besonders schwer: was macht aus dem Syntagma *der Dreißigjährige Krieg*

---

13 Eine detailliertere Klassifikation der Toponyme erfolgt in Abschnitt 4.2.1.

14 Auch alle anderen in dieser Kategorie genannten Namen können sehr schnell in die Klasse der Toponyme überwechseln: auf der einen Seite kann *die MAN* das Unternehmen bedeuten, auf der anderen Seite bezeichnet man mit dieser Benennung aber auch das Gebäude, in dem sich der Betrieb befindet. Der Handelsnamen würde dann toponymisch gebraucht; das Gleiche gilt z. B. für die Namen von Kultur- bzw. Bildungseinrichtungen.

einen Namen? Handelt es sich hier nicht vielmehr um eine mehrteilige appellativische Wortgruppe, um einen Phraseologismus oder gar einen Terminus aus der Fachsprache der Historiker? Diese Fragen kann man erst klären, wenn man sich mit der linguistischen Definition des Begriffs *Name* auseinandersetzt (vgl. Abschnitt 2.2.2).

Die Namen für Naturkatastrophen, für Sterne oder Kometen, d. h. alle Benennungen für Umwelterscheinungen, die außerhalb des menschlichen Einflußbereichs liegen, werden unter dem Begriff **Phänonym** zusammengefaßt. Hier stehen also die Orkannamen *Lore* oder *Flora* neben den metereologischen Namen für Hoch- bzw. Tiefdruckgebieten.

Die Klassifizierung der Namen wird bis heute in der Fachliteratur[15] unterschiedlich gehandhabt. Doch scheint mir dieses Problem mit Hilfe des pragmatisch orientierten Bauerschen Modells am besten gelöst zu sein. Ein Manko dieser Einteilung ist allerdings für mich die fehlende Eingliederung der inoffiziellen Eigennamen wie beispielsweise der Tiereigennamen, d. h. der Namen, die Tierhalter ihren Tieren geben, oder andere Namen, die in der privaten Kommunikation vergeben werden. Da sich meine Arbeit allerdings ausschließlich mit amtlichen Namen beschäftigt, kann die Bauersche Klassifizierung problemlos als Ausgangsbasis verwendet werden.

Vergleicht man nun diese linguistische Klassifikation der Namenarten mit der oben in Abschnitt 2.1.1. aufgeführten namenrechtlichen Einteilung der Eigennamen, so fällt auf, daß beide Modelle grundsätzlich referentenorientiert angelegt sind. Die Praxonyme und die Phänonyme tauchen in der namenrechtlichen Klassifikation nicht auf, da sie im Rechtsleben keine Rolle spielen. Die Namenrechtler teilen die Eigennamen anders als die Namenkundler nicht in die Klassen Anthroponyme - Toponyme - Ergonyme, sie unterscheiden vielmehr, wie man in Abschnitt 2.1.1 gesehen hat, Personennamen von Objektnamen; dies beruht wahrscheinlich auf der rechtswissenschaftlichen Einteilung in Rechtsobjekte und -subjekte. Bei den Subjektbezeichnungen wurde im Namenrecht auch zwischen natürlichen und juristischen Personen unterschieden; diese juristische Differen-

15 Bei Debus 1980 werden alle Eigennamen, die sich nicht den Anthroponymen oder den Toponymen zuordnen lassen, unter den Begriff "Varia" zusammengefaßt. Im Abschnitt "deutsche Namenkunde" der Leipziger "Kleinen Enzyklopädie" zur deutschen Sprache (Bibliographisches Institut 1970) werden weder Objekt- noch Ereignisnamen aufgeführt; dafür tauchen fälschlicherweise bei den Leipzigern die appellativischen Pflanzen- und Tierbenennungen als Eigennamen auf.

zierung erfolgt in der linguistischen Klassifizierung auf einer anderen Ebene: Vereinsnamen stellen aus onomastischer Sicht anthroponymische Kollektivnamen dar, der Name einer Kapitalgesellschaft wäre nach der Bauerschen Klassifikation ein Ergonym.

Die juristische Einteilung der Ortsnamen in Namen für politische Verwaltungseinheiten und Privatgrundstücke ist eine mögliche Untergliederung dieser Gruppe, die natürlich vom namenrechtlichen Standpunkt aus gesehen notwendig erscheint, da für diese beiden Arten von Ortsnamen unterschiedliche rechtliche Normierungen gelten.

Beide Klassifikationsmodelle haben für sich allein betrachtet in ihrem jeweiligen Wirkungsfeld - Rechtswissenschaft bzw. Onomastik - ihre Berechtigung. Für die vorliegende linguistische Untersuchung der rechtlichen Normierungen von Eigennamen habe ich die beiden Klassifikationen miteinander verbunden: Ausgangspunkt ist die Bauersche Gliederung, die auf amtliche Eigennamen ausgerichtet werden soll. Bei den Subjektbezeichnungen sind die Individualnamen (Vorname, Familienname und Pseudonym) zu behandeln; hier soll es ausschließlich um Namen der natürlichen Person gehen. Als Benennungen juristischer Personen werden in dieser Arbeit die Ortsnamen und die Handelsnamen besprochen, aus onomastischer Sicht also Toponyme und Ergonyme. Stellvertretend für die Namen beweglicher Gegenstände sollen die rechtlichen Normierungen der Warennamen - auch diese gehören zu den Ergonymen - und die damit verbunden linguistischen Probleme erläutert werden. Insgesamt werden in der vorliegenden Untersuchung keineswegs alle rechtlich normierten Eigennamen erfaßt: Es fehlen beispielsweise Parteinamen ebenso wie Staats- oder Bundesländernamen. Auch über Buchtitel könnte man im Zusammenhang mit dem Urheberrecht sicherlich vieles sagen. Ziel dieser Arbeit ist es allerdings, an einigen Namentypen exemplarisch aufzuzeigen, wie Eigennamen rechtlich erfaßt werden und welche linguistischen Fragestellungen im Zuge der rechtlichen Normierungen entstehen können.

Die von mir behandelten Eigennamengruppen stellen sich in einer vergleichenden Übersicht folgendermaßen dar:

onomastische Terminologie	behandelte Namengruppen	juristische Terminologie
Anthroponyme	Gesamtname Familienname Vorname Pseudonym	bürgerlicher Name Geburts-, Familien-, Ehename Vorname Pseudonym
Toponyme	Ortsname Straßenname	Gemeindename Straßenname
Ergonyme	Handelsname Warenname	Handelsname (Firma als Sondername) Wortzeichen

Tabelle 1: Allgemeiner terminologischer Überblick

Wie man sieht, herrscht eine weitgehende terminologische Übereinstimmung zwischen den beiden Disziplinen. Auf die bereits hier sichtbaren Abweichungen wird im Zusammenhang der einzelnen Kapitel näher eingegangen (vgl. jeweils die Abschnitte 3.2.1, 4.2.1 und 5.2.1).

2.2.2 Der onomastische Namenbegriff

> Es ist ein Topos in der Onomastik und auch in der allgemeinlinguistischen Beschreibung von EN [Eigennamen/K.S.], daß mit EN bezeichnet wird, ohne daß mit einer solchen Bezeichnung bestimmte Prädikationen über den bezeichneten Gegenstand verbunden werden; d. h. EN werden als rein referentiell, als nicht-deskriptiv angesehen. (Wimmer 1993:50)

In der Literatur ist von der "semantischen Bedürfnislosigkeit" (Gerhard 1949/50:5) der Eigennamen die Rede und davon, daß "das Appellativum charakterisiert, der Name identifiziert" (Fleischer 1964:377). Untermauert wird dieser funktionale Unterschied zwischen Appellativum und Nomen Proprium durch verschiedene Argumente: Eigennamen sind nicht übersetzbar und sie unterliegen anderen morphologisch-syntaktischen Regularitäten als die Gattungsbezeichnungen. Die Randstellung der Eigennamen in den meisten Wortschatzmodellen zeigt sich auch daran, daß sie im Zweitspracherwerb nicht explizit in den Lernprozeß eingebunden sind und daß die Unkenntnis eines Eigennamens "normalerweise nicht als Mangel in der Sprachkompetenz" (Wimmer 1993:51) aufgefaßt wird.

Probleme der Standortbestimmung ergeben sich bei den Eigennamen deshalb, weil sie im Gegensatz zu anderen sprachlichen Zeichen als bedeutungslos erscheinen. Ausgehend von de Saussures bilateralem Zeichenmodell besitzt jedes sprachliche Zeichen innerhalb der Langue eine Ausdrucks- und eine Inhaltsseite: Das Appellativum *Tisch* setzt sich also zusammen aus der Phonemkette / t ɪ ʃ / und dem Begriff "Tisch". Bei den Eigennamen scheint die semantische Ebene nicht vorhanden zu sein: Oder lassen sich bei einem Vornamen wie beispielsweise *Arne* genauso wie beim Appellativum *Tisch* bestimmte Eigenschaften festmachen, d. h. kann der Namenbenutzer davon ausgehen, daß alle Männer, die *Arne* heißen, mehr oder weniger gleich aussehen? Dies ist sicherlich nicht der Fall. Die Vorstellung, daß Eigennamen die Funktion von "Etiketten oder Ordnungszeichen, die gedanklich den Individuen zum Unterschied von anderen anhaften wie die Büchersignaturen in einer Bibliothek" (Funke 1925:77) übernehmen, bestimmte lange Zeit die onomastische Namentheorie[16]; ich denke, diese These liegt auch dem juristischen Namenbegriff zugrunde.

Fast alle Namen entstehen aus Appellativa; Sonderegger (1985b:2040ff.) spricht vom "Gesetz der appellativischen Herkunft". In der Regel ist bei den meisten Namen diese Herkunft nicht mehr aus der äußeren Form ersichtlich ("Gesetz der semantischen Isolierung"; Sonderegger 1985b:2042ff.). Betrachtet man diesen Vorgang auf der semantischen Ebene, so ist

> die Entwicklung der Propria aus Appellativa [ist] zu charakterisieren als Einschränkung der Extension eines Sprachzeichens auf einen pragmatischen Sachverhalt hin, dem eine Erweiterung der Intension dieses Sprachzeichens parallel verläuft (bzw. verlief). (Kalverkämper 1978:66)[17]

Unter Extension versteht man den Bedeutungsumfang eines sprachlichen Zeichens: Im Idealfall ist die Relation zwischen Eigenname und Objekt eins zu eins, d. h. ein Eigenname dient der Benennung genau eines bestimmten Gegenstandes und damit besitzt er eine minimale Extension. Dies ist aus sprachökonomischer Sicht natürlich nicht realisierbar, daher kann ein und derselbe Eigenname auch mehrfach verwendet werden. Mit dem Begriff der Intension wird der Bedeutungsinhalt des sprachlichen Zeichens erfaßt, d. h. die Intension eines Zei-

---

16 Einen detaillierten Überblick über die historischen Positionen innerhalb der onomastischen Namentheorie gibt Aschenberg 1991.

17 Auf diese Besonderheit bei der Entwicklung der Eigennamen weist bereits Felix Solmsen (1922:2) hin.

chens wird definiert durch die Eigenschaften des benannten Gegenstandes. Mit den meisten Eigennamen wird aber keine weitere Aussage über das damit bezeichnete Individuum (bzw. den Gegenstand) gemacht, als daß es (bzw. er) "X heißt". Die Besonderheit der Eigennamen besteht also darin, daß sie im Gegensatz zu den Appellativa eindeutig auf genau ein Individuum oder einen Gegenstand verweisen. Referenz entsteht aber erst im aktuellen Gebrauch eines sprachlichen Zeichens, d. h. ein bestimmtes Zeichen wird im Sprechakt von einem Sprecher mit Bezug auf eine aktuelle Entität gebraucht. Solange die Ebene der Parole in der Eigennamentheorie ausgeblendet wird und sich die Modelle zum onomastischen Namenbegriff ausschließlich mit der Systemebene und der Bedeutung von Eigennamen beschäftigen, erscheinen die Namen im Vergleich zu anderen sprachlichen Zeichen als defizitär.

Ausgehend von der Peirceschen triadischen Einteilung der Zeichen in Symbole, Indices und Ikonen haben Diewald und Kleinöder 1993 ein neues Modell für die Eigennamentheorie aufgestellt, indem anhand einer Gegenüberstellung von Appellativa, Deiktika und Eigennamen sehr gut die Besonderheit der Nomina Propria innerhalb des Wortschatzes deutlich gemacht wird. Ihr Ansatz beschränkt sich auf die "semiotische Grundstruktur des prototypischen EN [Eigennamen/K.S.]" (Diewald/Kleinöder 1993:5); die Ergebnisse der vorliegenden Arbeit werden zeigen, ob das Modell generell für alle Eigennamen anzunehmen ist.

Referenz, Denotation und Bedeutung - dies sind die drei Begriffe, die grundsätzlich unterschieden werden müssen. "Referenz ist der Gebrauch eines Zeichens durch den Sprecher im Bezug auf eine aktuelle Entität, sie zeigt, welche Entität gemeint ist." (Diewald/Kleinöder 1993:8). Nicht die sprachlichen Zeichen referieren also, sondern durch den Gebrauch eines Zeichens referiert der Sprecher auf einen Gegenstand oder Sachverhalt. Mit dem Begriff der Denotation wird der Prozeß bezeichnet, "mit dem gezeigt wird, von wo aus und wie (aufgrund welcher Merkmale) die Entität gefunden werden kann" (Diewald/Kleinöder 1993:8). Mit dem Begriff der Bedeutung schließlich wird der bezeichnete Gegenstand kategorisiert bzw. charakterisiert und das betreffende Lexem dem Sprachsystem zugewiesen. Ein Zeichen ist nur dann referenzfähig, wenn es auch über einen Ausgangspunkt verfügt, von dem aus der Bezug zu einem Objekt hergestellt werden kann:

> Diese Rückbindung an eine Origo, die wir auch den reflexiven Bezug nennen, ist schwachdeiktisch, d. h. es wird markiert, von wo aus der Bezug auf das Objekt erfolgt, nicht aber, wo es lokalisiert ist. (Diewald/Kleinöder 1993:7f.)

Appellativa, Deiktika und Eigennamen unterscheiden sich in diesem Aspekt voneinander. Appellativa benötigen für eine Denotation eine explizite Situierung: *ein Tisch*, *die Freude*. Bei Eigennamen und Deiktika ist dies nicht nötig, da sie beide implizit deiktische Elemente enthalten. Anders als die Deiktika denotieren Eigennamen aber kontextungebunden. Die Bedeutung eines Eigennamens läßt sich nun nach Diewald/Kleinöder (1993:9) mit dem Satz "Ich stehe für diejenige Entität, der ich zugewiesen werde" paraphrasieren. Jeder Eigenname beinhaltet somit zwei Komponenten: 1. Gleichsetzung des Namens mit einem Namenträger. 2. Verweis auf einen initialen Namengebungsakt. Erst nach einem erfolgreichen Zuweisungsakt kann mit einem Eigennamen referiert werden. Dieser Taufakt, der auch als "Referenzfixierungsakt" (vgl. Wimmer 1973 bzw. 1979) bezeichnet wird, erfolgt immer mit Hilfe deiktischer Elemente: entweder mittels starker Deiktika (*das ist X.*, *hiermit taufe ich dich auf den Namen X.*) oder durch definite Deskriptoren ohne kontextuelle Einbettung (*X ist Pilotin.*).[18]

Innerhalb dieses neuesten Ansatzes der Namentheorie stellen Eigennamen somit "zuweisungsaktabhängige Denotationsmittel" (Diewald/Kleinöder 1993:12) dar. Die denotative Besonderheit der Eigennamen besteht darin, daß sie unabhängig von einer Charakterisierung des bezeichneten Gegenstandes und losgelöst von einem bestimmten Bezugspunkt verwendet werden können.

Nun tritt aber bei der Verwendung von Eigennamen ein weiteres Phänomen auf: Sie können beim Hörer bestimmte Assoziationen auslösen. "Referenz und prädikative Kenntnis des Referenten sind meist nicht voneinander zu trennen" (Leys 1979:152). Doch anders als bei den Appellativa ist diese Bedeutung nicht auf Systemebene abstrahierbar: Ein Eigenname füllt sich "nur durch und in Situationen mit Bedeutung" (Hilgemann 1974:383). In der Literatur wird daher auch von der situativen bzw. aktuellen oder individuellen Bedeutung gesprochen.[19] Begrifflich am eindeutigsten erschient mir jedoch in diesem Zusammenhang der von Sonderegger eingeführte Terminus der Bedeutsamkeit:

> Namenbedeutsamkeit ist die Summe der mit einem Namen verbundenen, neutralen oder negativen Assoziationen, Vorstellungen und Gefühle (Sonderegger 1987:16).

---

18 Vgl. Diewald/Kleinöder 1993:12.

19 Vgl. Sørensen 1963, Debus 1966, Wimmer 1973, Hilgemann 1974, Kalverkämper 1978 und Leys 1979.

Bedeutung wird als Begriff somit auf den Zeitpunkt der Namenentstehung verwiesen: In der ersten Namengebung sind alle Namen motiviert und tragen Bedeutung. Von dieser im Akt der Namenbildung liegenden Primärmotivation muß dann die aktuelle Motivierbarkeit unterschieden werden. Die Primärmotivation spielt aber für den "synchronischen Gebrauch des Eigennamen keine Rolle" (Sonderegger 1987:12); dies gilt auch, wenn die Namenbildung für den Namenbenutzer wie im Falle der *Deutschen Transport Compagnie* oder der *Bahnhofsstraße* noch transparent ist. Beeinflußt wird die Gebrauchsebene von der Bedeutsamkeit eines Namens.

Bei den beiden letztgenannten Beispielen handelt es sich um Namen, die zu den Namengruppen gehören, in denen es heute noch ständig zu Neubildungen kommt. Neugeschaffene Pseudonyme, Straßen-, Waren- oder Handelsnamen sind in der Regel sehr stark motiviert und übernehmen damit neben der Identifikationsfunktion auch eine charakterisierende Funktion: Diese Art der Namenbildung möchte ich als **produktive Namenbildung** bezeichnen. Dieses Bildungsverfahren hat sich beispielsweise bei den Warennamen durchgesetzt. Daneben zeichnen sich manche Namengruppen wie z. B. die Familien- und Vornamen durch eine **reproduktive Namenbildung** aus, d. h. es wird bei der Namengebung auf einen tradierten Namenbestand zurückgegriffen. Auch bei der Vergabe neuer Ortsnamen z. B. im Zuge der Gebietsreform der siebziger Jahre wurden in erster Linie alte Namen wiederverwendet (vgl. Abschnitt 4.1.1.4). Der motivierende Gehalt der auf diese Weise gebildeten Namen ist meist ganz verschwunden. Die eventuell vorhandene Motiviertheit eines Namens und etwaige Konnotationen machen die Bedeutsamkeit des Namens aus.

Die Differenzierung von Bedeutung, Bedeutsamkeit und Motiviertheit wird, wie man im Verlauf dieser Arbeit sehen wird, in der juristischen Literatur nicht immer durchgeführt; besonders deutlich wird dies im Zusammenhang mit den Urteilen zur Vornamengebung (vgl. Abschnitt 3.2.4). Aber auf der anderen Seite müssen z. B. im Zeichenrecht Fragen der Bedeutung eines Handels- oder Warennamens beachtet werden, da gerade in diesem Bereich Namen aus rechtlicher Sicht charakterisierende Funktion übernehmen müssen (vgl. Abschnitt 5.1).

Abschließend kann man sich noch fragen, ob Eigennamen grundsätzlich einteilig sein müssen - analog zu den oft als Gegenpol verwendeten Appellativa - oder ob auch mehrteilige Syntagmen onymische Funktionen übernehmen können. Fleischer (1964:61) trennt hier onymische und appellativische Wortgruppen. Onymische Syntagmen finden sich häufig bei Gebäudenamen (*Maria Ward Schule*), bei

Institutionsnamen (*Institut für Deutsche Sprachwissenschaft*) oder bei Toponymen (*der Rote Main*). Nominationsstereotype liegen vor allem im fachsprachlichen Bereich vor (*spitzer Winkel, generative Grammatik*), daneben gibt es noch mehrteilige Phraseologismen (*schwarzer Peter*), in denen zwar ein Eigenname vorkommt, die aber selbst keine onymische Funktion mehr erfüllen. Das einzige Kriterium, das hier zur Unterscheidung herangezogen werden kann, ist der Namengebungsakt. Erst durch den direkten Gegenstandsbezug erhält ein Syntagma Namencharakter, wird eine mehrteilige Wortgruppe zum Eigennamen.

> Onymische Konstruktionen wie 'Durstiger Graben' als Gewässernamen sind erst als Konstruktion onymisiert; nur bei der Verwendung der Gesamtkonstruktion ist die onymische Funktion gewährleistet. (Fleischer 1964:64)

Man kann also insgesamt festhalten, daß Eigennamen sowohl als Lexeme als auch als feste Fügungen vorkommen.[20] Anders als andere sprachliche Zeichen besitzen die Eigennamen keinen abstrahierbaren lexikalischen Inhalt: Bedeutsamkeit erhalten sie erst in der Kommunikation. In einem Namengebungsakt wird ihr Lautkörper mit einem bestimmten Referenten verbunden, in allen weiteren Sprechakten kann daher mit Hilfe des Namens eindeutig auf die so bezeichnete Entität referiert werden. Die Verwendung des Namens verleiht dem Namen gleichzeitig seine eigene Geschichte. Dieses Phänomen läßt sich allerdings nicht auf sprachsystematischer Ebene fassen, die Assoziationen und Konnotationen eines Namens sind von Sprecher zu Sprecher unterschiedlich.

2.2.3 Namenpragmatik

Die Einführung in das Namenrecht und den § 12 BGB hat gezeigt, daß sich der Gesetzgeber in bezug auf Eigennamen in erster Linie mit pragmatischen Fragen beschäftigt: Wer darf einen Namen berechtigt führen? Wie werden Namen geschützt? In § 12 BGB geht es um potentielle Konflikte zwischen zwei Namensträgern. Das BGB unterscheidet zwischen einem aktiven Namengebrauch, bei dem willentlich eine Person oder ein Unternehmen bzw. dessen Leistung bezeichnet wird, und der bloßen Namensnennung z. B. in Telefonbüchern oder auf Gedenktafeln. Wenn die Gefahr besteht, daß durch die bewußte Führung eines fremden Namens die Interessen des eigentlichen Namensträgers verletzt werden, greift § 12 BGB zum Schutz des betroffenen Namensträgers ein. Fragen der Namengebung

---

20 In diesem Sinne s. auch Fleischer (1982:74ff.) und Kubczak (1985:288).

werden im grundlegenden namenrechtlichen Paragraph nicht gestellt, dies geschieht jeweils im Zusammenhang mit den spezifischen Normierungen der einzelnen Namensarten.

Prinzipiell kann man festhalten, daß das BGB Wahlnamen von Zwangsnamen trennt: Im ersten Fall handelt es sich um eine aktive eigene Namenwahl des Namenträgers, im zweiten Fall erfolgt die Namengebung durch Dritte. Zwangsnamen wie der bürgerliche Name und der Handelsname sind in ihrer Namengebung sehr viel restriktiver geregelt als beispielsweise die Wahlnamen Pseudonym, Vorname oder Warenname.[21] Bei manchen Namensarten ist vor allem der Namengebrauch entscheidend: Pseudonym und Warennamen können ihren Namencharakter auch über die erlangte Verkehrsgeltung erhalten.[22] Man kann aber bereits an dieser Stelle vorausschauend sagen, daß bei allen rechtlich normierten Eigennamen Fragen der Namengebung im Vordergrund stehen. Durch die Regelung dieses Aspekts wird möglichen Rechtsunsicherheiten vorgebeugt und die Grundlage für eine eindeutige Identifizierung mittels des Namens hergestellt.

2.2.3.1 Prinzipien der Namengebung

Bis heute wurde der Prozeß der Namengebung in der Onomastik stets im Zusammenhang mit bestimmten Namengruppen analysiert. Im Zentrum stehen meist die Vornamen, für die Namengebung im Teilbereich der amtlich normierten Eigennamen liegt bisher noch gar keine Untersuchung vor. Im folgenden stelle ich daher ausgehend von den in den vorangegangenen Abschnitten geschilderten rechtlichen Normierungen allgemeine Überlegungen zur Namengebung offizieller Namen an. Diese führen zu einem onomastischen Modell, das sämtliche Möglichkeiten der Namengebung in diesem Bereich erfaßt. Dabei müssen verschiedene Fragen beantwortet werden: Welche Faktoren spielen bei der Namengebung eine Rolle? Wer vergibt eigentlich Namen und wer bekommt Namen? Wann wird eine einmal verwendete Benennung zum immer wieder gebrauchten Namen?

Die Erörterung des onomastischen Namenbegriffs in Abschnitt 2.2.2 hat zu dem Ergebnis geführt, daß es sich bei den Eigennamen um ein Denotationsmittel handelt, das an einen besonderen Zuweisungsakt gebunden ist und immer dann verwendet wird, wenn ein Gegenstand oder Mensch eindeutig identifiziert werden

---

21 Beim Vornamen handelt es sich genau genommen um einen Wahlpflichtnamen: jeder Mensch muß mindestens einen Vornamen führen, die Namengeber haben aber eine relativ große Auswahlmöglichkeit. Vgl. Abschnitt 3.1.2.

22 Vgl. zum Pseudonym Abschnitt 3.1.3. und zum Warennamen Abschnitt 5.1.3.

soll. In der sprachwissenschaftlichen Literatur wurde der Akt der Namenvergabe wie folgt definiert:

> Ein Namengebungsakt liegt dann vor, wenn wenigstens ein Sprecher in einem referentiellen Sprechakt einen bestimmten Gegenstand bezeichnet und einen Eigennamen nennt oder bezeichnet, der dem Gegenstand mit der Intention zugeordnet wird, diese Zuordnung für eine bestimmte Gruppe von Sprachteilhabern als Bezeichnungskonvention zu institutionalisieren. (Wimmer 1973:114)

Was sagt diese Definition aus? Die Namengebung stellt eine Interaktion zwischen einem Namengeber, einem Objekt und einer Sprechergemeinschaft dar. Unter dem Namengeber versteht man denjenigen, der als erster ein bestimmtes sprachliches Zeichen für die Benennung eines bestimmten Gegenstandes oder bestimmten Menschen verwendet. Ziel dieser Handlung muß es außerdem sein, daß die Benennung von einer Gruppe von Menschen als **Eigenname**, d. h. als individuelle, nur zu diesem Objekt gehörende Bezeichnung, übernommen wird. Beim Namengeber kann es sich auch um eine Gruppe von Menschen handeln; man denke nur an Vereins- oder Parteinamen, die ja immer von einer Sprechergemeinschaft vergeben werden, Vornamen werden ebenfalls meist von einer Minimalgruppe - Vater und Mutter - erteilt. Großen Einfluß auf die Namengebung hat die Motivation des Namengebers. Warum und zu welchem Ziel vergibt er einen Eigennamen? Vielfach untersucht ist die Rolle der Motivation im Bereich der Vornamengebung (vgl. Abschnitt 3.2.5.2), aber auch bei anderen Namenarten ist die geistige Einstellung des Namengebers von großer Bedeutung für die Namenwahl und -vergabe. Als Beispiel sei hier auf die ideologische Namengebung, wie sie im Dritten Reich und in der ehemaligen DDR von staatlicher Seite betrieben wurde, verwiesen; vor allem die Straßennamen wurden von beiden Regimen für propagandistische Zwecke mißbraucht (vgl. Abschnitt 4.2.5.2).

Der Einfluß des Namengebers auf den neu zu wählenden Namen ist aber nicht immer gleich groß. Die vorliegende Untersuchung wird zeigen, daß sich die Namengebung der offiziellen Namen grundsätzlich nach zwei Prinzipien richtet: Es ist die **passive Namengebung** von der **aktiven Namengebung** zu unterscheiden. Für manche Namenklassen wie z. B. den Geburtsnamen bestimmt der Gesetzgeber Namenspender, die ihren Namen automatisch und nach bestimmten Regeln auf den Namenträger übertragen müssen, hier handelt es sich also um passive Namengebung. Bei der aktiven Namengebung muß man die Fälle, in denen Namengeber und Namenträger identisch sind (dies gilt z. B. für das Pseudonym), von denjenigen Fällen trennen, in denen der Namenträger durch die Wahl Dritter einen Namen erhält. Dieses letztere Verfahren findet sich beispielsweise in der Vornamengebung. Graphisch läßt sich der Prozeß der Namengebung im Hinblick auf die rechtliche Normierung folgendermaßen darstellen:

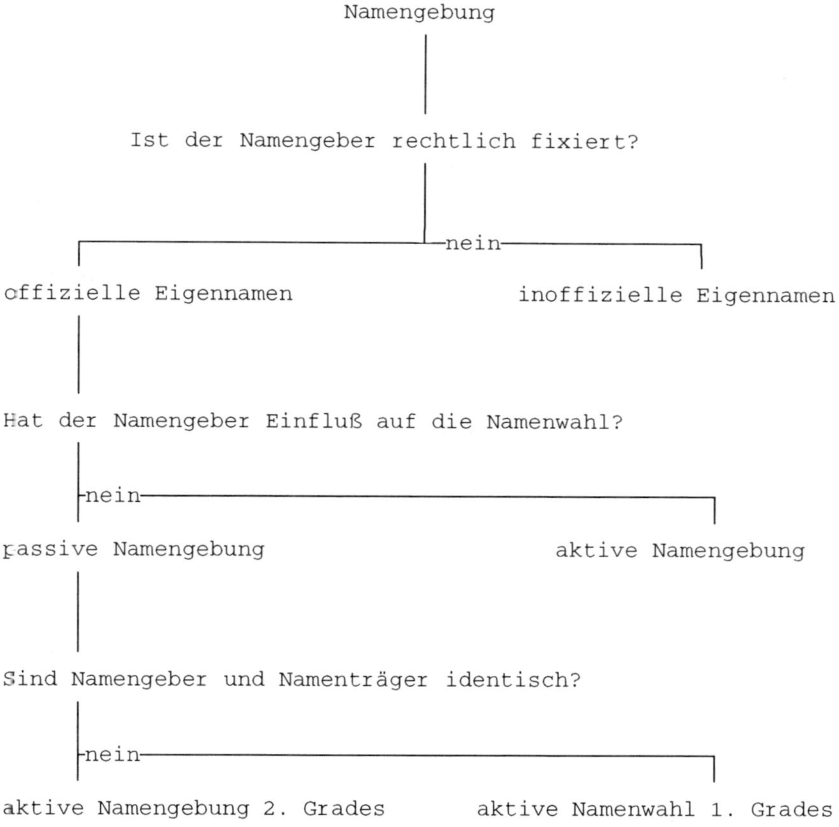

Abb. 3: Namengebungsmodell

Die hier von mir eingeführte Differenzierung beruht auf der Person des Namengebers; sie greift teilweise die juristische Unterscheidung von Zwangs- und Wahlnamen wieder auf, wobei die namenrechtliche Unterscheidung nur vom Einfluß des Namenträgers und nicht des Namengebers auf den Namengebungsprozeß ausgeht. Die Kategorisierung führt auf einer ersten Ebene zur Ausklammerung der inoffiziellen Eigennamen, auf der zweiten Ebene wird die aktive von der passiven

Namengebung geschieden: auf der einen Seite hat der Namengeber Einfluß auf die Namenwahl und -gebung, auf der anderen Seite wird der Namengeber per Gesetz lediglich als Namenspender festgelegt. Auf der dritten Ebene lassen sich zwei verschiedene Arten der aktiven Namengebung ausmachen: Bei der aktiven Namengebung ersten Grades sind Namenträger und Namengeber identisch, d. h. die Namengebung stellt einen Akt der Selbstbenennung dar. Bei der aktiven Namengebung zweiten Grades hat der Namengeber zwar freie Hand bei der Auswahl eines Namens, Namengeber und Namenträger sind aber zwei verschiedene Personen. Eine aktive Namengebung kann insgesamt natürlich nur im Bereich der Anthroponyme stattfinden, auch die passive Namengebung erfolgt, wie man sehen wird, nur in bestimmten Bereichen.

Wichtig ist in der oben aufgeführten Definition der Namengebung weiterhin der Begriff der Institutionalisierung, dieser Aspekt wird rechtlich explizit wieder aufgegriffen. Durch die amtliche Registrierung - beispielsweise der Personennamen in Personenstandsregistern oder der Warennamen in der Zeichenrolle des Patentamtes - wird das Resultat der Namenwahl schriftlich fixiert und als rechtmäßig amtlich bestätigt. Die Unterscheidung von offiziellen und nichtoffiziellen Namen kann nicht eindeutig gemacht werden.[23] Ein mögliches Kriterium ist aber sicherlich der Namengebungsakt: Dieser ist im Gegensatz zu den inoffiziellen Namen bei den amtlichen Namen vom Staat oder anderen Institutionen reglementiert. Außerdem sind offizielle Namen meist vererbbar und gelten uneingeschränkt in der gesamten Sprachgemeinschaft. Bei allen rechtlich normierten Namen ist der Akt der Namengebung erst mit der schriftlichen Registrierung abgeschlossen; die amtliche Fixierung eines neu vergebenen Namens legt gleichzeitig die offizielle Schreibung des Eigennamens fest. Der Namengebrauch darf aus juristischer Sicht von der festgelegten offiziellen Form nur im privaten Bereich abweichen: Namen, deren Namengebung von Rechts wegen geregelt ist, müssen auch im offiziellen Namengebrauch strengen Richtlinien folgen. So kann jeder Mensch im Privatbereich mit einem beliebigem Spitz- oder Kosenamen gerufen werden, sobald er mit einer Behörde zu tun hat, gilt nur die amtliche, im Personenstandsregister eingetragene Namensform. Eine Namenänderung dieser offiziellen Form ist nur in Ausnahmefällen möglich; dieser Grundsatz gilt auch bei den Toponymen.

Die vom Namengeber (bzw. den Namengebern) vorgeschlagene Benennung wird allerdings erst dann zum Eigennamen, wenn sie von einer bestimmten Spre-

---

23 Vgl. hierzu Kany 1992:18ff.

chergruppe akzeptiert und reproduziert wird. Wissen Sprecher und Hörer, welchem Menschen oder Gegenstand der betreffende Eigenname zugeordnet wurde, so war der Taufakt erfolgreich. Nach dem initialen Zuweisungsakt wird der Eigenname in allen weiteren Sprechakten situationsunabhängig und kodebezogen verwendet.[24] Mit der Zuordnung zu einem Menschen oder Objekt wird der Eigenname zum Merkmal des Namenträgers. Die Kenntnisse über den Namenträger werden sich bei jedem Sprecher individuell aufbauen. Im Namengebrauch ist oft dieses Wissen über einen Namenträger entscheidend: ein Name ruft beim Hörer bestimmte Assoziationen hervor, da er beispielweise bereits einen Träger eben dieses Namens kennt. So sortieren Eltern, die auf der Suche nach einem geeigneten Vornamen für ihr Kind sind, die Vornamen, die sie mit einem unsympathischen Namenträger verbinden, von Anfang an aus. Auf diese Konnotationen, die Eigennamen produzieren können, wird bei der Vergabe mancher Namen bewußt gebaut: Man denke nur an viele Pseudonyme im künstlerischen Bereich oder an die zu Werbezwecken kreierten Warennamen. Beispielsweise steckt hinter dem so schön russisch klingenden Personennamen *Iwan Rebroff* der deutsche Sänger *Hans-Rolf Rippert* und hinter dem klangvollen Pseudonym *Loretta Young* verbirgt sich die Schauspielerin *Gretchen Belzer*. Ebenso gezielt gebildet sind viele Warennamen: da heißt eine Seife *Lux* und signalisiert dem Käufer Luxus, Überfluß, Licht und strahlenden Glanz, wenn er sich zum Kauf dieser Seife entschließt. Ähnlich suggestiv wird wohl auch der Warenname *Contessa* für ein Haarpflegemittel eingesetzt. Die Eigennamen werden zwar denotatsbezogen vergeben, aber vor allem bei der produktiven Namenbildung können verbunden mit der Motivierbarkeit eines Namens konnotative Aspekte mit ins Spiel kommen. Auf Pseudonym, Warennamen und Vornamen wurde schon hingewiesen, auch bei der Vergabe von neuen Straßennamen spielen die Konnotationen, die ein Eigenname hervorrufen kann, eine große Rolle.[25] Man kann also festhalten, daß Eigennamen nicht nur denotative, sondern auch konnotative Aspekte in sich vereinen.

Kehren wir noch einmal zur obigen Definition der Namengebung zurück. Laut dieser Definition ist der Prozeß der Namengebung von verschiedenen Faktoren abhängig. Ein Namengeber vergibt für ein bestimmtes Objekt einen Namen, die-

---

24 Hörer und Sprecher müssen über denselben Kode bezüglich eines Eigennamens verfügen, erst dann kann der Eigenname seine Identifikationsfunktion erfüllen und erfolgreich auf eine Entität bezogen werden. Vgl. Wimmer 1973:90/102.

25 Der Aspekt Name und Assoziation wird in den einzelnen Großkapitel noch einmal gesondert behandelt. Vgl. die Abschnitte 3.2.4, 4.2.4 und 5.2.3.

ser kann dann innerhalb einer Sprechergemeinschaft akzeptiert und weiterverwendet werden. Debus ordnet dem Eigennamen im Hinblick auf den Namengeber und den Namenträger zwei unterschiedliche Werte zu: den Intentions- und den Kommunikationswert.[26] Der erste Wert lasse Rückschlüsse auf den Namengeber zu:

> In der Namengebung wird die Form festgelegt, der Inhalt ergibt sich aus den für den Namengeber wesentlichen Motiven, die zur Wahl eben dieses und keines anderen Namens bzw. dieser Namenform geführt haben und für den Namenträger kennzeichnend sein sollen. Wir sprechen hierbei vom Intentionswert des Namens. (Debus 1985b:53)

Und weiter heißt es über den Kommunikationswert: "Dem Namen wachsen vom Träger her jeweils spezifisch-individuelle Inhaltskomponenten zu." (Debus 1985b: 53). Wenn man unter diesen "individuelle(n) Inhaltskomponenten" die Konnotationen und den Motivationsgehalt eines Eigennamen faßt, so besitzt der Eigenname einen Kommunikationswert, dieser hängt aber nur auf der einen Seite mit dem Namenträger zusammen. Auf der anderen Seite entsteht der Kommunikationswert eines Eigennamens bereits während der Namenbildung und später dann im Namengebrauch, also durch den oder die Namenverwender. Die Unterscheidung dieser beiden Werte hat ihre Berechtigung, doch erscheint es mir sinnvoller, den Kommunikationswert nicht nur auf den Namenträger, sondern auch auf den Namenbenutzer und das sprachliche Zeichen selbst zu beziehen.[27] Im folgenden verwende ich daher den Begriff Kommunikationswert in einem weiteren Sinne, als ihn Debus eingeführt hat. Beide Werte, Intentions- und Kommunikationswert, drücken aus, daß es sich bei Namengebung und -verwendung um Interaktionen handelt, bei denen mehrere Faktoren eine Rolle spielen. Oft werden diese Werte auch aufeinander abgestimmt: Bei den oben aufgeführten Pseudonymen und Warennamen haben die Namengeber versucht, den möglichen Kommunikationswert der jeweiligen Namen in der Namengebung zu beeinflussen.

Neben Namengeber und Namenbenutzer spielen aber noch weitere Faktoren in der Namengebung eine Rolle: der Namenträger und der auszuwählende Eigenname. Nicht jedes Objekt erhält einen eigenen Namen, dies wäre aus sprachökonomischen Gründen gar nicht möglich. Welche Gegenstände Eigennamen erhalten und wieviele Namen einen Gegenstand bezeichnen, wird aber nicht durch sprachliche Aspekte festgelegt: Gesellschaftliche Konventionen entscheiden über die Vergabe eines Eigennamens.

---

26 Erstmals eingeführt sind diese Begriffe in Debus 1976:63.

27 Einen ähnlichen Vorschlag macht bereits Rainer Frank 1980:43.

Es gibt Entitäten, die in unserer heutigen Gesellschaft immer einen Namen erhalten: Personen und Siedlungen müssen immer benannt werden, da eine eindeutige Identifizierung sowohl von Personen als auch von bewohnten Örtlichkeiten für den modernen Verwaltungsstaat unerläßlich ist. Die Namengebung und der Namengebrauch dieser Gruppe ist streng rechtlich normiert, d. h. vom Gesetzgeber werden, um etwaige Rechtsunsicherheiten zu vermeiden, für diese Namen für die gesamte Sprechergemeinschaft geltende Vorschriften aufgestellt. So behandelt das BGB die Personennamen und das Gemeinderecht normiert die Ortsnamen; beide Gesetzesbücher sind uneingeschränkt im gesamten Gebiet der Bundesrepublik Deutschland gültig.

Dann gibt es Gegenstände oder Lebewesen, die unter bestimmten Umständen benannt werden können. Hierzu kann man beispielweise die Tiernamengebung zählen. Tiere können einerseits als Haustiere im privaten Bereich einen eigenen Namen erhalten, die gewählten Namen unterliegen dabei keinen expliziten Normierungen. Anders ist dies bei vielen Zuchttieren, für die der jeweilige Verband genaue Normierungen hinsichtlich der Namenvergabe aufgestellt hat.[28] Im Gegensatz zur ersten Objektgruppe gibt es in dieser zweiten Gruppe von zu benennenden Gegenständen (bzw. Lebewesen) nur Sonderregelungen für die Namengebung; auch die Warennamengebung gehört in diesen Bereich der Sonderregelungen. Produkte müssen nicht markiert werden, d. h. die Vergabe und Eintragung eines Warennamens ist vom Gesetzgeber nicht zwingend vorgeschrieben (vgl. Abschnitt 5.1.3). Wird die Ware aber mit einem eigenen Namen gekennzeichnet, so unterliegt der Warenname als Teil des Warenzeichens dem Warenzeichenrecht. Dieses stellt wiederum ein Gebiet des geschäftlichen Rechtsschutzes dar und ist somit ein Rechtsbereich, der nur für bestimmte Personen und nicht für alle Sprachteilnehmer gilt.

An dritter Stelle der zu benennenden Objektklassen steht die große Gruppe von Gegenständen, die so gut wie nie benannt werden.

Wenn man sich ansieht, welche Objekte einen Namen erhalten und welche unbenannt bleiben, kann man zwei grundlegende Fragen ausmachen, die bei einer möglichen Namengebung eine Rolle spielen: um welche Art von Gegenstand handelt es sich, d. h. zu welcher proprialen Schicht muß der zu vergebende Eigenname gehören? Und wie wichtig ist das betreffende Objekt für den bzw. die Spre-

---

28 Eine genaue Untersuchung zu dieser Art der Namengebung hat Edeltraut Dobnig-Jülch 1977 durchgeführt.

cher? Vornamenrechtlich festgelegt ist beispielsweise, daß Familiennamen nicht als Vornamen vergeben werden dürfen (vgl. Abschnitt 3.1.2.2). Man kann an dieser Stelle festhalten, daß nicht jeder Gegenstand (bzw. jedes Lebewesen) mit jedem Namentyp bezeichnet werden kann und daß die Objekte nach dem Kommunikationsbedürfnis der Sprechergemeinschaft selektiert werden. Dieses Kommunikationsbedürfnis, aus dem heraus ein neuer Name entsteht, hängt von verschiedenen Faktoren ab: der Kommunikationssphäre (z. B. privat vs. offiziell), den Kommunikationspartnern und dem Kommunikationsziel.

Jede Namenklasse hat ihre eigenen Gesetzlichkeiten bei der Namenbildung und Namengebung; jeder Namentyp ist in erster Linie auf eine Objektkategorie festgelegt. Vor der tatsächlichen Namengebung liegen die Namensuche und Namenwahl, dabei gelten prinzipiell zwei Grundprinzipien. Der Namengeber kann zum einen Merkmale des zu benennenden Objektes aufgreifen, dies ist häufig bei inoffiziellen Personennamen der Fall. Viele aus Beinamen entstandene Familiennamen beruhen auf diesem Prinzip; Beispiele sind hier die sogenannten Satznamen des Typs *Trinkaus* oder die aus Adjektiven enstandenen Familiennamen *Braun*, *Langer* und *Klein*. Ein anderes Prinzip in der Namenwahl ist die Orientierung an Relationsmerkmalen, d. h. der Eigenname wird im Hinblick auf einen besonderen Personen- oder Raumbezug ausgewählt. Besonders in der Vergabe der Straßennamen wird diese Vorgehensweise durchgeführt: Straßen werden häufig topographisch benannt (*Laufergasse*, *Flußstraße*, *An der Burg*) oder erhalten in ehrender Absicht den Namen einer Persönlichkeit (*Goethestraße*, *Dr.-Carlo-Schmid-Straße*, *Wallensteinstraße*). Vgl. Abschnitt 4.2.2.3. Eigennamen mit deutlicher Raumkennzeichnung, wie die gerade erwähnten Straßennamen, haben eindeutig neben der differenzierenden auch eine charakterisierende Funktion.

Sprachliche Normen spielen bei der Namengebung nur eine untergeordnete Rolle:

> In der Hauptsache verfährt die Benennung nach pragmatischen Bedingungen und richtet sich nach den je besonderen Voraussetzungen historischer, politischer, sozialer und ökonomischer Natur. (Bauer 1985:195)

Im Bereich der offiziellen Eigennamen sind die rechtlichen Normierungen entscheidend. Sie entspringen gesellschaftlichen Bedürfnissen und werden, wie man später in den einzelnen Kapitel sehen wird, linguistischen Grundsätzen oft nicht gerecht, was seine Ursache sicherlich in der pragmatischen Ausrichtung der alltäglichen Namengebung hat. Juristisch begründete Normen für die Namengebung von Anthroponymen, Toponymen und Ergonymen folgen in der Regel nur einem Prinzip: Sie sollen Identitätsverwirrungen verhindern.

2.2.3.2 Der Begriff Namenkompetenz

Im Zusammenhang mit der Namengebung muß man auch über den Begriff der Namenkompetenz reden. Dieser Begriff wurde erstmals von Dobnig-Jülch verwendet und im Hinblick auf die Namengebung geprägt:

> In einem Lernprozeß (...) erwirbt jeder Sprecher die Teilkompetenz Namengebungskompetenz, die unter anderen Regeln umfaßt, welche Entitäten als Namenträger überhaupt institutionell normiert sind und welche formalen Ansprüche für Eigennamen-Ausdrücke von den einzelnen Institutionen gefordert werden. (Dobnig-Jülch 1975:441)

Jeder Mensch lernt im Rahmen der kommunikativen Kompetenz, wie Eigennamen vergeben und gebraucht werden.[29] Die Namenkompetenz ist abhängig vom Alter des Sprechers und von dessen Zugehörigkeit zu einer bestimmten Gruppe. Normierungen der Namengebung bei Rassehunden oder Zuchtbullen sind wohl nur einem Eingeweihten bekannt. Ein weiterer Teilbereich der Namenkompetenz ist das Wissen über Namen. Was ist darunter zu verstehen? Jeder Sprecher kann bestimmte Eigennamen geographisch und soziologisch zuordnen. So gibt es Familiennamen, die für den süddeutschen Sprachraum typisch sind (*Huber*, *Metzger*) und Familiennamen, die häufiger im norddeutschen Sprachgebiet vorkommen (*Hinrichsen*, *Schlachter*); ähnliche regionale Besonderheiten weisen auch die Siedlungsnamen auf.[30] Den meisten Sprechern sind diese geographischen Verteilungen von Eigennamen unbewußt bekannt. Im Spracherwerb lernt das Kind die regionale Differenzierung der Appellativa ebenso wie die der Eigennamen.

Phänomene der Namensphsyiognomik werden häufig im Bereich der Werbung ausgenutzt. Fast jeder Mensch kann beispielsweise Vornamen in die Kategorien *modern* bzw. *veraltet* einordnen, in der Werbung werden je nach Werbeziel eben diese alten oder neuen Vornamen gezielt als Warennamen verwendet (vgl. Abschnitt 5.2.2.2).

---

29 Auch die Frage, wie Eigennamen gelernt werden, gehört in dieses Feld. Vgl. hierzu Koß 1988.

30 Die regionalen Unterschiede bei den Namen beruhen größtenteils auf ihrer appellativischen Herkunft. Auch bei den Appellativa gibt es in Abhängigkeit von den einzelnen Dialekträumen eine spezifische geographische Verteilung. Zum Aspekt der Namengeographie vgl. Bauer 1985:183ff.

Insgesamt spielt die Namenkompetenz gerade auf dem Gebiet des Namenrechts eine große Rolle: Es sei hier nur exemplarisch auf das weite Feld der Vornamengerichtsurteile oder auf die Prozesse des Bundespatentgerichts hingewiesen.

2.3 Zusammenfassung

Im vorangegangenen ersten Kapitel "Name und Recht" ging es um die für den weiteren Verlauf der Arbeit wichtigen allgemeinen Grundlagen beider Wissenschaften: Im rechtlichen Teil des Kapitels wurden der grundlegende Paragraph des deutschen Namenrechts, § 12 BGB, der juristische Namenbegriff und die Funktion des Namens erläutert. Die linguistischen Abschnitte befaßten sich mit der Struktur des Namenschatzes, dem onomastischen Namenbegriff und dem weiten Feld der Namengebung.

Das **Namenrecht** stellt ein nicht übertragbares Persönlichkeitsrecht des Einzelnen dar. Damit eng verbunden sind die im Hinblick auf die Interessen des Staates an einer festen Namensführung entstandenen öffentlich-rechtlichen Grundsätze, an deren Spitze das Prinzip der Namenskontinuität steht. Gleichzeitig kann das Namenrecht zum Immaterialgüterrecht werden, wenn es sich um Rechte an unkörperlichen Gütern handelt. Ausgehend vom Familiennamen, der für das Namenrecht den prototypischen Namen verkörpert, dient ein Name aus namenrechtlicher Sicht der Identifizierung und Individualisierung einer Person; alle im Laufe der Zeit neu entstandenen und später rechtlich normierten Namen wie z. B. die Handels- und Warennamen müssen diese Funktion erfüllen. Das Namenrecht klassifiziert die einzelnen Namen nach verschiedenen Kriterien:

1. nach dem Namengeber (Gesetzgeber vs. Privatperson)
2. nach der Art der Namengebung (Wahlnamen vs. Zwangsnamen)
3. nach dem Namenträger (Personennamen, Sachnamen usw.)

Die **Onomastik** bietet ebenfalls mehrere Einteilungsmodelle: 1. die morphologisch-syntaktische Klassifikation, 2. die semantische Klassifikation und 3. die referentenorientierte Klassifikation. Diese dritte pragmatische Klassifizierung, bei der man zu fünf großen Namengruppen gelangt - Anthroponyme, Toponyme, Ergonyme, Praxonyme, Phänonyme -, liegt auch der vorliegenden Arbeit zugrunde; von den fünf Klassen sind die ersten drei rechtlich normiert. Auch in der Onomastik betrachtet man die Personennamen neben den Ortsnamen als die prototypischen Eigennamen und hat daher aus ihnen den onomastischen Namenbegriff abgeleitet: Unter einem Eigennamen versteht man ein sprachliches Zeichen, mit dem aufgrund eines initialen Namengebungsaktes, in dem es erstmals mit einem bestimmten Namenträger verbunden wurde, referiert werden kann, ohne daß dabei eine inhaltliche Aussage über den Namenträger gemacht wird. Eigennamen können entweder neugebildet oder aus einem tradierten Namenschatz entnommen werden: im ersten Fall spreche ich von einer produktiven, im zweiten Fall von einer reproduktiven Namenbildung. Die Bildungen der ersten Art zeichnen sich meist durch einen sehr starken Motivationsgehalt aus. Obwohl Eigennamen also im Gegensatz zu den anderen sprachlichen Zeichen nicht über lexikalische Bedeutung verfügen, funktionieren sie also innerhalb unseres Sprachsystems. Mit seiner Verwendung in der Kommunikation erhält ein Name seine eigene Geschichte. Bei herausragenden Namenträgern oder auch bei sehr häufig vergebenen Vornamen wird die Namengeschichte meist im kollektiven Gedächtnis der Sprachgemeinschaft aufgenommen; gleichzeitig entwickelt sich aber bei jedem einzelnen Sprecher eine individuelle Namengeschichte. Dieses Phänomen läßt sich mit den Begriffen der Namenbedeutsamkeit und des Kommunikationswertes eines Namens erfassen. Beide Termini bezeichnen die Tatsache, daß einem Namen durch seinen Gebrauch bestimmte positive, negative oder auch neutrale Assoziationen zuwachsen. Diese Konnotationen lassen sich nicht objektiv festlegen, sie variieren vielmehr von Sprecher zu Sprecher.

Ausgehend von den rechtlichen Vorstellungen über den Vorgang der **Namengebung** habe ich in Abschnitt 2.2.3.1 ein allgemeines Modell für diesen Prozeß entwickelt: Grundsätzlich erfaßt es nur die rechtlich normierten, d. h. die offiziellen Eigennamen. Drei prinzipielle Fragen spielen bei dieser Namengruppe eine entscheidende Rolle: 1. Ist der Namengeber rechtlich festgelegt? 2. Hat der Namengeber Einfluß auf die Namenwahl? 3. Sind Namengeber und Namenträger identisch?

Frage 1 muß für alle in dieser Arbeit behandelten Namentypen bejaht werden. Die anderen beiden Fragen führen dann zu drei Arten der Namengebung: der passiven Namengebung (Frage 2 verneint), der aktiven Namengebung 1. Grades (Frage 3 bejaht) und der aktiven Namengebung 2. Grades (Frage 3 verneint). Mein Modell zeigt die Vielschichtigkeit der rechtlich normierten Namengebung; in den nun folgenden Kapiteln soll die Funktionsfähigkeit des Modells überprüft werden.

3 Anthroponyme - Namen im Zivilrecht

3.1 Rechtliche Normierungen

Als erste Gruppe von Namen, die rechtlich normiert sind, sollen die Anthroponyme besprochen werden. Hier stellt sich aus juristischer Sicht zuerst einmal die Frage, welche Personenbezeichnungen normiert werden. Der Namenrechtler trennt bei den Personennamen die Bezeichnungen für natürliche Personen von denjenigen für juristische Personen; Vereinsnamen und Namen von Kapitalgesellschaften sind Beispiele für die zweite Namenkategorie. Nach bundesdeutschem Namenrecht muß jeder Deutsche neben seinem Familiennamen mindestens einen Vornamen tragen: Vorname (s. Abschnitt 3.1.2) und Familienname (s. Abschnitt 3.1.1) bilden zusammen mit eventuellen Namenszusätzen den bürgerlichen Namen eines Individuums. Im bürgerlichen Namen sieht der Gesetzgeber den prototypischen Namen, dessen Regelungen zu Namenserwerb und Namenänderung auch für alle anderen Namentypen wie z. B. das Pseudonym (s. Abschnitt 3.1.3) gelten. Die meisten rechtlichen Normen hinsichtlich Namengebung und Namenverwendung zum bürgerlichen Namen finden sich im Zivilrecht, d. h. genau genommen im Familienrecht. Aspekte der Namenänderung sollen, auch wenn sie in den Bereich des öffentlichen Rechts fallen, in Abschnitt 3.1.4 behandelt werden.

3.1.1 Der Familienname

Im Zusammenhang mit dem Familiennamen stellen sich zwei große namenrechtliche Fragen: Wie wird der Familienname erworben und bei welchen ehe- und familienrechtlichen Vorgängen muß er geändert werden? Beide Aspekte hängen aufs engste zusammen: Bei der Geburt übernimmt ein ehelich geborenes Kind automatisch den Familiennamen seiner Eltern, das nichteheliche Kind bekommt den Familiennamen der Mutter (s. Abschnitt 3.1.1.2). Bevor also auf den Erwerb des Kindesnamens eingegangen werden kann, muß geklärt werden, wie der Familienname der Eltern bzw. der Mutter entsteht. Es geht im folgenden somit um den Zusammenhang von Familiennamen, Ehenamen und Geburtsnamen, d. h. um den Familiennamen aus eherechtlicher Sicht.

3.1.1.1 Familienname - Ehename - Begleitname

Den Familiennamen erwirbt ein Mensch kraft Gesetz aufgrund der Geburt (§§ 1616, 1616a BGB n.F., § 1617 BGB), einer Heirat (§ 1355 BGB) oder anderen familienrechtlichen Vorgängen wie Adoption (§ 1757 BGB) oder Einbenennung (§ 1618 BGB).[1] Bei einer Eheschließung oder einer Namenänderung haben die jeweiligen Namenträger die Möglichkeit, den Familiennamen in beschränktem Umfang auszuwählen. Im folgenden soll es nur um die Namenwahl des Familiennamen aufgrund einer Heirat gehen; Fragen, die mit dem Geburtsnamen, einer Adoption oder einer Namenänderung zusammenhängen, werden in den Abschnitten 3.1.1.2 und 3.1.4 behandelt.

Der Familienname stellt im Vergleich zum Vornamen den wichtigeren Teil des bürgerlichen Namens dar. Seit der Reform des Familiennamenrechtsgesetz (FamNamRG) von 1976 gibt es allerdings keine eindeutige Begriffsklärung für den Familiennamen.[2] Personenstandsrechtlich versteht man darunter den tatsächlich geführten Nachnamen einschließlich des seit 1976 möglichen Begleitnamens. Heißt also jemand Hans Brockmüller-Schmidt, so ist *Brockmüller-Schmidt* sein Familienname. Von dieser Sichtweise unterscheidet sich die familienrechtliche Auslegung: hier bedeutet der Familienname den tatsächlich geführten Geburts- oder Ehenamen. Dieser Definition schließt sich beispielsweise Klippel an: der Familienname ist für ihn "der einer Person zustehende oder von ihr geführte Geburtsname und der Ehename ohne Begleitname" (Klippel 1985:355).[3] Um zu unserem Beispiel zurückzukehren, bedeutet dies: Herr Brockmüller heiratet Frau Schmidt und beide wählen als gemeinsamen Ehenamen den Namen der Frau. Herr Brockmüller möchte aber seinen alten Namen nicht aufgeben und behält diesen als vorangestellten Begleitnamen bei. Der Familienname bei Herrn Brockmüller-Schmidt wäre dann *Schmidt.* Die juristische Handhabung des Begriffs Familienname ist also nicht einheitlich: Der Familienname taucht nämlich nicht

---

1 Erhält ein Kind bei einer Heirat der Mutter den Namen seines Stiefvaters, ohne daß es zu einer Adoption kommt, so spricht man von einer Einbenennung. Heiraten die Eltern eines Kindes und das Kind soll nun den gemeinsamen Familiennamen der Eltern tragen, so spricht man von Legitimation. Vgl. hierzu Ficker 1954:40ff.

2 In seiner ersten Fassung von 1896 lautete der § 1355 BGB: "Die Frau erhält den Familiennamen des Mannes." Bis zur Reform im Jahre 1976 wurde somit bei einer Heirat automatisch der Name des Mannes zum Ehenamen. Zur Gesetzgebungsgeschichte des Ehenamenrechts s. Wacke 1994:209f.

3 Die familienrechtliche Auslegung liegt auch der Namensklassifikation Diederichsen zugrunde, die in Abschnitt 2.1.1. vorgestellt wurde.

nur als Begriff für Geburtsname und Ehename auf, er wird auch als Oberbegriff für den "Namen, den eine natürliche Person im täglichen Leben führt" (Simader/Diepold 1981:5) verwendet. Die Begriffsdifferenzierung entstand im Zuge der Reform des FamNamRG: die Reform von 1976 bestand zwar immer noch auf einem gemeinsamen Familiennamen (dem Ehenamen) des Ehepaares, doch wurde erstmals aufgrund der Gleichberechtigungsforderung im Grundgesetz (Art. 3 II GG) nicht automatisch der Name des Mannes zum Ehenamen bestimmt. Außerdem räumte der geänderte § 1355 die Möglichkeit ein, den nicht gewählten Familiennamen wie im obigen Beispiel *Brockmüller-Schmidt* als Begleitname dem Ehenamen voranzustellen; diese Namenserweiterung war und ist auch heute noch unabhängig vom Ehepartner. Der Begleitname ist persönlichkeitsgebunden, somit gleichzeitig ehe- und familienunabhängig, d.h. er wird an die Kinder nicht weitergegeben. Zusammen mit dem gewählten Ehenamen wird der Begleitname in den Paß eingetragen und beide Namen zusammen - Begleitname und Ehename - sind bei jedem amtlichen Namengebrauch anzugeben. In einem Punkt wurde der reformierte § 1355 BGB allerdings scharf kritisiert: Absatz 2 sah vor, daß im Falle der Nichteinigung auf einen gemeinsamen Familiennamen dann doch automatisch der Geburtsname des Mannes zum Ehenamen wurde. Das Bundesverfassungsgericht setzte deshalb mit folgender Begründung § 1355 II 2 außer Kraft:

> Mit dem Grundsatz der Gleichberechtigung (Art. 3 II GG) ist es nicht vereinbar, daß der Mannesname von Gesetzes wegen Ehename wird, wenn die Ehegatten keinen ihrer Geburtsnamen zum Ehenamen bestimmen (§ 1355 II 2 BGB). (BVerfG, Beschl. v. 5.3.1991 - 1 BvL 83/86, 24/88)

Zwei Jahre lang stritten sich Politiker, Juristen und Laien über die Neuordnung des Familiennamenrechts. Von konservativer Seite her sollte der einheitliche Familienname erhalten bleiben, progressivere Kräfte forderten eine längst überfällige Liberalisierung des Namenrechts. Dabei wurde von beiden Seiten immer wieder auf die Aufgaben des Familiennamens verwiesen: Der Familienname sei zwar Individualisierungsmittel, er solle aber auch die Abstammung des jeweiligen Menschen nach außen hin verdeutlichen (*familiale Zuordnungsfunktion*). Diesem konservativem Argument der Abstammungskennzeichnung läßt sich auch eine andere Funktion des Familiennamen zuweisen. Lange Zeit war der Familienname ein Mittel zur Statusbezeichnung einer Person: an ihm sah man, ob eine

Frau verheiratet oder ledig, ein Kind ehelich oder nichtehelich war[4]. Diese Orientierung an einem patriarchalen Rechtssystem entspricht jedoch nicht mehr unserer heutigen Auffassung von der Gleichberechtigung und damit auch nicht mehr unserem Rechtsverständnis; der Verweis auf die Symbolkraft des gemeinsamen Familiennamen für die Ehe ist heute kein schlagendes Argument mehr. Die zentrale Aufgabe des Familiennamens besteht in der eindeutigen Identifizierung eines Menschen, diese ist aber eigentlich nur dann optimal zu erfüllen, wenn der Familienname kontinuierlich beibehalten wird. Ändert sich ein Familienname bei einer Heirat, übernimmt der Familienname primär eine neue Aufgabe: Er identifiziert den Menschen als Mitglied einer neu entstandenen Familie. Beide Funktionen, die Kennzeichnung der Abstammung und die Markierung des Eheverhältnisses, wird der Familienname nie gleichzeitig erfüllen können. Oberstes staatliches Ziel ist aber die personenbezogene Identifizierung, die familiäre Kennzeichnung ist ein politisches, d. h. gesellschaftliches Leitbild und somit von den juristischen Normierungen auszunehmen:

> Tradition, Gewohnheiten, gesellschaftliche Konventionen, auch wenn - oder gerade wenn - sie tief im Irrationalen wurzeln, rechtfertigen allein für sich noch nicht, daß ihnen das Recht seine Sanktionen leiht. (Hepting 1992:206)

Diese Erkenntnisse mußten dazu führen, daß man den Grundsatz eines gesetzlich bestimmten einheitlichen Ehe- und Familiennamens aufgab. Ganz verzichtete man dann 1993 allerdings in der zweiten Reform des FamNamRG auf diesen Grundsatz nicht, Absatz I lautet nun:

> Die Ehegatten sollen einen gemeinsamen Familiennamen (Ehenamen) bestimmen. (...) Bestimmen die Ehegatten keinen Ehenamen, so führen sie ihren zur Zeit der Eheschließung geführten Namen auch nach der Eheschließung.[5]

Aus der Muß-Bestimmung ist somit eine Soll-Bestimmung geworden: Zum Ehenamen kann der Geburtsname der Frau oder des Mannes gewählt werden (§ 1355 II BGB). Neu ist, daß die Erklärung eines gemeinsamen Ehenamens nicht sofort bei der Eheschließung erfolgen muß: das Ehepaar hat fünf Jahre Zeit, diese Erklä-

---

4 Bis ins 19. Jahrhundert hinein wurde eine Frau erst durch den Rang ihres Mannes zur gesellschaftlichen Persönlichkeit, unverheiratet war sie weder rechts- noch geschäftsfähig. Vgl. Hoboken 1984.

5 FamNamRG v. 16.12.1993, BGBl 1993 Teil I, S. 2054-2058. Alle folgenden Angaben zum Familiennamenrecht stammen aus diesem zum 1. April 1994 in Kraft getretenen Gesetz.

rung nachzureichen (§ 1355 III BGB). Eine weitere Änderung des Paragraphen besteht darin, daß der Begleitname nicht mehr zwangsläufig vorangestellt werden muß. Nach § 1355 IV BGB kann der nicht als Ehename gewählte Geburtsname voran- oder nachgestellt werden; die bisher unwiderrufliche Hinzufügung ist außerdem in der Neufassung widerruflich (§ 1355 IV 4). Zweigliedrige Begleitnamen werden vom Gesetzgeber ausgeschlossen: "Besteht der Name eines Ehegatten aus mehreren Namen, so kann nur einer dieser Namen hinzugefügt werden" (§ 1355 IV 2 BGB).

Die Liberalisierung des deutschen FamNamRG entspricht weitgehend anderen europäischen Rechtsordnungen, in denen auch kein gesetzlicher Zwang zur Führung eines einheitlichen Ehenamens besteht.[6] Außerdem orientiert sich die Neufassung des § 1355 BGB, wie eine 1989 am Tübinger Standesamt zur Ehenamenswahl durchgeführte Umfrage zeigte, an vorhandenen gesellschaftlichen Bedürfnissen: knapp die Hälfte aller befragten Paare gaben an, daß sie jeweils ihren eigenen Namen behalten hätten, wenn dies rechtlich möglich gewesen wäre.[7]

Die Reform des FamNamRG und des § 1355 BGB betrifft aber nicht nur den Ehenamen, sondern auch andere Bereiche wie beispielsweise das Kindesrecht oder das Personenstandsrecht.[8] Auf alle Änderungen soll hier nicht eingegangen werden, im folgenden wird vielmehr nur der Erwerb des Geburtsnamens ausführlicher besprochen.

3.1.1.2 Geburtsname - Kindesname

"Geburtsname ist der Name, der in die Geburtsurkunde eines Ehegatten zum Zeitpunkt der Erklärung gegenüber dem Standesbeamten einzutragen ist." (§ 1355 VI BGB). Die Definition des Begriffs Geburtsname erscheint vordergründig eindeutig. Doch welcher Name wird als Geburtsname in die Geburtsurkunde eingetragen? Oberstes Ziel im Kindesnamensrecht ist die Herstellung einer Namensgleichheit zumindestens mit einem Elternteil, für eheliche und nichteheliche Kinder gelten hier unterschiedliche Regelungen.

Der Name des ehelichen Kindes ergibt sich aus § 1616 BGB: Führen die Eltern einen gemeinsamen Ehenamen, so wird dieser automatisch zum Geburtsna-

---

6 Vgl. Hoboken 1984:158 und MünchKomm.(-Wacke) § 1355 BGB Rn 14.
7 Stenz 1990.
8 Vgl. Sturm 1993 und Wacke 1994.

men des Kindes.[9] Liegt kein einheitlicher Ehename vor, so müssen die Eltern den Familiennamen eines Elternteils zum Geburtsnamen bestimmen, diese Festlegung gilt dann auch für alle weiteren Kinder (§ 1616 II BGB). Für die Entscheidung haben die Eltern einen Monat Zeit, dann überträgt ein Vormundschaftsgericht die Festsetzung einem Elternteil und wird innerhalb einer bestimmten Frist von diesem kein Geburtsname bestimmt, so erhält das Kind automatisch den Familiennamen des stimmberechtigten Elternteils. Die Wahl des namengebenden Elternteils wird sich wahrscheinlich danach richten, welcher der beiden den ausgefalleneren Familiennamen trägt:

> Wünschenswert ist zweifellos, daß sich seltenere, kennzeichnungskräftigere, klangvollere Namen gegenüber tausendfach vorkommenden Allerweltsnamen durchsetzen. (Wacke 1994:213)

Die Entscheidungsproblematik beim Familiennamen hat sich, wie man sieht, mit der Reform des FamNamRG auf die Ebene des Kindesnamens verlagert. Die Erteilung eines Doppelnamens, d. h. die beiden Familiennamen der Eltern werden zu einem neuen Namen zusammengesetzt, sieht der Gesetzgeber nicht vor. Erstens könnte sich hier das Problem ergeben, daß sich die Eltern nicht über die Reihenfolge der Namen einigen und zweitens sollen aus namenrechtlicher Sicht - wie man bereits an den Bestimmungen zum Begleitnamen gesehen hat - Namensketten vermieden werden. Immerhin läßt sich ja leicht der Fall vorstellen, daß zwei Menschen, die als Kinder beide einen zweigliedrigen Geburtsnamen erhielten, heiraten wollen. Ohne rechtliche Einschränkungen würden relativ schnell vier- oder mehrgliedrige Namen entstehen und da im privaten Gebrauch meist nur ein Namensteil verwendet wird, wäre die Identifizierung der betreffenden Person wohl auf Dauer nicht mehr möglich.

Das nichteheliche Kind erhält automatisch den Familiennamen der Mutter (§ 1617 I 1 BGB), wobei die Mutter den von ihr eventuell geführten Begleitnamen nicht weitergeben kann (§ 1617 I 2 BGB). Bis zum fünften Lebensjahr ändert sich der Geburtsname des nichtehelichen Kindes bei einer Änderung des Familiennamens der Mutter, sofern das Kind der Änderung zustimmt (§ 1617 II BGB).

Der Name des Kindes kann sich außerdem aus bestimmten familienrechtlichen Gründen ändern. Nichteheliche Kinder können in einer nachfolgenden Ehe der

---

9 Die Ehelichkeit beruht auf § 1591f BGB.

Eltern legitimiert werden (s.o.).[10] Neben diesem familienrechtlichen Statuswechsel gibt es auch die Möglichkeit der Einbenennung eines nichtehelichen Kindes (§ 1618 BGB). Das Kind kann auf diesem Wege, nachdem die Mutter geheiratet hat, den Familiennamen des Stiefvaters erhalten. Einen zweiten Fall der Einbenennung stellt die Übertragung des Familiennamens des leiblichen Vaters auf das nichteheliche Kind dar. Von dieser Möglichkeit könnte beispielsweise ein alleinerziehender Vater Gebrauch machen, der das alleinige Sorgerecht für das Kind ausübt.

Schließlich gibt es noch den Fall der Adoption: gemäß § 1757 BGB bekommt das Kind den Familiennamen des Annehmenden, wobei hier das Heimatrecht des Adoptierenden und nicht das des Kindes gilt. Der Familienname wird also nur geändert, wenn das Kind von einem deutschen Staatsbürger adoptiert wird. Die Adoption und damit der neue Familienname erstreckt sich auch auf alle Nachkommen des Adoptierten.

In all diesen Fällen der Namengebung dominiert das Prinzip der familiären Namenseinheit, daher ist die Namengebung beim Geburtsnamen in der Regel passiver Art. Beim Ehenamen wurde der Zwang zum einheitlichen Namen abgeschafft, das heutige FamNamRG wurde sukzessive liberalisiert. Zuerst führte man den Begleitnamen ein, später konnten beide Ehepartner ihren Familiennamen weiterführen. Aber auch wenn die Ehepartner die Möglichkeit haben, ihre Familiennamen beizubehalten, spätestens bei einem gemeinsamen Kind müssen sie sich doch auf einen gemeinsamen Familiennamen einigen: mindestens mit einem Elternteil muß Namensgleichheit bestehen; dieser Grundsatz gilt auch für nichteheliche Kinder.

3.1.2 Der Vorname

3.1.2.1 Namenserwerb

Die Vergabe der Vornamen wird in der Bundesrepublik Deutschland nur indirekt durch staatliche Regelungen beeinflußt; eine konkrete gesetzliche Vorschrift zur Vornamenwahl gibt es nicht. Über die "Dienstanweisung für die Standesbeamten und deren Aufsichtsbehörden" (DA) und verschiedene Namenrechtskommentare nimmt der Staat aber indirekt Einfluß auf die Vornamengebung: Die rechtliche Normierung des Vornamens läuft also über Rechtssätze aus der Verwaltungsvorschrift der Standesbeamten und über Richterrecht.

---

10 Für die Legitimation gelten folgende Paragraphen: §§ 1720, 1737, 1740f, 1740g BGB.

"Die DA wirkt als allgemeine Verwaltungsvorschrift nur behördenintern" (Gaaz 1988:217). Der Standesbeamte wird sich solange an die dort aufgeführten Vorschriften halten, bis ihm ein Gericht andere Weisungen erteilt, d. h. die verwaltungsinterne Verbindlichkeit der DA wird durch abweichende gerichtliche Anordnungen im Einzelfall überlagert. Gerade auf dem Gebiet der Vornamengebung kommt es sehr häufig zu Gerichtsurteilen, die in Ergänzung zu Vorschriften der DA stehen oder diese ganz außer Kraft setzen. Der überwiegende Teil der Bestimmungen der DA besteht in der Auslegung einzelner Rechtsnormen: Der Standesbeamte muß sich nicht nur mit dem Personenstandsgesetz (PStG) auseinandersetzen, in sein Aufgabengebiet fallen unter anderem auch das Ehe- und Kindschaftsrecht des BGB und des Ehegesetzes und das Internationale Privatrecht (IPR). Wird ein Kind geboren, so muß ihm neben dem Familiennamen auch mindestens ein Vorname erteilt werden. Diese beiden Namen werden gemäß § 62 Abs. I PStG vom Standesbeamten zusammen mit dem Geschlecht des Kindes in die Geburten- und Abstammungsurkunde eingetragen.[11]

Die Urkunden werden in deutscher Sprache mit deutscher oder lateinischer Schrift geführt. Dies schreibt § 49 DA vor, in dem außerdem Anweisungen über die Handhabung fremder Sprachen und Schriftsysteme zu finden sind:

> § 49: Sprache u. Schrift
> 1) Die Personenstandsbücher sind in deutscher Sprache mit deutscher oder lateinischer Schrift zu führen. (...) In Namen oder sonstigen Wörtern fremden Ursprungs enthaltene diakritische Zeichen (Akzente, Häkchen usw.) sind unverändert wiederzugeben.
> 2) Werden für eine fremde Sprache andere als lateinische Schriftzeichen verwendet, so sind Namen und andere Wörter soweit wie möglich durch Transliteration wiederzugeben, das heißt, daß jedes fremde Schriftzeichen durch das gleichwertige lateinische Schriftzeichen wiederzugeben ist. (...) Ist eine Transliteration nicht möglich, so sind Namen und sonstige Wörter nach ihrem Klang und den Lautregeln der deutschen Rechtschreibung (phonetische Umschrift) einzutragen.

Diakritische Zeichen bei ausländischen Vornamen werden von den Eltern oft übersehen oder willkürlich geändert. Der französiche Vorname *René* taucht dann beispielsweise in deutschen Urkunden als *Rene* oder gar eingedeutscht als *Rönne* auf. Das Problem der Schreibweise stellt sich jedoch nicht nur bei Vornamen, sondern auch bei ausländischen Familiennamen: russische, griechische oder arabische Familiennamen, um nur drei Sprachen mit nicht-lateinischen Schriftsystemen

---

11 Weiterführende Vorschriften zu Eintragungen in das Geburtenbuch finden sich in § 21 PStG.

zu nennen, müssen in die deutsche Sprache umgesetzt werden. Der Standesbeamte kann bei ausländischen Personennamen, die in deutsche Personenstandsregister eingetragen werden müssen, auf die ISO-Normen[12] zurückgreifen, die in einem Übereinkommen 1973 in der UN-Normenorganisation für die Angabe von Familiennamen und Vornamen in den Personenstandsbüchern festgelegt wurden.[13] Die Transliteration der jeweiligen Personennamen wird dem Standesbeamten mittels einer Tabelle ermöglicht; so werden beispielsweise griechische Personennamen grundsätzlich nach der ISO-Normempfehlung R 843 transliteriert. Neben der Transliteration, der buchstabengetreuen Umsetzung eines Personennamens, steht die Transkription, die lautgetreue Übertragung. Auf die Schwierigkeiten, die auf diesem Gebiet für den Standesbeamten entstehen, wird in Abschnitt 3.2.3 eingegangen.

Wer vergibt den neuen Vornamen eines Kindes?

> (1) Das Recht zur Erteilung der Vornamen ergibt sich aus der Personensorge. Bei ehelichen Kindern steht dieses Recht den Eltern gemeinsam zu, in besonderen Fällen dem Ehegatten allein, der die Sorge für die Person des Kindes ausübt (...). Bei nichtehelichen Kindern steht dieses Recht der Mutter zu.
> (2) Der Standesbeamte soll sich bei der Anzeige der Vornamen vergewissern, daß die Vornamen von den berechtigten Personen erteilt worden sind. (§ 262 DA)

Binnen einer Woche (§ 254 Abs. 1 DA) müssen also die Eltern bzw. die Mutter die Geburt und damit den (oder die) Vornamen dem zuständigen Standesamt melden. Manchmal kann auch die Klinik diese Anmeldung übernehmen (§ 256 Abs. 1 DA), außerdem ist eine nachträgliche Anzeige der Vornamen innerhalb eines Monats nach der Geburt möglich (§ 263 DA). Totgeborene Kinder erhalten keinen Vornamen (§ 264 Abs. 2 Satz 4 DA) und bei Kindern, die nach der Geburt gestorben sind, ist die Vergabe eines Vornamens fakultativ (§ 262 Abs. 6 DA).

---

12 Hinter der Abkürzung *ISO* verbirgt sich die Internationale Normenorganisation (*International Organization for Standardization*).

13 CIEC-Übereinkommen Nr. 14 von 1973: "Übereinkommen der Internationalen Kommission für das Zivilstandswesen vom 13.9.1973 über die Angabe von Familiennamen und Vornamen in Personenstandsbüchern" (BGBl. 1976 II S.1473, § 126a DA); vgl. Böhmer 1990 und die Handakten für die standesamtliche Arbeit H. 15 (1975). Zu diesem Abkommen äußert sich aus sprachwissenschaftlicher Sicht auch Seibicke 1977.

3.1.2.2 Inhaltliche Beschränkungen bei der Vornamenwahl

> Der Vorname dient dazu, seinen Träger als eigene Persönlichkeit zu kennzeichnen und ihn insbesondere von Trägern derselben Familie zu unterscheiden. (Diederichsen 1981:709)

Auf diesen Funktionen des Vornamens beruhen die rechtlichen Normierungen der Vornamengebung: Auf der einen Seite steht das öffentliche Interesse am Vornamen als Ordnungsmittel und auf der anderen Seite findet sich das Bedürfnis des Namenträgers, einen angemessenen Vornamen zu erhalten, der ihn weder stigmatisiert noch der Lächerlichkeit preisgibt. Da der Staat, wie gesagt, nur mittelbar Einfluß auf die Vornamenwahl ausübt, gibt es keine allgemeingültige gesetzliche Regelung für die Vornamengebung. Das in einem preußischen Erlaß von 1885 verankerte allgemeine Verbot anstößiger Vornamen wurde zwar 1938 in die DA übernommen und in der nächsten Auflage von 1958 wiederaufgegriffen, doch für alle nachfolgenden Ausgaben der DA wurde es abgeschafft. Spezifische rechtliche Bestimmungen zum Vornamen gab es in Deutschland nur während der Herrschaft der Nationalsozialisten. Diese führten die sogenannten jüdischen Zwangsnamen ein: alle jüdischen Männer hatten den Vornamen *Israel* und alle Frauen den Vornamen *Sara* zu führen. Außerdem bestimmten die nationalsozialistischen Ideologen in einem Runderlaß vom 18. August 1938, daß Kinder deutscher Staatsangehörigkeit grundsätzlich deutsche Vornamen erhalten sollten.[14] Während jüdische Eltern keine andere Wahl hatten und sich den nationalsozialistischen Gesetzen nicht entziehen konnten, umgingen viele deutsche Eltern den erwähnten Runderlaß. Dies "liegt wohl auch daran, daß die Wahl des Vornamen als ein nahezu zeitloses Personenkennzeichen auch von anderen Faktoren als der augenblicklichen politischen Situation abhängig ist" (Mahlburg 1985:247).[15]

Prinzipiell können die Eltern jeden einmal auf der Welt registrierten Vornamen vergeben. Doch nicht selten werden Eltern auf den Standesämtern mit ihren ausgewählten Vornamen abgewiesen. Aus welchen Gründen werden sie abgelehnt und worauf stützt sich der Standesbeamte oder Richter, wenn er über die Zulässigkeit eines Vornamen urteilen soll? Zum einen entwickelten sich in der Rechtsprechung und in der namensrechtlichen Literatur bestimmte Grundsätze, zum

---

14 Eine ausführliche Darstellung dieser dunklen Seite der rechtlichen Normierung der Vornamengebung in Deutschland findet man bei Bering 1987 und in kürzerer Form bei Mahlburg 1985.

15 Allgemein zu den Prinzipien der Vornamengebung s. Abschnitt 3.2.5.2.

anderen setzt § 262 der DA der Vornamenwahl inhaltliche Schranken. In § 262 DA findet man die grundlegenden Normierungen der Vornamengebung:

> (3) Bezeichnungen, die ihrem Wesen nach keine Vornamen sind, dürfen nicht gewählt werden. Das gleiche gilt von Familiennamen, soweit nicht nach örtlicher Überlieferung Ausnahmen bestehen. Mehrere Vornamen können zu einem Vornamen verbunden werden; ebenso ist die Verwendung einer gebräuchlichen Kurzform eines Vornamens als selbständiger Vorname zulässig.
> (4) Für Knaben sind nur männliche, für Mädchen nur weibliche Vornamen zulässig. Nur der Vorname *Maria* darf Knaben neben einem oder mehreren männlichen Vornamen beigelegt werden. Läßt der Vorname Zweifel über das Geschlecht des Kind aufkommen, so ist zu verlangen, daß dem Kind ein weiterer, den Zweifel ausschließender Vorname beigelegt wird.

Hier stellt sich nun die Frage, was denn das Spezifische am Vornamen ist? Woran erkennt man, ob es sich bei einer Bezeichnung um einen Vornamen handelt? In verschieden gerichtlichen Entscheidungen wurde von Einzelfall zu Einzelfall mit jeweils unterschiedlichen Maßstäben über diese Frage geurteilt. Die Eintragbarkeit von Familiennamen, von ausländischen Vornamen und von frei erfundenen Namen steht hier zur Debatte.

Familiennamen werden in der Regel nicht als Vornamen zugelassen. Doch auch hier ist die Beweislage nicht immer eindeutig: liegen bei *Klaus Ludwig* zwei Vornamen, zwei Familiennamen oder eine Verbindung aus Vornamen und Familienname bzw. Familienname und Vornamen vor? Viele Eigennamen, so auch die Vornamen, sind polyfunktional und können mehrere Funktionen übernehmen. Man muß sich daher die Frage stellen, ob nicht auch Familiennamen die Funktionen eines Vornamen (Identifizieren und Individualisieren) erfüllen können. Die Gerichte verfahren nicht immer gleich mit dem Grundsatz der Ablehnung von Familiennamen als Vornamen. 1983 wollten Eltern ihre Tochter *Caroline Puschkin-Marie* nennen. *Puschkin* - vom Gericht als Bezeichnung für den "bekannten russischen Dichter" (StAZ 12/83:351) und für eine Wodkasorte identifiziert - ist als weiblicher Vorname nicht eintragbar, da es sich hierbei nicht um einen Vornamen handle und die Bezeichnung außerdem nicht das Geschlecht des Kindes erkennen lasse (ebd.). 1992 erkannte das OLG Celle *Lafayette* als männlichen Vornamen unter der Bedingung an, daß der geschlechtsindifferenten Benennung eindeutige Vornamen hinzugefügt werden: "Die Auswahl des Namens 'Lafayette' als Vorname ist nicht deshalb unzulässig, weil er in Frankreich und auch in den Vereinigten Staaten von Amerika als Familienname bekannt ist." (StAZ 12/92:378). In Deutschland werde *Lafayette* von der Mehrheit der Sprecher nicht als Familienname erkannt (ebd.). Das Problem der Geschlechtsspezifik ließe sich durch die zwingende Verbindung mit einem geschlechtsmarkierenden Vornamen lösen. Inwieweit man die Klasse der Vornamen auch anderen Eigennamen oder gar allgemein sprachlichen Zeichen öffnet, ist ein soziales und kein sprachliches Problem: Prinzipiell können alle sprachlichen Zeichen die Funktion eines Vornamens übernehmen (vgl. Abschnitt 3.2.4). Keine Vornamen sind aus rechtlicher Sicht auch die von manchen Eltern als Namenszusatz geforderten Zahlen. So wollte ein amerikanischer Staatsbürger seinem 1975 geborenen Sohn den Zusatz *IV.* geben:

> Da der Vater, Großvater und Urgroßvater des Kindes, die alle noch leben, dieselben Vornamen tragen, sollte das Kind zwecks besserer Unterscheidung zu seinem Namen J.S.R. den Zusatz "IV." erhalten, zumal sein Vater den Zusatz "III." führt und sein Großvater den Zusatz "jr.". (StAZ 8/79:206)

Dies wurde aber vom Gericht abgelehnt, da es sich hierbei um eine Zahl handle und Zahlen keinen gesetzlich anerkannten Namensbestandteil darstellen. Ausgeschlossen aus der Namengebung sind auch Titel wie *Princess* (vgl. StAZ 1965:75) oder Namenszusätze wie *der Große* oder *Junior* (vgl. StAZ 7/8/80:198). Alle drei Beispiele wurden von den Richtern und Standesbeamten als Appellativa betrachtet und da Gattungsbezeichnungen aus namenrechtlicher Sicht nicht über Namencharakter verfügen, schieden sie als Vornamen aus.[16] Schwierig wird eine Beurteilung in den Fällen, in denen Appellativa zu Eigennamen werden: die Vornamen *Wolf* und *Erika* sind zwei Beispiele für onymisch verwendete Gattungsbezeichnungen.[17] Hier kommt man wieder auf die Frage nach dem Wesen eines Vornamen zurück. Gibt es Kriterien, die eine Trennung von Eigennamen und Appellativa ermöglichen? Diederichsen schreibt über die Vorschrift des § 262 Abs. 3 DA :

> Wenn das Appellativum Symbolwert besitzt, kann es zur Identifizierung von Personen oder Gegenständen dienen und damit zum Namen werden. (...) prinzipiell sind alle Ausdrücke geeignet, die Identifikations- und Differenzierungsfunktion zu übernehmen. (Diederichsen 1989:366)

Diese Aussage ist in meinen Augen in sich widersprüchlich: Denn entweder können alle sprachlichen Zeichen onymische Funktionen übernehmen oder nur

---

16 Vgl. Dörner 1973 und Gernhuber 1983.

17 *Erika* und *Wolf* können als Vornamen aber auch auf andere Weise entstanden sein: *Wolf* stellt sich als Kurzform des Vornamens *Wolfgang* und *Erika* als die movierte Form des männlichen Vornamens *Erich* bzw. *Erik* dar. Vgl. Seibicke 1991a:174/258.

diejenigen Zeichen, die "Symbolwert" besitzen. Doch was ist unter diesem vagen Begriff zu verstehen? Hinter dem Begriff "Symbolwert" steht für mich das Problem der konnotativen Aspekte bei Vornamen. In Verbindung mit dem oben definierten Begriff des Kommunikationswertes eines Vornamens (vgl. Abschnitt 2.2.3.1) gehe ich auf diesen Bereich des Vornamenrechts in Abschnitt 3.2.4 näher ein.

Bei der Vergabe ausländischer Vornamen muß zuerst festgestellt werden, welche Staatsangehörigkeit das Kind hat. Allgemein entscheidet beim Namenserwerb, gleichgültig, ob es sich um den Vornamen oder Familiennamen handelt, das Heimatrecht des Namenträgers. Ein deutsches Kind kann einen ausländischen Vornamen erhalten, wenn im Ursprungsland ein eindeutiger, dem Geschlecht des Kindes entsprechender Geschlechtsbezug vorliegt; diesen fordert § 262 Abs. 4 DA. Andernfalls muß das Kind einen weiteren nach deutschem Sprachgebrauch geschlechtsspezifischen Vornamen erhalten. Vornamen, die im Deutschen ein anderes Geschlecht markieren als in der Fremdsprache, gelten als geschlechtsneutral und können ebenfalls nur zusammen mit einem eindeutigen Vornamen gegeben werden. In diesem Zusammenhang stellt sich nun die Frage, ob entlehnte Vornamen, die auch eine deutschsprachige Variante besitzen, nicht in dieser Form einzutragen sind. Die Namensvarianten *Dominique* und *Dominik* stehen nebeneinander und werden von der namenrechtlichen Rechtsprechung als gleichwertig betrachtet; eine Vorschrift, die zwin-gend die Eintragung deutscher Namensformen vorschreibt, gibt es nicht.[18]

Zu den Phantasienamen, die entweder wie die gewünschten Vornamen *Pumuckl* und *Galadriel* der belletristischen Literatur entnommen werden oder von den Eltern neu erfunden werden, gibt es kontroverse Stellungnahmen. Auf der einen Seite stehen die Gegner[19] eines Namenserfindungsrechts, auf der anderen Seite wird für eine liberale Haltung[20] gegenüber frei erfundenen Namen plädiert. Oft werden Phantasienamen abgelehnt, weil man in ihnen sinnlose Buchstabenkombinationen sieht, die auch nicht geeignet sind, das Geschlecht des Kindes zu markieren. Treimer spricht sich gegen diese Argumente aus:

> Schlechterdings jeder Name war einmal völlig neu, zuvor nicht existent und wurde erstmals zur Kennzeichnung eines Menschen verwandt. Bei dieser ersten Verwendung

---

18 Vgl. Gernhuber 1983:271.

19 Vgl. Diederichsen 1981:710.

20 Vgl. Dörner 1980:172 und Treimer 1986:173.

> war er selbstredend nicht 'geschlechtsoffenkundig', da er zuvor nicht existierte. Mithin war es Eltern zu allen Zeiten gestattet, ihren Kindern völlig neue, in diesem Augenblick das Geschlecht noch nicht kennzeichnende Namen beizulegen. (Treimer 1986: 173)

Sieht man sich die germanischen Rufnamen in ihrer Entstehung und ihrer geschichtlichen Entwicklung näher an, so stellt man fest, daß keineswegs irgendwelche Appellativa vergeben werden konnten. Bei den ältesten germanischen Rufnamen handelt es sich um Komposita, d. h. um zweigliedrige Konstruktionen, deren Grundwort auch das Genus bestimmt. Bei den Personennamen hängt das Genus vom Sexus des Individuums ab, das mit dem Eigennamen benannt werden soll und so wurden für Männer Komposita ausgewählt, deren zweiter Bestandteil aus einem Maskulinum bestand, für Frauen wurden zweigliedrige Namen mit einem femininen Grundwort verwendet.[21] Auf das Problem der Geschlechtsmarkierung soll hier nicht weiter eingegangen werden, da es sinnvoller ist, diesen Aspekt des Vornamenrechts im Zusammenhang mit den linguistischen Grundlagen zu bearbeiten (vgl. Abschnitt 3.2.2.1).

Erinnert der neue Vorname in Klang und Schreibweise an bereits vorhandene Vornamen, so spricht für einen Teil der Namenrechtler nichts gegen seine Verwendung.[22] Erfüllt die erfundene Benennung die Funktionen, die einem herkömmlichen Vornamen von juristischer Seite zugeschrieben werden, so kann sie ebenfalls als Vorname eingetragen werden. Dem Phantasienamen *Pumuckl* beispielsweise wurde vom OLG Zweibrücken Namencharakter zugesprochen, da er zur Individualisierung eines Menschen geeignet erschien.[23] Wichtig ist in diesem Zusammenhang auch die Bedeutung des Appellativums, das als Phantasiename benutzt werden soll, und die Assoziation, die dieser Name beim Hörer hervorruft. So entschied das Bayerische Oberste Landesgericht, daß Vornamen nach literarischen Vorbildern zulässig sind, "wenn sich mit ihnen eine moralisch positive Vorstellung verbindet" (StAZ 1/81:25); mit diesem Urteil wurde *Momo* als Mädchenvorname zugelassen.[24]

Der Paragraph 262 der DA läßt Bindestrichvornamen wie *Karl-Heinz* oder *Anne-Rose* zur Eintragung zu; auf juristischer Seite stritt man sich allerdings

21 Eine ausführliche Darstellung der Entwicklung der deutschen Personennamen gibt Schützeichel in seiner Einführung zur fünften Auflage der "Deutschen Namenkunde" von Gottschald (Gottschald 1982:23ff).

22 Vgl. Dörner 1980:172 und Diederichsen 1981:710.

23 Vgl. StAZ 12/83:346.

24 Die Rolle der Vornamenassoziation wird in Abschnitt 3.2.4 erörtert.

längere Zeit darüber, ob diese Namenkombinationen einen oder zwei Vornamen darstellen.[25] Neben diesen langen Namenskonstruktionen erlaubt § 262 DA aber auch Kurzformen. Dies war nicht immer der Fall: bis ins 20. Jahrhundert hinein wurden in die amtlichen Register nur Vollformen eingetragen, was mit ihnen dann im alltäglichen Leben geschah, d. h. wie der Mensch gerufen wurde, interessierte Staat und Kirche, die die Register führten, nicht. Heute bringen die Kurzformen ein Problem mit sich: Man erkennt an ihnen nicht immer das Geschlecht des Kindes. Doch das Prinzip der Geschlechtsoffenkundigkeit, das im 4. Absatz des § 262 DA gefordert wird, gilt in der namensrechtlichen Literatur zum Vornamen als "der wichtigste inhaltliche Grundsatz bei der Vornamensgebung" (Diederichsen 1981:706). Das Problem der Geschlechtsspezifik betrifft nicht nur Vollformen und Kurzformen, sondern auch die in zunehmendem Maße beliebter werdenden ausländischen Vornamen. Nicht immer kann man sich an die Endungen halten und beispielsweise davon ausgehen, daß alle Vornamen auf auslautendes -a weiblich oder Vornamen mit der Endsilbe -hard männlich sind. Im Kommentar zu § 21 PStG steht hierzu:

> Die Feststellung, ob ein konkreter Vorname männlich oder weiblich ist, wirft in der Praxis die größten Schwierigkeiten auf. (Massfeller/ Hoffmann PStG § 21 Rn 103)

Auch in der übrigen namensrechtlichen Literatur findet man diese Problematik behandelt; am deutlichsten wird Diederichsen in seinem Aufsatz "Der Vorname - Identifikationssymbol oder Pseudonym?" (Diederichsen 1989):

> Die Ausdehnung des Erfordernisses der Geschlechtsoffenkundigkeit auf ausländische Vornamen führt in der Rechtsprechung zur Verfestigung sprachwissenschaftlich unhaltbarer Vorurteile: auf -o ausgehende Vornamen seien immer männlich, auf -a ausgehende Vornamen weiblich u. ä. (Diederichsen 1989:341)

Gerichte urteilen nicht immer so dogmatisch von den Endungen eines Vornamen ausgehend; dies zeigt die Entscheidung des Amtsgerichts Hamburg, "daß deutsche Kinder auch im Ausland gebräuchliche Vornamen, die (im Ausland) das jeweilige Geschlecht erkennen lassen, erhalten dürfen" (StAZ 7/8/80:198). Mit diesem Grundsatz wurde beispielsweise der Vorname *Mariko* für ein Mädchen zugelassen, "auch wenn der Endbuchstabe 'o' nach dem deutschen Sprachgebrauch eher auf einen männlichen als auf einen weiblichen Vornamen hindeutet" (StAZ

---

25 Vgl. Gernhuber 1983:269.

7/8/80:198). Gerade in diesem Bereich der Vornamengebung fehlt es den Standesbeamten und Juristen an eindeutigen Kriterien. Es wird später zu zeigen sein, ob die Onomastik hier helfen kann (vgl. Abschnitt 3.2.2.1). Bei Geschlechtszweideutigkeit muß dem Vornamen auf jeden Fall ein weiterer eindeutiger Vornamen hinzugefügt werden.

Vom Prinzip der Geschlechtsmarkierung gibt es rechtlich drei anerkannte Ausnahmen. Zum einen dürfen Jungen aus religiösen Gründen den Vornamen *Maria* erhalten, doch kann dieser nicht alleine vergeben werden. Mit dieser Einschränkung wird der Grundsatz von der Gleichwertigkeit der Vornamen aufgehoben: *Maria* wird zum sogenannten Beivornamen.

Eine zweite Ausnahme bilden die ostfriesischen Zwischennamen.[26] In genitivischer Form erscheint zwischen dem Vornamen und dem Familiennamen der Vorname des Vaters (*Almuth* *Frerichs* *Aden*), so erhalten auch Mädchen einen männlichen Vornamen, wobei diese Zwischennamen, wie die Terminologie bereits andeutet, keine Vornamen sind, sondern eine eigene Position zwischen Vornamen und Familiennamen einnehmen.

Als dritte und letzte Ausnahme sei auf die geschlechtsfremden Vornamen bei Einwanderern hingewiesen, die im Falle einer Einbürgerung nicht geändert werden müssen.

Betrachtet man die Rechtsprechung, die diese in der DA festgelegten Normen in die Praxis umsetzt, so kann man verschiedene Richtlinien ausmachen, auf denen die Urteile aufgebaut sind. In erster Linie soll der neue Vorname der allgemeinen Sitte und Ordnung angepaßt sein: Als Vornamen dürfen nur solche vergeben werden, die den gesellschaftlichen Konventionen entsprechen. Hier wird der § 262 DA wieder aufgegriffen, der Bezeichnungen als Vornamen verbietet, die "ihrem Wesen nach keine Vornamen sind". Dieser Punkt ist vor allem im Zusammenhang mit den konnotativen Aspekten bei Vornamen relevant und wird auch dort noch einmal zu erörtern sein (vgl. Abschnitt 3.2.4).

1938 urteilte das Kammergericht Berlin über die Annehmbarkeit der Vornamen *Cuno Josua*, wobei es in erster Linie um den Vornamen *Josua* ging, der vom Gericht als "typisch jüdisch" angesehen wurde und daher für ein deutsches Kind unannehmbar war. In der Urteilsbegründung heißt es:

---

26 Bekannter als diese deutschen Zwischennamen sind die russischen Patronymika, die abgeleitet aus dem Vornamen des Vaters als offizielle Namen zwischen Vor- und Familienname stehen (*Lev Nikolajevič Tolstoj*).

> Bei der Auswahl der Vornamen ist davon auszugehen, daß der gewählte Vorname sich im allgemeinen als Name darstellen muß und nicht wider die gute Sitte (...) verstoßen darf.[27]

Die "gute Sitte" bedeutete in diesem Fall die Anerkennung der nationalsozialistischen Ideologie und des oben erwähnten Runderlasses. Deutlich wird dies, wenn man sich ansieht, mit welcher Begründung das Kammergericht 1938 in einem anderen Fall den Vornamen *Esther* ablehnte, das Mädchen sollte stattdessen *Elisabeth* heißen:

> Der Standesbeamte kann nicht angehalten werden, für ein deutsches arisches Kind einen Vornamen in das Geburtenbuch einzutragen, der zwar nichtjüdischer Herkunft ist, aber im Bewußtsein des deutschen Volkes als typisch jüdisch empfunden wird. (zit. nach Ditfurth 1994:20)

"Sitte und Ordnung" wurden aber auch bei den bereits zitierten Urteilen über als Vornamen gewählte Familiennamen herangezogen. Über den für einen Jungen gewünschten Vornamen *Schröder*, der in der Comic-Serie *Peanuts* als Jungenrufname verwendet wird, urteilte das OLG Frankfurt am 8.2.1985:

> Der Vorname Schröder ist nicht eintragungsfähig, weil die Allgemeinheit diesen Namen schon wegen seiner Häufigkeit als Familienname auffaßt. (StAZ 1985:196)

Familiennamen werden nicht als Vornamen zugelassen, da sie in den Augen der Juristen nicht als individuelle Kennzeichnungsmittel taugen. Die Individualisierung einer Person stellt aber die primäre rechtliche Funktion des Vornamens dar und definiert somit sein "Wesen". Explizit genannt wird das Kriterium der Sitte und allgemeinen Ordnung im Urteil über den Vornamen *Timpe*. Das Gericht hat hier anerkannt, daß manche Eigennamen sowohl als Familiennamen als auch als Vornamen gebraucht werden können: Entscheidend ist, "daß die Bezeichnung als Vorname denkbar ist und als solcher dem jeweiligen Sprachempfinden nicht widerspricht" (StAZ 7/8/80:193f). Ebenfalls aufgrund dieses Prinzips - untermauert von religiösen Gründen - dürfen in Deutschland im Gegensatz zu anderen Ländern die Namen *Jesus* und *Christus* nicht vergeben werden. Verfolgt man also die Urteile zur Vornamengebung, so fällt auf, daß Sitte und Ordnung je nach Einzelfall unterschiedlich ausgelegt werden. Im Zentrum der meisten Urteile kommen aber andere Beurteilungsmaßstäbe wie die Geschlechtsspezifik oder die Zu-

---

27 Zitiert nach Treimer 1986:170.

gehörigkeit zu einer anderen Namensklasse zum Tragen. Nicht nur die allgemein üblichen gesellschaftlichen Konventionen werden von den Gerichten respektiert, auch örtliche oder familiäre Bräuche werden in den Urteilen beachtet; die ostfriesischen Zwischennamen sind bespielsweise zugelassen, obwohl sie nicht der allgemeinen Norm entsprechen.

Als letzte große Leitlinie in der Rechtsprechung muß man das Kindeswohl nennen. Der Begriff wurde erst im letzten Jahrzehnt in den Mittelpunkt der namensrechtlichen Erörterungen gestellt.

> Wer die Rechtsprechung über die Jahrzehnte verfolgt, kann sich des Eindrucks nicht erwehren, daß im Recht des Vornamen das Wohl des Kindes bis zum heutigen Tage eine Marginalie geblieben ist, die selten praktische Bedeutung gewann und häufig zur verbalen Pflichtübung degenerierte. (Gernhuber 1983:266)

Oft wird das Wohl des Namensträgers von den Interessen der Eltern überlagert, Namenempfänger und Namengeber stehen sich im Prozeß der Namengebung gegenüber und nicht immer stimmen die Bedürfnisse der beiden überein. Man darf nicht vergessen, daß es bei der Festlegung des Vornamens um "eine soziale Handlung (geht), die stellvertretend für einen anderen Menschen vollzogen wird" (Seibicke 1991:9). Nicht selten kommt es zu völligen Mißgriffen bei der Vornamenwahl: So erscheinen auf den Standesämtern Eltern, die ihr Kind *Pillula*, *Pepsi-Cola* oder *Gin* nennen wollen.[28] Aber auch ideologisch geprägte Vornamen tauchen auf: während des Nationalsozialismus hätten manche Eltern ihre Kinder gerne *Hitlerike*, *Göbbelen* oder *Fricklinde* genannt, durch ein Gesetz zum Schutz nationaler Symbole vom 19. Mai 1933 wurden diese Namengebungen aber verhindert. Doch auch der Vorname *Che-Michael* als Erinnerung an Ernesto Che Guevara wurde unter anderem aus diesem Grund nicht zugelassen (vgl. StAZ 1/1973:88ff.). Aus Rücksicht auf das Kind dürfen auch die Namen *Kain*, *Judas* und *Satan* nicht vergeben werden.

Faßt man die Grundsätze der Rechtsprechung und die von ihr gefällten Urteile zusammen, so läßt sich festhalten, daß die verschiedenen Kriterien von Fall zu Fall anders ausgelegt werden; dies beruht darauf, daß es für die inhaltlichen Beschränkungen bei der Vornamenwahl kein zusammenhängendes verbindliches Konzept gibt.

---

28 Vgl. Gernhuber 1983:269.

3.1.2.3 Formale Beschränkungen bei der Vornamenwahl

Unter die formalen Richtlinien für die Vornamengebung fallen die Vorschriften über die Schreibweise und die Anzahl der Vornamen. Über die Anzahl der zu vergebenden Vornamen findet man in der namenrechtlichen Literatur keine definitive Aussage: Mindestens ein Vorname muß vergeben werden, nach oben hin gibt es keine gesetzliche Beschränkung. Es scheinen weder Gründe für eine Einschränkung der Anzahl noch Gründe für eine Vielzahl an Vornamen zu sprechen. Ein Argument, mit dem die Zahl der Vornamen gerne beschränkt wird, ist die Funktionsfähigkeit der Personenstandsbehörden: In die dafür vorgesehene Zeile der Geburtsurkunde passen nun einmal nicht beliebig viele Vornamen. Richtig erscheint hier jedoch der Einwand Gernhubers:

> Doch wirkt der Gedanke nicht eben verlockend, da doch eher die Personenstandsbücher legitimen elterlichen Wünschen anzupassen wären als umgekehrt die elterlichen Wünsche den Büchern. (Gernhuber 1983:268)

Prinzipiell legen die Eltern bei der Geburt die amtlichen Vornamen ihres Kindes fest. Hat das Kind nur einen Vornamen, so ist dieser in der Regel auch gleichzeitig der Rufname im Alltag. Er kann nur durch ein förmliches Namenänderungsverfahren geändert werden (vgl. Abschnitt 3.1.4). Wenn aber das Kind mehrere Vornamen erhalten hat und es mit seinem Rufnamen nicht zufrieden ist, kann es jederzeit ohne gerichtliche Änderung einen seiner anderen Vornamen zum Rufnamen machen. Kommt dieser Wechsel häufiger vor, so wird es im Laufe der Zeit immer schwieriger, den Namensträger eindeutig zu identifizieren und der Vorname verliert seine ursprüngliche Funktion der individuellen Kennzeichnung einer Person. Dieser Rechtsunsicherheit soll mit der Beschränkung der Vornamenanzahl entgegengewirkt werden. Die herrschende juristische Meinung geht davon aus, daß vier Vornamen ausreichen, um dem Namensträger später die Möglichkeit zu bieten, seinen Rufnamen zu wechseln.[29] Viel zitiertes Beispiel ist in diesem Zusammenhang der Fall Hamburger Eltern, die ihrem Sohn ursprünglich 13 Vornamen geben wollten. Als dies vom Standesbeamten abgelehnt wurde, verringerten sie die 13 auf sieben Vornamen, doch auch diese lehnte das Amtsgericht Hamburg ab.[30] Auf der anderen Seite akzeptierte das Amtsgericht Schöneberg in Berlin sieben Vornamen bei einem afghanischen Mädchen, da es sich bei der

---

29 Vgl. Dörner 1980:173.
30 Vgl. Diederichsen 1981:706.

Zahl Sieben um eine kulturell bedeutsame Zahl handle.[31] Wieder ist also festzustellen, daß innerhalb des Vornamenrechts auch zu diesem Aspekt keine einheitlichen Maßstäbe vorliegen. Aus sprachwissenschaftlicher Sicht gibt es keinen Grund, die Anzahl der Vornamen zu beschränken: Ein Mensch oder Gegenstand kann mit beliebig vielen Namen bedacht werden. Aus Gründen der Ökonomie und im Hinblick auf die Identifizierungsfunktion erscheint es jedoch sinnvoll, die Anzahl der amtlichen Vornamen zu begrenzen. Mit wievielen inoffiziellen Varianten der Betreffende dann im Privatbereich gerufen wird, ist für die offizielle Namenführung irrelevant.

Paragraph 262 normiert auch die Schreibweise der Vornamen:

> Die Schreibweise der Vornamen richtet sich nach den allgemeinen Regeln der Rechtschreibung, außer wenn trotz Belehrung eine andere Schreibweise verlangt wird. Wird eine andere Schreibweise verlangt, so soll der Standesbeamte dies aktenkundig machen. (§ 262 Abs. 5 DA)

Die allgemeinen Rechtschreibregeln werden in Deutschland durch den Rechtschreibduden festgelegt. Dieser beruht weitgehend auf den Vereinbarungen der Rechtschreibkonferenz von 1901, in der die heute gültige deutsche Orthographie normiert wurde.[32] Die Eigennamen fallen aus der allgemeinen Normierung unserer Rechtschreibung jedoch heraus: So stehen Namenvarianten wie *Jacob* und *Jakob* oder *Katrin* und *Kathrin* nebeneinander.[33] Jedes dieser Namenspaare zeigt eine alte und eine neue Schreibung des jeweiligen Namens, beide Formen dürfen in die Geburtsurkunden eingetragen werden. Probleme bei der Schreibung entstehen, wenn ausländische Vornamen, d. h. Namen aus einem fremden Schriftsystem, vergeben werden. Auf die teilweise willkürlichen Eindeutschungen und Veränderungen wurde bereits hingewiesen (s.o.). Formen wie *Yelenah* für den Vornamen *Jelena* oder *Rober* für den französischen Vornamen *Robert* tauchen immer wieder auf; mit großer Wahrscheinlichkeit sind Namenträger solcher Vornamen später der Kritik und dem Spott ihrer Umwelt ausgesetzt. Mit Rücksichtnahme auf das Kindeswohl und aus sprachwissenschaftlichen Gründen, auf die noch näher eingegangen wird (s. Abschnitt 3.2.3), sollten diese Namenformen nicht eingetragen werden. Für die Schreibweise ausländischer Vornamen

---

31 Ebd.

32 Das Protokoll und die Ergebnisse dieser II. orthographischen Konferenz finden sich in Nerius/Scharnhorst 1980b:351ff.

33 Vgl. Duden 1991:R 130.

gelten wie für die ausländischen Familiennamen, die in §49 DA festgelegten Richtlinien (vgl. Abschnitt 3.1.2.1).

Faßt man nun alle hier genannten Prinzipien zusammen, die bei der Vornamenwahl und -gebung zu beachten sind, so lassen sich einige Grundregeln festhalten:

- Jeder existente in- und ausländische Vorname darf gewählt werden.
- Phantasienamen, seien sie neu erfunden oder aus der Literatur übernommen, sind wählbar, wenn sie das Kindeswohl beachten und dem deutschen Sprachgebrauch entsprechen.
- Mindestens ein Vorname muß geschlechtsgebunden sein.
- In ihrer Schreibweise richten sich die Vornamen nach den allgemeinen deutschen Rechtschreibregeln, wobei Abweichungen möglich sind.

3.1.3 Das Pseudonym

Neben dem bürgerlichen Namen gibt es im Bereich der Anthroponyme noch einen Wahlnamen: das Pseudonym. Anders als bei den personenstands- und familienrechtlich bedingten Namenannahmen bei einer Heirat, einer Scheidung, einer Adoption, einer Legitimation oder Einbenennung und der Möglichkeit einer öffentlich-rechtlichen Namenänderung kann ein Pseudonym grundsätzlich von jedem Menschen frei gewählt werden.

Bevor auf die Besonderheiten dieses Namentyps näher eingegangen wird, sollten erst die Begriffe *Deckname*, *Künstlername*, *Bühnenname* und *Pseudonym* geklärt werden. Alle vier Bezeichnungen erscheinen teilweise synonymisch sowohl in der juristischen als auch in der linguistischen Fachliteratur. Witkowski grenzt in seinem namenkundlichen Lexikon die Begriffe gegeneinander ab, Pseudonym wird zum Oberbegriff für alle anderen Benennungen:

> Angenommener, vorgetäuschter falscher Name zur Geheimhaltung, Verdeckung des richtigen Namens, oft bei Dichtern und Schriftstellern (Witkowski 1964:75)

Der Künstlername, der Bühnenname und der Deckname sind also besondere Verwendungsformen des Pseudonyms. In allen Fällen handelt es sich hier um einen neuen, vom bürgerlichen Namen abweichenden Namen. Einen weiteren Sonderfall des Pseudonyms stellt das Incognito dar:

> ein solches wird von hochgestellten Personen benutzt, um dem Interesse der Öffentlichkeit, insbesondere auf Auslandsreisen, zu entgehen" (Meyers 1985:15).

Nicht zu verwechseln ist der Begriff Pseudonym schließlich mit der Bezeichnung Anonym: Dieses soll anders als das Pseudonym die dahinterstehende Person völlig verdecken. Die Grenzen zwischen beiden Begriffen sind fließend und so kann ein mehrfach verwendetes Anonym zum Pseudonym werden.

Entstehen kann ein Pseudonym auf verschiedene Weisen: bereits eine minimale orthographische Änderung des bürgerlichen Namens führt zu einem neuen Namen (vgl. den folgenden Abschnitt 3.1.4 zur Namenänderung). Oft bleiben die Pseudonyme in Anlehnung an den bürgerlichen Namen zweigliedrig.[34] So wurde aus *Karin Witkiewicz* der Künstlername *Katja Ebstein* und aus dem offiziellen Gesamtnamen *Herbert Ernst Frahm* der Deckname *Willy Brandt* (bzw. *Gunnar Gaasland*); beide Beispiele zeigen einen vollständigen Namenwechsel. Manchmal bleibt aber auch wie bei dem Schriftsteller *Paul Celan* oder der Schauspielerin *Cher* ein Teil des bürgerlichen Namens erhalten.[35] Rechtlich gesehen gibt es keine Vorschriften für die Bildung eines Pseudonyms, auch für den eigentlichen Erwerb des Pseudonyms gibt es keine juristische Regelung.

Wann kann man von einem rechtlich anerkannten Pseudonym sprechen? Ein Teil der Literatur wie z. B. Meyers 1985 geht davon aus, daß der einmalige Gebrauch einer vom bürgerlichen Namen abweichenden Benennung ein Pseudonym darstellt, andere Rechtswissenschaftler erkennen ein Pseudonym nur an, wenn es bereits über eine gewisse Verkehrsgeltung verfügt. Auf jeden Fall handelt es sich beim Pseudonym um einen Namen, der, um rechtlich geschützt werden zu können, in der Öffentlichkeit gebraucht werden muß.[36] Dies unterscheidet das Pseudonym von anderen Namenarten wie beispielsweise den Ordensnamen oder den Hofnamen.[37] Diese beiden Namentypen ersetzen zwar auch in gewisser Weise den bürgerlichen Namen, sie werden heute aber nur in bestimmten, nicht offiziellen Lebensbereichen verwendet. Um als Name im Sinne des § 12 BGB anerkannt zu werden, muß das Pseudonym drei Kriterien erfüllen:

---

[34] Zur morphologischen Struktur bei Pseudonymen s. Abschnitt 3.2.2.3.

[35] *Paul Celan* hieß mit bürgerlichem Namen *Paul Ancel*: Der neue pseudonymische Familienname entstand als Anagramm aus dem alten Familiennamen. *Cher* stellt die Abkürzung des eigentlichen Vornamens *Cherilyn* dar, der zweite Vorname *Sarkasia* und der Familienname der Künstlerin (*la Piere*) fallen völlig weg.

[36] Neben dem BGB (§ 12) kann das Pseudonym auch durch das Urheberrecht und das UWG geschützt werden.

[37] Diese beiden Namenarten werden außerdem vom Namenträger nicht frei gewählt: Der Ordensname wird von der Ordensgemeinschaft vergeben und der Hofname ist ein Gebäudename, der auf den jeweiligen Besitzer übertragen wird.

- es muß aussprechbar sein
- es muß durch Schriftzeichen wiedergebbar sein
- es muß den Namenträger in der Öffentlichkeit eindeutig individualisieren.

Nicht alle Erscheinungsformen des Pseudonyms erfüllen diese Namensfunktionen gleich gut; bei Gattungsbezeichnungen oder Buchstabenkombinationen, die auch als Pseudonym gewählt werden, wird die Anerkennung als Name oft schwierig. Da das Namenrecht ein höchstpersönliches Recht des Namenträgers darstellt, kann das Pseudonym nicht auf andere Personen übertragen werden; es ist aber rechtlich möglich, daß Kinder dasselbe Pseudonym annehmen wie ihre Eltern. So wählte beispielsweise *Claus Gunther Nakszynski* das zweiteilige Pseudonym *Klaus Kinski* und seine Tochter *Nastassja* übernahm den pseudonymischen Familiennamen.

Als Name läßt sich das Pseudonym nicht eindeutig einem Rechtsgebiet zuordnen. Liegt der Schwerpunkt auf seiner Identifikationsfunktion, so gehört es zum Privatrecht, betrachtet man das Pseudonym als Vermögenswert, so fällt es in den Bereich des Immaterialgüterrechts. Das Pseudonym kann faktisch, aber nicht rechtlich, den bürgerlichen Namen in manchen Fällen ersetzen.[38]

Insgesamt läßt sich das Pseudonym in juristischer Hinsicht definieren als

> ein vom bürgerlichen Namen verschiedener Name, der kraft freier Wahl der Kennzeichnung und Individualisierung einer Person in der Öffentlichkeit dient und kein gesetzliches Verbot verletzt. (Domaschke 1938:7)

Jeder Mensch kann sich im Laufe seines Lebens mehrere Pseudonyme wählen; oft zitierte Beispiele sind hier die Schriftsteller Kurt Tucholsky und Voltaire. Tucholsky publizierte u. a. unter den Pseudonymen *Ignaz Wrobel*, *Peter Panter* und *Theobald Tiger*, wobei er jedes dieser Pseudonyme meist für bestimmte Themen verwendete. Von Voltaire, der eigentlich mit bürgerlichem Namen Francois-Marie Arouet hieß, sind sogar 160 verschiedene Namen als Pseudonyme bekannt.[39] Die Gründe für die Annahme eines Pseudonyms können sehr unterschiedlich sein: Der Namenträger will aus politischen oder privaten Gründen untertauchen, der Name soll aus marktstrategischen Aspekten heraus einen Allerweltsnamen oder einen unaussprechbaren bürgerlichen Namen ersetzen.

---

38 Vgl. Meyers 1985:55f.
39 Vgl. Barthel 1989:8.

Nicht unerwähnt bleiben dürfen Sonderformen des Pseudonyms. Unter einem Verlagspseudonym können bestimmte Werke serienweise veröffentlicht werden, d. h. verschiedene Autoren werden unter einem einzigen Pseudonym versammelt. Deswegen spricht man hier auch von einem sogenannten Sammelpseudonym: Für ein bestimmtes Genre wird eine einheitliche Urheberbezeichnung gewählt. Daneben gibt es noch das Gruppenpseudonym, das im künstlerischen Bereich gewählt wird, wenn sich mehrere Personen für eine gemeinsame Tätigkeit zusammenschließen (*The Beatles*, *Alban Berg Quartett*, *Die Nürnberger Philharmoniker*).

3.1.4 Namenänderung

Von den Fällen der familienrechtlichen Namenänderung (Heirat, Adoption, Einbenennung, Legitimation) muß man jene Fälle trennen, die nur auf Antrag eines Namenträgers, d. h. durch einen Verwaltungsakt vollzogen werden. Um diese öffentlich-rechtliche Möglichkeit der Namenänderung soll es im folgenden gehen. Mit dem seit dem 5. Januar 1938 gültigen Gesetz zur Namenänderung (NÄG) liegt die rechtliche Grundlage für eine öffentlich-rechtliche Namenänderung vor:

> Der Familienname eines deutschen Staatsangehörigen oder eines Staatenlosen, der seinen Wohnsitz oder gewöhnlichen Aufenthalt im Deutschen Reich hat, kann auf Antrag geändert werden. (§ 1 NÄG)

Angewendet werden darf dieses inzwischen mehrfach geänderte Gesetz auf deutsche Staatsbürger und auf Staatenlose bzw. heimatlose Ausländer.[40] Eine im Ausland vorgenommene Namenänderung bei einem Deutschen ist nach deutschem Recht unwirksam. Handelt es sich aber um einen ehemaligen deutschen Staatsbürger, der eine neue Staatsangehörigkeit erworben hat und wird sein Name nach dem Recht des neuen Heimatstaates geändert, so ist diese Namenänderung in Deutschland gültig; dieser Fall trifft beispielsweise bei allen Aussiedlern zu, deren Namen slawisiert wurde. Soll der Name bei einer Einbürgerung in die Bundesrepublik wieder eingedeutscht werden, muß vom Namenträger eine Namenänderung beantragt werden. Der erste Paragraph des NÄG schreibt außerdem vor, daß eine Namenänderung nur auf einen Antrag hin vorgenommen werden kann; eine eigenmächtige Änderung kann strafrechtlich verfolgt werden. Mit dem Einreichen des Antrags beginnt das Verfahren der Namensänderung; welche Verwaltungsbe-

40 I.S. des Gesetzes über die Rechtstellung heimatloser Ausländer v. 25.4.1951, BGBl I S.269.

hörde sich mit dem Gesuch beschäftigen muß, entscheidet das jeweilige Landesrecht.

Gemäß § 11 NÄG gelten für die Änderung des Vornamens dieselben Grundsätze wie für den Familiennamen, so daß im folgenden exemplarisch für beide Namentypen nur die Änderung des Familiennamens besprochen werden soll. Insgesamt ist allerdings das öffentliche Interesse an der Beibehaltung eines Vornamens geringer als beim Familiennamen, so daß eine Änderung wahrscheinlich leichter zu erhalten ist. Die unterschiedliche Gewichtung von Familien- und Vornamen zeigt sich auch bei den Gebühren der Namensänderung (5 - 2000 DM bei einem Familiennamen und 5 - 500 DM bei einem Vornamen). Bei einer Adoption ist die Änderung des Vornamen gemäß § 1757 II BGB nur in Ausnahmefällen zulässig.

Im Sinne des NÄG gilt jede Veränderung des Familiennamen als Namenänderung: neben einem vollständigen Namensaustausch finden sich Abweichungen im Schriftbild (*Schulz* statt *Szulc*) und in der Aussprache (*Schulz* statt *Schulze*) und bei Bindestrichnamen das Beifügen oder Weglassen eines Namens (*Müller-Wiegand* statt *Müller*); vor allem orthographische Änderung eines Namens kommen häufig vor.

Die Personenstandsregister werden, wie sich im Zusammenhang mit den rechtlichen Normierungen des Vornamen gezeigt hat, gemäß § 49 DA in deutscher Sprache mit deutscher oder lateinischer Schrift geführt (vgl. Abschnitt 3.1.2.1). Der Standesbeamte kann für die Transkription ausländischer Personennamen, die in anderer als der lateinischen Schrift vorliegen und in deutsche Personenstandsregister eingetragen werden sollen, auf bestimmte Tabellen und ISO-Normen zurückgreifen. Bei deutschen Personennamen stellen sich im Hinblick auf ihre Schreibweise in der Regel nur zwei Probleme: wie sind die Umlaute und wie die S-Grapheme zu handhaben? Bei den Umlauten hat sich auf juristischer Seite die Einsicht durchgesetzt, daß es sich bei den Varianten <ä> und <ae> um zwei eigenständige graphische Formen eines Lauts handelt: Eine Frau *Koerner* darf also im offiziellen Namengebrauch nicht die Namensform *Körner* verwenden. Anders ist dies bei den graphischen Varianten <ss> und <ß>. Da das Graphem <ß> nicht als Großdruckbuchstabe geschrieben werden kann - somit in Formularen durch <SS> ersetzt wird - und im Ausland nicht bekannt ist, hat sich bei den Juristen folgende Ansicht durchgesetzt:

> Angesichts der genannten Schwierigkeiten erscheint es fraglich, ob auf die Dauer an der Auffassung festgehalten werden kann, daß der Unterscheidung zwischen 'ss' und 'ß' bei der Schreibung von Namen orthographische Bedeutung zukommt und es sich daher bei Namen mit den Zeichen 'ss' oder 'ß' (Hess/Heß bzw. Hesse/Heße) um verschiedene Namensformen handelt. (Loos 1970:31)

Nach phonischen Gesichtspunkten ist diese Einstellung aufrechtzuerhalten: Namen, die sich nur im Schriftbild, nicht aber in der Aussprache voneinander unterscheiden, werden als graphische Varianten einer Namensform betrachtet. Da ein Mensch immer nur eine Namenvariante trägt, erscheint diese Vorgehensweise plausibel. Gleichzeitig sollte man aber bedenken, daß die Schreibweise eines Namens auch unterscheidende Funktion übernehmen kann. Führen nämlich zwei Menschen den gleichen Namen, so kann vielleicht mit Hilfe der Schreibung doch differenziert werden: *Kathrin Hesse* ist dann eben nicht identisch mit *Katrin Heße*. Daher ist es m. E. im Hinblick auf die Funktionen, die der Personenname im Rechtsleben übernehmen soll, sinnvoller, Familiennamen und Vornamen nach dem graphischen Prinzip zu unterscheiden und jede Namensvariante als eigenständig zu betrachten.[41]

Prinzipiell gilt in der Bundesrepublik Deutschland der Grundsatz der Namenskontinuität, d. h. zu führen ist der nach familienrechtlichen Gesichtspunkten erworbene Familienname. § 3 NÄG sieht nun vor, daß ein Familienname bei Vorliegen eines wichtigen Grundes geändert werden kann. Der unbestimmte Rechtsbegriff "wichtiger Grund" wird in keinem Gesetz und keiner Rechtsverordnung inhaltlich näher erläutert. Erstmalig ausgelegt wurde der Begriff mit den 1951 veröffentlichten "Richtlinien für die Bearbeitung der Anträge auf Änderung des Familiennamens"[42], doch da es sich hierbei nicht um Rechtsnormen im juristischen Sinne handelt, sind die Richtlinien für die Verwaltungsgerichte, die sich mit der Namenänderung beschäftigen müssen, nicht verbindlich. Rechtlich stehen diese Verwaltungsvorschriften also auf derselben Stufe wie die Dienstanweisungen für die Standesbeamten, von denen im Zusammenhang mit den Vornamen bereits die Rede war (vgl. Abschnitt 3.1.2). Die Verwaltungsbehörde, die über die Zulässigkeit der Namenänderung befindet, muß drei Aspekte in ihre Entscheidung miteinbeziehen: Welche Interessen hat der Namenträger, der die Änderung beantragt hat? Werden Interessen von Trägern des bisherigen oder des neuen Namens

---

41 Vgl. hierzu Seibicke 1982a:99ff und Abschnitt 3.2.2.2.

42 Heute gelten die "Allgemeinen Verwaltungsvorschriften zm Gesetz über Namensänderung" (AVV) vom 11.8.1980, BAnz Nr.153 a vom 20.8.1980.

verletzt? Und wie lauten die gesetzlichen Bestimmungen über die Namensführung?

Geändert werden Familiennamen aus unterschiedlichen Gründen: Anstößige und lächerliche Namen können ebenso verändert werden wie Namen mit einer schwierigen Schreibweise. Diese Änderungen fallen unter den Grundsatz, daß Namen, die ihren Träger belasten, ihn im gesellschaftlichen Verkehr oder im wirtschaftlichen Fortkommen behindern, verändert werden können.[43]

Ein Sammelname gilt nicht als Grund für eine Änderung, kommen aber noch andere als wichtig anerkannte Gründe hinzu, so wird der alte Familienname meist durch eine Ergänzung verändert. Zu den Sammelnamen zählen die Familiennamen *Braun*, *Becker*, *Fischer*, *Haase*, *Hoffmann*, *Krause*, *Krüger*, *Lange*, *Lehmann*, *Mayer*, *Müller*, *Neumann*, *Richter*, *Schmidt*, *Schneider*, *Schröder*, *Schultz*, *Schwarz*, *Wagner*, *Weber*, *Weiß*, *Wolff* und *Zimmermann*.[44] Ebensowenig akzeptieren die Gerichte den Wunsch, durch die Wahl eines bestimmten Namens einen Verstorbenen zu ehren oder einen bestimmten Familiennamen vor dem Aussterben zu bewahren.

Der Antragsteller darf selbst einen neuen Namen auswählen, er hat allerdings rechtlich betrachtet keinen Anspruch auf einen bestimmten Namen.[45] Insgesamt beachten die Verwaltungsbehörden bei der Vergabe des neuen Namens das Abstammungsprinzip:

> Als neuer Name kommt in erster Linie der Name eines Vorfahren in Betracht oder ein Name, der an den bisher geführten anklingt (...) Wenn zu einem Sammelnamen ein Zusatzname hinzugefügt werden soll, wird in der Regel der Geburtsname der Mutter oder Großmutter zu wählen sein. (Loos 1970:51)

Generell nicht vergeben werden Sammelnamen, Namen, die eine falsche familiäre Zuordnung suggerieren und Namen, die für die Sprechergemeinschaft von kultureller oder politischer Bedeutung sind. Ein Antrag auf die Erteilung des Familiennamens *Bismarck* oder *Goethe* würde also sofort abgelehnt werden.

Eine Namenänderung bleibt natürlich meist nicht ohne Auswirkungen auf Dritte: Ehepartner und Kinder sind direkt von einer Namenänderung betroffen sein. Sie müssen vor einer Entscheidung ebenso gehört werden wie andere Personen, deren Interessen durch die Änderung berührt werden.

---

43 Vgl. AVV Nr. 34-39.
44 Vgl. Raschauer 1978:212.
45 Vgl. AVV Nr. 52.

Abschließend sei außerdem noch einmal erwähnt, daß sich alle hier aufgeführten Richtlinien für eine Namenänderung nur auf die Bestandteile des bürgerlichen Namens beziehen, also auf Familienname und Vorname. Bei allen anderen Namentypen gibt es für eine Namensänderung entweder keine (Bsp. Pseudonym) oder spezielle eigene Vorschriften (Bsp. Ortsname).

3.2 Linguistische Grundlagen

3.2.1 Terminologie der Anthroponyme

Aus linguistischer Sicht sollen in diesem Kapitel terminologische Probleme und Fragen der anthroponymischen Namensklassifikation geklärt werden. Auf unterschiedlichen Ebenen rechtlich normiert sind bei den Anthroponymen, wie die vorangegangenen Kapitel gezeigt haben, der Familienname, der Vorname und das Pseudonym. Bei allen drei Namentypen handelt es sich um Namen natürlicher Personen, also um Bezeichnungen für Individuen. Namen juristischer Personen, wie z. B. Vereinsnamen, fallen erstens in andere Rechtsgebiete und gehören somit nicht in den hier behandelten Zusammenhang von Eigennamen im Zivilrecht. Und zweitens handelt es sich bei diesen Namen aus onomastischer Sicht nicht um Anthroponyme, sondern um Ergonyme.[46]

Wenn man die einzelnen onomastischen Arbeiten im Bereich der Personennamen miteinander vergleicht, stellt man fast, daß die Begriffe Familienname, Vorname und Pseudonym selten einheitlich verwendet werden. Noch undurchschaubarer wird der Begriffswirrwarr, wenn zur onomastischen die juristische Literatur tritt. So findet man gleichzeitig die Begriffe Familienname, Zuname und Nachname, und der bürgerliche Name steht neben dem Gesamtnamen. Ebenso uneinheitlich werden in onomastischen Arbeiten die Begriffe Vorname, Rufname, Ruf-, Kose- und Kurzform verwendet.

Witkowski unternahm 1964 in seinen "Grundbegriffe(n) der Namenkunde" als einer der ersten den Versuch, eine durchgängige onomastische Terminologie zu schaffen. Ein Vorschlag neueren Datums zur anthroponymischen Terminologie liegt von Seibicke vor (Seibicke 1987a). Neben den Definitionen der wichtigsten anthroponymischen Begriffe zeigt Seibicke in seinem Aufsatz auch, wie gering

46 Zu Differenzen zwischen der onomastischen und der rechtswissenschaftlichen Namengliederung s. Abschnitt 2.2.1.

das sprachwissenschaftliche Interesse an einer einheitlichen Begriffsverwendung ist.[47] Der nun folgende Abschnitt über Terminologie und Struktur der Anthroponyme wird sich weitgehend auf diese beiden Arbeiten stützen.

Der Begriff *Anthroponym* (bzw. *Personenname*) steht als Oberbegriff für alle onymischen Personenbezeichnungen: für Vornamen, Familiennamen, Beinamen, Pseudonyme, Völkernamen usw. Der in der juristischen Literatur eingeführte Begriff des bürgerlichen Namens hat ein onomastisches Pendant im Terminus *Gesamtname*. Seibicke definiert diesen als die

> gesetzlich festgelegte Form des Namens einer Person im Deutschen, bestehend aus dem Individualnamen und dem Familiennamen. (Seibicke 1987a:82)

Unter den Begriff *Individualname* werden in dieser Definition im folgenden all diejenigen Elemente des Gesamtnamens zusammengefaßt, die einem Kind von seinen Eltern (bzw. der Mutter oder anderen gesetzlichen Vertretern) gegeben werden: also Vornamen und Vatersnamen.[48] Problematisch erscheint die Verwendung der Bezeichnung Individualnamen insofern, als sie in der onomastischen Literatur auch als Antonym für den Begriff des Kollektivnamens verwendet wird. Bauer unterteilt z. B. die Anthroponyme in die beiden Hauptkategorien Individual- und Kollektivbenennung (vgl. Bauer 1985:52); auch bei Witkowski (1964:39) hat der Begriff Individualname an erster Stelle die allgemeine Bedeutung "Name einer Einzelperson". Da es aus onomastischer Sicht[49] aber durchaus sinnvoll ist, für die verschiedenen Bestandteile des Namens einer Person, die nicht Teil des Familiennamens sind, einen zusammenfassenden Oberbegriff zu finden, soll der Begriff Individualname dennoch wie in der Definition von Seibicke verwendet werden. Als Gegenstück zu den Kollektivnamen und synonymisch zum juristischen Begriff des bürgerlichen Namens tritt die Bezeichnung Gesamtname. Es stehen sich somit folgende onomastische und namenrechtliche Begriffe gegenüber:

---

47 Vgl. Seibicke 1987a:70ff.

48 Juristisch betrachtet zählen die patronymischen Zwischennamen eher zu den Vornamen als zum Familiennamen. Sie werden nur zur Eintragung zugelassen, wenn dies, wie in Ostfriesland, einem örtlichem Brauch entspricht. Vgl. Abschnitt 2.1.2.2.

49 Vgl. Seibicke 1987a:73.

Bedeutung	onomastischer Begriff	namenrechtlicher Begriff
von den Eltern vergebene Bestandteile des Gesamtnamens	Individualname	Vorname
durch Geburt oder Heirat erworbener Bestandteil des Gesamtnamens	Familienname	Geburtsname bzw. Familienname
amtlicher, aus mindestens einem Vornamen und dem Familiennamen bestehender Name eines Individuums	Gesamtname	bürgerlicher Name

Tabelle 2: Terminologie der Anthroponyme

Der Individualname eines Menschen besteht aus mindestens einem Vornamen, nach oben hin ist die Anzahl der Vornamen rechtlich nicht begrenzt. Wenn jemand mehrere Vornamen trägt, so kann ein Vorname zum Rufnamen werden: der Rufname ist der im Alltag gebräuchliche Vorname einer Person. Im deutschen Recht existiert der Begriff *Rufname* nicht mehr; historisch betrachtet hat diese Bezeichnung lediglich 25 Jahre im deutschen Rechtssystem existiert (von 1939 bis 1964).

Im österreichischen Recht wird der als Rufname verwendete Vorname bei der Geburtsanmeldung an erster Stelle eingetragen, in der ehemaligen DDR wurde der Rufname unterstrichen.[50] Auch heute noch ist das Unterstreichen des Rufnamen auf zahlreichen bundesdeutschen Ämtern die Regel.[51] Von juristischer Seite wird die Wiedereinführung des Begriffs Rufname vor allem im Zusammenhang mit den geschlechtsneutralen Vornamen, denen ja ein geschlechtsspezifischer Vorname beigelegt werden muß, gefordert:

> Denn da es in Deutschland keine verbindlichen 'Rufnamen' gibt, läuft der geschlechtseindeutige Zusatzvorname ins Leere, wenn die Eltern oder der Namensträger von seiner Benutzung Abstand nehmen. (Diederichsen 1993:350)

50 Vgl. Seibicke 1982a:28.

51 Auch für onomastische Vornamenuntersuchungen ist die konsequente Kennzeichnung des Rufnamens von Bedeutung, nur auf diese Weise lassen sich Rückschlüsse über den tatsächlichen Namengebrauch und etwaige Namenmoden ziehen.

Die Eintragung dieser geschlechtsmarkierenden Zusatzvornamen weist außerdem auf ein anderes terminologisches Problem hin: Entgegen dem geltenden Prinzip von der Gleichwertigkeit aller eingetragenen Vornamen unterscheidet der Jurist Vornamen und Beivornamen; *Maria* kann beispielsweise einem Jungen als Beivorname gegeben werden. Insgesamt erscheint es deshalb sowohl aus juristischer als auch aus onomastischer Sicht sinnvoll, den Begriff des Rufnamens in folgender Bedeutung wieder einzuführen: Der Rufname ist derjenige

> Vornamen, mit dem ein Mensch gerufen wird, der in der Anrede verwendet wird und der auf amtlicher Ebene und im täglichen Leben als wichtigster Vorname (wenn andere vorhanden sind) gilt. (Seibicke 1987a:82)

Nicht zu verwechseln ist der Rufname mit der *Rufform*, bei der es sich um eine Variante des amtlich eingetragenen Vornamens bzw. Rufnamens handelt. Bei dem mehrteiligen Individualnamen *Florian Carl Michael* kann z. B. der an erster Stelle eingetragene Vorname der im Alltag gebrauchte Rufname sein, dieser kann zur Rufform *Flo* verkürzt werden. Bei der Rufform handelt es sich also um einen inoffiziellen Personennamen, der rechtlich nicht relevant ist und somit nur im Privatbereich verwendet werden darf. Eine Rufform kann wie im vorliegenden Beispiel eine Kurzform eines Vornamens darstellen, hat sie kosende Funktion, so spricht man von einer Koseform.[52] Führt man den Begriff des Rufnamens wieder ein, so kann man alle anderen eingetragenen Vornamen als Beivornamen bezeichnen; auch die Vatersnamen könnten namenrechtlich betrachtet als Beivornamen bezeichnet werden.

Der "durch Geburt oder Eheschließung erworbene Bestandteil des Gesamtnamens einer Person" (Seibicke 1987a:82) wird in der juristischen und onomastischen Literatur als *Familienname* bezeichnet. Aus rechtswissenschaftlicher Sicht lassen sich eine personenstands- und eine familienrechtliche Auslegung des Begriffs Familiennamen unterscheiden (vgl. Abschnitt 3.1.1.1): Im Familienrecht bezeichnet man mit dem Familiennamen den von einem Menschen geführten Geburts- bzw. Ehenamen und im Personenstandsrecht meint der Familienname den gesamten Nachnamen, also auch den eventuell vorhandenen Begleitnamen. Synonymisch zum Familiennamen taucht der Begriff *Zu-* bzw. *Nachname* auf, hier definiert sich der Terminus über die im Standarddeutschen übliche syntagma-

---

52 Mit dem Phänomen der Kurz- und Kosenamen beschäftigten sich zahlreiche Onomastiker, stellvertretend sei hier auf Debus 1988a, R. Frank 1975/1977, Seibicke 1991 und Kleinöder 1994 verwiesen.

tische Stellung des Familiennamen in Bezug auf den Vornamen, wohingegen der *Familienname* auf dem Begriff *Familie* beruht.[53]

Da der Begriff Familienname mit der Neuregelung des Ehenamenrechts nicht mehr ausreichte, wurden von juristischer Seite die Bezeichnungen *Geburtsname*, *Begleitname* und *Ehename* eingeführt.[54] Im Prinzip werden auf diese Weise drei verschiedene Ebenen bezeichnet, auf denen sich der Familienname bewegen kann. Wird der Familienname durch Geburt erworben, so handelt es sich um den Geburtsnamen des jeweiligen Menschen; dieser wird in der Geburtsurkunde festgehalten. Bei einer Eheschließung kann der Geburtsname zum Ehenamen werden und erst wenn das verheiratete Paar Kinder bekommt, wird aus dem Ehenamen ein Familienname. Der Begleitname wiederum kann ein nicht als Ehename gewählter Geburts- oder Familienname sein.[55] Um eine begriffliche Einheitlichkeit zu erreichen, sollten in der Onomastik die Bezeichnungen Geburtsname, Ehename und Begleitname in ihrem juristischen Sinne gebraucht werden.

Wenn ich die bisherigen Ausführungen mit den rechtlichen Normierungen der Anthroponyme verbinde, so ergibt sich für das Deutsche folgendes Modell des Gesamtnamens:[56]

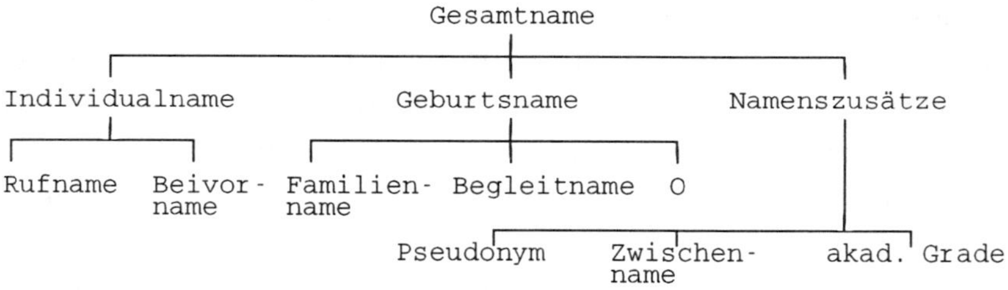

Abb. 4: Modell des Gesamtnamens im Deutschen

53 In dieser syntaktischen Position taucht der Familienname allerdings nicht immer auf. Im süddeutschen Sprachraum ist es z. B. üblich, den Familiennamen vorzuziehen. Auch in den meisten amtlichen Formularen ist dies der Fall, da aus rechtlicher Sicht der Familienname den wichtigeren Bestandteil des Gesamtnamens darstellt.

54 Der Terminus Mädchenname ist veraltet und bezeichnete vor der Reform des § 1355 BGB den Geburtsnamen der Frau, der ja nicht als Ehenamen gewählt werden konnte.

55 Die juristische Begriffsverwendung bei Geburtsname und Begleitname wurde bereits in Abschnitt 3.1.1.1. ausführlich erläutert, so daß hier nicht mehr darauf eingegangen werden muß.

56 Vgl. auch Seibicke 1987a:74.

Bei der Geburt eines Menschen besteht der Gesamtnamen aus Individualname und Geburtsname: *Anna Katharina Prucker*. Während der Individualname (*Anna Katharina*) mehrteilig sein kann, ist der Geburtsname (*Prucker*) immer einteilig. Zu diesen beiden Namentypen kann, wie im Falle der ostfriesischen Zwischennamen, ein weiterer Name treten, der aber rechtlich zweitrangig ist. Bei einer Heirat kann der Geburtsname zum Familiennamen oder zum Begleitnamen (*Anna Katharina Prucker-Schlieben* bzw. *Schlieben-Prucker*) werden. Als Namenszusätze können außerdem noch akademische Grade und/oder ein Pseudonym (oder auch mehrere) hinzukommen.

3.2.2 Prinzipien der anthroponymischen Namenbildung

In diesem Abschnitt geht es um die morphologische Struktur der Vornamen und der Pseudonyme. Die Gruppe der Familiennamen spielt im Hinblick auf die anthroponymischen Namenbildung nur eine untergeordnete Rolle, da man hier eigentlich nicht von einer "Namen-Bildung", d. h. der Schaffung neuer Familiennamen, sprechen kann. Seit der Reform des Ehenamenrechts werden zwar aus den bereits vorhandenen Familiennamen neue Kombinationen in Form von Begleitnamen und Ehenamen, aber keine Familiennamen im linguistischen Sinne gebildet. Bildungen wie beispielsweise die Zusammensetzung einzelner Namenglieder zweier verschiedener Familiennamen zu einem neuen Familiennamen läßt der Gesetzgeber aus ordnungspolitischen Gründen nicht zu.[57]

Im Zusammenhang mit den rechtlichen Normierungen in der DA ergaben sich bei den Vornamen zwei linguistisch relevante Aspekte: 1) Wird der Sexus des Namenträgers morphologisch markiert, d. h. läßt sich die Forderung nach der Geschlechtseindeutigkeit eines Vornamen linguistisch rechtfertigen? 2) Wie kann der Vornamenbestand erweitert werden, d. h. welche sprachlichen Modelle können für die Bildung neuer Vornamen herangezogen werden und sind etwaige Phantasiebildungen aus onomastischer Sicht zulässig?

Für die Gruppe der Pseudonyme muß geklärt werden, in welcher sprachlichen Form sie auftreten, damit der Jurist entscheiden kann, welche Arten er neben den Analogbildungen zum bürgerlichen Namen unter den Schutz des § 12 BGB stellen kann. Wenden wir uns aber zuerst den Problemen bei der Vornamenbildung zu.

---

57 Vgl. Abschnitt 3.1.1.1.

3.2.2.1 Das Problem der Geschlechtsmarkierung

> Für Knaben sind nur männliche, für Mädchen nur weibliche Vornamen zulässig. Nur der Vorname *Maria* darf Knaben neben einem oder mehreren männlichen Vornamen beigelegt werden. Läßt der Vorname Zweifel über das Geschlecht des Kindes aufkommen, so ist zu verlangen, daß dem Kind ein weiterer, den Zweifel ausschließender Vorname beigelegt wird. (DA § 262 IV)

Dieser Paragraph stellt den Standesbeamten vor mehrere Probleme: Woran erkennt er die Geschlechtsmarkierung eines Vornamen? Wie verfährt er mit ausländischen Vornamen, die in der Ursprungssprache beispielsweise männlich sind und im Deutschen aber als weibliche Vornamen gelten?[58] So stellt sich zuerst einmal die Frage, ob die Forderung nach geschlechtsspezifischen Vornamen aus onomastischer Sicht aufrechtzuerhalten ist.

Eindeutig wurde das Geschlecht des Namenträgers bei den in der germanischen Rufnamenbildung üblichen dithematischen Rufnamen (*Siegfried*, *Gertrud*) durch die an zweiter Position stehenden Namenglieder[59] markiert: Die reihenbildenden Elemente *-bald*, *-bert*, *-heim*, oder auch *-ram* kennzeichneten beispielsweise männliche Vornamen; weibliche Vornamen konnten mit Hilfe der Morpheme *-borg*, *-hild* oder *-traut* gebildet werden.[60] Weitere Erkennungsmerkmale sind auf synchroner Ebene die in anderen Sprachen geschlechtsgebundenen Suffixe; dazu gehören beispielsweise die aus dem Lateinischen kommende Endung *-(i)us* für männliche Vornamen oder die aus dem Französischen übernommenen Suffixe *-ette* und *-ine* bzw. *-ina* für weibliche Vornamen. Schließlich gibt es im Deutschen noch einige Vokale, die in der Regel auf ein Geschlecht festgelegt sind: die Suffixe *-a* und *-e* markieren weitgehend weibliche Vornamen - man findet sie beispielsweise bei movierten Vornamen (*Daniela*, *Alwine*)[61] - das Suffix *-o* wiederum kennzeichnet viele Männernamen (*Bruno*, *Otto*).

---

58 Beispiele hierfür sind der italienische Männername *Andrea* oder der japanische Mädchenname *Mariko*.

59 Die Erstglieder waren, wie man beispielsweise an den beiden Vornamen *<u>Ger</u>hard* und *<u>Ger</u>linde* sehen kann, im Germanischen geschlechtsunabhängig; vgl. hierzu Höfler 1954/1993:18.

60 Weitere reihenbildende Namenglieder finden sich z. B. bei Seibicke 1982a:108.

61 Von Movierung bzw. Motion spricht man in der Wortbildungslehre, wenn von einer männlichen Bezeichnung explizit ein weibliches Substantiv abgeleitet wird (*Arzt - Ärtzin*, *Storch - Störchin*). Der umgekehrte Fall - vom Weiblichen zum Männlichen - ist eher selten (*Ente - Enterich*, *Hexe - Hexer*). Vgl. Fleischer/Barz 1992:182ff.

Die hier aufgeführten formal-morphologischen Regeln gelten aber nur für eine bestimmte Anzahl der im Deutschen gebräuchlichen Vornamen, bei allen anderen Vornamen, bei denen weder eines der oben erwähnten reihenbildenden Elemente noch ein eindeutig geschlechtsmarkierendes Suffix vorhanden ist, regelt der allgemeine Sprachgebrauch und die Namenkompetenz des einzelnen Sprechers die geschlechtsspezifische Verwendung.

Gesellschaftliche Konventionen, wie beispielsweise die Regelung, daß Pflanzenbezeichnungen nur für weibliche Vornamen verwendet werden, oder sprachliche Muster wie die oben aufgeführten Suffixe entscheiden also über die Geschlechtsmarkierung der Vornamen. Es gibt aber keine Konvention, die nicht durchbrochen wird: So ließ beispielsweise das Amtsgericht Stuttgart 1983 *Oleander* als männlichen Vornamen zu. In der Urteilsbegründung hieß es, daß es sich bei der Vergabe dieses Eigennamen um "die Fortsetzung einer langen Tradition in der Namengebung, nämlich um die Verwendung von Pflanzennamen als persönliche Vornamen" handle (AG Stuttgart 15.9.1983; StAZ 12/83, S. 351-352). Die Vergabe eines Pflanzennamens an einen Jungen ist aber doch wohl eher progressiv als traditionell einzuschätzen, durchbricht sie doch aufgrund des männlichen Namenträgers eine bisher gültige Konvention:

> Blumennamen für Mädchen sind in vielen Namenkulturen eine alte und weit verbreitete Erscheinung. Sie entsprechen einer bestimmten Konzeption der weiblichen Geschlechtsrolle. Blumennamen für Mädchen sind in der europäischen Namenkultur der Moderne der wichtigste Typ neugebildeter Namen (Mitterauer 1993:414).

"Ausnahmen von der Regel" lassen sich auch im morphologischen Bereich finden: das Morphem *-mut* findet sich beispielsweise in Frauennamen (*Almut*) ebenso wie in Männernamen (*Helmut*). Nicht jede Endung ist also eindeutig auf ein Geschlecht festgelegt. Aus linguistischer Sicht läßt sich die Einteilung der Vornamen nach dem Sexus somit nicht vollständig durchführen, vor allem bestimmte als Vornamen gewünschte Rufformen (*Sigi*, *Micha*, *Friedel*) und zahlreiche entlehnte Vornamen sind geschlechtsindifferent oder markieren in einer fremden Sprache gar das andere Geschlecht. Deshalb wird in der linguistischen Literatur auch die Sicht vertreten, daß Vornamen unter rein sprachsystematischer Perspektive keineswegs geschlechtsspezifische Merkmale tragen. Kubczak plädiert dafür, "das Eigennamensemem generisch gegenüber Geschlechtsspezifikationen zu halten" (Kubczak 1985:297). Für ihn enthält ein Eigenname nur die Information, daß ein mit einem bestimmten Eigennamen bezeichnetes Objekt zur Klasse aller mit diesem Eigennamen benannten Gegenstände gehört.[62] Daß im allgemeinen Sprachgebrauch aber dennoch bestimmte Vornamen als eindeutig weiblich bzw. männlich betrachtet werden, erklärt Kubczak mit der Etablierung "außersprachlicher Traditionen der Verteilung" (Kubczak 1985:298). In logischer Weiterführung dieser Thesen schreibt Kubczak abschließend über das Problem der Geschlechtsspezifik bei den Vornamen:

> Wer sich in Namengebungsakten nicht an die erwähnten außersprachlichen Traditionen hält, verstößt gegen bestimmte soziale Regeln, aber meines Erachtens nicht gegen Sprachregeln." (Kubczak 1985:298)

Nach allem, was bisher über die Problematik der Geschlechtsoffenkundigkeit von Vornamen gesagt wurde, muß die juristische Vorgehensweise auf diesem Gebiet aus linguistischer Sicht geändert werden:

> Die Vornamen bilden im Deutschen (...) eine grundsätzlich offene Klasse. Lange Zeit war sie unterteilt in zwei Untermengen: die der männlichen und die der weiblichen Vornamen. Doch die Anerkennung deutscher und ausländischer Kurzformen und die Entlehnung vieler Anthroponyme aus dem Ausland als Vornamen lassen die geschlechtskennzeichnende Funktion immer mehr in den Hintergrund treten, obwohl damit das im Namenrecht vertretene Prinzip der Geschlechtsoffenkundigkeit eines Personennamens - die im Deutschen ausschließlich an den Individualnamen gebunden ist - untergraben wird. (Seibicke 1987a:75)

Man kann sich also fragen, ob die in § 262 IV DA erhobene Forderung nach der Geschlechtsmarkierung durch Vornamen nicht aufgegeben werden sollte. Durch die Zulassung des Vornamens *Maria* für Jungen, wenn auch nur als Beivorname, wird dieses Prinzip bereits durchbrochen. Für eine erfolgreiche Kommunikation im Alltag ist ein geschlechtseindeutiger Vorname nicht nötig: wenn man den Namensträger kennt, weiß man, ob hinter *Friedel* ein Mann oder eine Frau steckt, und wenn der Namenträger dem Hörer unbekannt ist, ist auch der Sexus irrelevant.[63] In den amtlichen Urkunden wiederum ließe sich das Geschlecht doch viel effizienter durch eine eigene Markierung, beispielsweise durch die beiden Buchstaben "w" für *weiblich* und "m" für *männlich*, festhalten; auf diese Weise

---

62 Kubczak definiert die Eigennamen folgendermaßen: "Eigennamen sind Lexeme und feste Fügungen, deren symbolbegriffliches Semem vollständig mit /die Klasse X-heißender Objekte/ paraphrasiert ist." (Kubczak 1985:288). Vgl. Abschnitt 2.2.2.

63 Erst aufgrund ihrer Verwendung innerhalb eines bestimmten Kontextes bekommen Vornamen von der Sprachgemeinschaft das Etikett /weiblich/ oder /männlich/. Vgl. Kubczak 1985:298.

unterblieben wahrscheinlich auch irrtümliche Einberufungsbescheide wie jener an "Herrn Inger Maier".[64] Besteht man jedoch weiterhin auf dem Prinzip der Geschlechtskennzeichnung, bei dem es sich anscheinend um ein "allgemeines, universelles Bedürfnis der menschlichen Kommunikation" (Seibicke 1986:163) handelt, so müßten die Standesbeamten sich an wissenschaftlich korrekte Vornamenbücher halten und dürften in Verbindung mit dem Grundsatz der Gleichwertigkeit aller Vornamen eigentlich nur geschlechtseindeutige Vornamen zur Eintragung zulassen, wobei die Geschlechtseindeutigkeit eines Vornamen aus linguistischer Sicht, wie oben deutlich wurde, nicht zu gewährleisten ist.[65] Auch die Aussage Diederichsens, daß die Feststellung des Geschlechts "zur denotativen Bedeutung des Vornamen gehört" (Diederichsen 1993:350), ist nicht aufrechtzuhalten.[66]

3.2.2.2 Wie läßt sich der Vornamenbestand erweitern?

Das zweite Problem, mit dem der Standesbeamte in der Vornamenbildung zu tun hat, sind die sogenannten Phantasiebildungen, mit denen Eltern zu ihm kommen. Unter den Begriff *Phantasiebildung* fallen aus Sicht des Standesbeamten auf der einen Seite die aus literarischen Werken übernommenen Namen wie *Galadriel* oder *Pumuckl* und auf der anderen Seite auch Neubildungen wie *Ancla* oder *Samandu*. Der Terminus bezeichnet also Namen, die vor einem realen oder auch fiktiven Namengebungsakt noch nicht existiert haben, sondern vom jeweiligen Namengeber neu erfunden wurden. Sind diese Bezeichnungen - wie es § 262 III DA für die Eintragung fordert - ihrem Wesen nach Vornamen? In der juristischen Literatur gibt es dazu unterschiedliche Meinungen. Den meisten Vornamenurteilen liegt folgende Ansicht zugrunde: "Erfundene Namen sind umso eher zulässig, wie sie sich in Schreibweise und Lautbild an bereits vorhandene anlehnen" (Dörner 1980:172). So wurden beispielsweise die aus Kinderbüchern stammenden Namen *Momo* und *Pumuckl* zugelassen, da sie aus Sicht der Gerichte an bekannte Namenbildungen anschließen.[67] Gegner der freien Namenerfindung wie Diederichsen plädieren dagegen für ein Auswahlrecht der Eltern:

---

64 Diesen Fall schildert Seibicke 1982a:109.

65 Zur linguistischen Korrektheit von Vornamenbüchern vgl. Abschnitt 1.2.3.

66 Auf das Problem der Bedeutung von Personennamen und auf konnotative Aspekte im Gebrauch von Vornamen wird noch genauer einzugehen sein. Vgl. Abschnitt 3.2.4.

67 Vgl. hierzu StAZ 1/81, S. 23-26 und StAZ 12/83, S. 346-347.

> Eltern dürfen für ihr Kind den Vornamen nicht aus den Buchstaben des Alphabets, sondern sie müssen ihn aus einem allerdings recht umfangreichen und relativ offenen Katalog geprägter Vornamen auswählen. (Diederichsen 1989:342)

Welche Modelle der Vornamenbildung bietet nun die deutsche Sprache? Eltern haben bei der Wahl eines Vornamen verschiedene Möglichkeiten: Einerseits können sie den Vornamen aus dem derzeit vorhandenen Bestand an Vornamen auswählen, andererseits können andere sprachliche Zeichen wie beispielsweise die Appellativa *Mond* oder *Möwe* zu Vornamen gemacht werden. Und schließlich bietet sich für den Namensuchenden mit der Neukombination sprachlicher Elemente eine dritte Wahlmöglichkeit, so werden beispielsweise wie bei dem weiblichen Vornamen *Ancla* einzelne Silben alter Vornamen zu neuen Namen zusammengesetzt. Die reproduktive Namenbildung, die Wahl eines überlieferten Vornamens, stellte lange Zeit das führende Modell in der Vornamengebung dar und für sie spricht,

> daß dadurch die Klasse der Vornamen von anderen Sprachzeichenklassen (Ortsnamen, Flurnamen, Familiennamen, Appellativa usw.) abgehoben wird und der Vorname somit als Teil der Personennamen deutlich erkennbar bleibt. (Seibicke 1986:162)

Auf diesem Namengebungsmodell beruht m. E. auch die Vorstellung des § 262 III DA vom "Wesen" eines Vornamens. Solange die Klasse der Vornamen noch relativ in sich geschlossen war, konnte § 262 III DA erfüllt werden. Doch nachdem sich innerhalb der Namengebung neben den Prinzipien der Namensvariation und der Nachbenennung auch neue Modelle durchgesetzt haben, und heute bei manchen Eltern das oberste Prinzip "Individualität um jeden Preis" zu lauten scheint, funktionieren die Regeln der DA nicht mehr reibungslos.

Wenn sich Eltern für den ersten Weg der Vornamengebung entscheiden und aus dem vorhandenen Namenschatz auswählen, wieviele Vornamen stehen ihnen dann derzeit zur Verfügung?

Den Umfang des heutigen Vornamenbestandes zu schätzen, ist relativ schwer. Alle jemals belegte Namenformen können von den Eltern verwendet werden - germanische Rufnamen ebenso wie ausländische Vornamen. Gliedert man die Vornamen nach dem im Namenrecht herrschenden graphischen Prinzip, d. h. jede Namensform (*Helmut*, *Hellmut*, *Hellmuth*, *Helmuth*) wird für sich gezählt, so sind laut Seibicke in Deutschland derzeit "10.000 - 12.000 im Schriftbild voneinander abweichende Namensformen im Gebrauch" (Seibicke 1982a:100).[68] Die im Laufe der Zeit aus anderen Sprachen entlehnten Vornamen wurden in der Regel relativ leicht in das deutsche Sprachsystem integriert. Heute ist die Mehrzahl der im Deutschen gebräuchlichen Vornamen auf Entlehnungen zurückzuführen: Spendersprachen waren hier nicht nur das Lateinische (*Constanze*, *Florian*) oder Griechische (*Christoph*, *Alexandra*), auch aus dem Hebräischen (*Ruth*, *Tobias*), dem Englischen (*Samantha*, *Mike*) oder gar außereuropäischen Sprachen wie dem Japanischen (*Mariko*) wurden und werden Vornamen übernommen. Die meisten entlehnten Vornamen sind in Aussprache und Betonung dem Deutschen angepaßt. Auf Probleme, die es trotzdem heute noch im Bereich der Rechtschreibung und Aussprache eingedeutschter Namen gibt, soll in Abschnitt 3.2.3 eingegangen werden.

Eltern können aus vorhandenen Vornamen aber auch neue Namensformen bilden. Mit Kurzform und Kopulativname stehen sich hier Kürzung und Längung als Modellbildungen gegenüber.

Kurzformen entstehen entweder aus Kontraktionen (*Gerhard* > *Gerd*) oder mittels anderer Wortbildungsmittel; die Kurzform *Fritz* entstand beispielsweise unter Zuhilfenahme des Suffixes *-tz* aus dem Vornamen *Friedrich*.[69] Heute werden zahlreiche schon in althochdeutscher Zeit produktive Suffixe in erster Linie zur Bildung von Koseformen herangezogen. Die Grenzen zwischen Kurz- und Koseform sind dabei nicht immer eindeutig zu ziehen, nicht jede Kurzform hat kosenden Charakter und nicht jede Koseform muß kurz sein.[70]

Eine besondere Art der Namenskürzung stellen Namensformen wie *Ancla* (gebildet aus *Anna* und *Claus*) oder *Inja* (gebildet aus *Ingeborg* und *Jakob*) dar. Diese Zusammenfügung[71] einzelner Namenselemente erinnert an die germanische Rufnamenbildung: Aus Teilen der Rufnamen des Vaters und der Mutter wurde für das Kind ein neuer Name gebildet. Das Besondere an den modernen Bildungen ist, daß hier "willkürlich abgetrennte Buchstabenfolgen zusammengefügt und nicht etymologisch sinnhafte Namenglieder neu zusammengestellt" (Seibicke 1982a:98) werden. Andererseits sollen diese neu entstandenen Namen die Verbindung zwi-

---

68 Zu den Gliederungsmöglichkeiten des Vornamenbestandes vgl. Seibicke 1982a:99ff. und Kleinöder 1994:84ff.

69 Weitere onymische Suffixe sind bei Seibicke 1982a:127ff. und Fleischer/Barz 1992:130ff. aufgeführt.

70 Zur Definition der Begriffe Kurz- und Koseform s. Debus 1988:29ff.

71 Im appellativischen Bereich existiert dieser Wortbildungstyp ebenfalls: so wird aus *Motor* und *Hotel* das Wort *Motel*. Vgl. Fleischer/Barz 1992:48.

schen den Eltern und dem Kind symbolisieren (Intentionswert des Namens); und so erscheint die Neubildung aus der Sicht der Namengeber nicht willkürlich. Zu dieser Art von Namenbildung kann man auch die Abkürzungsnamen des Typs *Hajo* zählen, anders als bei den zuerst erwähnten Zusammenfügungen (*Ancla, Inja*) werden hier jedoch für den neugebildeten Vornamen nur Elemente, die aus einer Namensgruppe - in unserem Beispiel wären es die männlichen Vornamen - stammen, miteinander verbunden. Die Abkürzungsnamen sind nicht immer eindeutig von anderen bereits vorhandenen Kurzformen zu unterscheiden. So kann der Vorname *Franjo* aus *Franz-Josef* entstanden sein, er existiert aber auch als Kurzform zum serbokroatischen Vornamen *Francisko*.

Mit dem Begriff *Kopulativname*[72] bezeichnet man "Zusammenfügungen aus zwei auch selbständig vorkommenden Vornamen, Voll- oder Kurzformen (...) gleichgültig, ob sie in einem Wort oder mit Bindestrich geschrieben werden." (Seibicke 1982a: 96); gemeint ist mit diesem Namenbildungsmodell also der Typus *Karlheinz* und *Eva-Maria*. Aufgetreten sind diese Doppelformen in Deutschland erstmals ab dem 16. Jahrhundert; zu Beginn wurde die Schreibweise mit Bindestrich allerdings nur dann verwendet, wenn der zweite Vorname deutlich vom Familiennamen abgehoben werden und somit graphisch sichtbar mit dem ersten Vornamen verbunden sein sollte.[73] In der Regel wurden bis in die Mitte des 20. Jahrhunderts nur bestimmte Namen wie beispielsweise *Hans*, *Karl*, *Maria* oder *Anna* für diese Namenbildung verwendet; heute fällt auf, daß immer wieder auch beliebige Namen miteinander verbunden werden (*Heinrich-Joachim*, *York-Dietrich*, *Frauke-Vera*).[74] Seibicke schreibt in seinem Vornamenbuch über diese Namensbildungen:

> Bindestrichnamen, die nicht als ein Wort sprechbar sind, sind keine echten Zusammensetzungen dieser Art und verstoßen gegen die Regeln der Namenbildung wie die der Namenschreibung, sind papierne Kunstprodukte. (Seibicke 1991a:68)

Die teilweise schwer realisierbare Aussprechbarkeit und die Länge dieser Koppelungen sprechen eindeutig gegen diesen Namenbildungstyp und so wird im all-

---

72 Kopulative onymische Komposita tauchen nicht nur im Vornamenbereich auf. Die Zusammenfügung von Begleit- und Ehename ist ebenso kopulativ gebildet wie Ortsnamenkonstruktionen des Typs *Garmisch-Partenkirchen*. Vgl. Fleischer/Barz 1992: 130ff.

73 Zur Geschichte der Bindestrichnamen vgl. Seibicke 1978 und 1991a.

74 Mädchen erhielten in den Hochphasen dieses Namenstyps häufiger als Jungen einen Kopulativnamen; ebenso wurde festgestellt, daß bestimmte Namenskombinationen konfessionell gebunden sind. Vgl. Kleinöder 1994:156ff.

täglichen Sprachgebrauch wohl selten die komplette amtlich eingetragene Namensform verwendet werden; aber wenn Eltern die Eintragung eines Kopulativnamens wünschen, muß dieser auch als ein Name gezählt werden.[75]

Wenn man sich nun die Entwicklungen des Vornamenbestandes der letzten Jahrzehnte ansieht, so stellt man fest, daß die elterliche Wahl doch immer noch sehr traditionell ausfällt. Die meisten Eltern wählen altbekannte Vornamen; zu den beliebtesten Vornamen des Jahres 1993 zählten beispielsweise auf der Seite der Jungennamen *Daniel*, *Alexander*, *Philipp* und *Sebastian* und bei den Mädchennamen findet man die Vornamen *Julia*, *Katharina*, *Maria* und *Franziska* unter den ersten zehn Vornamen.[76] Nur ein verschwindend kleiner Teil der Eltern entscheidet sich für ausgefallene Vornamen, die den Normierungen der DA nicht entsprechen. Die von Diederichsen erhobene Forderung nach einem Auswahlrecht der Eltern, d. h. die Vornamen müssen aus dem überlieferten Bestand entnommen werden, erscheint daher aus Sicht der Standesbeamten und Juristen plausibel. Inwieweit diese Meinung auch rechtlich durchzusetzen ist, sei dahingestellt. Festhalten kann man an dieser Stelle, daß echte Namenbildung, d. h. Erfindungen neuer Namen, im Bereich der Vornamen nur sehr selten vorkommen. Zu den neuen Namensformen muß man in erster Linie die Kombinationen einzelner Namenselemente (*Hajo*, *Ancla*) oder einzelner Buchstabenfolgen (*Samandu*) zählen. Literarische Namen sollten, wenn sie als Vornamen gewählt werden, nicht als Phantasiebildungen der Eltern bezeichnet werden. Die eigentliche Bildung dieser Namen erfolgte durch den Autor und nicht durch die Eltern, sie übernehmen nur den Namen. Inwieweit man diese fiktiven Namen zum überlieferten Vornamenbestand zählen will, hängt von der jeweiligen Namensklassifikation ab. Man muß aber anerkennen, daß zahlreiche heute durchaus üblichen Vornamen wie z. B. der aus Ibsens Theaterstück *Ein Puppenheim* entnommene weibliche Vorname *Nora* aus der Literatur stammen.

3.2.2.3 Zur Bildungsweise von Pseudonymen

In die Bildungsweise von Pseudonymen greift der Gesetzgeber überhaupt nicht ein. In der Regel gehen die Juristen davon aus, daß ein Pseudonym dem bürgerlichen Namen nachgebildet wird, also aus Individual- und Familienname besteht. Daher stellt sich aus namenrechtlicher Sicht die Frage, ob Pseudonyme, die von

---

[75] Es gab von juristischer Seite her den Vorschlag, diese Namen aufgrund ihrer Länge als zwei Vornamen zu zählen; vgl. hierzu Gernhuber 1983:269.

[76] Vgl. hierzu Seibicke 1994.

dieser Namensform abweichen, unter den Schutz des § 12 BGB fallen.[77] Einfacher entscheiden könnte man diesen Sachverhalt, wenn man wüßte, welche Typen von Pseudonymen vorkommen können und wie häufig der einzelne Typ auftaucht.

In der Onomastik hat man sich mit dem Pseudonym bisher nur sehr wenig beschäftigt: Eine linguistische Auswertung der zahlreichen Pseudonymenlexika steht noch aus.[78] Sicher scheint aber, daß Pseudonyme in drei verschiedenen Formen auftauchen können: als vollständiger bürgerlicher Name (*Hans Fallada*), als Einzelname in der Funktion eines Familiennamen (*Loriot*, *Voltaire*, *Tito*) oder als Vornamen (*Heino*, *Sandra*, *Romy*). Der Bezug zum eigentlichen bürgerlichen Namen des Namenträgers kann im Pseudonym noch vorhanden sein, in zahlreichen Fällen wurde das Pseudonym aber auch völlig frei gewählt.[79]

Der Bezug zum amtlichen Gesamtnamen kann unterschiedlich stark ausgeprägt sein. Im Pseudonym versteckt sind oft Buchstabenspiele jeglicher Art, so zum Beispiel Anagramme (*Voltaire* aus *Arouet le jeune*), Verkürzungen (*Adolf Brennglas* aus *Adolf Glasbrenner*) oder Palindrome (*C. W. Ceram* aus *Kurt W. Marek*). Die Schreibweise des bürgerlichen Namens kann geändert sein (*Bertolt Brecht* statt *Berthold Brecht*), der amtlich eingetragene Gesamtname kann an eine neue Sprache adaptiert worden sein (*Fred Astaire* aus *Fred Austerlitz*). Als letztes sei in diesem Zusammenhang die Funktionsveränderung des Vornamen erwähnt, dieser kann die Funktion des Familiennamens übernehmen: so wurde aus Johann Paul Friedrich Richter das Pseudonym *Jean Paul*.[80] Frei gewählte Pseudonyme beziehen sich überhaupt nicht mehr auf den bürgerlichen Namen des Namensträgers: So werden die Namen von Familienangehörigen (*Novalis*, *Nastassja Kinski*), die Namen realer oder fiktiver Personen aus Vergangenheit und Gegenwart (*Pablo Neruda*) und Ortsnamen (*Frédéric Stendhal*) zum Pseudonym gewählt. Spitznamen und appellativische Bezeichnungen können ebenfalls zum Pseudonym werden (*Edith Piaf*; le piaf (frz.) = der Spatz).

---

77 Vgl. Krüger 1960.

78 Stellvertretend für die vielen, meist populärwissenschaftlichen Lexika sei an dieser Stelle das sehr umfangreiche und linguistisch fundierte "Lexikon der Pseudonyme" von Manfred Barthel genannt (Barthel 1986), aus dem alle im folgenden zitierten Beispiele entnommen sind.

79 Die im folgenden vorgestellten Bildungsweisen klassifizierte Seibicke 1982a. Er hat sich als einer der wenigen Onomastiker mit der Bildung von Pseudonymen auseinandergesetzt. Vgl. Seibicke 1982a:34ff.

80 *Jean* kann hier einerseits als "Übersetzung" des Vornamens *Johann* ins Französische angesehen werden, andererseits wählte Jean Paul dieses Element seines Künstlernamens, um seine Verehrung für Jean-Jaques Rousseau auszudrücken.

Für den Juristen und den rechlichen Schutz des Pseudonyms ist der Bezug zum bürgerlichen Namen irrelevant, da das Pseudonym den amtlichen Gesamtnamen nur in bestimmten Lebensbereichen ersetzen, aber niemals vollständig verdrängen kann. Die Annahme, daß Pseudonyme in der Mehrzahl dem bürgerlichen Namen nachgebildet werden, kann auch von sprachwissenschaftlicher Seite her gestützt werden, wobei aber detaillierte Untersuchungen auf diesem Gebiet noch ausstehen.

3.2.3 Orthographische Aspekte bei den Personennamen

In diesem Abschnitt soll noch einmal auf die bereits im Zusammenhang mit den rechtlichen Normierungen erwähnten Vorschriften der DA eingegangen werden, die sich auf die Schreibung der Anthroponyme beziehen (vgl. Abschnitt 3.1.2.1). § 49 Abs. 1 DA sieht beispielsweise vor, daß die Namen in ihrer deutschen Form, d. h. in deutscher oder lateinischer Schrift, einzutragen sind, vorhandene diakritische Zeichen sind vom Standesbeamten unverändert wiederzugeben. Für die Eintragung ausländischer Namen stehen dem Standesbeamten zwei Verfahrensweisen zur Verfügung: die Transliteration und die Transkription.

Der erste Teil dieses Abschnitts setzt sich mit den Problemen, die mit der Führung ausländischer Familiennamen in den deutschen Personenstandsbüchern zusammenhängen, auseinander. Der zweite Teil beschäftigt sich mit den orthographischen Richtlinien bei der Vornamengebung.

3.2.3.1 Transkription und Transliteration bei ausländischen Personennamen

Prinzipiell gibt es für die Übertragung ausländischer Personennamen zwei Möglichkeiten. Einmal kann der Name Buchstabe für Buchstabe in das deutsche Sprachsystem und damit in die lateinische Schrift übertragen werden. Die **Transliteration** sollte vor allem dann verwendet werden, wenn derjenige, der die Übertragung durchführen muß, den Lautwert der einzelnen Buchstaben und somit die Aussprache des Namens nicht kennt. Für die Transliteration ausländischer Personennamen in deutschen Personenstandsurkunden besteht seit 1973 das CIEC-Übereinkommen Nr. 14: Dieses Übereinkommen hat zum "Ziel, daß der in nicht-lateinischen Buchstaben geschriebene Name einer Person in allen Vertragsstaaten in derselben Weise in die lateinische Schrift übertragen wird" (Böhmer 1990:154). Gleichzeitig werden Anpassungen an die jeweiligen Rechtschreibgewohnheiten und -normen des einzelnen Landes verhindert: Aus dem deutschen Vornamen *Gerhard* darf nicht der französische Vorname *Gérard* werden, aus *Müller* wird nicht *Mueller*. Innerhalb der CIEC-Vereinbarung, die nur für diejenigen Länder gilt, die diesem Abkommen auch beigetreten sind, wurden für die einzelnen Schriftsysteme Transliterationstabellen festgelegt.[81]

Die Transliteration hat aber zwei große Nachteile: Zum einen kann nicht jedes Schriftzeichen des deutschen Alphabets in andere Schriftsysteme übertragen werden. So wird beispielsweise das deutsche <*h*> im Russischen mit <*g*> wiedergegeben; der deutsche Vorname *Helmut* wird daher zum russischen Гелмут (*"Gelmut"*). Wurde nun z. B. der Familienname eines Deutschstämmigen slawisiert, d. h. aus dem Familiennamen *Holzmann* wurde *Golcman*, so muß der Beamte in der Lage sein, diesen Umstand zu berücksichtigen. Zum anderen existieren in anderen Sprachen Schriftzeichen, die im Deutschen nicht üblich oder gar unbekannt sind. Diakritische Zeichen, die in anderen Sprachen des lateinischen Schriftsystems auftauchen, können im Deutschen, wenn sie vom Schreiber erkannt werden, gut wiedergegeben werden; so z. B. die französischen Akzentzeichen (é, è, ê). Doch bei selteneren Sprachen fällt die Wiedergabe von graphischen Sonderzeichen meist unter den Tisch, weil dem Schreiber der Funktionsunterschied der einzelnen Zeichen womöglich nicht bekannt ist. Außerdem wird eine Transliteration - wie das Beispiel des ins Russischen übertragenen Vornamens *Helmut* zeigt - nicht immer der Aussprache des Namens gerecht.

An den in fremde Schriftsysteme übertragenen Namen deutscher Staatsangehöriger (bzw. Volkszugehöriger) lassen sich die Schwierigkeiten, die mit der Anwendung der ISO-Normen verbunden sind, sehr gut zeigen. Durch die Transliteration nach den ISO-Normen entsteht meist ein völlig neuer Name[82]: Aus dem Aussiedler *Seidel*, dessen Familienname im Russischen nach der Aussprache transkribiert wurde (Зайдель), würde nach der ISO-Norm R 9 der Deutsche namens *Zajdel'*, eine Schreibform, die weder phonotaktisch noch graphisch (Apostroph am Wortende) in das derzeitige deutsche Schriftsystem paßt. Namen, die orientiert an der Aussprache in ein anderes Schriftsystem umgesetzt wurden, d. h. Namen, die transkribiert wurden, dürfen daher nicht ins Deutsche transliteriert werden, da sich die Transliteration nur an die Schriftform des Namens hält. In der namenrechtlichen Literatur wird die Transliteration von Aussiedlernamen

---

81 So gibt es Normen der Internationalen Standardorganisation für kyrillische Schriftzeichen (ISO-Norm R 9), für arabische (ISO-Norm R 233), für hebräische (ISO-Norm R 259) und griechische Schriftzeichen (ISO-Norm R 843).

82 Zahlreiche Beispiele für das Nichtfunktionieren der ISO-Normen im Bereich der Namen deutscher Aussiedler bringt Böhmer 1990:155.

daher auch mit dem Hinweis abgelehnt, daß es sich hierbei um eine "verdeckte behördliche Namensänderung ohne gesetzliche Grundlage" (Böhmer 1990:155) handle.

Eine Transliteration kann nur dann durchgeführt werden, wenn der fremde Personenname in einer Alphabetschrift vorliegt. Explizite Vorschriften, wie mit Namen aus Wort- oder Silbenschriften zu verfahren ist, liegen nicht vor.[83] Für Namen, die nicht transliteriert werden können, bietet § 49 DA daher eine zweite Möglichkeit:

> Ist eine Transliteration nicht möglich, so sind Namen und sonstige Wörter nach ihrem Klang und den Lautregeln der deutschen Rechtschreibung (phonetische Umschrift) einzutragen. (§ 49 Abs. 2 Satz 3 DA)

Die Transkription stellt also den zweiten Weg für die Umsetzung fremder, d. h. nicht in lateinischer Schrift geschriebener Personennamen dar. Die phonetische Transkription versucht mittels artikulatorisch definierter Symbole eine lautsprachliche Äußerung schriftlich wiederzugeben.[84]

Im Laufe der Zeit haben sich verschiedene Transkriptionssysteme entwickelt:[85] Heute weltweit anerkannt und angewandt ist das Inter-national Phonetic Alphabet (IPA) der Association Phonétique International.[86] Im Idealfall soll mit der phonetischen Transkription jedem Lautwert ein Schriftzeichen zugeordnet werden. Da zwischen den Graphemen und den Phonemen des Deutschen aber keine Eins-zu-Eins-Relation besteht, bringt die Verschriftung von gesprochener Sprache immer Probleme mit sich, die mit Hilfe verschiedener orthographischer Prinzipien überwunden werden sollen:

> Das Charakteristikum deutscher Orthographie besteht darin, daß sie als Alphabetschrift primär auf der graphischen Abbildung der minimaldistinktiven Elemente basiert, aber darüber hinaus teils mit denselben distinktiven Elementen (den Graphemen), teils mit

---

83 Im Bereich der visuellen Kommunikation unterscheidet man generell Piktographie, Ideographie, Logographie und Phonographie: Die Verschriftung kann also mittels Bild-, Begriffs-, Wort- oder Lautzeichen erfolgen. Vgl. hierzu Althaus 1980:138ff.

84 Man unterscheidet die phonetische von der phonologischen Transkription. Bei der ersten Verfahrensweise werden alle konkreten artikulatorischen und akustischen Merkmale der Laute erfaßt und wiedergegeben, bei der zweiten beschränkt sich die Umschrift auf sprachlich signifikante Unterschiede. Vgl. Almeida/Braun 1982:600.

85 Zur historischen Entwicklung von Transkriptionssystemen und weiteren sprachwissenschaftlichen Aspekten der Transkription s. Richter 1982.

86 Zur Entstehung und den Problemen der IPA vgl. Almeida/ Braun 1982. Die neueste Fassung der IPA von 1989 findet sich in Pétursson/Neppert 1991.

> zusätzlichen Zeichen (besonders der Zeichensetzung) signifikante Phänomene des Sprachsystems abbildet. (Munske 1984:237)

Außerdem gibt es graphische Oppositionen, die in der gesprochenen Sprache nicht realisiert werden, so z. B. die Differenzierung zweier Wortarten mittels Groß- und Kleinschreibung (ahnen - Ahnen) oder die Wiedergabe der unterschiedlichen S-Grapheme <s>, <ss> und <ß> für den stimmlosen S-Laut.

Heute gehen Sprachwissenschaftler deshalb davon aus, daß Sprechnormen von Schriftnormen zu trennen sind.[87] Für die Schreibung deutscher Personennamen gilt die amtlich fixierte schriftliche Form als verbindliche Norm. Doch alle heute vorliegenden Personennamen existierten anfangs nur in gesprochener Form und mußten mit der Einführung von kirchlichen und später staatlichen Registern verschriftlicht werden. Nicht selten kam es bei der Eintragung und Weiterführung der amtlichen Papiere wahrscheinlich zu Hörfehlern[88] des Schreibenden, so daß beispielsweise in der Familie meines Großvaters aus dem Familiennamen *Kammer* der Familienname *Komma* werden konnte. Und auch heute wird es den meisten Menschen im täglichen Leben immer wieder passieren, daß ihr Name falsch verstanden und damit falsch geschrieben wird. Für die Transkription gilt daher folgendes:

> Das wichtigste für jede Transkription ist die Beherrschung des eigenen Sprechwerkzeugs. Dies bedeutet gleichzeitig die Fähigkeit, Gehörtes nachzusprechen und die dabei entstehenden Empfindungen in ein perzeptorisch-produktorisches Raster einzuordnen. (Almeida/Braun 1982:608)

Zu den Vorschriften des § 49 DA tritt noch § 57 Abs. 5 DA. Dieser sieht vor, daß ausländische Familiennamen nicht übersetzt werden dürfen und daß die Familiennamen deutscher Staatsangehöriger (bzw. Volkszugehöriger), die im Ausland in Schreibung und Namensbildung der Landessprache angepaßt wurden, in ihrer ursprünglichen deutschen Form in die Personenstandsregister einzutragen sind. Diese Eintragung kann natürlich nur erfolgen, wenn die ehemalige deutsche Form nachweisbar ist.

---

87 So unterscheidet man konsequenterweise die Phonemsprache von der Graphemsprache. Vgl. Althaus 1980:144.

88 Personennamen haben sich natürlich nicht nur aufgrund von Hörfehlern, sondern auch aus sprachgeschichtlichen und dialektalen Gründen heraus weiterentwickelt. Zu diachronen Aspekten der Personennamenbildung vgl. Bach I §§ 274-380.

Was läßt sich nun zusammenfassend über das Problem der ausländischen Personennamen in deutschen Personenregistern sagen? Es ist prinzipiell zu fragen, welche Sprachebene für die Registerführung wichtiger ist: die gesprochene oder die geschriebene Sprache? Bei den deutschen Personennamen liegt der Akzent eindeutig auf der Schriftsprache, Abweichungen der Aussprache von der Schreibung - bedingt beispielsweise durch den Dialekt - werden heute in den Registern nicht mehr aufgenommen. Der Vorrang der geschriebenen vor der gesprochenen Sprache gilt auch, wenn ausländische Personennamen transliteriert werden können. Die Transliteration sollte aber aufgrund der mit ihr verbundenen Schwierigkeiten nur als Ersatzlösung bei der Umsetzung ausländischer Personennamen in das lateinische Schriftsystem betrachtet werden. Die Schreibung eines Personennamens gibt nicht immer dessen korrekte Aussprache wieder; dies sieht man z. B. am deutschen Personennamen *Reckow* (das <w> wird nicht mitgesprochen) oder an den Ortsnamen *Soest* und *Iztehoe* (das dem Graphem <o> folgende <e> wird nicht ausgesprochen).[89] Die amtliche Namenschreibung wird aber aus Gründen der Kontinuität immer die gleichbleibende Schreibform des Personennamen der korrekt im Schriftlichen wiedergegebenen Aussprache des Personennamens den Vorzug geben: Die Schriftnorm steht also bei den offiziellen Personennamen über der Sprechnorm.[90]

Wichtig ist schließlich im Zusammenhang mit der Wiedergabe ausländischer Personennamen in deutschen Personenstandsregistern auch der Hinweis der DA auf die Unübersetzbarkeit von Namen. Herr *Wilhelm König* wird in Frankreich nicht automatisch zu Monsieur *Guillaume Leroy*. Schwierig wird es, wenn es im Deutschen für den ausländischen Vornamen ein Pendant gibt: *Pjotr* und *Peter*, *Iwan* und *Johann*. Vom sprachwissenschaftlichen Standpunkt aus handelt es sich hier um zwei Namensformen. Es ist jedoch verständlich, wenn beispielsweise deutsche Aussiedler ihren slawischen Vornamen in eine deutsche Namensform ändern wollen; dies geht aber strenggenommen nur auf dem Wege einer öffentlich-rechtlichen Namenänderung gemäß § 3 NamÄndG.[91]

---

89 Es handelt sich hierbei um eine alte westmitteldeutsche Schreibtradition, bei der die Längung eines Vokals durch die Grapheme <e, i, y> angezeigt werden kann.

90 Zur Stellung von geschriebener und gesprochener Sprache innerhalb der Sprachwissenschaft vgl. Feldbusch 1985:1ff.

91 Namenrechtliche Vorschläge, wie mit den Namen deutscher Aussiedler zu verfahren sei, finden sich auch bei Böhmer 1990 bzw. 1991 und bei Gaaz 1992.

3.2.3.2 Vornamen und Orthographie

Die Schreibung des Familiennamens ist immer amtlich festgelegt - nur eine Namenänderung gemäß § 3 NamÄnG kann die Schreibweise ändern - anders ist dies bei den Vornamen. Hier können die Eltern oft unter mehreren Varianten des Namens auswählen: Nenne ich mein Kind *Jean*, *Johannes* oder *John*, *Kathrin*, *Katrin* oder *Cathrine*? Problematisch sind hier nicht die verschiedenen im Deutschen vorhandenen graphematischen Varianten des Typs *Helmut* - *Hellmuth*. Dafür ergeben sich bei der Eindeutschung ausländischer Vornamen oft Schwierigkeiten mit der Schreibung des Namens.

> Die Schreibweise der Vornamen richtet sich nach den allgemeinen Regeln der Rechtschreibung, außer wenn trotz Belehrung eine andere Schreibweise verlangt wird. Wird eine andere Schreibweise verlangt, so soll der Standesbeamte dies aktenkundig machen. (§ 262 Abs. 5 DA)

Die Grundlage für die heute in Deutschland geltenden Orthograpienormen wurde 1901 auf einer Rechtschreibkonferenz in Berlin gelegt.[92] Die Eigennamen werden allerdings von den orthographischen Normierungen nicht erfaßt, ihre Schreibung richtet sich nach den in den einzelnen Namenlexika verzeichneten Schreibformen. Bei den Vornamen entscheiden die Eltern über die Laut- und Schreibform des Vornamens. Historische und regionale Varianten eines Vornamens sind gemäß DA zur Eintragung zugelassen: So steht es Eltern frei, ihr Kind *Helmut*, *Helmuth*, *Hellmut* oder *Hellmuth* zu nennen; alle vier Namensformen sind rechtlich erlaubt. Für bestimmte Grapheme bzw. Graphemverbindungen kann man aber doch gewisse linguistische Richtlinien festsetzen: Soll ein Vorname mit <ei> oder mit <ai>, mit <v> oder mit <f> geschrieben werden? Seibicke führt in seinem Vornamenbuch von 1991 eine Anzahl von orthographischen Einzelregeln detaillierter aus, auf die hier nicht im Einzelnen eingegangen werden soll (vgl. Seibicke 1991a:64ff). Fest steht auf jeden Fall, daß sich für kein Graphem eine ausschließliche Gebrauchsregel aufstellen läßt. Man kann immer nur Tendenzen wie die folgende angeben: "Die Schreibung mit <k> ist bei deutschstämmigen (germanischen) Vornamen stets vorzuziehen" (Seibicke 1991a:64). Ähnliches gilt beispielsweise auch für das Graphem <w>, das in erster Linie in deutschstämmigen Vornamen wie im Mädchennamen Roswitha erscheint und auch in der Anpassung von skandinavischen Namen (*Swen*) an das deutsche Sprachsystem zu

92 S. Nerius/Scharnhorst 1980b:351ff.

bevorzugen ist. Die Zusammenschreibungen des Namentyps *Anneliese* oder *Karlheinz*, von denen bereits im vorangegangenen Abschnitt 3.2.3.2 über die Vornamenbildung die Rede war, gelten als ein Vorname und nur wenn die Lesbarkeit des Vornamens (*Kai-Uwe*) erschwert ist, sollte ein Bindestrich gesetzt werden. Folgende Aussage, die in diesem Zusammenhang bei Massfeller und Hofmann im Kommentar zum PStG zu finden, kann daher aus linguistischer Sicht nicht unterstützt werden:

> Aus sprachlichen Gründen sollte der Doppelform mit Bindestrich im allgemeinen der Vorzug gegeben werden. (Massfeller/Hofmann § 21 PStG Rn 108)

Die Rechtschreibung der indigenen Vornamen stellt sich somit als relativ unproblematisch dar, schwierig wird es bei der Eintragung ausländischer Vornamen. Soll die fremde Schreibweise erhalten bleiben oder muß der ausländische Name eingedeutscht werden? Letzteren Weg wählten Eltern, die auf dem Standesamt mit Vornamen wie *Schanin*, *Kärolein* oder *Maik* auftauchten; auch die Vornamen *Angéla*, *Rogér* und *Felipé* sollten in Geburtsurkunden eingetragen werden.[93] Derartige Namensformen sind aus linguistischer Sicht schlichtweg falsch: Die Eindeutschungen und Akzentsetzungen sind von den Eltern willkürlich durchgeführt worden und entsprechen weder dem jeweils fremden Sprachsystem noch dem deutschen. Was läßt sich also vom linguistischen Standpunkt aus zu diesem Aspekt der sprachlichen Integration von fremden Vornamen in unser Sprachsystem sagen?

Auch in früheren Zeiten wurden Vornamen aus anderen Sprachen übernommen und an das deutsche Sprachsystem angepaßt. Vornamen, denen der linguistisch nicht geschulte Sprecher ihren Ursprung nicht mehr ansieht, werden analog zu den Lehnwörtern als Lehnnamen bezeichnet. Zu diesen Lehnnamen zählt beispielsweise der Vorname *Lorenz*; er beruht auf einer Entlehnung des lateinischen Vornamen *Laurentius*. Probleme stellen sich heute bei ausländischen Vornamen dann ein, wenn sie entweder über im Deutschen fremde diakritische Zeichen verfügen oder wenn sie in einem anderen als dem lateinischen Schriftsystem geschrieben sind. Russische, bulgarische, griechische, persische, arabische und neuhebräische Vornamen müssen also, da sie in einer fremden Schrift vorliegen, gemäß § 49 DA in die deutsche Sprache umgesetzt werden. Wichtig ist,

---

93 Die Beispiele stammen alle aus dem Vornamenbuch von Seibicke (Seibicke 1991a), der ausführlich auf das Problem eingedeutschter Vornamen eingeht.

daß fremde Schriftzeichen, die der richtigen Aussprache dienen, nicht wegfallen dürfen; dies ist beispielsweise bei den französischen Vornamen *René*, *André* oder *Geneviève* der Fall. Die Akzente im Französischen können im Deutschen nur bei den weiblichen Namensformen (*Désirée*) weggelassen werden, wobei dann entweder alle oder kein Akzent entfallen sollte, also nicht **Désiree*. Bei den aus dem Französischen übernommenen männlichen Vornamen des Typs *André* sind die Akzente, da sie in Verbindung mit einem einfachen <e> geschlechtsmarkierend sind, zu setzen.[94] Eltern lassen aber einerseits die Akzente nicht nur weg, sie setzen andererseits die Akzente auch nach ihrem eigenen Gutdünken: *Michél*, *Madelainé* oder *Felipé* entstehen auf diese Weise.[95] Hier muß durch den Standesbeamten eingeschritten werden, denn jede einmal amtlich registrierte Namenform kann, auch wenn sie vom linguistischen Standpunkt aus falsch ist, wieder als Vornamen eingetragen werden. Außerdem sollten Eltern doch immer auch an den Schaden denken, den sie ihrem Kind mit einem falsch geschriebenen Vornamen zufügen können. Willkürlich eingedeutschte Vornamen sollten also nicht nur aus sprachwissenschaftlichen Gründen, sondern auch im Hinblick auf das Kindeswohl vom Standesbeamten abgelehnt werden.

3.2.4 Konnotative Aspekte bei Vornamen

Immer wieder werden Vornamen von den Gerichten abgelehnt, weil sie nach Meinung der Richter und der vornamenrechtlichen Literatur bestimmte Inhalte, d.h. Bedeutung, transportieren.[96] Gestützt werden diese Urteile auch durch Aussagen wie die folgende:

> Entscheidend ist in erster Linie, welche Vorstellungen, Gegenstände und Personen die Allgemeinheit mit dem verwendeten Vornamen assoziiert, in geringerem Umfang auch der Klang des Namens (Massfeller/Hoffman § 21 PStG Rn 103)

Zu fragen ist also, ob die hier angesprochenen Assoziationen, die ein Vorname beim Hörer (bzw. Sprecher) auslösen kann, linguistisch festzumachen sind und ob es sich bei diesen Assoziationen um die "Bedeutung" eines Vornamens handelt.

---

94 Zum Problem der Schreibung französischer Vornamen vgl. Seibicke 1982b.

95 Wohin mangelnde Fremdsprachenkenntnisse führen können, zeigt Seibicke in seinem Aufsatz über die Vornamen Dennis und Denise (Seibicke 1991b).

96 "Vornamen, die Anstoß oder erhebliches Befremden erregen oder das Kind in der Entfaltung seiner Persönlichkeit oder in seinem Fortkommen unzumutbar behindern würden, dürfen (...) nicht gegeben werden." (Diederichsen 1981:709)

Um diesen Aspekt der Vornamengebung klären zu können, müssen wir noch einmal zum onomastischen Namenbegriff zurückkehren. Begriffe wie Bedeutung, Motiviertheit und Konnotation sind hier auseinander zu halten. Vor der Klärung der linguistischen Fragen soll aber kurz noch einmal die rechtliche Situation verdeutlicht werden, um zu sehen, mit welchen Argumenten Vornamen aufgrund ihrer Konnotationen abgelehnt werden. In diesem Zusammenhang stellt sich auch die Frage, welche Vornamengruppen aus rechtswissenschaftlicher Sicht betroffen sind.

Auf der einen Seite lehnen Juristen die Eintragung von Phantasiebezeichnungen, d. h. von Namensneubildungen ab, da sie darin meist nur sinnlose Buchstabenkombinationen erkennen können;[97] oft wird diese Ablehnung von der Ansicht gestützt, daß den Eltern kein Vornamenserfindungsrecht zustehe.[98] Gleichzeitig werden mit dem Hinweis auf die dem Vornamen inhärente Unverständlichkeit "Nachnamen, Naturerscheinungen, Bezeichnungen der Biologie oder anderer Fächer" (Diederichsen 1988:82) als Vornamen abgelehnt: Bei diesen Bezeichnungen handle es sich um bedeutungstragende sprachliche Elemente und diese gelten als nicht eintragbar.[99] Und schließlich urteilen Richter über die Assoziationen, die bestimmte Benennungen als Vornamen ihrer Meinung nach auslösen können und die aufgrund ihrer negativen Konnotationen dem Prinzip des Kindeswohls zuwiderlaufen. Dabei sind literarische Vornamen, die Namenscharakter haben, d. h. eine Person individualisieren und identifizieren können, nur dann zulässig, "wenn sich mit ihnen eine moralisch positive Vorstellung verbindet" (StAZ 1/81:25).[100] Bezeichnungen wie z. B. *Gin* die dem appellativischen Wortschatz entnommen sind, wurden ebenfalls mit dem Hinweis auf die mit ihnen verbundenen negativen Assoziationen abgelehnt.[101] Neben all diesen Entscheidungen steht aber im Vornamenrecht die Erkenntnis, daß aus linguistischer Sicht "prinzipiell (...) alle Ausdrücke geeignet sind, die Identifikations- und Differenzierungs-

---

97 Vgl. hierzu die Erläuterungen der Gerichtsurteile im Zusammenhang mit den Namen *Momo* (StAZ 1/81:24) und *Max Amos Soma Xam* (StAZ 5/84:129).

98 Vgl. hierzu Diederichsen 1988:82 und die Ausführungen zur Namenbildung in Abschnitt 3.2.2.2.

99 Mit diesem Argument scheiden auch Appellativa, Titel, unterscheidende Namenszusätze wie *der Große* oder *jun.* als Vornamen aus. Vgl. StAZ 1990, S. 200.

100 Aus juristischer Sicht zählen die literarischen Vornamen zu den sogenannten Phantasiebezeichnungen und fallen somit unter das Problem der erfundenen Namen und des Namenerfindungsrechts der Eltern. Zur linguistischen Einordnung dieses Namenstypus vgl. Abschnitt. 3.2.2.2.

101 Vgl. Diederichsen 1981:709.

funktion zu übernehmen" (Diederichsen 1989:366). Im Zusammenhang mit den Konnotationen von Vornamen haben wir es im juristischen Bereich also mit drei verschiedenen Begründungsstrategien zu tun. Eine Bezeichnung kann als Vorname abgelehnt werden, weil sie keine Bedeutung hat, somit sinnlos erscheint. Andererseits werden Benennungen mit einem deutlichen lexikalischen Inhalt ebenfalls als Vorname zurückgewiesen, und dann gibt es da noch diejenigen abgelehnten Fälle, in denen der vorgeschlagenen Bezeichnung durch die Gerichte eine negative Assoziation nachgewiesen wird. Alle drei Argumente berufen sich auf § 262 III DA, der nur Bezeichnungen, die "ihrem Wesen nach Vornamen" sind, zur Eintragung zuläßt. Dies bedeutet anscheinend, daß Vornamen gleichzeitig bedeutungslos und bedeutungstragend sein müssen.

Was gehört nun aus onomastischer Sicht zum "Wesen" des Vornamens: Bedeutung oder Bedeutungslosigkeit? Welche Rolle spielt in diesem Zusammenhang der assoziative Gehalt eines Vornamens? Bei der Klärung des onomastischen Namenbegriffs in Abschnitt 2.2.2 hatte es sich gezeigt, daß es sich bei den protoypischen Eigennamen - und zu diesen gehören auch die Vornamen - um sprachliche Zeichen handelt, die keinerlei Charakterisierung über den von ihnen benannten Gegenstand abgeben. Ein Eigenname beinhaltet lediglich zwei Merkmale: die Gleichsetzung eines sprachlichen Zeichens mit einer Entität und den potentiellen Taufakt. Eine Aussage über den von ihm benannten Menschen kann ein Vorname also prinzipiell nicht machen; selbst über den Sexus des Namenträgers schweigt sich der Vorname auf sprachsystematischer Ebene aus (vgl. Abschnitt 3.2.2.1). Durch den Gebrauch eines Vornamens innerhalb einer bestimmten Sprechergemeinschaft und eine eventuell vorhandene Homonyme mit einem appellativischen sprachlichen Zeichen kann dem Vornamen eine assoziative Bedeutung, also Bedeutsamkeit, erwachsen. Diese Bedeutungsebene entspricht der von mir in Abschnitt 2.2.3.1 eingeführten Definition des Begriffs Kommunikationswert: Konnotationen - synonymisch hierzu könnte man auch den Begriff Assoziationen verwenden - entstehen also bei Vornamen erst durch ihre Verwendung in der Kommunikation.

Man muß also die sprachsystematische Ebene, die Langue, von der sprachpragmatischen Ebene, der Parole, trennen: Innerhalb der Langue besitzt der Vorname keinen lexikalische Bedeutung, in der Parole kann der Vorname konnotative Bedeutung erhalten, wobei die Konnotationen, die ein Vorname auslösen kann, von Hörer zu Hörer unterschiedlich sind. Der Begriff der Bedeutung muß somit differenziert verwendet werden: Getrennt werden muß auf jeden Fall die lexikalische, d. h. abstrahierbare Bedeutung, von der aktuellen, d. h. konnotativen Bedeutung. Richter urteilen folglich über den Kommunikationswert eines Vornamens und dies ist ein Unterfangen, das sich, wie die folgenden Überlegungen zeigen werden, nur selten objektiv nachvollziehbar ist.

Die Assoziationen, die ein Vorname für den Sprecher (bzw. Hörer) in sich vereint, können den Gebrauch des Vornamens erleichtern oder erschweren. Zahlreiche onomastische Arbeiten haben sich mit dem Problemen der Namenspsychologie und -physiognomie beschäftigt.[102] Die psychologische Relevanz des Eigennamens, und vor allem auch des Vornamen, beruht zum einen darauf, daß Namen phylogenetisch betrachtet in allen Sprachen als sprachliche Kategorie vorkommen und somit in ontogenetischer Hinsicht eine "anthropologische Grundkonstante" (Bering 1987:250f.) darstellen. Der Name dient der Identitätsfindung und in zahlreichen psychologischen Tests wurde der enge Zusammenhang zwischen Name und Persönlichkeit untersucht.[103] Meist ist der Name mit einer bestimmten Rolle verbunden, die das Individuum innerhalb einer Sprechergemeinschaft spielt; der Namenwechsel unter anderem bei der Eheschließung oder bei einem Klostereintritt symbolisiert dies. "Namenwechsel implizieren einen Identitätswechsel, intendieren *und* dokumentieren die Integration in eine Gruppe" (Bering 1987:269; Hervorhebung im Original/K.S.). Sozialpsychologisch betrachtet besitzt der Eigenname zwei Ebenen: Er symbolisiert das Individuum und ist Ausdruck einer sozialen Persönlichkeit.[104] Die folgende Aussage über Namenstauglichkeit erklärt deshalb in meinen Augen die oben erläuterte juristische Vorgehensweise im Zusammenhang mit konnotativen Aspekten von Vornamen:

> Namenstauglichkeit kann dementsprechend von zwei Seiten her bedroht werden: Die Individualisierungspotenz würde abgeblockt, wenn alle Menschen (oder fast alle) 'Hans Müller' hießen (...); die Sozialisierungspotenz würde gefährdet, wenn die Bezeichnungen aus dem vorhandenen Namenschatz oder aus dem von ihm gesetzten Erwartungshorizont vollkommen ausbrächen, also Individuen auftauchten mit Namen wie diesen: 'Pratlatl Primstr' oder 'Radnabe Druckmaschinenkomputer'. (Bering 1987:260)

---

102 Die wichtigsten Untersuchungen zu diesem Aspekt sind folgende Arbeiten: Dornseiff 1940, Boesch 1957, Katz 1964, Krien 1973, Eis 1970, Hartmann 1984 und Bering 1987.

103 Einen Überblick über diese Tests geben Hartmann 1984:viii und Bering 1987:265ff.

104 Der Begriff der sozialen Persönlichkeit bedeutet in diesem Zusammenhang, daß der Name dem Namenschatz der Spachgemeinschaft entnommen wird, der das Individuum angehört (vgl. Bering 1987:258).

Beide Aspekte, Individualisierungs- und Sozialisierungspotenz, werden in den rechtlichen Normierungen zum Vornamen thematisiert: Geschwister müssen unterschiedliche Vornamen tragen und die gewählten Bezeichnungen müssen ihrem Wesen nach Vornamen sein. Benennungen wie *Hitlerike* oder *Moewe* weichen eindeutig vom Erwartungshorizont der meisten Sprecher und damit auch von den Vorstellungen des Standesbeamten (bzw. Richters) ab: Sie werden deshalb als Vornamen abgelehnt. Außerdem lösen manche Bezeichnungen aufgrund ihrer Geschichte oder ihrer Etymologie Assoziationen beim Hörer aus, die ihre Verwendung als Vornamen unmöglich machen. Aus vornamenrechtlicher Sicht kann man sich nun verständlicher Weise fragen,

> ob es einen bestimmten Konnotationsrahmen gibt, also Grade der Berücksichtigungsfähigkeit von Assoziationen, und ob die soziale Referenz die einzig mögliche ist, vor allem aber, welchen Spielraum aus der Sicht der Sprachwissenschaft die Jurisprudenz in der Toleranz bzw. Abwehr bestimmter Konnotationen hat. (Diederichsen 1993:351)

Auf die Individualität der Assoziationen wurde bereits hingewiesen, man müßte also einen Weg finden, die Konnotationen eines Vornamens zu "messen", d. h. mittels empirischer Methoden zu objektivieren. Im Bereich der Psychoonomastik beschäftigt man sich mit diesem Problem.[105] Aus der großen Menge an Arbeiten seien hier stellvertretend drei Untersuchungen genannt: 1980 analysierte Rainer Frank "Das Image von Rufnamen" (Frank 1980), 1984 beschäftigte sich Torsten Hartmann mit der konnotativen Bedeutung von Personennamen (Hartmann 1984) und ebenfalls in diesen Zusammenhang gehört die bereits mehrfach erwähnte Arbeit von Bering über die Namen der Juden und das Problem der Namensstigmatisierung (Bering 1987).

Bei der 1974 und 1977 durchgeführten Befragung von 59 Schülerinnen und Schülern nach den beliebtesten Vornamen kommt Frank zu folgendem Ergebnis:

> Die Nameneinschätzung im Kindesalter läßt sich direkt auf persönliches Gefühlsbeziehungen zurückführen, andere Assoziationen und Bezüge (Namenklang, -länge, -häufigkeit etc.) sind mitbestimmend, aber zu einem großen Prozentsatz sekundär. (Frank 1980:42).

---

105 "Psychoonomastik wird definiert als die Unterdisziplin der Psycholinguistik, die sich mit der Ermittlung und Messung der konnotativen Bedeutung von Namen befaßt und die Wirkung der Konnotationen auf den Menschen untersucht." (Hartmann 1984:viii)

Für die Namenverwendung bei Erwachsenen sei ebenfalls anzunehmen, daß "Namen konnotationsbezogene Sprachzeichen sind und dementsprechend tradiert werden" (Frank 1980:42). Daß diese Hypothese Franks ihre Gültigkeit besitzt, beweisen die oben aufgeführten Gerichtsurteile über bestimmte Vornamen. Immer wieder muß man allerdings darauf hinweisen, daß die Konnotationen eines Vornamens, also dessen Kommunikationswert, individuell, d. h. bei jedem Menschen unterschiedlich entstehen und daher nur sehr schlecht als objektive Maßstäbe zur Beurteilung vor Gericht herangezogen werden können.[106] Im Prinzip müßten - ähnlich wie bei den Warennamen, bei denen mittels statistischer Methoden die Verkehrsgeltung festgestellt wird[107] - die Assoziationen, die mit einem Vornamen verbunden sind, mit Hilfe empirischer Untersuchungen in einer relevanten Sprechergruppe nachgewiesen werden.[108] Derartige Untersuchungen wären aber wahrscheinlich für die Standesbeamten und Gerichte zu aufwendig.

Wann eine Assoziation stark genug ist, um die Ablehnung eines Vornamens zu rechtfertigen, läßt sich aus rein sprachwissenschaftlicher Sicht nicht sagen. Die "soziale Referenz" (Diederichsen 1993:351) erscheint mir in der Tat als die einzig mögliche Instanz in diesem Bereich und so müssen die Standesbeamten und Richter im Zusammenhang mit den Konnotationen von Vornamen weiterhin aus ihrer persönlichen Namenkompetenz heraus entscheiden, ob ein Vorname zulässig ist oder nicht. Die Ablehnung von Namensneubildungen nur aufgrund ihrer Bedeutungslosigkeit ist für mich jedoch linguistisch nicht zu rechtfertigen, da Vornamen als sprachliche Zeichen generell über keine lexikalische Bedeutung verfügen.

3.2.5 Namenpragmatik

3.2.5.1 Allgemeine Prinzipien der anthroponymischen Namengebung

Hinsichtlich der rechtlichen Normierung der anthroponymischen Namengebung kann man prinzipiell drei Ebenen unterscheiden:

1. Ebene: Zwangsnamen (Familienname, Individualname)

2. Ebene: Wahlnamen (Pseudonym)

3. Ebene: inoffizielle Namen

---

106 Vgl. Frank 1980:42.

107 Vgl. Abschnitt 5.1.1.2.

108 Empirische Tests zur Namenspsychologie finden sich beispielsweise bei Eis 1970, Krien 1966 bzw. 1973, Frank 1980 und Hartmann 1984.

Der auf der ersten Ebene stehende amtliche Gesamtname ist, wie man gesehen hat, mehr oder weniger restriktiv durch Gesetze des BGB (Familien-, Ehe-, Begleitname) oder Vorschriften der DA (Individualname) rechtlich normiert, in erster Linie erfüllt der bürgerliche Name aus namenrechtlicher Sicht die für den Staat notwendige Identifikationsfunktion, daher sind der Zeitpunkt der Namengebung, die Namengeber und die Art des Namens rechtlich eindeutig fixiert. Die Namengebung ist teilweise passiver (Geburtsname) und teilweiser aktiver Art (aktive Namengebung 1. Grades: Ehename, Begleitname; aktive Namengebung 2. Grades: Vorname).

Auf der zweiten Ebene findet man den Typus des Wahlnamens (aktive Namengebung): Der Namenträger entscheidet selbst, ob und wenn ja welchen zusätzlichen Namen er neben dem bürgerlichen Namen tragen möchte. Offiziellen Charakter hat dieser Namenstypus erst, wenn er öffentlich gebraucht wird, so z. B. durch eine Eintragung im Paß, dann gelten auch für den Wahlnamen die rechtlichen Normierungen des amtlichen Gesamtnamens. Die Namengebung beim Pseudonym besitzt also anders als bei Familiennamen und Vornamen informellen Charakter: Namentypus und Zeitpunkt der Namenvergabe sind nicht festgelegt, die Eintragung in den Paß ist fakultativ. Außerdem kann ein Pseudonym vom Namenträger jederzeit ohne amtliches Einschreiten, Familienname und Vorname hingegen nur nach § 3 NamÄndG geändert werden.[109]

Auf der letzten und dritten Ebene befinden sich sämtliche inoffiziellen Personennamen: Auch sie dienen innerhalb einer bestimmten Sprechergemeinschaft der Identifikation, sie übernehmen daneben aber meist noch andere Funktionen. Da sich die inoffiziellen Personennamen gänzlich außerhalb der öffentlichen Sphäre bewegen, gibt es für sie auch keine rechtlichen Normen.[110]

3.2.5.2 Prinzipien der Vornamengebung

Die Darstellung der rechtlichen Normierungen des Vornamens hat ergeben, daß bei der Zulassung eines Vornamens für die Standesbeamten und Richter die Begriffe der "Sitte und allgemeinen Ordnung" die oberste Leitlinie darstellen (vgl. Abschnitt 3.1.2.2). Der "allgemeinen Ordnung" ist dann Genüge getan, wenn der Vorname seine Identifizierungs- und Unterscheidungsfunktion erfüllen kann; dieser Aspekt erklärt, warum Geschwister nicht dieselben Vornamen tragen dürfen.

---

109 Zum Problem der Namenänderung s. Abschnitt 3.1.4.
110 Zu Besonderheiten von inoffiziellen Personennamen s. Kany 1992.

Der Begriff der Sitte bleibt in der namenrechtlichen Literatur hingegen sehr diffus, je nach Ansicht des Standesbeamten oder Richters wird er individuell unterschiedlich ausgelegt. Hinter diesem Begriff verbirgt sich in meinen Augen die in Europa gewachsene Namenkultur, in die sich der neu gewählte Vorname einfügen muß. Aufgrund seiner Namenkompetenz verfügt jeder Sprecher über bestimmte, wenn auch nur selten bewußt gemachte Vorstellungen über diese Namenkultur und darüber, wie das "Wesen" eines Vornamens beschaffen sein sollte. Will man den in der rechtswissenschaftlichen Literatur gebrauchten Begriff der Sitte onomastisch erklären, muß man also die Prinzipien der Vornamengebung, die sich im Laufe der europäischen Geschichte herausgebildet haben und die heute noch relevant sind, näher betrachten.[111]

In seiner detaillierten sozialgeschichtlich ausgerichteten Untersuchung zur europäischen Namengebung kommt Mitterauer zu folgender Erkenntnis:

> Die Geschichte der Namengebung in Europa ist eine Geschichte der Nachbenennung. Kinder erhalten bei der Geburt nicht für sie neu geschaffene Namen, die nach ihrem Wortsinn zu verstehen sind. Vielmehr wird aus einem überkommenen Namengut geschöpft. Die Bedeutung von Namen ist durch Tradition bestimmt. (Mitterauer 1993:405)

Wurden die germanischen Rufnamen noch nach dem Prinzip der Namensvariation gebildet, d. h. Elemente der Elternnamen wurden innerfamilial an die Kinder weitergegeben[112], so setzte sich im Laufe der Zeit immer stärker das Prinzip der Namensrepetition durch. Die ursprünglich vorhandene Motiviertheit eines Namens ging dabei zunehmend verloren: Aus Appellativa, die zur Benennung herangezogen wurden, entwickelten sich Eigennamen, die keine lexikalische Bedeutung mehr besaßen. Nach dem Vorbild der innerfamilialen Nachbenennung entstand die extrafamiliale Nachbenennung nach Fürstennamen, religiös motivierten Namen, hier vor allem nach Heiligennamen, und Patennamen. Diese Arten der Nachbenennung beherrschen spätestens seit dem Mittelalter die gesamte europäische Namengebung; die Nachbenennung nach Fürsten und Heiligen erklärt auch

---

111 Die wichtigsten Arbeiten der letzten zwanzig Jahre zum Bereich der Vornamengebung stammen von Debus (s. Literaturverzeichnis), Frank 1977, Kleinöder 1994, Link 1966, Seibicke (s. Literaturverzeichnis) und Shin 1980.

112 Aus den Elternnamen *Hildebrand* und *Gertrud* können z. B. die Kindesnamen *Gerbrand*, *Trudbrand*, *Trudger*, *Gerhild*, *Brandhild* und *Hiltrud* entstehen; bei den ersten drei Namen handelt es sich um die männlichen, bei den letzten drei Namen um die weiblichen Rufnamen.

das im Spätmittelalter einsetzende Aufkommen mehrerer Vornamen.[113] Aus onomastischer Sicht differenziert man zwischen einer mechanischen Nachbenennung - wie dies z. B. in der germanischen Namengebung der Fall war - und einer Nachbenennung mit konnotativen Selektionsprinzipien.[114] Diese letztere Art der Nachbenennung beruht auf der Tatsache, daß mit jedem Namen in zweifacher Hinsicht Geschichte und damit bestimmte Konnotationen verbunden sind. Auf einer allgemeinen Ebene gibt es für jeden Namen eine Langzeitgeschichte, die bis zu einem ersten Namenträger zurückreichen kann. Auf einer individuellen Ebene hat ein Name für jeden Sprecher eine persönliche Geschichte, d. h. jeder Mensch verbindet mit einem bestimmten Namen individuelle Erfahrungen und Erlebnisse.

Innerhalb der innerfamilialen Nachbenennung lassen sich vier Unterformen unterscheiden.[115] Einmal kann der Rufname des Vaters ohne Veränderung an das Kind weitergegeben werden (*direkte Nachbenennung*), dann kann der Rufname oder einer der Beivornamen des Vaters dem Kind als Beivornamen beigelegt werden (*partielle Nachbenennung*). Werden deutsche oder nachbarsprachliche Varianten des Rufnamens des Vaters - auch in der Form eines Bindestrichnamens - dem Kind gegeben, spricht man von variierender Nachbenennung und die Movierung stellt schließlich die vierte Möglichkeit einer Nachbenennung dar, in der der Name des Vaters sogar gegengeschlechtlich an eine Tochter weitergegeben werden kann. Die innerfamiliale Nachbenennung - entweder nach Lebenden oder Toten - erfüllte und erfüllt auch heute noch verschiedene Funktionen. Durch die Namensgleichheit sollte eine Übereinstimmung im Wesen und in den Taten zweier Personen hergestellt werden.[116] Außerdem kann der Name in der Nachbenennung ehrende Funktion übernehmen: Die Kindeseltern können auf diese Weise ihre eigenen Eltern würdigen. Nachbenennung drückt aber auch ein Zusammengehörigkeitsgefühl in der Familie aus. Onomastische Untersuchungen haben festgestellt, daß die innerfamiliale Nachbenennung häufiger bei Jungen als bei Mädchen vorkommt und daß dieser Brauch seit den fünfziger Jahren unseres Jahrhunderts stetig abnimmt;[117] die im Zusammenhang mit der Namenbildung besprochenen

113 Zur Herausbildung dieses Prinzips und zu seinen Auswirkungen auf die europäische Namengebung vgl. Mitterauer 1993.

114 Vgl. Kohlheim 1977:526f.

115 Alle im folgenden geschilderten Formen der Nachbenennung können auch nach dem Namen der Mutter oder eines anderen Verwandten erfolgen. Zu den Prinzipien der Nachbenennung vgl. auch Debus 1973, Mitterauer 1993 und Kleinöder 1994.

116 Vgl. Mitterauer 1993:422ff.

117 Vgl. Debus 1973:395.

Abkürzungsnamen des Typs *Ancla* gehören in den Bereich der innerfamilialen Nachbenennung (vgl. Abschnitt 3.2.2.2).

Wenn sich die Eltern innerhalb dieser Namenkultur der Nachbenennung bewegen, d. h. auf überkommenes Namengut zurückgreifen, kommen sie auch nicht mit den rechtlichen Normierungen in Konflikt. Doch seit dem 18. Jahrhundert nimmt die Traditionsgebundenheit der Namengebung und damit auch die Bindung an das Prinzip der Nachbenennung immer stärker ab und "eine individualistische Grundtendenz" (Mitterauer 1993:423) ist spätestens für die Vornamengebung des 20. Jahrhunderts charakteristisch. Im Zuge dieser Orientierung werden verstärkt ausländische Namen übernommen oder überhaupt andere sprachliche Zeichen als Vornamen gewünscht. Fremde Vornamen, Phantasienamen, Appellativa, Ziffern und Abkürzungen entsprechen aber oft den rechtlichen Vorschriften nicht: Sie sind teils geschlechtsindifferent, teils mit negativen Konnotationen besetzt oder können die vom Gesetzgeber geforderte Identifizierungsfunktion des Namens nicht erfüllen. Im Zusammenhang mit der Problematik der Namenbildung (Abschnitt 3.2.2.2) hat sich aber bereits gezeigt, daß nur sehr wenige Eltern diese ausgefallenen Bezeichnungen als Vornamen wünschen. Wenn man nämlich das Phänomen der Namenmode untersucht, stellt man fest, daß sich der Namenbestand nur sehr langsam verändert und daß sich die meisten Eltern doch immer noch sehr traditionell bei der Auswahl der Vornamen verhalten:

> Im Grunde ist es aber der gleiche Namenbestand, der von Jahr zu Jahr wiederkehrt. Erst in längeren Zeitabständen manifestiert sich größere Veränderung." (Seibicke 1992:331).

In unserem Jahrhundert entscheiden meist neben traditionellen Namengebungsmodellen auch ästhetische Kriterien wie Länge oder Klang über die Wahl eines Vornamen.[118]

Im Hinblick auf die rechtliche Verfahrensweise mit Namen, die aus der hier skizzierten Namenkultur herausfallen, kann man deshalb festhalten, daß der juristische Rückgriff auf den Begriff der Sitte in eine Sackgasse führt. Sinnvoller wäre es, ausländische Namen, Phantasienamen und Appellativa in einer ersten Stufe nach rein onomastischen Kriterien, wie sie in den vorangegangenen Abschnitten zur Bildung, Schreibung und Semantik von Personennamen aufgezeigt

---

118 Wichtige onomastische Untersuchungen zur Motivation der Namengeber bei der Vornamengebung stammen von Koß 1972, Debus et al. 1973, Frank 1977 und Link 1986.

wurden, zu beurteilen. Dabei muß man sich immer vor Augen halten, daß prinzipiell jedes sprachliche Zeichen propriale Funktionen übernehmen kann. Erst im Anschluß an eine linguistische Klärung müßte man sich fragen, ob die Bezeichnung gesellschaftlichen Anforderungen entspricht, ob sie namenstauglich ist.

3.3 Zusammenfassung

Anthroponyme - Namen im Zivilrecht: Unter dieser Überschrift wurden in den vorangegangenen Abschnitten die rechtlichen Normierungen zum Familiennamen, zum Vornamen und zum Pseudonym dargestellt und die linguistischen Grundlagen dieser drei Namenarten erläutert. Die wichtigsten Ergebnisse sollen an dieser Stelle noch einmal kurz zusammengefaßt werden.

Familienname, Ehename, Begleitname und Geburtsname stehen am Anfang des Kapitels 3. Diese vier Begriffe spiegeln terminologisch die Entwicklung des Familiennamenrechts wider: Bis 1976 wurde automatisch der Familienname des Mannes bei einer Heirat zum gemeinsamen Ehenamen. Mit dem 1994 bereits zum zweiten Mal reformierten Ehenamenrecht müssen sich die beiden Ehepartner nicht mehr auf einen gemeinsamen Namen einigen, sondern können entweder jeweils ihren Familiennamen beibehalten oder den eigenen, nicht zum Ehenamen gewählten Familiennamen dem neuen Namen voranstellen oder anfügen. In verschiedenen Paragraphen des BGB (vgl. Abschnitt 3.1.1) sind die vier Termini durch ihre wechselseitige Beziehung zueinander inhaltlich definiert:

- Unter dem Geburtsnamen versteht man denjenigen Nachnamen, der zum Zeitpunkt der Eheschließung in der Geburtsurkunde eingetragen ist.
- Unter dem Begleitnamen versteht man den nicht zum Ehenamen gewählten Geburtsnamen.
- Unter dem Familiennamen versteht man zum einen in familienrechtlicher Sicht den bei einer Eheschließung gewählten Ehenamen, zum anderen versteht man in personenstandsrechtlicher Sicht den tatsächlich im Personenstandsregister geführten Nachnamen (Ehename + Begleitname).

Der Namenerwerb des Geburtsnamens richtet sich nach der Ehelichkeit des Kindes und erfolgt automatisch mit der Geburt: Die Namengebung ist also passiver Art, da weder Namenspender noch Namenträger einen Einfluß auf die Namenvergabe haben. Der Ehename kann vom Ehepaar in einem eingeschränkten Rahmen gewählt werden. Zur Verfügung stehen hier die Familiennamen des Mannes und der Frau. Die Namengebung des Ehenamens kann daher als aktive Namengebung 1. Grades bezeichnet werden: Die Namengeber haben zum einen direkten Einfluß auf den Namenerwerb, zum anderen sind Namengeber und Namenträger identisch. Neben dem Familiennamen muß jeder Mensch in der Bundesrepublik Deutschland mindestens einen **Vornamen** führen. Zusammen bilden Familien- und Vorname den sogenannten bürgerlichen Namen; in der onomastischen Terminologie spricht man vom Gesamtnamen. Der oder die Vornamen werden dem Neugeborenen im Normalfall von seinen Eltern gegeben, wir haben es also mit einer aktiven Namengebung 2. Grades zu tun (Namengeber und Namenträger sind nicht identisch). Rechtlich normiert wird die Vornamengebung nur auf der Ebene der Verwaltungsvorschriften: Dem Standesbeamten, der die Eintragung der Vornamen in die Personenstandsregister durchführt, stehen mit der "Dienstanweisung für die Standesbeamten und ihre Aufsichtsbehörden (DA)" und den zahlreichen Gerichtsurteilen zur Vornamenwahl Entscheidungshilfen zur Verfügung, die ich allerdings aus linguistischer Sicht nicht immer zulässig finde.

Probleme gibt es im Bereich des Vornamens neben der Namenschreibung vor allem in zweierlei Hinsicht: 1. Der gewählte Vorname muß geschlechtsspezifisch sein. 2. Der gewählte Vorname darf keine negativen Assoziationen beim Hörer auslösen.

Zum ersten Punkt läßt sich aus linguistischer Sicht sagen, daß nach der Öffnung des Vornamensystems für außerdeutsche Vornamen diese Forderung nur schwerlich aufrechterhalten werden kann. Während sich bestimmte Vornamengruppen wie z. B. die germanischen Rufnamen noch in ein genusdifferenzierendes Modell einteilen lassen, kann bei dem heute stark internationalisierten Vornamenschatz davon nicht mehr die Rede sein. Der zweite Punkt läßt sich ebenfalls nicht eindeutig lösen: Das Problem der Bedeutsamkeit eines Namens hängt zum einen von den kollektiven Assoziationen ab, die ein Name innerhalb einer Sprechergemeinschaft haben kann; der Vorname *Judas* ist beispielsweise in der Bundesrepublik Deutschland aufgrund seines herausragenden Namenträgers und den damit verbundenen negativen Konnotationen von der Vornamengebung ausgeschlossen. Zum anderen kann sich jeder Namenbenutzer für einen Namen eine individuelle Namensgeschichte aufgebaut haben. Nicht verwechselt werden darf allerdings der Begriff der Bedeutsamkeit mit demjenigen der Bedeutung: Auf sprachsystematischer Ebene besitzen Eigennamen, also auch Vornamen, keine Bedeutung. Somit wäre es möglich, jedes sprachliche Zeichen als Vornamen zu zulassen. Daß dies nicht der Fall ist, hängt nicht an sprachlichen, sondern an sozialen und damit auch an rechtlichen Normen.

Das **Pseudonym** spielt im Namenrecht keine große Rolle, in der Regel gilt es als Nachahmung des bürgerlichen Namens und wird daher analog zu diesem behandelt. Da Namengeber und Namenträger identisch sind und die Namenwahl rechtlich völlig ungeregelt ist, handelt es sich hier um eine aktive Namengebung 1. Grades. Auch in der onomastischen Literatur wurde das Pseudonym bisher wenig beachtet, so daß im linguistischen Teil nur exemplarisch anhand einiger Beispiele auf die Besonderheiten der Namenbildung eingegangen werden konnte (vgl Abschnitt 3.2.2.3).

Den Abschluß des rechtlichen Blocks bilden die Normierungen im Bereich der **Namenänderung**. Nach den personenstandsabhängigen Änderungen z. B. im Falle einer Heirat geht es hier um die öffentlich-rechtliche Namenänderung, die im Namenänderungsgesetz geregelt ist. Generell kann man festhalten, daß jegliche Veränderung eines Namens, also auch der Austausch eines einzelnen Buchstabens, eine Namenänderung darstellt und daß nur ein wichtiger Grund eine Änderung bewirken kann; zu den anerkannten Gründen zählt beispielsweise das Ablegen eines anstößigen Namens.

4 Toponyme - Namen im öffentlichen Recht

4.1 Rechtliche Normierungen

4.1.1 Der Ortsname

4.1.1.1 Rechtliche Einordnung

Während der Namenkundler von Ortsnamen spricht, redet der Jurist von Gemeindenamen: er meint damit Namen, die sich auf eine bestimmte politisch-juristische Einheit, nämlich auf die Gemeinde, beziehen.[1] Die Gemeinde ist eine Körperschaft[2] des öffentlichen Rechts, die teils an staatliche Weisungen gebunden ist, teils ihre Aufgaben autonom erfüllt. Der Gemeindename ist ein Beispiel für die Namen politischer Verwaltungseinheiten; hierzu gehören auch die Namen von Staaten (*Frankreich, Bundesrepublik Deutschland*), von Bundesländern (*Niedersachsen, Mecklenburg-Vorpommern*), von Regierungsbezirken (*Mittelfranken*), von Landkreisen (*Landkreis Nürnberger Land*) und von Verwaltungsgemeinschaften (*Eckental*).[3] Alle diese Körperschaften des öffentlichen Rechts stellen juristische Personen dar, ein Wesensmerkmal der Person ist ihr Name: Daher müssen auch Gemeinden einen eigenen Namen tragen, der sie eindeutig kennzeichnet und von anderen Gemeinden unterscheidet. In der rechtswissenschaftlichen Literatur werden die Individualrechte der Gemeinde an ihrem Namen teilweise anerkannt, teilweise wird den juristischen Personen aber auch nur ein Immaterialgüterrecht an ihrem Namen zugestanden.[4] Zum kommunalen, innerhalb der Gemeindeordnungen geregelten Namenrecht tritt noch die im Grundgesetz für die Gemeinden festgeschriebene Selbstverwaltungsgarantie (Art. 28 GG).

---

[1] Auf bestehende terminologische Unterschiede wird noch genauer einzugehen sein (vgl. Abschnitt 4.2.1), in dieser Arbeit werden die Begriffe *Ortsname* und *Gemeindename* synonym gebraucht.

[2] Unter einer Körperschaft versteht man eine "auf Personenzusammenschluß beruhende Organisationseinheit" (Pappermann 1981:300), die auf vier konstitutiven Merkmalen beruht: dem Gemeindegebiet und der Gebietshoheit, den Gemeindemitgliedern und den Repräsentativorganen der Gemeinde.

[3] Unter einer Verwaltungsgemeinschaft versteht man den "Zusammenschluß benachbarter kreisangehöriger Gemeinden unter Aufrechterhaltung des Bestandes der beteiligten Gemeinden" (Art. 1 Abs.1 BayVGemO).

[4] Zur Einteilung des Namenrechts in Privatrecht und Immaterialgüterrecht und zur Einordnung des Ortsnamenrechts s. Abschnitt 2.1.1. und Klippel 1985:509ff.

Die Frage lautet nun, ob es Aufgabe des Staates oder Angelegenheit der Gemeinden ist, die Fragen, die mit der Namensproblematik zusammenhängen, zu regeln. Besonders bei der Namengebung, wenn Staatsinteressen und Gemeindebedürfnisse kollidieren, wird diese Frage aktuell. Das Bundesverfassungsgericht urteilte hierüber:

> Die Bestimmung des Namens einer im Rahmen der kommunalen Neugliederung gebildeten neuen Gemeinde durch den Landesgesetzgeber verletzt nicht die Selbstverwaltungsgarantie des Art. 28 Abs. 2 Satz1 GG. (BVerfG Urt. v. 17.1.1979 - 2BvL 6/76)

Die Gemeindeordnungen stellen die Grundlage für die rechtliche Normierung der Gemeindenamen dar. Da alle Gemeindeordnungen in ähnlicher Weise mit dem Phänomen Name umgehen, sollen im folgenden stellvertretend für alle Gemeindeordnungen der Bundesrepublik Deutschland die Ausführungen der Bayerischen Gemeindeordnung (BayGO) besprochen werden. Diese beruht wie alle anderen Gemeindeordnungen weitgehend auf der Deutschen Gemeindeordnung, die am 30. Januar 1935 in Kraft trat und nach Kriegsende zwischen 1948 und 1955 in den einzelnen Bundesländern in überarbeiteten Fassungen wieder eingesetzt wurde.

Das Gemeindenamenrecht beruht in erster Linie auf Artikel 2 BayGO. In ihm wird den Gemeinden "ein Recht auf ihren geschichtlichen Namen" (Art. 2 Abs. 1 BayGO) zugesprochen; nur in der Bayerischen Gemeindeordnung wird dieses Recht explizit formuliert. Es beruht auf der historisch gewachsenen Gemeindehoheit und verkörpert das subjektive öffentliche Recht der Gemeinden an ihrem Namen. Des weiteren regelt Artikel 2 BayGO Fragen der Namenänderung und der Bildung neuer Namen: es werden die Zuständigkeiten in diesen Verfahren festgelegt und bestimmte Richtlinien für die Namenänderung aufgezeigt. Inhaltliche Bestimmungen zur Namenbildung findet man hier allerdings nicht. Artikel 2 BayGO gewährleistet auch keinen Namenschutz, dieser ist vielmehr in § 12 BGB verankert.[5]

Weitere rechtliche Bestimmungen zu den Gemeindenamen finden sich für den Freistaat Bayern in der "Verordnung über kommunale Namen, Hoheitszeichen und Gebietsänderungen" (NHGV) vom 12. März 1973 und der Bekanntmachung des Bayerischen Staatsministeriums des Inneren vom 30. April 1973 über "Kommunale Namen, Hoheitszeichen und Gebietsänderungen" (NHGBek); in der

---

5 Der Namenschutz des § 12 BGB wird nicht nur natürlichen Personen, sondern in analoger Anwendung auch juristischen Personen gewährt. Vgl. Abschnitt 2.1.3.

NHGBek werden die Paragraphen der NHGV erläutert. Diese beiden mehrfach geänderten Vorschriften entstanden im Zuge der kommunalen Gebietsreform der siebziger Jahre, bei der sich aufgrund der Neugliederung von Gemeinden und Landkreisen Probleme der Namenänderung und Namenbildung ergaben, die eine rechtliche Normierung erforderlich machten. Die NHGV regelt die Schreibweise der Gemeindenamen und der Gemeindeteilnamen; außerdem zeigt sie das Verfahren auf, das bei einer Namensänderung oder einer Bildung eines neuen Gemeindenamens einzuhalten ist. In diesen beiden Verordnungen finden sich ebenfalls einige Empfehlungen zur Bildung neuer Gemeindenamen.

Aus juristischer Sicht muß zuerst einmal zwischen Namen für bewohnte und nichtbewohnte Gemeindegebiete unterschieden werden:

> Ein bewohnter Gemeindeteil soll nur dann einen eigenen Namen erhalten, wenn er räumlich hinreichend geschlossen ist, eine klare Trennung von anderen Gemeindegebieten möglich ist und eine eigene Benennung (...) erforderlich erscheint. (NHGBek Punkt 16 zu § 3 NHGV)

Im selben Abschnitt heißt es über unbebaute, d. h. nichtbewohnte Gemeindegebiete: "Einem unbewohnten Gemeindeteil kann kein Name erteilt werden" (NHGBek Punkt 16).[6] Schließlich gibt es noch gemeindefreie Gebiete, die auf Antrag des Eigentümers oder von seiten der Regierung benannt werden können (§ 3a NHGV). Rechtlich sind also drei Fälle der Benennung auseinander zu halten:
- die Namenänderung bei einer bereits bestehenden Gemeinde
- die Namenerteilung bei einer neu zu bildenden Gemeinde
- die Namengebung bei einem gemeindefreien, aber bewohnten Gebiet.

Im ersten Fall, der Umbenennung, müssen die beteiligten Gemeindebürger in einer Bürgerversammlung über den neuen Gemeindenamen formlos abstimmen (§ 2 Abs. 2 NHGV), im zweiten Fall, der Neubenennung, müssen die zukünftigen Bewohner der neuen Gemeinde angehört werden (§ 3 Abs. 1 NHGV), und im letzten Verfahren geben die Eigentümer des betreffenden Grundstücks eine Stellungnahme ab (§ 3a Abs. 2 NHGV). Das Ergebnis der Anhörung ist allerdings in keinem der drei Fälle für die Namengebung seitens der Regierung verbindlich.

Die NHGV normiert auch die Vergabe differenzierender Zusätze zum Gemeindenamen (*Röthenbach a. d. Pegnitz*) und die Verwendung der Benennungen *Stadt*,

---

6 Unbewohnte Gebiete erhalten für die Einzeichnung in amtliche Karten Flurnamen.

Markt und *Bad*, wobei im letzteren Fall noch Vorschriften des Kurortrechts hinzutreten. Auf die einzelnen rechtlichen Vorschriften zu Schreibweise, Namenbildung und Namenänderung wird nach der Erläuterung der juristischen Funktion des Gemeindenamens einzugehen sein.

4.1.1.2 Die Funktionen des Ortsnamens

Nach Prell 1989 kann der Gemeindename bis zu sieben Funktionen erfüllen. In erster Linie soll ein Name in rechtlicher Hinsicht eine Person kennzeichnen und von anderen unterscheiden, dies gilt auch für den Ortsnamen:

> Der Name der Gemeinde soll den Namenträger im Interesse des Staates und der Gesellschaft kennzeichnen und von anderen Gemeinden unterscheidbar machen. (Prell 1989:9)

Die eindeutige Identifizierung ist vor allem im Bereich der gesamten Staatsverwaltung notwendig: betroffen sind hier das Grundbuch- und Katasterwesen, der öffentliche Verkehr und der Postbetrieb. Erst durch die Identifikation einer Gemeinde mit einem Namen wird ihr Auftreten nach außen hin ermöglicht: Der Ortsname wird als Etikett für eine bestimmte Gemeinde verwendet, er erfüllt eine Zuordnungsfunktion. Mit dem Namen erhält die kommunale Gebietskörperschaft ihren Personenstatus, der Gemeindename personifiziert die Gemeinde gleichsam und verleiht ihr eine eigene Existenz und Geschichte (Prell 1989:12ff). Erst mit Hilfe des Namens kann eine gewisse Ortsbezogenheit der Einwohner und ein Zusammengehörigkeitsgefühl entstehen; Prell (ebd.) spricht hier von der kulturellen Funktion der Gemeindenamen - der Name wird zum Integrationsfaktor. Diese Funktion des Gemeindenamens wird auch von soziologischen Arbeiten betont, in denen der Gemeindename als ein mögliches Symbol für "die Verknüpfung sozialer und räumlicher Phänomene" (Hahn 1979:127) gesehen wird. Eine nicht zu unterschätzende Rolle spielt der Gemeindename auch in wirtschaftlicher Hinsicht. Gemeindenamen können als Herkunftsangaben bei Waren eine konkrete Beschaffenheit symbolisieren: Der Gemeindename wird zum Symbol für Warenqualität. Er ist aber, wie sich bei der Darstellung der rechtlichen Normierung der Warennamen zeigen wird, als Warenname im rechtlichen Sinne nicht verwendbar (vgl. Abschnitt 5.1.2.4). Unter der "Informationsfunktion" (Prell 1989:15) ist schließlich die Etymologie eines Gemeindenamens zu verstehen. Die mit einem Ort verbundene Siedlungsgeschichte läßt sich oft nur durch den sprachwissenschaftlich analysierten Ortsnamen rekonstruieren. Dieser erlaubt manchmal Rückschlüsse auf die Art der Besiedelung, die Bodenbeschaffenheit oder ähnliche Aspekte, die bei der Ortsgründung eine Rolle gespielt haben. Auf synchroner Ebene kann der Namenbenutzer auch Informationen aus dem Namen entnehmen: der Zusatz *Bad* signalisiert beispielsweise, daß es sich bei dem betreffenden Ort um einen Kurort handelt.

Zusammenfassend kann man sagen, daß der Gemeindename in erster Linie der Identifikation einer Kommune und damit der staatlichen Ordnung dient. Zu der primären Unterscheidungsfunktion des Gemeindenamens und der damit verbundenen Zuordnungsfunktion kommen weitere sekundäre Funktionen des Gemeindenamen wie beispielsweise die kulturelle oder wirtschaftliche Funktion hinzu.[7]

4.1.1.3 Die rechtlichen Bestandteile des Ortsnamens

Um die oben genannte Unterscheidungsfunktion zu erfüllen, darf die Gemeinde nur einen, nämlich ihren historisch gewachsenen Namen führen. Für den Gemeindenamen gilt also wie für den Familiennamen der Grundsatz der Namenkontinuität. Doch nicht alles, was der Benennung einer Gemeinde dient, ist im rechtlichen Sinne auch Bestandteil ihres Namens. Wenn man z. B. von der Stadt *Bad Homburg vor der Höhe* spricht, so hat man es mit fünf einzelnen Wörtern zu tun. Typologisch lassen sich drei Elemente unterscheiden: ein Namenkern, bestehend aus dem Eigennamen der Gemeinde (*Homburg*), eine vorangestellte Bezeichnung (*Bad*) und ein angefügter differenzierender Zusatz (*vor der Höhe*). Sind alle drei Teile im amtlichen Gemeindeverzeichnis eingetragen, so bilden sie zusammen den Gemeindenamen. Dieses Beispiel zeigt, daß ein Gemeindename nicht nur aus einem einfachen Eigennamen bestehen muß. Diesem können vielmehr charakterisierende Appellativa vorangestellt und (bzw. oder) differenzierende geographische Bezeichnungen angefügt werden.

Bei Bezeichnungen des Typs *Stadt*, die an die Verwaltungskraft und die Größe der jeweiligen Gemeinde anknüpfen, kann man zwischen allgemeinen und besonderen Benennungen unterscheiden. Allgemeiner Natur sind die Benennungen *Stadt* und *Gemeinde*: Der Begriff Gemeinde trifft bei jeder Kommune zu, so daß diese Bezeichnung im Gemeindenamen nicht explizit auftaucht. An die Benennung *Stadt* ist heute keine juristische Differenzierung geknüpft, sie ist kommunalverfassungsrechtlich irrelevant. Im Mittelalter war die Verleihung dieser Bezeich-

---

7 Weitere Ausführungen zu den Funktionen des Ortsnamens finden sich bei Winkelmann 1984.

nung mit bestimmten Rechten wie dem Markt- und Münzprägerecht und einer eigenen Gerichtsbarkeit verbunden und verschaffte so der betroffenen Gemeinde einen rechtlichen Sonderstatus. Heute hat die Bezeichnung nur noch symbolische Bedeutung, doch darf man das Prestige, das mit dieser Benennung verbunden ist, nicht unterschätzen. Eine Gemeinde kann heute durch den Innenminister eines Bundeslandes oder die jeweilige Landesregierung, dies ist in den einzelnen Gemeindeordnungen unterschiedlich geregelt, zur Stadt erhoben werden. In manchen Gemeindeordnungen ist die Einwohnerzahl der Gemeinde das Hauptkriterium für die Verleihung; in Bayern müssen es beispielsweise 10.000 Einwohner sein, in Nordrhein-Westfalen mindestens 20.000.[8] Mit dem Begriff Stadt verbindet sich insgesamt ein bestimmtes Erscheinungsbild der Gemeinde. Man erwartet eine gut ausgebaute Infrastruktur: Freizeit- und Sporteinrichtungen müssen ebenso vorhanden sein wie eine angemessene medizinische Versorgung oder ausreichende kommunale Einrichtungen, die eine effiziente Verwaltung der Gemeinde ermöglichen. Wichtig ist auch die ökonomische Grundlage der Gemeinde:

> Der Antrag selbst muß Angaben über die wirtschaftliche Struktur der Gemeinde und ihres Hinterlandes sowie über den Anteil der Bevölkerung an den verschiedenen Berufsgruppen (Landwirtschaft, Industrie, Handwerk, Handel) enthalten. (NHGBek Punkt 22)

Neben diesen allgemeinen Bezeichnungen können auch spezifische Benennungen wie beispielsweise *Markt*, *Flecken*, *Bad*, *Kneippkurort* oder *Hansestadt* verliehen werden. Diese Zusätze stellen einen direkten Bezug zur historischen Entwicklung oder aktuellen Besonderheit der Gemeinde dar, sie werden nur neu verliehen, wenn damit eine Eigenart der Gemeinde betont wird und so die Kommune besser von anderen Kommunen zu unterscheiden ist. Teilweise müssen neben der jeweiligen Gemeindeordnung auch andere Vorschriften beachtet werden: Bezeichnungen wie *Heilbad*, *Schrothkurort* oder *Erholungsort* werden nur verliehen, wenn die Gemeinde den rechtlichen Bestimmungen zur Anerkennung als Kur- oder Erholungsort genügt. Zusätze wie *an der Romantischen Straße*, die die Attraktivität der Gemeinde für den Tourismus steigern sollen, werden in der Regel amtlich nicht anerkannt. Auch politisch motivierte Bezeichnungen wie beispielsweise der während der Zeit des Nationalsozialismus für die Stadt Nürnberg geltende Zusatz *Stadt der Reichsparteitage* sind heute mit den rechtlichen Vorschriften nicht ver-

---

8 Vgl. Winkelmann 1984:150f.

einbar: sie verstoßen gegen den Grundsatz der Namenseinheit, bieten keine Namenskontinuität und sind nicht wertneutral. Die einmal verliehenen spezifischen Benennungen können auch wieder gelöscht werden, wenn die Voraussetzungen, die zur Führung der Bezeichnung berechtigen, nicht mehr gegeben sind.

Neben den allgemeinen und spezifischen Bezeichnungen gibt es unterscheidende Zusätze, die bei der Ortsbenennung auftauchen. Teilweise sind diese Unterscheidungsmerkmale vorangestellt (*Schwäbisch Hall*), teilweise stehen sie nach dem Gemeindenamen (*Rothenburg ob der Tauber*).[9] Seit der Deutschen Gemeindeordung werden diese Zusätze als Namensbestandteile anerkannt, in der NHGBek findet sich zu diesem Punkt folgende Ausführung:

> Zusätze, die auf die Lage einer Gemeinde oder eines Gemeindeteils hinweisen, werden stets Namensbestandteil. Sie sind im allgemeinen nur angebracht, wenn sie zur Unterscheidung von anderen gleichlautenden Ortsnamen erforderlich sind. (NHGBek Punkt 20)

Die NHGBek regelt auch die Schreibweise dieser Zusätze: Substantive müssen generell ausgeschrieben werden, Präpositionen müssen in der üblichen Art und Weise abgekürzt werden.[10] So muß es heißen *Hain i. Spessart* und *Neunburg vorm Wald*. Die Zusätze müssen lesegerecht abgekürzt werden und dürfen nicht unverbunden an den Eigennamen angeschlossen werden. Insgesamt richtet sich die amtliche Schreibweise der Gemeindenamen nach der Eintragung in das amtliche Ortsverzeichnis des jeweiligen Bundeslandes.

Faßt man die Richtlinien zu den Bestandteilen des Gemeindenamens zusammen, so kann man nach Prell den Gemeindenamen wie folgt definieren:

> Der Name der Gemeinde ist die Gesamtheit der für eine Ortschaft verwendeten Benennungselemente, die nach allgemeinen Grundsätzen und landesrechtlichen Bestimmungen die rechtlich maßgebende Kennzeichnung der Gemeinde darstellen. Dabei wird der Kern des Namens von dem Eigennamen der Gemeinde gebildet. Hinzukommen können unterscheidende Zusätze, die - dem Kernnamen voran- oder nachgestellt - stets Namensbestandteil sind. (Prell 1989:130)

Eigennamen und differenzierender Zusatz bilden den Gemeindenamen im rechtlichen Sinn, andere Bezeichnungen müssen erst in einem besonderen Verfahren als Namensbestandteile anerkannt werden. Die amtliche Form des Ortsnamens ergibt sich aus dem amtlichen Ortschaftsverzeichnis, alle dort aufgeführten Elemente

9 Zum Prinzip der Differenzierung aus onomastischer Sicht s. Abschnitt 4.2.2.2.

10 Vgl. Punkt 21 NHGBek.

eines Namens sind als Bestandteile des jeweiligen Gemeindenamens anerkannt. Einer inoffiziellen Namensführung der Gemeinde, d. h. der Verwendung anderer nicht im Ortsverzeichnis registrierter Benennungen in nichtamtlichen Kommunikationssituationen, steht in rechtlicher Hinsicht, solange kein Verstoß gegen andere-re Rechtsnormen erfolgt, nichts entgegen.

4.1.1.4 Namengebung und Namenänderung

Veränderungsprozesse auf dem Gebiet der Gemeindenamen können unterschiedlich aussehen, entscheidend ist die Verbindung zwischen dem Gemeindenamen und der Namenträgerin, der Gemeinde. Hier sind drei grundsätzliche Möglichkeiten zu unterscheiden: das völlige Verschwinden einer Siedlung, die Eingemeindung der Siedlung in eine größere Gemeinde und die Zusammenlegung mit anderen Gemeinden zu einer neuen Einheit. Der erste Fall tritt im 20. Jahrhundert wohl nicht mehr auf, im zweiten Fall muß die Gemeinde umbenannt werden, und im dritten Fall gilt es, eine Neubenennung durchzuführen.

Löst sich die Gemeinde als eigenständige Einheit auf, so verschwindet meist auch der Gemeindename: Er kann aber als Gemeindeteilname in der neuen Gemeinde, als Flur- oder Straßenname wieder auftauchen. Bei Zusammenlegung oder Eingemeindung ist das Namengebungsproblem, wie sich bei der kommunalen Gebietsreform in den siebziger Jahren gezeigt hat, ein nicht zu unterschätzender Faktor. Steiner 1982 schreibt in seiner Arbeit über die Stadt *Lahn*, die aus dem Zusammenschluß der beiden Städte Gießen und Wetzlar und 15 weiterer Gemeinden entstand und später wieder aufgelöst wurde, zum Problem der Namenfindung bei diesem Projekt:

> Die Namensgebung der neuen Stadt stand zwar nicht in unmittelbarem Zusammenhang mit der Sachentscheidung, spielte jedoch nach Ansicht aller Beteiligten eine nicht unerhebliche Rolle, da diese zum bestimmenden Faktor der geführten Lahnstadtdiskussion auf der kommunalen Ebene geworden war. (Steiner 1982:148f.)

Für die neuzugründende Gemeinde standen mehrere Namen zur Auswahl: *Gießen-Wetzlar*, *Lahnstadt* und *Lahn*. Im Verlauf der Gebietsänderung stellte sich laut Steiner heraus, daß

> die Namensbestimmung nicht nur die Durchführung des Neugliederungsaktes erschwerte, sondern die beabsichtigte Gebietsreform ihretwegen letzlich nicht dauerhaft realisiert werden konnte. (Steiner 1982:157)

Dieses Scheitern ist wohl nicht nur mit den fehlenden Richtlinien zur Gemeindenamengebung zu begründen, auch die polemische und keineswegs objektive Diskussion in diesem Bereich dürfte für das Scheitern der Zusammenlegung mitverantwortlich sein.[11] Außerdem zeigt gerade das Beispiel der Stadt *Lahn* den bei jeder Neubenennung entstehenden Konflikt zwischen der Selbstorganisation der Gemeinden, den verwaltungsinternen Richtlinien und den Interessen der Bürger und Bürgerinnen.

Neue Gemeindenamen müssen nicht nur für zusammengelegte Gemeinden, sondern auch für neu erschlossene Gemeinden gefunden werden. Daneben gibt es Fälle, in denen der Gemeindename einer einzelnen Gemeinde geändert werden soll. Man unterscheidet in rechtlicher Hinsicht zwischen der Erstbenennung und der Umbenennung. Die grundlegende Vorschrift findet sich für beide Fälle in Artikel 2 Abs. 2 und 3 BayGO:

> (2) Wegen eines dringenden öffentlichen Bedürfnisses kann die Regierung nach Anhörung des Gemeinderats und der beteiligten Gemeindebürger den Namen einer Gemeinde (...) ändern.
> (3) Nach Anhörung der Bürger der beteiligten Gemeinden bestimmt die Regierung den Namen einer neu zu bildenden Gemeinde.

Eine Änderung des Gemeindenamens kann - wie bei den Anthroponymen - nur bei Vorliegen eines wichtigen Grundes erfolgen: Oberste Leitlinie jeder Namenänderung ist das Gemeinwohl. Da auch bei den Gemeindenamen der Grundsatz einer konstanten Namensführung gilt, wird eine Namenänderung nur in begründeten Ausnahmefällen genehmigt. Eine Umbenennung liegt "bei allen Änderungen des Eigennamens der Gemeinde sowie bei jeder Hinzufügung, Änderung oder Weglassung eines unterscheidenden Zusatzes" (Prell 1989:133) vor; auch eine geänderte Schreibweise ist eine Namenänderung.

Die häufigsten Gründe für die Änderung eines Gemeindenamens sind anstößige Namen, Namen mit einer schwierigen Aussprache oder Schreibung oder das Bestehen einer potentiellen Verwechslungsgefahr mit einem anderen Gemeindenamen. So wurde der Ortsname *Irrendorf* in *Irndorf* geändert, der Ort *Lubasz* schreibt sich heute *Lubasch* und so manche Gemeinde erhielt zur besseren Unterscheidung einen geographischen Zusatz.[12] Teilweise werden Gemeindenamen

---

11 Vgl. Steiner 1982.

12 Die Beispiele entstammen den sehr detaillierten Ausführungen von Prell zum Thema Namenänderung. Vgl. Prell 1989:143ff.

auch geändert, weil sie den tatsächlichen Gegebenheiten nicht mehr entsprechen: so wird aus *Immendorf* ein *Immenstadt*. Auf der anderen Seite wird "der Grundsatz der Namenswahrheit" (Prell 1989:144) nicht immer befolgt, sonst müßte es heute *Düsselstadt* heißen. Änderungen aus kommerziellen oder ideologischen Gründen erfolgen prinzipiell nicht.

Die Befugnis zur Namenänderung hat in manchen Bundesländern nur die Gemeinde selbst; in Bayern bestimmt gemäß Artikel 2 Abs. 2 BayGO die Regierung über die Änderung, die Gemeinde muß aber auf jeden Fall angehört werden. Da meist außer der Gemeinde noch Dritte von der Änderung betroffen sind, holt die Regierung Stellungnahmen der Oberpostdirektion, des Vermessungsamtes und der Bundesbahndirektion ein. Die amtliche Schreibweise des Gemeindenamen ist für alle drei Behörden für einen geordneten Verwaltungsablauf notwendig. Der übergeordnete Sinn dieses Verfahrens liegt darin, daß die beteiligten Institutionen auf diese Weise an den Staatsakt der Namenänderung gebunden sind.

Insgesamt kann man festhalten, daß es keine generellen inhaltlichen Bestimmungen zur Namenänderung bei Gemeindenamen gibt und daß häufig erst die Gerichte eine verbindliche Entscheidung für den Einzelfall herbeiführen.

Die Zuständigkeit für die Namenbildung und -gebung liegt je nach Gemeindeordnung bei der Landesregierung, dem Innenminister oder der Bezirksregierung. Probleme der Namenbildung traten vor allem im Zuge der kommunalen Neugliederung zwischen 1966 und 1978 bei Eingemeindungen und Zusammenlegungen von Gemeinden auf. Prinzipiell gibt es zwei Möglichkeiten, einen Gemeindenamen für eine neue Gemeinde zu finden: Entweder greift man auf bestehendes Namengut zurück oder man bildet einen völlig neuen Namen. Rechtlich favorisiert wird der erste Weg:

> Als Namen neu zu bildender Gemeinden (...) eignen sich bodenständige alte Flurnamen, Namen, die an die geschichtliche Überlieferung anknüpfen oder der Lage des Ortes oder der Tätigkeit seiner Bewohner angepaßt sind. (NHGBek Punkt 15)

So werden beispielsweise alte Ortsnamen mit einem Bindestrich zu einem neuen Ortsnamen zusammengefügt (*Dörfles-Esbach*) oder örtliche Fluß- und Flurnamen zu Gemeindenamen (*Wiesenttal*) gemacht. Bindestrichnamen sind in Bayern eigentlich aufgrund ihrer Länge "grundsätzlich nicht zugelassen" (Punkt 15

NHGBek).[13] Gegen die Kopulativnamen spricht aus rechtlicher Sicht, daß sie im alltäglichen Gebrauch oft abgekürzt werden, eine amtlich korrekte Verwendung somit nicht gewährleistet ist. Außerdem ist die Entscheidung, welcher Gemeindename der beiden zusammengelegten Gemeinden an erster Stelle stehen soll, nicht immer einfach zu treffen. Und wie soll man vorgehen, wenn sich mehr als zwei Gemeinden zusammenschließen? Willkürliche Zusammensetzungen aus vorhandenen Namensteilen werden nur selten zugelassen, das beispielsweise im Landkreis Groß-Gerau (Hessen) aus *Mörfelden* und *Walldorf* entstandene *Waldfelden* wurde später wieder abgeschafft.[14] Die 1969 zusammengelegten Gemeinden *Blumenrod* und *Spittelstein* entschieden sich ebenfalls für eine derartige Zusammensetzung (*Steinrod*), diese konnte sich vollständig durchsetzen.[15] Die zweite Variante, die Bildung eines neuen Namens, wird in Bayern aufgrund ihrer Ahistorizität und ihrer oft mangelhaften Kennzeichnungskraft als ungeeignet abgelehnt (vgl. Punkt 15 NHGBek).

4.1.2 Der Straßenname

Amtliche Namen für Straßen tauchen in erster Linie innerhalb der Gemeinden auf. Hauptverkehrsstraßen, die ja in der Regel durch mehrere Orte führen, werden numeriert, so daß der Verkehrsteilnehmer den weiteren Verlauf der Straße besser verfolgen kann. Wie das Beispiel Mannheim zeigt, werden in Ausnahmen auch Straßen im innerkommunalen Bereich numeriert und nicht benannt.[16] Aufgabe des Bundesverkehrsministeriums ist es, einzelne Großbrücken (*Werratalbrücke*), Bundesautobahnanschlußstellen und -verzweigungen (Autobahnkreuz *Biebelrieder Dreieck*) durch Eigennamen zu kennzeichnen und die Nebenbetriebe und Rastplätze (*Köschinger Forst*) an den Bundesautobahnen zu benennen; die Festlegung des jeweiligen Namens liegt im Ermessen der Behörden.[17] Manche Bundesfernstraße kann vom Bundesverkehrsminister aufgrund ihrer besonderen Verkehrsbedeutung neben der Numerierung eine besondere Bezeichnung (*Sauerlandlinie*) er-

---

13 Zum Typus der Kopulativnamen im Bereich der Ortsnamen s. die Abschnitte 4.2.2.1 und 4.2.5.

14 Bei den Vornamen ist diese Art der Namenschöpfung rechtlich zulässig. Vgl. Abschnitt 3.2.2.2.

15 Vgl. Groebe 1971:282.

16 In anderen Ländern wie beispielsweise den Vereinigten Staaten von Amerika ist das Verfahren der Straßennumerierung anstelle der Straßenbenennung durchaus üblich.

17 Grundlage für diese Namengebung ist § 1 Abs. 5 des Bundesfernstraßengesetzes. Vgl. Kodal 1978:208.

halten. Auch der Fremdenverkehr ist an einer Benennung wichtiger außerstädtischer Straßen interessiert, aus diesem Grund entstanden zum Beispiel *die Romantische Straße* oder *die Weinstraße*. All diese hier genannten Benennungen sind jedoch fakultativ, d. h. nicht rechtlich zwingend vorgeschrieben; einmal vergeben, werden sie allerdings in den amtlichen Straßenkarten verzeichnet, was ihnen dann doch einen offiziellen Charakter verleiht.

Von diesen Eigennamen unterscheiden sich die Straßennamen im innerkommunalen Bereich.[18] Gemäß § 52 Abs. 1 BayStrWG stellt die Straßennamengebung eine Sollaufgabe der Gemeinde dar: Die Namenvergabe fällt also in die gemeindliche Selbstverwaltung, sie ist aber nicht zwingend vorgeschrieben. Für die Bildung und Vergabe neuer Straßennamen gibt es keine expliziten rechtlichen Bestimmungen, in der Regel erläßt jede Gemeinde ihre eigenen Richtlinien zu dieser Problematik. Orientieren kann sie sich dabei an der 1981 herausgegebenen Mustersatzung des Deutschen Städtetages "Über die Benennung von Straßen und das Anbringen von Straßenschildern" und an den ebenfalls vom Deutschen Städtetag herausgegebenen exemplarischen "Verwaltungsvorschriften für die Straßenbenennung".[19]

Der Straßenname erfüllt neben der allgemeinen Kennzeichnungsfunktion, die ein Name aus namenrechtlicher Sicht in erster Linie besitzt, drei grundlegende Aufgaben:
- Der Straßenname ermöglicht eine Orientierung innerhalb der Gemeinde.
- Der Straßenname bewahrt alte Traditionen.
- Der Straßenname ehrt herausragende Persönlichkeiten.

Die Orientierungsfunktion des Straßennamens steht hierbei rechtlich eindeutig im Vordergrund; im Rahmen dieser Funktion dient der Straßenname innerhalb der Wohnanschrift auch der zusätzlichen Identifizierung einer Person.

Bei der Vergabe neuer Straßennamen wird vom Gesetzgeber keine Anhörung der Anwohner vorgeschrieben, in der Praxis wird diese aber bei Umbenennungen von Straßennamen durchgeführt; ein Recht am Straßennamen steht den Anliegern aber nicht zu. Da der Straßenname in erster Linie der Orientierung der Namenver-

---

18 Unter dem Begriff *Straßenname* wird im folgenden jede Benennung einer innerkommunalen Verkehrsverbindung verstanden, also nicht nur die Namen für Straßen, sondern auch die Namen für Plätze, Wege und Gassen etc.

19 Auszüge der Mustersatzung und der Verwaltungsvorschriften finden sich im Anhang der Arbeit.

wender dienen soll, dürfen innerhalb einer Gemeinde nicht zwei Straßen mit demselben oder einem ähnlich klingenden Namen benannt werden. Zwei weitere Prinzipien haben sich bei der Straßennamengebung durchgesetzt:

> Der Straßenname soll eine Straße nur soweit erfassen, wie sie als eine Einheit empfunden wird, der räumliche Verbund der Straßen eines Ortsteils soll durch Benennung nach thematisch zusammenhängenden Begriffen deutlich werden. (Winkelmann 1984:166)

So entstehen in den Gemeiden "Dichter-", "Blumen-" oder "Tierviertel", immer hat der Straßenname ordnende Funktion. Das Grundwort sollte dem Charakter der Straße entsprechen: Eine Allee sieht eben anders aus als eine Gasse. Das Grundgesetz verhindert durch den Artikel 1 Abs. 1 und den Artikel 2 Abs. 1 die Verwendung anstößiger Namen: Straßennamen wie *Diebsgasse* oder *Dirnenweg* greifen die Würde der dort wohnenden Menschen an. Soll mittels eines Straßennamens eine bestimmte Persönlichkeit geehrt werden, so muß beachtet werden, ob der betreffende Namenträger noch lebt oder nicht. Das Recht am eigenen Namen erlischt mit dem Tod des Namenträgers und da mit einem Straßennamen keine direkte Zuordnung zu einem bestimmten Menschen verbunden ist, verletzt die Verwendung eines Personennamens als Straßennamen weder die Namensrechte des Namenträgers noch die Rechte gleichnamiger Angehöriger. In manchen Bundesländern ist die Benennung von Straßen nach noch lebenden Personen explizit verboten; in den Verwaltungsvorschriften des Deutschen Städtetags heißt es dazu: "Grundsätzlich sind Straßen nur nach bereits verstorbenen Persönlichkeiten zu benennen." Die Gründe hierfür sind wohl in der Benennungspraxis des Dritten Reichs und der ehemaligen DDR zu suchen; in beiden Regimen wurden überaus viele Plätze und Straßen nach lebenden Personen benannt. Gerade bei dieser Gruppe von Namen zeigt sich dann, wie kurzlebig Straßennamen zum Teil sein können. Besonders Namen mit einem ideologischen Hintergrund sind deshalb abzulehnen. Umbenennungen im Straßennamenbereich erfolgen heute in der Bundesrepublik nur in Ausnahmefällen: Änderungsgründe sind eine mögliche Verwechslungsgefahr, historisch belastete Namen oder die beabsichtigte Ehrung einer Person.

Da die Schreibweise von Straßennamen kein rechtliches Problem darstellt, findet man hierüber nur selten Erläuterungen auf juristischer Ebene. Lührmann 1925 unterscheidet drei Varianten des Straßennamens. Zum einen gibt es die "leicht übersichtliche Zusammenstellung" (Lührmann 1925:420) aus Grundwort und Bestimmungswort: *Kaiserdamm*. Manche Straßennamen müssen der Übersichtlichkeit halber mit Bindestrich geschrieben werden: *Friedrich-Wilhelm-Straße*. Und dann sind da noch die zweiteiligen Straßennamen, deren Bestimmungswort ein Adjektiv ist (*Breite Straße*). Im Grunde genommen geht es in diesen Ausführungen allerdings weniger um die Orthographie als um die Morphologie von Straßennamen.

Inwieweit die hier aufgezeigten juristischen Grundsätze auch aus einem onomastischen Blickwinkel heraus zu rechtfertigen sind, muß sich zeigen. Im Hinblick auf eine linguistische Fundierung der in diesem Kapitel besprochenen rechtlichen Normierungen sind folgende Aspekte zu besprechen: Probleme der terminologisch-strukturellen Eingliederung der Orts- und Straßennamen in den Bereich der Toponyme, Prinzipien der Namenbildung und -schreibung, d. h. welche Gemeindenamen- bzw. Straßennamen-Typen gibt es und wie ist bei ihnen die Schreibweise festgelegt. Im Zusammenhang mit der Semantikdiskussion soll auf das juristische Prinzip der Namenswahrheit eingegangen werden und im letzten Abschnitt stehen namenpragmatische Aspekte im Vordergrund. Welche Prinzipien lassen sich innerhalb der Namengebung für diese beiden Namenarten feststellen und welche Besonderheiten kennzeichnen den Gebrauch von Orts- und Straßennamen?

4.2 Linguistische Grundlagen

4.2.1 Terminologie der Toponyme

Bach (Bach II/1 § 1) differenziert die Örtlichkeitsnamen nach sechs grundlegenden Gesichtspunkten: nach dem Anlaß der Namenbildung, nach Bewohntheit und Unbewohntheit, nach der Größe der Örtlichkeit, nach dem politischen Charakter der Örtlichkeit, nach der direkten oder indirekten Art der Benennung und nach Offizialität und Inoffizialität des Namens. Jede dieser Gruppen läßt sich weiter unterteilen: so unterscheidet Bach in der ersten Kategorie, dem sachlichen Anlaß der Namenbildung, zwischen Natur-, Kultur-, Insassen- und Ereignisnamen. Naturnamen sind solche Namen, "die von einem durch die Natur gegebenen örtlichen Befund hergenommen sind: *Feldberg*, *Bärental*, *Rotenfels*" (Bach II/2 § 1). Zu den Kulturnamen gehören Benennungen, "die eine kultivierende Tätigkeit des Menschen zum Ausgang haben" (Bach II/2 § 1), also Namen des Typs *Kirchberg*, *Rhein-Main-Donau-Kanal* oder *Schulstraße*. Ereignisnamen wie *Lügenfeld* und Insassennamen wie *München* ("bei den Mönchen") spiegeln laut Bach ebenfalls den

Anlaß der Namengebung wider. Diese erste Bachsche Kategorie der Örtlichkeitsnamen mit ihren Untergruppen zeigt jedoch auch die Problematik einer schlüssigen Namensklassifikation: "in der Art der Einteilung spiegelt sich die Weltansicht des Klassifizierenden" (Bauer 1985:53). So könnte man zu den Kulturnamen ebenso gut Ländernamen (*Deutschland, die Schweiz, Finnland*), Landschaftsnamen (*Lothringen, Franken, die Hol*steinische Schweiz) und sämtliche Siedlungsnamen (*Erlangen, Düsseldorf, Paris*) zählen. Das Problem der Subjektivität des Klassifizierenden läßt sich bei einer Namenskategorisierung nie ausschließen. Da aber die Strukturierung eines Forschungsbereichs für ein sinnvolles Arbeiten unerläßlich ist, soll im folgenden ausgehend von den Einteilungen der Örtlichkeitsnamen bei Bach (II/1 § 1), Sonderegger (1985:2069) und Bauer (1985:53f) eine mögliche referentenorientierte Gliederung der Toponyme dargestellt werden.

Das Kriterium der Bewohntheit führt zu den Ortsnamen im engeren Sinne (*Stuttgart, Schwäbisch Hall, Stein b. Nürnberg*), die in der Onomastik auch als Siedlungsnamen bezeichnet werden; hierher gehören ebenfalls Gebäudebezeichnungen wie Hof-, Burgen-, Kloster-, Kirchen- und Gaststättennamen.[20] Als Ortsnamen im weiteren Sinne werden im folgenden alle auf dem Land vergebenen Örtlichkeitsnamen bezeichnet; ihnen stehen die Gewässernamen (Hydronyme) gegenüber. Bei den Ortsnamen im engeren Sinne unterscheidet man Benennungen, die mehrere Siedlungen oder nur eine Siedlung markieren; in die erste Gruppe fallen die Namen von Städten, Dörfern, Ortsteilen, Straßen und Plätzen. Unbewohnte Gebiete werden mit Flurnamen[21] im weiteren Sinne bezeichnet: hier kann man nochmals differenzieren nach bewirtschaftetem und unbewirtschaftetem Land (Kulturland vs. Naturland). In den Bereich des Kulturlandes fallen die Flurnamen i. e. S. und die Namen für überregionale Verkehrsverbindungen. Beide Kategorien - [Unbewohntheit] und [Bewohntheit] - umfassen lokale Örtlichkeitsnamen, neben diesen Namen gibt es aber auch überregionale Örtlichkeitsnamen; die Trennung nach dem Aspekt [lokal] vs. [überregional] greift die Bachsche Differenzierung nach der Größe der Örtlichkeit auf. Bach faßt unter diesen Aspekt Siedlungsnamen, Landschaftsnamen und Ländernamen. Die überregionalen Örtlich-

---

20 Der Begriff Gebäudename wird im folgenden in der Definition Witkowskis verwendet: "Name für private Häuser (...) oder öffentliche Gebäude" (Witkowski 1964:31). Daneben findet sich der Unterbegriff Hausname ("Gebäudename für Wohnstätten"; Witkowski 1964:36).

21 Witkowski definiert die Flurnamen als "Namen für Örtlichkeiten außerhalb der Siedlungen" (Witkowski 1964:29).

keitsnamen lassen sich außerdem nach der Kategorie [institutionalisiert][22] vs. [nichtinstitutionalisiert] trennen. Zu den institutionalisierten Ortsnamen gehören die Bezeichnungen für Staaten, Bundesländer, Bezirke und Kreise; nichtinstitutionalisiert sind hingegen die Benennungen von Erdteilen, Landschaften oder Gebirgen. Die Art der Benennung - Bach teilt hier absolute von relativen Bezeichnungen[23] - spielt in einer referentenorientierten Namenklassifikation keine Rolle, diese Kategorie markiert vielmehr Besonderheiten der Morphologie und der Namengebung eines Örtlichkeitsnamens.

Bisher war immer nur von Bezeichnungen für Örtlichkeiten auf dem Land die Rede, zu den Toponymen gehören aber ebenso die Gewässernamen (Hydronyme) und die Namen für Himmelskörper; letztere rechnet Bauer (1985:56) in seiner Klassifikation zu den Phänomennamen. Dies stellt eine Einordnung dar, die ich nicht mittragen kann: Auch bei Sternennamen handelt es sich um Örtlichkeitsnamen, hier werden allerdings keine terrestrischen Orte bezeichnet. Zusammenfassend lassen sich die bisher gemachten Aussagen in die folgende Graphik[24] umsetzen:

---

22 Institutionalisiert bedeutet in der vorliegenden Arbeit, daß der Name rechtlich normiert ist. Eine ähnliche Unterscheidung führt Bach durch, wenn er "nach dem politischen oder verwaltungsmäßigen Charakter der Örtlichkeit" (Bach II/1 § 1) differenziert.

23 Absolute Bezeichnungen benennen ein Objekt direkt (Typ *der Rhein*), relative Bezeichnungen haben einen indirekten Bezug zum Namenträger (Typ *das Land ob der Ems*). Vgl. Bach II/1 § 1.

24 Diese Graphik wurde im Wintersemester 1991/92 ausgehend von den drei oben genannten Klassifikationen von Bach 1952, Sonderegger 1985b und Bauer 1985 im Namenkunde-Seminar von Rudolf Kleinöder an der Universität Erlangen-Nürnberg erarbeitet.

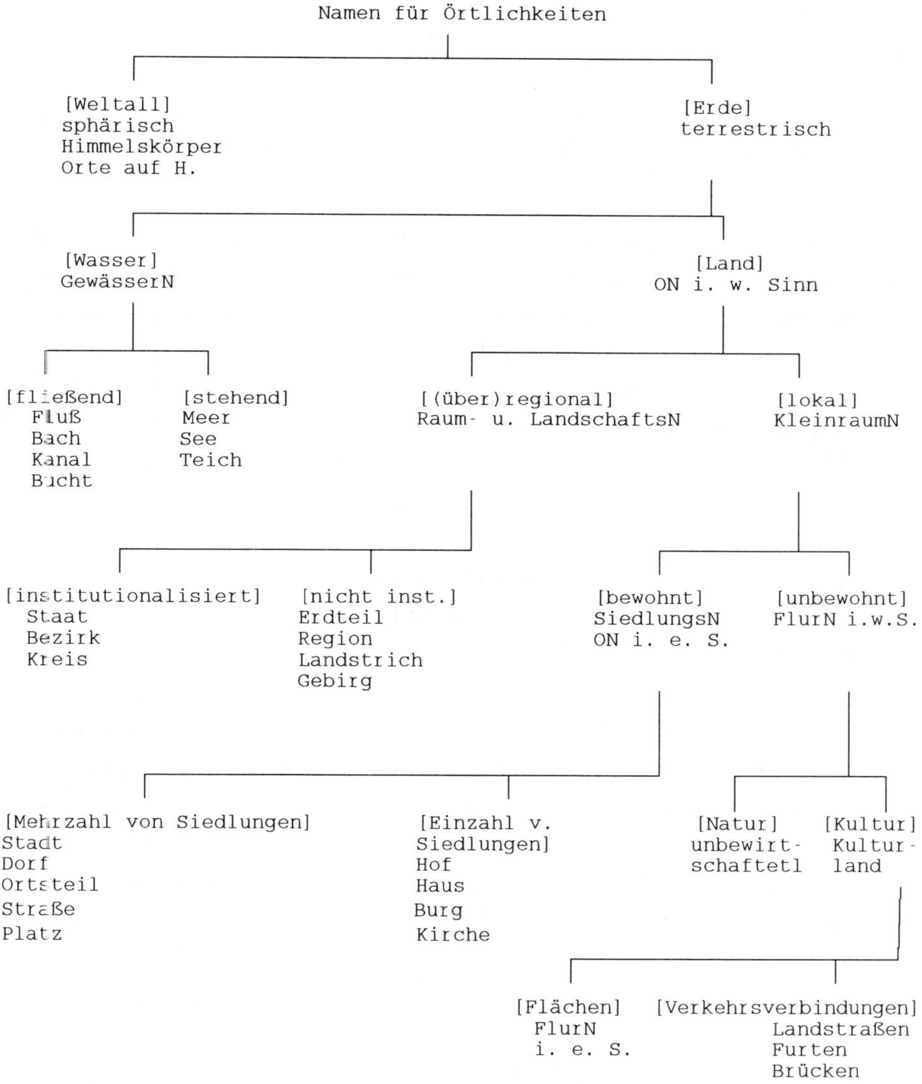

Abb. 5: Toponymische Klassifikation

Innerhalb dieser Graphik tauchen die Gemeinde- und Straßennamen als Örtlichkeitsnamen im engeren Sinn auf: Dort fallen sie unter die Kategorie *Mehrzahl von Siedlungen*. Wenn im folgenden also über Ortsnamen gesprochen wird, so sind damit immer Siedlungsnamen gemeint.[25] Der Begriff *Straßenname* soll innerhalb dieser Arbeit nach der Definition Fuchshubers verwendet werden:

> Unter Straßennamen versteht man alle als Eigennamen dienenden Bezeichnungen für Straßen, Gassen, Wege, Plätze und ähnliche Örtlichkeiten innerhalb einer Siedlung (Fuchshuber 1990:699).

Nicht untersucht werden in der vorliegenden Arbeit die amtlich erfaßten und rechtlich normierten Namen von Staaten, Bundesländern, Bezirken oder auch überregionalen Verkehrsverbindungen. Diederichsen 1993 faßt alle diese Benennungen - aus onomastischer Sicht handelt es sich um Örtlichkeitsnamen im weiteren Sinne - unter den Begriff der politischen Verwaltungseinheit und trennt hiervon private Grundstücke; diese Trennung beruht auf den aus juristischer Sicht für beide Kategorien unterschiedlichen Rechtsvorschriften (vgl. die Abschnitte 2.1.1 und 4.1.1.1).

4.2.2 Prinzipien der toponymischen Namenbildung

4.2.2.1 Ortsnamenbildung im 20. Jahrhundert

Historisch betrachtet entstanden Ortsnamen primär aus Appellativa und Adjektiven, teilweise auch aus Sätzen oder Wortgruppen. In seiner diachron ausgerichteten Darstellung der Wortbildung der deutschen Ortsnamen unterscheidet Bach (II/1 § 158) Zusammenrückungen (*Luginsland*), Zusammensetzungen (*Augsburg*), Ableitungen (*Fulda*) und Zusammenbildungen (*Vierwaldstättersee*). Von den Einzelwörtern (*Nürnberg*) lassen sich onymische Wortgruppen wie *Burg Elz*, *Schwäbisch Hall*, *der Starnberger See* und *das Kap der Guten Hoffnung* trennen. Gänzlich unbehandelt bleiben in der Bachschen Klassifikation Ortsnamen des Typs *Mühlenteich*, also "Ortsnamen, die ohne Umgestaltung aus Appellativen gewonnen worden sind" (Bach II/1 § 156); diese gehören für Bach in den Bereich der allgemeinen Wortbildungslehre. Es handelt sich hier um eine pragmatische Konversion eines einfachen appellativen Zeichens zu einem proprialen Zeichen. Insgesamt entstanden all diese Ortsnamentypen, auf die hier im einzelnen nicht eingegangen werden soll, ohne jegliche rechtliche Normierung.[26] Erst im Laufe des 19. Jahrhunderts entwickelte sich das Ortsnamenrecht:

---

25 Vgl. Witkowski 1964:69f.

26 Die historische Namenbildung der Ortsnamen ist ausführlich bei Bach II/1 §§ 156ff und bei Fischer 1963:45ff dargestellt.

> Das sich im 19. Jahrhundert immer stärker abzeichnende Interesse des Staates am Namenrecht besitzt schließlich recht handfeste Hintergründe, indem es der Ausweitung der Wirtschaft, des Post- und Bahnverkehrs Rechnung tragen muß. Insbesondere bei den gleichlautenden Ortsnamen zielt die amtliche Ortsnamengebung auf eine klare Ortsbezeichnung, die bei der Namenbenutzung Irrtümer und Verwechslungen ausschließt. (Koß 1971a:26)

Aufgrund der amtlich geforderten Identifikationsfunktion des Ortsnamens stellen syntaktische Gruppen des Typs *Bad Homburg vor der Höhe* die heute bei weitem häufigste Erscheinungsform bei den Ortsnamen dar. Der historisch gewachsene Namenkern *Homburg* stellt dabei den ältesten Teil des Ortsnamen dar, die differenzierenden Zusätze kommen meist erst im 19. und 20. Jahrhundert hinzu (vgl. Abschnitt 4.2.5).

Heutzutage werden nur noch selten neue Ortsnamen gebildet, der letzte große Anlaß hierzu war in der Bundesrepublik Deutschland die Gebietsreform in den siebziger Jahren; in der Zeit zwischen dem 25. Oktober 1968 und dem 1. Juli 1972 wurden beispielsweise innerhalb Bayerns 63 neue Namen vergeben.[27] Oft handelt es sich hier um

> sprachliche Neuschöpfungen, die sich aus einem klischeehaften, bedeutungsschwachen und immer wiederkehrenden Grundwort (-tal, -berg(en), -stadt) und einem Bestimmungswort zusammensetzen, das sich meist an Fluß-, Berg-, Flurnamen orientiert und oft nicht charakteristisch für den betreffenden Ort anzusehen ist bzw. ebenso auch für andere Orte der gleichen Gegend anwendbar wäre. (Liess 1972:48)

Beispiele für diese Art der Namenbildung sind die im Landkreis Bayreuth entstandenen Gemeindenamen *Hummeltal* (1971) und *Ahorntal* (1972). Amtlicherseits wurde diesen Namen mangelnde Identifikationskraft vorgeworfen, daher seien sie als Neubildungen unerwünscht.[28] Linguistisch betrachtet liegen mit diesem Namentyp Komposita vor, wobei das Grundwort *-tal* innerhalb der Ortsnamenbildung nicht zu den historisch wichtigsten Grundwörtern zählt.[29] Der Vorwurf der Klischeehaftigkeit und Bedeutungsarmut läßt sich, wie ich finde, im Hinblick auf die verwendeten Grundwörter nicht aufrechterhalten, da es in der Ortsnamen-Bildung charakteristisch ist, daß zahlreiche Grundwörter reihenbildend auftreten.[30] Das Grundwort *-tal* wurde während der Gebietsreform aber nicht nur

---

27 Vgl. Liess 1972:49.

28 Vgl. NHGV § 3 und NHG-Bek Punkt 15.

29 Vgl. Bach II/2 §§ 576ff.

30 Vgl. Bach II/2 §§ 576ff und Fischer 1963:50ff.

mit Appellativa wie *Ahorn* oder *Hummel* verbunden, im Ortsnamen *Wiesenttal* taucht es in Verbindung mit dem Flußnamen *Wiesent* auf und in dieser Verbindung ist der neue Ortsname eindeutig identifizierend. Man kann somit bei den Neuschöpfungen unterscheiden zwischen Bildungen mit ortsungebundenem sprachlichem Material und bodenständigen Neubildungen (*Ahorn* vs. *Wiesent*). Bei den letzteren Bildungen sind gerade Zusammensetzungen mit einem Flußnamen als Bestimmungswort häufig anzutreffen; weitere Beispiele sind hier auch außerhalb Bayerns die Orte *Niddatal* (1970) und *Schwalmstadt* (1970). Der Ortsname *Wuppertal*, der 1930 vergeben wurde, zeigt, daß dieser Namenbildungstyp bereits vor der Gebietsreform zur amtlichen Namengebung herangezogen wurde.

Zu den ortsungebunden Namenbildungen sind auch die vor allem im 19. Jahrhundert und später im 20. Jahrhundert ausschließlich in den kommunistischen Ländern entstandenen Ortsnamen aus Personennamen zu zählen. Dynastische Ortsnamen, d. h. Benennungen nach Vornamen von Angehörigen des jeweiligen Herrscherhauses, gehören ebenso zu diesem Ortsnamentyp wie allgemeine Benennungen nach Familiennamen oder Vor- und Familiennamen. 1853 wurde beispielsweise der Gemeinde *Ibenthann* im Landkreis Burglengenfeld die Umbenennung in *Maximilianshütte* gestattet; aus dieser Nachbenennung nach König Max II. von Bayern wurde dann relativ schnell die Kurzform *Maxhütte*. Die Vergabe des eigenen Familiennamens spiegelt meist die Besitzverhältnisse wider: 1869 nennt ein gewisser Lorenz Wolf sein neues Anwesen, auf dem er eine Ziegelei und Brauerei einrichtet, *Wolfshöhe*.[31] In den kommunistischen Ländern wurden Personennamen meist in Verbindung mit dem Appellativum *Stadt* in ehrender Absicht vergeben: *Wilhelm-Pieck-Stadt Guben*, *Karl-Marx-Stadt*, *Lutherstadt Wittenberg*, *Leningrad*, *Stalingrad* sind hier wohl die am häufigsten zitierten Beispiele. Hier handelt es sich aber nicht um Neubenennungen, sondern vielmehr um Umbenennungen. Die Verwendung von Personennamen als Ortsbezeichnungen ist, wie gesagt, charakteristisch für die Ortsnamenbildung des 19. Jahrhunderts. In unserem Jahrhundert taucht die ehrende Benennung mittels Personennamen dann wieder bei der Straßennamenbildung auf (vgl. Abschnitt 4.2.2.3).

Doch kehren wir noch einmal zur Ortsnamenbildung zurück: Aus amtlicher Sicht sollen anstelle der frei erfundenen, d. h. ortsungebundenen Namen besser "bodenständige alte Flurnamen, Namen, die an die geschichtliche Überlieferung

---

31 Weitere Beispiele für diese Art der Namengebung im 19. Jahrhundert und die rechtlichen Normierungen aus dieser Zeit finden sich bei Puchner 1959 und 1961.

anknüpfen oder der Lage des Ortes oder der Tätigkeit seiner Bewohner angepaßt sind" (NHG-Bek Punkt 15), gewählt werden. Auf die Lage des Ortes weisen beispielsweise die eben erwähnten Zusammensetzungen des Typs *Wiesenttal* hin. Hierher gehören auch andere ortsgebundene Namentypen, wobei als Namenspender neben den Flußnamen ebenso andere Gewässernamen, Berg- und Landschaftsnamen in Frage kommen; so entstehen in den siebziger Jahren Ortsnamen wie *Stutensee*, *Brunsbek* oder *Samerberg*.[32] Bodenständige Ortsnamen liegen aber ebenfalls in den vielen kopulativen Ortsnamen und in den wiederbelebten Wüstungsnamen vor.

Kopulativnamen, d. h. Zusammenfügungen zweier bis dahin eigenständiger Ortsnamen mittels eines Bindestrichs zu einem neuen Ortsnamen, werden in Punkt 15 NHGBek abgelehnt: Diese Namen seien zu lang und außerdem sei die Entscheidung über die Reihenfolge der alten Ortsnamen schwierig zu treffen. Trotzdem entstanden seit 1850 in Bayern 32 Namen dieses Typs: 1865 wurden die Namen *Abbach-Schloßberg*, *Pfronten-Berg* und *Pfronten-Steinach* vergeben, im 20. Jahrhundert kommen dann u. a. Ortsnamen wie *Wolframs-Eschenbach* (1917), *Garmisch-Partenkirchen* (1935) oder *Postbauer-Heng* (1971) hinzu.[33] Die letzte Neubenennung dieses Typs stellt in Bayern der 1989 vergebene Ortsname *Straßlach-Dingharting* dar. Die zeitliche Verteilung dieser Namenbildung zeigt, daß es sich hier um einen sehr jungen Bildungstyp handelt, der fast ausschließlich im 20. Jahrhundert und da überwiegend seit 1970 verwendet wird (s. Abb. 7: "Ortsnamenänderungen in Bayern seit 1870" in Abschnitt 4.2.5.2). Der Vorteil dieser Bildungen, die meist bei Zusammenlegungen von zwei Gemeinden verwendet wurde, liegt darin, daß die alten Ortsnamen nicht untergehen. Allerdings läßt sich das Problem mit der Reihenfolge der bisherigen Ortsnamen nicht eindeutig lösen, und bei Zusammenschlüssen von mehr als zwei Gemeinden dürfte eine Kopulativbildung aufgrund ihrer Länge dann doch ausscheiden.

Die Wiederbelebung untergegangener Ortsnamen wurde als Möglichkeit der Namengebung in den letzten hundert Jahren nur sehr selten gewählt. Hier handelt es sich außerdem nicht um Namenbildung - es werden keine neuen Namen geschaffen -, sondern um eine Umbenennung, d. h. ein bereits vorhandener Name wird an einen anderen Namenträger vergeben.

---

32 Alle drei Beispiele stammen aus Irmgard Franks Aufsatz über "Namengebung und -schwund bei der Gebietsreform" (s. Frank 1977:332ff).

33 Vgl. Gemeindeverzeichnis 1987, S. 22ff.

Die Gemeinde *Linsengericht*, die in Hessen aus den fünf Gemeinden *Altenhaßlau*, *Eidengesäß*, *Geislitz*, *Großenhausen* und *Lützelhausen* entstand, erhielt auf diese Weise ihren Namen:

> Das Grundwort des Namens bezieht sich auf die Tatsache, daß die fünf Gemeinden seit Jahrhunderten ein gemeinsames Kirchspiel und einen Ortsgerichtsbezirk bildeten. Bereits durch Kaiser Barbarossa wurden sie zu einem sogenannten freien Gericht mit eigener Gerichtsbarkeit zusammengefaßt. (I. Frank 1977:335)

Über das Bestimmungswort dieses Ortsnamens läßt sich nur spekulieren: auf der einen Seite könnte es sich auf den in der Gegend eine Zeit lang üblichen Anbau von Linsen beziehen, auf der anderen Seite steht die Überlieferung,

> in dem ehemaligen freien Gericht sei so gut Recht gesprochen worden, daß bei der Urteilsfindung auch nicht um den Wert einer Linse vom Recht abgewichen worden sei (I. Frank 1977:336).

Wirkliche Neubildungen sind im Bereich der Ortsnamen selten, am ehesten kann hiervon noch bei den vereinzelt vorkommenden Bildungen des Typs *Schwanstetten* die Rede sein: *Schwanstetten* entstand aus den beiden Ortsnamen *Schwand* und *Leerstetten*. Da das auslautende <d> bei Schwand innerhalb der Neubildung aus euphonischen Gründen entfiel, sind die hinter dieser Bildung stehenden Ortsnamen heute nicht mehr ersichtlich. Die historische Ortsnamenentwicklung wurde somit unterbrochen, was ein Argument gegen eine derartige Neubildung sein könnte, wenn derartige Fälle in der Ortsnamengeschichte nicht häufiger anzutreffen wären. Seine Identifikationsfunktion erfüllt der Name Schwanstetten allerdings auf jeden Fall. Für die Namen zusammengeschlossener Gemeinden läßt sich zusammenfassend folgendes sagen:

> Eine große Zahl derjenigen neuen Gemeindenamen für zusammengeschlossene Gemeinden, die nicht aus bisherigen Namen gewonnen wurden, stellen Entlehnung aus Natur und Siedlungswesen dar, so daß häufig das Studium der Landkarte Auskunft über ihren Ursprung erteilt. Daneben ist die Neubildung von Namen nach traditionellem Muster lebendig. Absolut neue Bildungsweisen sind nicht anzutreffen, so daß auch keine neuen Namentypen auftreten. (I. Frank 1977:336)

Weitaus häufiger als Neubildungen kommen Veränderungen von Ortsnamen mittels differenzierender Zusätze vor. Um dieses Prinzip der Namenbildung und das gegenläufige Prinzip der Entdifferenzierung soll es im folgenden Abschnitt gehen.

4.2.2.2 Differenzierung und Entdifferenzierung

Unter Differenzierung ist die Tatsache zu verstehen, daß ein Ortsname entweder durch vor- oder nachgestellte Zusätze ergänzt (*Bad, Markt, "bei + Ortsnamen"*) oder mit Hilfe von bestimmten Lexemen (*Unter-*, *Groß-*, *Nieder-*) zu einem neuen Kompositum erweitert wurde. Daher unterscheide ich zwei Arten der Differenzierung: Zum einen werden syntaktische Gruppen gebildet (*unverbundene Differenzierung*), zum anderen entstehen neue Einzelwörter (*verbundene Differenzierung*). Das Phänomen der Differenzierung wird in der onomastischen Literatur bereits seit langem untersucht.[34] Bach schreibt beispielsweise über das Prinzip der Differenzierung:

> Zur Unterscheidung gleichnamiger Orte, die sich schon in ahd. Zeit als notwendig erwies, wird ihren Namen ein präpositionales oder andersartiges Attribut oder ein Bestimmungswort beigefügt, das sowohl vor- als auch nachgestellt werden kann. Zu beachten bleibt, daß nicht selten von zwei gleichlautenden Namen nur einer durch einen Zusatz gekennzeichnet wird" (Bach II/1 § 404)

1978 spricht Koß von "Differenzierung und Lokalisierung als Strukturprinzipien der Toponymie", wobei hinter dem Begriff der Lokalisierung Bildungen des Typs *Ebersdorf bei Coburg* und hinter dem Terminus Differenzierung Namen des Typs *Untersiemau - Obersiemau* stehen. Auch wenn die Bildungen des ersten Typs der Lokalisierung des Ortes dienen, so erscheint es mir doch sinnvoller, diese Erscheinungen innerhalb der Ortsnamenbildung unter dem einen Begriff *Differenzierung* zusammenzufassen. Beide Arten - Lokalisierung und Differenzierung im Koßschen Sinne - erweitern in unterschiedlicher Weise den bestehenden Namenkern, und primär dient die morphologische Veränderung der Unterscheidung gleichlautender Ortsnamen; erst sekundär können weitere Funktionen wie z. B. die Lokalisierung hinzutreten.

Die unverbundene Differenzierung läßt sich nochmals unterteilen in die Differenzierung mittels eines vorangestellten und die Differenzierung mittels eines dem Ortsnamen nachfolgenden Zusatzes:

> Seit Beginn des 19. Jh. ist die Namenmode der vorangestellten Zusätze in langsamem Absterben; andererseits erfreut sich die Bildungsweise mit nachgestellten Zusätzen zunehmender Beliebtheit. (Kaufmann 1958:157)

---

34 Die grundlegende Arbeit zu diesem Aspekt der toponymischen Namenbildung ist die 1958 von Henning Kaufmann erschienene Untersuchung über die unterscheidenden Zusätze bei den westdeutschen Ortsnamen (Kaufmann 1958).

Die nachgestellten Zusätze können entweder mit einer Präposition angeschlossen werden (*Berg ob Landshut, Furth i. Wald*), sie können aber auch in Klammern oder nach einem Schrägstrich stehen (*Lauf (Pegnitz), Halle/Saale*). Die auf diese Weise angefügten Zusätze stellen die Ortsnamen immer in Bezug zu einem besonderen räumlichen Punkt aus der Ortsumgebung: Flüsse, Berge und benachbarte größere Orte kommen hierfür ebenso in Frage wie der Regierungsbezirk, in dem der betreffende Ort liegt.

> "Es läßt sich durchaus aus den amtlichen Belegen der Eindruck gewinnen, daß die syntaktische Fügung 'bei + Ortsnamen (meist größerer Ort)' seit 1800 von der Amtssprache bevorzugt wird" (Koß 1971b:256).[35]

Für die vorangestellten, mit dem Ortsnamen unverbundenen Zusätze kommen verschiedene Appellativa und Adjektive in Betracht.[36] Der wohl häufigste Zusatz ist im 20. Jahrhundert das Wörtchen *Bad*, welches nach den Vorschriften des Kurortrechtes vergeben wird (vgl. Abschnitt 4.1.1.2). Daneben tauchen z. B. die Appellativa *Markt*, *Kloster* oder *Sankt* und die unflektierten geographischen Adjektive *Bayerisch* oder *Schwäbisch* auf: *Bad Windsheim, Markt Erlbach, Kloster Sulz, Sankt Christoph, Bayerisch Eisenstein, Schwäbisch Hall.* Während der Gebietsreform und in der Zeit danach war diese Art der Ortsnamen-Differenzierung allerdings nicht produktiv.

Sehr viel häufiger als die bisher geschilderte unverbundene Differenzierung kommt die verbundene Differenzierung in der Ortsnamen-Bildung vor. Kaufmann 1958 nennt hier insgesamt 12 Möglichkeiten der Unterscheidung von homophonen Ortsnamen, u. a. wird nach der Lage zu den Himmelsrichtungen (*Nord-, Südhemmern*) und nach dem Alter unterschieden (*Alten-, Neuenbeken*). Als Bestimmungswörter dieses bereits im Althochdeutschen bekannten Namenbildungsmodells kommen Adjektive, Appellativa und Präpositionen in Frage, wobei adjektivische Bildungen mit den Adjektiven *Groß-*, *Klein-*, *Ober-*, *Unter-*, *Nieder-* oder *Lang-* dominieren. Historisch betrachtet haben sich beispielsweise die Anfügun-

---

35 Diese Aussage von Koß bezieht sich zwar in erster Linie auf Material aus dem Coburger Raum, sie dürfte aber auf den gesamten deutschen Sprachraum übertragbar sein. Eine genaue Untersuchung der deutschen Ortsnamen hinsichtlich dieses Aspekts steht allerdings noch aus.

36 In Ausnahmefällen wird wie in dem Ortsnamen *Maria Gern* der religiös motivierte Vorname *Maria* zur Differenzierung herangezogen; meist befindet sich in den Orten, deren Name mit *Maria* (bzw. in Komposita mit der deklinierten Form *Marien*) gebildet ist, eine Wahlfahrtskirche zu Ehren der heiligen Maria.

gen von *Groß-* und *Klein-* aus den noch bis ca. 1250 üblichen lateinischen Zusätzen[37] entwickelt, die Adjektive *groß* und *klein* verdrängen außerdem die ebenfalls gebräuchlichen Bildungen mit den Adjektiven *michel* und *lützel.* Neben den Adjektiven werden aber, wenn auch selten, die bereits aus der unverbundenen Differenzierung bekannten Appellativa zur Ortsnamen-Differenzierung herangezogen: *Marktzeuln*, *Klosterlechfeld*, *Stadtilm.*[38] Die Bildung dieser Komposita ist meist transparent, d. h. oft geben die verwendeten Appellativa einen besonderen Aspekt der Ortsgeschichte wie die Ansiedlung eines Klosters oder die Stadterhebung wieder. "Durch die Differenzierung sind vielfach nicht Namenpaare, sondern ganze Gruppen zusammengehöriger Namen entstanden" (Bach II/1 § 405); benannt nach dem Fluß Aurach finden sich in Mittelfranken z. B. die Orte *Los-*, *Klaus-*, *Kotzen-*, *Mettel-*, *Herzogen-*, und *Frauenaurach.*

Graphisch dargestellt ergibt sich also mit dem von mir definierten Begriff der Differenzierung für dieses Namenbildungsmodell, das übrigens auch im Straßennamenbereich produktiv ist, folgendes Bild:

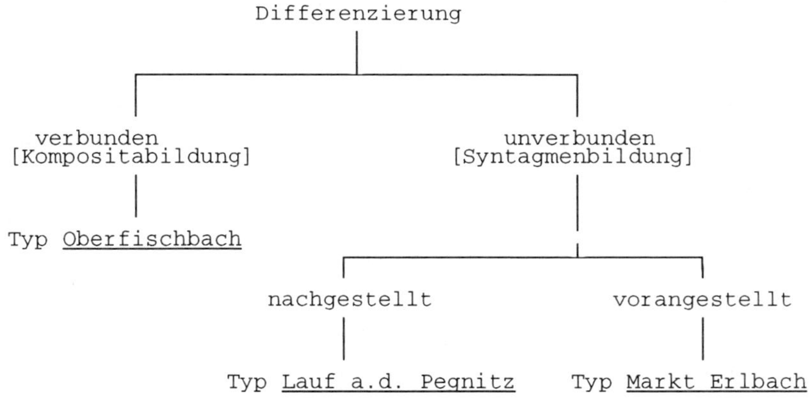

Abb. 6: Das Prinzip der Differenzierung bei Ortsnamen

37 Seit ungefähr 1390 werden in der Urkundensprache nur noch deutsche Zusätze verwendet (vgl. Koß 1971b:245).

38 Weitere Beispiele der Ortsnamen-Differenzierung finden sich bei Bach II/1 § 404, Kaufmann 1958 und Koß 1970 und 1971b.

Ortsnamen wurden meistens dann differenziert, wenn die Gefahr bestand, daß es zwischen zwei gleichlautenden Orten zu Verwechslungen kommen könnte.[39] "Diese als ökonomisch anzusehende Namengebung gestattet vielleicht auch einen erleichterten Namenerwerb beim Erlernen von Ortsnamen im Sinne einer relativen Motivierung des Ortsnamens als sprachliches Zeichen." (Koß 1978:237). Während der Gebietsreform bestand nicht mehr das Problem, daß mehrere Orte einen gleichklingenden Namen trugen. Nun sollten vielmehr mehrere Orte unter einem einzigen Namen zusammengeschlossen werden. Was bot sich da mehr an, als die Ortsnamen wieder zu entdifferenzieren?

In den letzten 150 Jahren wurde in Bayern von der Möglichkeit der Entdifferenzierung nur sehr selten Gebrauch gemacht: In lediglich 63 Fällen entfiel ein vorangestellter (bzw. angefügter) Zusatz oder ein Bestimmungswort (vgl. Abschnitt 4.2.5.2). Selten verschwindet der hintangestellte Zusatz wie z. B. bei *Schwabhausen b. Dachau* (1981), meistens ließ man bei den alten Ortsnamen die unterscheidenden Adjektive weg: *Obergrainau* (1937), *Niederneuching* (1970), *Altenbanz* (1972), *Unterzell* (1983). Als Prinzip der Ortsnamenbildung wird die Entdifferenzierung vor allem während der Gebietsreform verwendet, wobei man allerdings nicht vergessen darf, daß es innerhalb von Bayern in dieser Periode der Ortsnamengebung und auch danach hauptsächlich zum Austausch des alten Ortsnamens gegen einen neuen Ortsnamen kam. Differenzierung, Entdifferenzierung und Austausch des Namens machen zusammen 55 % der Veränderungen bei den Ortsnamen in Bayern aus, die restlichen 45% beruhen auf orthographischen Standardisierungsversuchen (s. Abb. 6: "Ortsnamenwandel in Bayern seit 1870" und Abschnitt 4.2.5.2).

Zusammenfassend kann man sagen, daß es in der Ortsnamenbildung des 20. Jahrhunderts verschiedene Bildungsmodelle gibt:

1. Kompositabildung

- Bildung von Kopulativkomposita (Typ *Garmisch-Partenkirchen*)
- Bildungen mittels Namen aus anderen Denotatsklassen (Typ *Wuppertal*)
- Kompositabildungen mit ortsungebundenem (Typ *Ahorntal*) und ortsgebundenem Material (Typ *Linsengericht*)

---

39 Ein nicht zu unterschätzender Grund für die Differenzierung mit nachgestellten Zusätzen liegt wahrscheinlich im Tourismus. Mit einer Erweiterung läßt sich gezielt auf einen touristischen Attraktionspunkt hinweisen: *Schönau a. Königssee* und *Gstadt a. Chiemsee* dürften z. B. mit dieser Absicht entstanden sein.

2. Syntagmenbildung
   Typ *Markt Erlbach* bzw. *Lauf a. d. Pegnitz*

4.2.2.3 Straßennamenbildung im 20. Jahrhundert

> Die Straße dient dem Verkehr. Das ist in der Namensgebung zu berücksichtigen. Der Straßenname sei einprägsam und passe sich möglichst der Umgebung an; er sei kurz und klangvoll. (Hottenrott 1953:7)

Diese Anmerkung Hottenrotts zur Straßennamenbildung wurde in der Vergangenheit von den meisten Namenschöpfern bei der Vergabe neuer Straßennamen berücksichtigt. Die Mehrzahl der Straßennamen in den deutschen Großstädten besteht heute aus einteiligen Komposita: Das Grundwort weist auf die Straßenart hin, neben dem dominierenden Appellativum *Straße* finden sich auch Gattungsbezeichnungen wie *Allee*, *Damm*, *Platz*, *Ring*, *Wall*, *Weg* oder *Zeile*. Die Bestimmungswörter kommen entweder ebenfalls aus dem appellativischen Wortschatz (*Burgstraße*, *Nebelhornring*, *Bahnhofsplatz*, *Sellerieweg*) oder werden dem onymischen Bereich entnommen: sowohl Anthroponyme als auch Toponyme kommen hierfür in Frage (*Briandstraße*, *Norastraße*, *Zugspitzstraße*, *Westerwaldweg*, *Donaustraße*), wobei Bildungen mit deklinierten Ortsnamen nicht zusammen-, sondern getrennt geschrieben werden (*Erlanger Straße*). Allerdings finden sich auch Komposita, die nicht diesem herkömmlichen Bildungsmuster entsprechen; in dem an der Ostsee gelegenen Ort Haffkrug wurden beispielsweise in einer Feriensiedlung mehrere Straßen mit Begriffen aus der Seefahrt benannt: *Fallreep*, *Reling*, *Steuerbord*.

Bei den mehrteiligen Straßennamen, zu denen die eben erwähnten Bildungen mit Ortsnamen zählen, lassen sich verschiedene Typen unterscheiden. Seit dem 2. Weltkrieg kommen immer mehr Bildungen mit Bindestrich auf:

> Neuerdings wütet unter den Straßennamen die Bindestrichseuche, die verschieden heftig auftritt, was an der Zahl der Bindestriche leicht festzustellen ist: Theodor-Storm-Straße, Friedrich-Ludwig-Jahn-Straße, Karl-Maria-von-Weber-Straße. (Hottenrott 1953:8)

Diese Bindestrichnamen stellen eine Übergangsform zwischen den einteiligen Komposita und den mehrteiligen Straßennamen dar. Sie werden nur verwendet, wenn dem Grundwort ein mehrteiliger Eigenname vorausgeht: dieser kann entweder aus Vor- und Familienname (*Karl-Bröger-Straße*), aus einem mehrteiligen Familiennamen (*Von-der-Tann-Straße*) oder einer Kombination aus akademischem

Grad, Vor- und Familienname (*Dr.-Gustav-Heinemann-Straße*) bestehen; auch Heiligennamen finden sich unter dieser Bildungsweise (*St.-Johannis-Mühlgasse*). Neben anthroponymischen Bildungen werden in ganz seltenen Fällen Straßennamen auch mit einem vorausgehenden Ortsnamen gebildet (*Bad-Kissingen-Straße*).

Echte mehrteilige, d. h. getrennt geschriebene Straßennamen lassen sich unterteilen in Präpositionalgefüge, in Bildungen mit abgeleiteten Ortsnamen bzw. deklinierten Adjektiven, in genitivische Konstruktionen und in Straßennamen, die aus mehrteiligen Personnamen gebildet wurden. Die Präpositionalnamen greifen in der Regel auf die Präpositionen *am, an, auf, bei(m), im, in, zwischen* und *zu(m)* zurück; in Verbindung mit geographisch markanten Punkten entstehen Straßennamen wie *Am Nordostbahnhof, Auf der Paint, Beim Knorr, Im Oberen Grund, Zwischen den Fleischbänken* oder *Zum Eichenhain.* Beispiele für mehrteilige Straßennamen, die mit Hilfe von Ortsnamen oder Adjektiven gebildet wurden, sind die Namen *Danziger Straße* oder *Breite Gasse*; dieses Bildungsmuster macht den Großteil der mehrgliedrigen Straßennamen aus. Die Bildung mehrteiliger genitivischer Straßennamen kommt in westdeutschen Städten sehr selten vor, sie ist vielmehr ein Charakteristikum der ostdeutschen Straßennamengebung, hierher gehört der *Platz der Opfer des Faschismus*, die *Straße der Jugend*, die *Straße des Roten Oktobers* und die *Straße des 30. Jahrestages der DDR.*[40] Bildungen mit mehrteiligen Personennamen, die nicht mit einem Grundwort verbunden sind, findet man eher selten; zu dieser Gruppe gehört z. B. der Erlanger Straßenname *Sankt Johann.*

Somit ergibt sich folgende morphologische Klassifizierung der Straßennamen:

1. einteilige Straßennamen
   - Komposita mit appellativischem Bestimmungswort (Typ *Burgstraße*)
   - Komposita mit onymischem Bestimmungswort (Typ *Donaustraße*)
2. mehrteilige Straßennamen
   - Bindestrichkomposita (Typ *Johannes-Gutenberg-Straße*)
   - Präpositionalgefüge (Typ *Am Nordostbahnhof*)
   - Wortgruppe aus Adjektive bzw. Ortsnamen und Substantiv (Typ *Breite Gasse* bzw. *Erlanger Straße*)
   - mehrteilige Personennamen (Typ *Sankt Johann*)

---

40 Die drei letzten Beispiele stammen aus Kühn 1991, in deren Aufsatz über "Straßennamen nach der Wende" weitere Beispiele für diesen Straßennamentyp zu finden sind (vgl. Kühn 1991:169).

Charakteristisch für die Straßennamenbildung des 20. Jahrhunderts ist die Bildung von Bindestrichnamen und, eingeschränkt für den ostdeutschen Sprachraum, die Bildung genitivischer Straßennamen. Hinter beiden Konstruktionen steckt die Absicht, mit Hilfe des Namens eine bestimmte Information an den Namenbenutzer weiterzugeben: Die mit Personennamen gebildeten Straßennamen ehren eine bestimmte Persönlichkeit, die Straßennamen des Typs *Straße des Roten Oktobers* weisen ideologisch geprägt auf ein bestimmtes historisches Ereignis hin. Die Bildung von Bindestrichnamen führt meist zu überlangen Konstruktionen, die dem Gebot der Einfachheit widersprechen und daher für die alltägliche Kommunikation unbrauchbar sind; dieser Namentyp sollte bei Neubenennungen besser vermieden werden.

4.2.3 Orthographische Aspekte bei Orts- und Straßennamen

Von orthographischem Interesse sind in einer synchron ausgerichteten Arbeit wie der vorliegenden lediglich die Straßennamen: Bei ihnen geht es in erster Linie um das Problem der Getrennt- bzw. Zusammenschreibung und damit verbunden in zweiter Linie um den Aspekt der Großschreibung mehrteiliger Eigennamen. Über die orthographischen Prinzipien im Bereich der Ortsnamen kann man für das 20. Jahrhundert nicht viel sagen: Zum einen wird die Schreibung der Ortsnamen durch die allgemeinen Rechtschreibregeln festgelegt[41] - daher sind bei der Vergabe neuer Ortsnamen auch nie orthographische Probleme zu lösen. Zum anderen richtet sich die amtliche Schreibung der deutschen Ortsnamen nach den Gemeindeverzeichnissen der jeweiligen Bundesländer[42]; durch die amtliche Fixierung werden die von der heute üblichen Norm abweichenden Schreibformen offiziell anerkannt. Neben diesen synchronen Aspekten der Ortsnamen-Schreibung sind jedoch die vor allem im 19. Jahrhundert durchgeführten Normierungsversuche in diesem Bereich von Interesse. In einem Exkurs sollen diese Versuche anhand der orthographischen Änderungen von bayerischen Ortsnamen in der Zeit zwischen 1870 und 1880 dargestellt werden.

Bei den Straßennamen gibt es, wie im vorangegangenen Kapitel gezeigt wurde, zum einen die einteiligen Komposita des Typs *Burgstraße* (bzw. *Schillerstraße*). Daneben stehen mehrteilige Konstruktionen: *Erlanger Straße*, *Breite Gasse*, *Am Nordostbahnhof* und *Platz der Opfer des Faschismus*. Als dritte Gruppe finden

---

41 "Für die Schreibung deutscher geographischer Namen gelten im allgemeinen die heutigen Rechtschreibregeln" (Duden 1991:R 145).

42 Vgl. für den Freistaat Bayern NHGV § 1 und NHG-Bek Punkt 4.

sich schließlich noch die Bindestrichnamen des Typs *Karl-Maria-von-Weber-Straße*. Der Bindestrich wird immer dann gesetzt, wenn dem Grundwort ein mehrteiliger Eigenname vorangeht.[43] Das Zusammenschreiben dieses Namentyps ist ausgeschlossen: Die *Karlmariavonweberstraße* wäre für den Leser zunächst unverständlich und sehr schwer lesbar. Mit Hilfe des Bindestrichs werden daher auf der einen Seite die Sinn- und Wortgrenzen markiert, auf der anderen Seite gibt der Bindestrich dem Straßennamen aber auch seine Einheit.

Das grundlegende Problem der Straßennamenschreibung ist die Frage der Zusammen- oder Getrenntschreibung des Namens, und damit verbunden ist die Schwierigkeit der Großschreibung mehrteiliger Namen.[44] Bei den Präpositionalgefügen und den genitivischen Straßennamen erübrigt sich die Frage der Getrennt- oder Zusammenschreibung, generell zusammengeschrieben werden appellativische Bildungen (*Bahnhofsplatz*) und Zusammensetzungen mit Eigennamen (*Rathenauplatz*): "Straßennamen, die aus einem einfachen oder zusammengesetzten Substantiv (auch Namen) und einem für Straßennamen typischen Grundwort bestehen, werden zusammengeschrieben." (Duden 1991:R 190). Getrennt geschrieben werden zum einen die Straßennamen, in denen dem Grundwort eine Ableitung eines Ortsnamens auf -er oder ein dekliniertes Adjektiv vorausgeht (*Postdamer Platz, Lange Zeile*).[45] Bei den mehrteiligen Straßennamen muß beachtet werden, daß zum einen das erste Element des Namens und alle zum Namen gehörenden Adjektive und Zahlwörter großgeschrieben werden (*Am Alten Zollhaus, An den Drei Linden*).[46]

Werden Familiennamen in Straßennamen verwendet, so müssen sie in ihrer ursprünglichen Schreibung gebraucht werden, andernfalls geht der gewünschte Bezug zum Namenträger verloren: also *Goethestraße* und nicht *Göthestraße* oder womöglich gar *Götestraße*. Vornamen, die heute innerhalb eines Straßennamens neu verwendet werden, müssen hingegen in der seit 1901 üblichen Form geschrieben werden: *Karlstraße* anstelle von *Carlstraße*.[47]

---

43 Die Duden-Regel 192 (Duden 1991), in der von "mehreren **Wörtern**" die Rede ist, müßte präzisiert werden. Meines Wissens kommen bei den Bindestrichnamen nur Konstruktionen mit mehrteiligen **Eigennamen** vor.

44 Da die Kategorie der Eigennamen in allen orthographischen Reformbemühungen ausgenommen wird, bleiben diese Probleme bis auf weiteres bestehen. Vgl. Nerius 1990.

45 Vgl. Duden 1991:R 191.

46 Vgl. Duden 1991:R 189.

47 Vgl. Hottenrott 1953:30ff.

Exkurs: Über orthographische Normierungsversuche der Ortsnamenschreibung im 19. Jahrhundert

Die Toponyme haben - ebenso wie die Anthroponyme - die allgemeine Entwicklung der Rechtschreibnormierung nicht immer mitgemacht: Ortsnamen wie *Fürth*, *Celle* oder *Kevelaer* bestätigen dies. Denn seit der 2. Orthographischen Konferenz, die vom 17. bis zum 19. Juni 1901 in Berlin stattfand, ist u. a. die th-Schreibung in deutschen Wörtern abgeschafft[48], das Graphem <c> wurde gemäß der Aussprache entweder durch <k> oder durch <z> ersetzt und das Graphem <e> wird heute nur noch nach <i> zur Längenmarkierung verwendet. Die meisten orthographischen Änderungen im bayerischen Ortsnamenbereich in den letzten hundert Jahren stammen aus der Zeit zwischen 1870 und 1880 (s. Abschnitt 4.2.5.2). Sie fallen also in eine Phase, in der man sich intensiv um die orthographische Normierung des appellativischen Wortschatzes bemühte.

Die zweite Hälfte des 19. Jahrhunderts ist geprägt von zwei großen Reformansätzen, wobei der eine Ansatz die etymologische Schreibung der Wörter, der andere die Ausrichtung der Schreibweise an der Aussprache forderte. Die Vertreter des letzteren, phonetisch orientierten Ansatzes, zu denen u. a. Konrad Duden und Rudolf von Raumer gehörten, konnten schließlich einen Teil ihrer Ziele - darunter die Vereinfachung der Phonem-Graphem-Relation, die Aufgabe der th-Schreibung und die Einschränkung der Dehnungszeichen - durchsetzen. Die Reformbestrebungen des 19. Jahrhunderts, auf die hier nicht im Einzelnen eingegangen werden kann, führten 1876 in Berlin zur 1. Orthographischen Konferenz.[49] In Bayern entstand 1879 die erste Schulorthographie und 1880 erschien von Konrad Duden ein "Vollständiges Orthographisches Wörterbuch der deutschen Sprache".[50] Wenn man sich nun die orthographischen Änderungen in Bayern aus der Zeit zwischen 1870 und 1880 ansieht, so stellt man fest, daß die Gemeinderäte und Bürgermeister bestrebt waren, die Normierungen des appellativischen Wortschatzes auf den onymischen Bereich, und hier speziell auf die Ortsnamen, zu übertragen.[51] Im Ganzen lassen sich drei grundlegende Verfahren festmachen:

---

48 Die einzige Ausnahme dieser Regel ist der *Thron*.

49 Zur Geschichte der Orthographie s. Lohff 1980 und Nerius 1987:222ff.

50 Vorläufer der Schulorthographien waren das 1871 erschienene Berliner Regelwerk und Dudens 1872 publiziertes Buch über "Die deutsche Rechtschreibung".

51 Die folgenden Beispiele stammen alle aus dem Gemeindeverzeichnis 1987 des Freistaates Bayern.

1. Wegfall von Graphemen
2. Substitution von Graphemen
3. Addition von Graphemen

In zahlreichen Ortsnamen werden Doppelkonsonanten vereinfacht und <th> in <t> geändert; so wird 1875 aus *Brünnsee* der Name *Brünsee* und aus *Argeth* der Name *Arget.* Wahrscheinlich in Anlehnung an die Aussprache entfällt in zahlreichen Ortsnamen das Graphem <e>; ebenfalls 1875 wird z. B. der Ortsname *Eggelkofen* in *Egglkofen* geändert.

Bei der Substitution von Graphemen muß unterschieden werden zwischen Veränderungen im vokalischen und im konsonantischen Bereich. Im ersteren kommt es beispielsweise zum Wechsel zwischen <ai> und <ei>; 1870 wird aus *Unterleimbach Unterlaimbach*, und umgekehrt wird beispielsweise *Waidach* 1875 in *Weidach geändert.* <Y> wird gegen <i> ausgetauscht - *Bayersdorf* wird umgeschrieben in *Baiersdorf, Freyham* in *Freiham-*, ebenso kommt es zum Ersatz des <i> durch <ü> und zum Austausch von <e> durch <ö>; *Irlahill* wird z. B. 1875 geändert in *Irlahüll*, ab 1875 schreibt sich der Ort *Wetzelsdorf Wötzelsdorf.* Ebenfalls in den vokalischen Bereich der Substitution fällt der Wechsel zwischen <o> und <oo>; der Name *Moosbach* wird 1870 in *Mosbach* geändert, *Mörmoosen* stellt ab 1870 die neue Schreibweise für den Ortsnamen *Mörmosen* dar.

Im konsonantischen Bereich finden sich Konsonantenverdopplungen - wie z. B. im Namen *Wallnsdorf*, der bis 1875 nur mit einem <l> geschrieben wurde - und der Austausch von <ck> und <k>: Aus *Peterfeking* wird beispielsweise 1875 *Peterfecking* und umgekehrt wird im gleichen Jahr aus *Kleuckheim* der Name *Kleukheim.* Außerdem wird das Graphem <c> gemäß der Aussprache in <k> umgeändert; ab 1875 schreibt sich beispielsweise der Ort *Klausaurach* nicht mehr mit <c>. In zahlreichen Fällen wird <dt> wie im Ortsnamen *Höchstätt* im Auslaut zu <tt> und <z> wie im Namen *Rudertshofen* im Inlaut zu <ts>. Ebenfalls beeinflußt durch die Normierungen des appellativischen Wortschatzes kommt es bei den Ortsnamen zu Änderungen der S-Schreibung: 1875 werden beispielsweise die Ortsnamen *Trasslberg*, *Gleussen* und *Neußes* umgeschrieben in *Traßlberg*, *Gleußen* und *Neuses.*[52]

---

52 Die veränderte Schreibweise verdeutlicht auch die unterschiedliche Aussprache: das stimmhafte /z/ wird stets mit <s> wiedergegeben, während für das stimmlose /s/ mehrere Schreibvarianten möglich sind (<s, ss, ß>).

Im Bereich der Addition werden vor allem das Graphem <e> und das Fugen-s verwendet: Es entstehen z. B. die Ortsnamen *Beutelsbach* (1870), *Geschwand* (1875) und *Lützelsdorf* (1875). Es werden aber auch Graphemgruppen wie beispielsweise im 1875 geänderten Ortsname *Großenseebach* die Folge <en> oder einzelne Grapheme wie beispielsweise 1877 im Gemeindename *Behringersmühl(e)* das Graphem <h> eingefügt.

Vielleicht sollten aber nicht immer nur die neuesten orthographischen Prinzipien umgesetzt werden: Manche Änderungen beruhen wohl eher auf den Konnotationen. So wurden die Ortsnamen *Bierheim* und *Diebesried* geändert in *Pierheim* (1875) und *Diebersried* (1870). Insgesamt kann man festhalten, daß es in der zweiten Hälfte des 19. Jahrhunderts zu verstärkten Normierungsversuchen im Bereich der Ortsnamenschreibung kommt. Die Versuche spiegeln zwar teilweise die Reformbemühungen im appellativischen Wortschatz wider, sie verlaufen aber keineswegs einheitlich und sind weder von Sprachwissenschaftlern noch vom Gesetzgeber gesteuert worden. Erst eine detaillierte Untersuchung der einzelnen Änderungsanträge könnte die von mir hier aufgestellten Hypothesen verifizieren und klären, welche Ziele die Antragsteller verfolgten: Sollte der Name aus semantischen oder euphonischen Gründen geändert werden? Stellt die Änderung die etymologisch korrekte Schreibweise dar oder handelt es sich bei dem neuen Gemeindenamen um eine Hyperkorrektur? Die wissenschaftliche Aufarbeitung dieses Gebiets der Ortsnamenforschung steht noch aus.

4.2.4 Toponyme und Semantik

"Wenn neue - oder alte - Straßennamen vergeben werden, heißt es: aufmerksam sein und nach dem verborgenen - oder offenen - politischen Text zu fragen" (Hartung 1993:1). Mit diesen Worten beginnt ein Artikel in der *Zeit*, der sich mit der 1993 in Berlin angestrebten Rückbenennung der *Otto-Grotewohl-Straße* in *Wilhelmstraße* beschäftigt. Seine Anfangsthese weiterführend schreibt der Journalist:

> Die *Wilhelmstraße*, das ist nach wie vor ein Begriff, nicht nur für die Adresse von Hitlers Neuer Reichskanzlei, von Goebbels' Propagandaministerium, sondern auch als weltbekanntes Synonym für die Außenpolitik des Deutschen Reiches, den Ausgangspunkt zweier Weltkriege. (Hartung 1993:1)

Der Straßenname *Wilhelmstraße* wird hier als "Begriff" bezeichnet, als "Synonym" einer bestimmten Phase der deutschen Außenpolitik: der Name wird zum "politischen Text". All dies widerspricht der onomastischen Eigennamendefinition: Ein Eigenname hat keine lexikalische Bedeutung, er stellt somit keinen Begriff dar. Dennoch schildert der Zeitungsartikel ein Phänomen, auf das man nicht nur bei den Straßennamen stößt. Auch bei der Behandlung der Vornamen wurde bereits deutlich, daß bestimmte Eigennamen doch über Bedeutung, besser gesagt über Bedeutsamkeit, verfügen (vgl. Abschnitt 3.2.4). Es handelt sich dabei allerdings nicht um eine abstrakte Bedeutung auf System-Ebene, sondern vielmehr um eine konnotative Bedeutung auf der Sprechakt-Ebene: "In den Namen also ist Bewußtsein aufbewahrt, das wirkt, zumindest jederzeit wieder aktiviert werden kann." (Bering/Großsteinbeck 1994:100). Dieses Charakteristikum der Eigennamen hängt mit dem Kommunikationswert der Namen zusammen: Jedem Namen wachsen im Laufe seiner Gebrauchsgeschichte durch den Namenträger und die Namenbenutzer bestimmte individuelle Komponenten zu (vgl. Abschnitt 2.2.3.1). Auch die ehemalige *Wilhelmstraße* in Berlin hat einen ihr eigenen Kommunikationswert, der mit der Geschichte der Straße und dem Namenspender verbunden ist. Dasselbe gilt für die *Otto-Grotewohl-Straße*, die aufgrund ihres Kommunikationswertes ebenso wie viele andere ideologisch motivierte Straßennamen der ehemaligen DDR in der heutigen Bundesrepublik abgelehnt wird. Bei Straßennamen, aber auch bei Ortsnamen, können also ebenso wie bei den Anthroponymen konnotative Aspekte den Namengebrauch beeinflussen. Zum einen beruhen diese Konnotationen, wie im gerade zitierten Beispiel, auf der Geschichte des jeweiligen Namens, zum anderen lassen sie sich wie im Falle des Ortsnamens *Diebesried* durch eine Homophonie mit einem Element des appellativischen Wortschatzes erklären.

Die Homophonie von Eigennamen und Appellativa erklärt sich durch den Ursprung der Eigennamen. Viele Namen gingen aus Appellativa hervor, aber in der Regel ist bei den meisten Namen diese Herkunft nicht mehr aus der äußeren Form ersichtlich, so daß es aufgrund sprachgeschichtlicher Entwicklungen heute "in den meisten Fällen nicht möglich [ist], die Namen von den modernen schriftsprachlichen Formen aus zu erklären" (Eichler et al. 1963:32). Bei manchen Orts- und den meisten Straßennamen ist dies allerdings nicht der Fall: Vor allem bei im 20. Jahrhundert vorgenommenen Neubildungen im Ortsnamenbereich ist die Herkunft aus dem appellativischen Wortschatz noch eindeutig zu erkennen (*Ahorntal*); aber auch ältere Bildungen können semantisch transparent sein (*Freiburg*). Ortsnamen wie *Freuden-*, *Lieben-* oder *Rosental* lösen positive Konnotationen aus: Diese Namen wurden gewählt "in der Absicht, Siedler anzulocken, oder auch in dem Wunsch, daß die neue Heimat dem Namen entsprechen möge" (Bach II/2 § 718). Anders ist dies bei Benennungen des Typs *Pissenheim* oder *Saustraße*, deren Anklänge an die jeweiligen Appellativa aus juristischer Sicht Namenänderungen erlaubten (s. Abschnit 4.1.1.4).

Einen weiteren Fall von Homophonie zwischen Eigennamen und Appellativa stellen Straßennamen des Typs *Burgstraße* oder *Bahnhofsplatz* dar. Diese Namen gehören zu den ersten in den Städten vergebenen Straßenbenennungen: Ursprünglich entstanden Straßennamen ohne gezielte Planung aus der mündlichen Kommunikation heraus.[53] Straßen wurden nach der Umgebung, d. h. nach den Bauwerken, den dort lebenden und arbeitenden Menschen oder einer wichtigen Verkehrsverbindung benannt:

> Fürs Mittelalter gilt offensichtlich: Beschreibende Ortsangaben waren die Namen und blieben sie, solange die topographischen und baulichen Gegebenheiten dieselben blieben. Die in den Namen gebrauchten Begriffsworte und die Realität standen im 1:1-Verhältnis. (Bering/ Großsteinbeck 1994b:106)

Bis ins 18. Jahrhundert dominierte diese Art der Straßennamengebung und die Straßennamen erfüllten in erster Linie Orientierungs- und Verweisfunktionen. Seit dem 19. Jahrhundert dienen Straßennamen vorwiegend der Gedächtnisbildung:

> Nicht das reale gesellschaftlich-ökonomische Leben, nicht die vorfindliche Topographie der Stadt bilden sich im Namenkorpus ab, sondern ein ideologisches Konstrukt, eine Selbstinterpretation, die in gezielt ausgewählter Vergangenheit Identität gewinnen will. (Bering/ Großsteinbeck 1994b:109f)

Die Beispiele aus dem Straßennamenbereich führen im Hinblick auf die Semantik von Toponymen zu einem neuen Aspekt: Ein sehr kleiner Teil der Straßennamen, nämlich die produktiven, d. h. neugebildeten Namen, verfügt entgegen der onomastischen Eigennamendefinition über charakterisierende Seme. Ein Eigenname

> kann keine charakterisierenden Seme enthalten, da Eigennamen nicht wie Appellativa und Deiktika an semantischen Oppositionen der Art "Apfel" vs. "Birne" teilnehmen" (Diewald/Kleinöder 1993:9).

Diese Aussage gilt für prototypische Eigennamen, also in erster Linie für die Anthroponyme. Straßennamen des Typs *Burgstraße* oder *Am Nordostbahnhof* scheren aus diesem Grundsatz aus: Sie sind in ihrer Bildung motiviert und die reale Umgebung, die zu diesen Bildungen führte, ist auch heute meist noch vorhanden.

---

53 "Die älteren städtischen Straßennamen ergaben sich aus den praktischen Bedürfnissen des Lebens und erwuchsen aus dem unbewußten Sprachleben der Gemeinschaft unter Verwendung alltäglichster Sprachmittel." (Bach II/2 § 515)

Die Orientierungsfunktion kann der Name nur erfüllen, wenn der Sprachteilnehmer aus dem Namen gewisse Hinweise auf die tatsächliche Situation ableiten kann. Die *Burgstraße* weist ebenso wie die Benennung *Am Nordostbahnhof* auf eine bestimmte für den Ort markante Örtlichkeit hin. Manchmal kann auch mit dem Namentyp *Ortsname + Straße* eine eindeutige Orientierungsfunktion verbunden sein: wenn nämlich damit eine Verkehrsverbindung zwischen dem Ort, in dem sich die auf diese Weise benannte Straße befindet, und einem Nachbarort gekennzeichnet wird; mit dem Namen *Erlanger Straße* beispielsweise ist in Nürnberg die Straße benannt, die nach Erlangen führt. Dieser Namenbildungstyp wurde allerdings ausgeweitet, und heute sind die meisten Bildungen dieser Art ohne direkten Bezug zu einem Ort.

Von einer abstrahierbaren Bedeutung auf der System-Ebene kann man allerdings weder bei diesen Straßennamen noch bei Ortsnamen des Typs *Ahorntal* sprechen. Lediglich aus seiner Namenkompetenz heraus, d. h. aus dem täglichen Umgang mit Namen, weiß ein Sprecher, ob ihm bestimmte Straßen- oder Ortsnamen einen konkreten Bezug zur Realität geben können. Die Motiviertheit jedes Eigennamens innerhalb der System-Ebene beruht auf der Gleichsetzung des Namens mit einem bestimmten Namenträger - in diesem Falle mit einem Ort oder einer Straße - und dem Verweis auf einen initialen Taufakt (vgl. Abschnitt 2.2.3). Appellativische Wortbildungen, denen eine direkte Motivation und damit ein auch für den Sprecher nachvollziehbarer Bezug zur benannten Entität zugrundeliegt, können dann die onymische Funktion der Identifizierung übernehmen, wenn sie in einem Zuweisungsakt dem betreffenden Objekt zugeschrieben wurden. Die amtliche, d. h. schriftliche Fixierung des ausgewählten Namens ist ein eindeutiges Indiz für dessen Eigennamenstatus. Die hier aufgezeigten semantischen Aspekte, die erst in der Namenbenutzung zum Vorschein treten, spielen bei der amtlichen Namengebung und Namenverwendung von Orts- und Straßennamen dennoch eine Rolle.

Der aus rechtlicher Sicht oft verfolgte "Grundsatz der Namenswahrheit" (Prell 1989:144), d. h. die Benennung muß den tatsächlichen Gegebenheiten entsprechen[54], bewirkt in manchen Fällen Namenänderungen: aus *Immendorf* wird *Immenstadt*, aus *Dorfilm* wird *Stadtilm* - die Stadterhebung führt zu einem Namenwandel. Daß dieser Grundsatz auf juristischer Seite nicht immer eingehalten wird, zeigt der Ortsname *Düsseldorf*. Das Prinzip der Namenswahrheit beeinflußt auch

---

54 Vgl. Punkt 6 NHGBek.

die Straßennamengebung, da bei den Kompositabildungen mit Blick auf den Straßencharakter das passende Grundwort ausgewählt wird: Eine große, von Bäumen gesäumte Hauptstraße wird zur *Allee*, während kleinere Straßen als *Gassen* oder *Wegen* benannt werden. Aber zahlreiche Straßennamen beweisen, daß auch diese Regel nicht immer eingehalten wird: die *Ulrichsgasse* in Köln bezeichnet z. B. eine sechsspurige Straße.[55]

Nach allen bisherigen Ausführungen zur Semantik von Eigennamen, und speziell zur Bedeutung von Orts- und Straßennamen, dürfte deutlich geworden sein, daß der Grundsatz der Namenswahrheit aus linguistischer Sicht nicht aufrechtzuhalten ist. In der Erstbenennung wird der Name zwar irgendeinen Wahrheitsgehalt haben, wobei hier schon zweifelhaft ist, um welche Wahrheit es sich dabei handeln soll, da ja jeder Sprecher und damit jeder Namengeber seinen Blick auf die Wahrheit hat. In der weiteren Namenbenutzung spielt Primärmotivation eines Namens keine Rolle mehr, wichtig ist lediglich, daß ein Ort oder eine Straße eine bestimmte Benennung trägt. Ob die Straße den Namen einer berühmten Persönlichkeit, eines Ortes oder ein Appellativum als Benennung erhält, spielt im Hinblick auf die Kennzeichnungsfunktion des Straßennamen keine Rolle. Erst in zweiter Linie kommen dem Namen auch andere Funktionen zu, dient er der Ehrung einer Person, wird zum Träger programmatischer Inhalte oder übernimmt Orientierungsfunktion. Zur Unterstützung dieser Funktion werden innerhalb der amtlichen Straßennamengebung des 20. Jahrhunderts gerne sogenannte Namenfelder gebildet.

Der Begriff des Namenfeldes entwickelte sich in der Onomastik aus dem für den appellativischen Wortschatz verwendeten Begriff des Wortfeldes: dieser stammt von Jost Trier und bezeichnet das Bedeutungsfeld, innerhalb dessen sich ein Wort bewegt.[56] Die Übertragung auf den onymischen Bereich ist insofern problematisch, da ja Eigennamen nicht über eine lexikalische Bedeutung verfügen. Fleischer definierte daher das Namenfeld als räumliche Einheit eines bestimmten Namentyps: Wenn sich "größere Gruppen von Namen mit bestimmten formal-inhaltlichem Gepräge zusammenfinden" (Fleischer 1962:323), können sich

55 Vgl. Bering/Großsteinbeck 1994b:102.

56 1931 taucht der Begriff des Wortfelds bei Trier erstmals auf (In: "Der deutsche Wortschatz im Sinnbezirk des Verstandes. Die Geschichte eines sprachlichen Feldes. I. Von den Anfängen bis zum Beginn des 13. Jahrhunderts. Heidelberg"). Auf die Problematik des Begriffs und die Weiterentwicklung wird im folgenden nicht eingegangen. Siehe dazu Peter Rolf Lutzeier: Studien zur Wortfeldtheorie. Tübingen 1993. (Linguistische Arbeiten Bd. 288).

Namenfelder entwickeln. Je nach Art der Namengebung lassen sich thematische und assoziative Namenfelder unterscheiden: Assoziative Namenfelder beruhen auf "gruppenpsychologischen Kräften" (Fleischer 1962:323) und treten vor allem bei inoffiziellen Personennamen wie z. B. den Ortsnecknamen auf.[57] Das besondere Charakteristikum dieser Namenfelder besteht darin, daß die Entstehung des Feldes nicht bewußt von den Namengebern verfolgt wird.

Thematischen Namenfeldern liegt hingegen eine bewußte, meist amtliche Namengebung zugrunde. Beispiele hierfür sind die Namenfelder im Straßennamenbereich, die in den Orten ein Musiker-, Dichter- oder Bäumeviertel entstehen lassen.[58] Durch die Namengebung wird die Sachwelt in besonderer Weise strukturiert und aufgrund seiner Namenkompetenz verläßt sich ein Sprecher darauf, daß sich die *Mozartstraße* in der Nähe anderer Straßennamen des Typs *Komponistenname + Straße* befindet. Der Sinnzusammenhang zwischen den einzelnen Straßennamen eines Feldes entsteht dadurch, daß die Bestimmungswörter dieser Komposita einer bestimmten Denotatsklasse entstammen; in unserem Beispiel wäre das die Klasse der Komponisten. Mit dem Begriff des Namenfeldes wird es möglich,

> Namen, die als Einzelnamen schwer zu verstehen sind, als assoziativ oder durch thematisch ähnliche Beziehungen zu bestehenden Namen der Umgebung als gebunden gebildete Benennungen zu interpretieren (Bauer 1985:193).

4.2.5 Namenpragmatik

4.2.5.1 Prinzipien der Namengebung bei Orts- und Straßennamen

Da sowohl Siedlungen als auch Straßen zur eindeutigen Identifizierung aus rechtlicher Sicht einen Namen tragen müssen, stellen Orts- und Straßennamen juristisch betrachtet neben dem bürgerlichen Gesamtnamen und dem Handelsnamen zwei weitere Formen des Zwangsnamens dar. Weil es heute nur noch sehr selten zu Gemeindeneugründungen kommt, werden im 20. Jahrhundert fast nie neue Ortsnamen vergeben. Im Freistaat Bayern ist der Innenminister bei der Ortsnamengebung die letzte Instanz, er ist der eigentliche Namengeber neuer Ortsnamen.

---

57 In einer grundlegenden Arbeit erläutert Moser 1951 das Phänomen des Namenfeldes anhand der Ortsnecknamen.

58 Im anthroponymischen Bereich gibt es ebenfalls thematische Namenfelder. Beispielsweise können innerhalb einer Geschwisterreihe alliterierende Vornamen (*Walter*, *Werner*, *Winfried*) vergeben werden; hierbei handelt es sich um ein Namengebungsprinzip, das bereits im Germanischen üblich war.

Die Straßennamen fallen in den Zuständigkeitsbereich der Gemeinden, so daß der jeweilige Gemeinderat, also eine Gruppe von Menschen, zum Namengeber wird. Meist delegiert der Gemeinderat allerdings die Aufgabe der Straßennamenwahl an eine städtische Behörde wie z. B. das Stadtvermessungsamt; dieses arbeitet bei der Namensuche in der Regel mit dem örtlichen Stadtarchiv zusammen.

Die Vergabe von Orts- und Straßennamen ist ein Beispiel für eine aktive Namengebung zweiten Grades: In beiden Fällen ist der Namengeber, der Innenminister oder der Gemeinderat, rechtlich festgesetzt und hat direkten Einfluß auf die Namenwahl und Namengebung. Außerdem sind Namenträger und Namengeber nicht identisch: Namenträgerin ist im einen Fall die Gemeinde als politische Einheit und im anderen Fall die Straße. (Vgl. Abschnitt 2.2.3.1)

Nach welchen Prinzipien werden neue Orts- und Straßennamen im 20. Jahrhundert vergeben? In Punkt 15 der NHG-Bek wird auf "bodenständige Flurnamen" und andere Namen, die einen direkten geschichtlichen oder anderen Bezug zur Gemeinde haben, verwiesen. Neubildungen des Typs *Schöntal* werden aufgrund ihrer geringen Identifizierungskraft abgelehnt. Ebenso zurückgewiesen werden Kopulativnamen (*Garmisch-Partenkirchen*), da sie für den täglichen Gebrauch zu lang seien (vgl. NHGBek Punkt 15). Wenn man sich nun beispielsweise die neuen Ortsnamen, die während der Gebietsreform der siebziger Jahre entstanden sind, ansieht, so stellt man fest, daß überwiegend neue Komposita mit den Grundwörtern -tal, -grund, -stadt und -berg gebildet wurden.[59] Relativ häufig kommt es daneben bei der Zusammenlegung zweier Gemeinden zur Bildung von Kopulativnamen: zwischen 1970 und 1974 entstehen z. B. in Bayern die Bildungen *Jettingen-Scheppach* (1970), *Pflugdorf-Stadl* (1970), *Postbauer-Heng* (1971), *Dörfles-Esbach* (1971), *Feldkirchen-Westerham* (1972), *Mallersdorf-Pfaffenberg* (1972) und *Wernberg-Köblitz* (1974).[60] Aus onomastischer Sicht spricht gegen diese Art der Namenbildung nichts; sie gewährleistet vielmehr, daß die geschichtlich gewachsenen Ortsnamen erhalten bleiben. Was hingegen die historische Authentizität der Namen verfälscht, ist die Kombination einzelner, willkürlich abgetrennter Namenglieder zu einem neuen Ortsnamen. Man denke nur an das bereits zitierte Beispiel der Gebietskörperschaft *Schwanstetten*; die willkürliche Abtrennung des <d> verschleiert den etymologischen Ursprung dieser Neubildung. Man kann dieses Phänomen aber auch in den Bereich der Ortsnamenände-

59 Vgl. Liess 1972:48.
60 Vgl. Gemeindeverzeichnis 1987, S. 22ff.

rungen einreihen, bei denen volksetymologische Erklärungen zu einem neuen Ortsnamen führten.[61]

Neben dem Prinzip des Namensaustauschs, d. h. der alte Name wird vollständig durch einen anderen ersetzt, wurden während der Gebietsreform an zweiter Stelle die Prinzipien der Differenzierung und Entdifferenzierung zur Bildung neuer Gemeindebenennungen herangezogen (vgl. Abschnitt 4.2.2.2). In diesen Fällen blieben die alten Gemeindenamen im Kern erhalten, wurden aber an eine neue Namenträgerin, die durch Zusammenschluß mehrerer Gemeinden oder durch Eingemeindung einer Gemeinde entstanden war, weitergegeben. Man kann hier nicht von einer Neubildung eines Namens sprechen: Vielmehr liegt jetzt, da sich die morphologische Gestalt des Namens verändert hat, eine Namenänderung vor.

Oberstes Prinzip der Straßennamengebung ist die Vermeidung von Mehrfachbenennungen innerhalb des Gemeindegebiets. "Aus EDV-technischen Gründen dürfen Straßennamen aus höchstens 25 Zeichen einschließlich der notwendigen Zwischenräume bestehen" (Muster-Verwaltungsvorschriften für die Straßenbenennung Punkt 1.2). Zusammenfassend läßt sich zur Straßennamengebung der Gegenwart folgendes festhalten:

> Die Namenwahl berücksichtigt neben dem übergeordneten Anliegen der Orientierungshilfe
> - das euphonische Prinzip,
> - Kürze und Einfachheit der Namenschreibung,
> - Singularität der Namen,
> - Übereinstimmung von Namengrundwort und Beschaffenheit der benannten Straße,
> - Merkbarkeit und Memorierbarkeit. (Fuchshuber-Weiß 1995:15)

Früher dienten die Straßennamen in erster Linie der Charakterisierung der Straße: der Name konnte z. B. eine wichtige Verkehrsverbindung markieren (*Rothenburger Straße*) oder gesellschaftliche und wirtschaftliche Strukturen wiedergeben (*Judengasse, Trödelmarkt*). Für die heute entstehenden Neubaugebiete wählen die Gemeinden Namen, die in der Regel mit der Stadtgeschichte nicht mehr in Zusammenhang stehen. In seltenen Fällen werden bodenständige Flurnamen zu Straßennamen umfunktioniert:

---

61 Zum Phänomen der volksetymologischen Umdeutungen von Ortsnamen vgl. Bach II/2 § 732ff.

> In welchem Ausmaß Flurnamen als Straßennamen in einer Gemeinde weiterexistieren, liegt in der Kompetenz der jeweiligen Gemeinderäte. Übergeordnete Behörden pflegen lediglich Empfehlungen zu geben, Flurnamen und historisch erhaltenswerte Namen bei der Widmung von Straßen zu berücksichtigen. (Weinacht 1985:322)

Am weitaus häufigsten werden heutzutage allochthone Straßennamen gebildet, wobei hier in erster Linie auf Bestimmungswörter aus dem appellativischen Wortschatz zurück gegriffen wird. Zu diesem Verfahren kommt noch die Vorliebe der Namengeber für die Bildung von Namenfeldern hinzu (vgl. Abschnitt 4.2.4); in den meisten deutschen Städte gibt es heute z. B. ein Baumviertel mit Straßennamen des Typs *Eichenring*, *Tannenstraße* oder *Birkenweg*. Daneben finden sich zahlreiche mit einem Personennamen gebildete Straßennamen, die den jeweiligen Namenträger ehren sollen. Dieses Modell kam wahrscheinlich unter Friedrich Wilhlem IV. (1840-1861) in Berlin auf und ist heute vorwiegend bei Umbenennungen produktiv.[62]

4.2.5.2 Namenwandel und Namenkontinuität

Zur Namenpragmatik gehören neben den Aspekten der Namengebung auch Phänomene der Namenbenutzung. Prinzipiell kann man festhalten, daß die offizielle Form der Orts- und Straßennamen durch die schriftliche Fixierung im amtlichen Ortsverzeichnis des jeweiligen Bundeslandes bzw. bei den Straßennamen durch die Registrierung beim Vermessungsamt festgelegt ist. Inoffizielle Abweichungen von dieser Form sind rechtlich zulässig, sie dürfen aber nur in bestimmten, d. h. nichtamtlichen Kommunikationsbereichen vorkommen. So kann sich eine Stadt aus Werbegründen einen eigenen Namenszusatz wie z. B. *Messestadt Nürnberg* zulegen, in der amtlichen Kommunikation muß dieser allerdings weggelassen werden.[63] Es werden für die offizielle Namenbenutzung nur die Bestandteile des Namens anerkannt, welche im Ortsverzeichnis eingetragen sind. Eine Änderung des Eintrags kann aus einem besonderen Grund heraus erfolgen und muß im Interesse des Gemeinwohls sein (vgl. Abschnitt 4.1.3). Namenwandel und Namenkontinuität kommen somit sowohl im Straßen- als auch im Ortsnamenbereich vor, und um diese beiden Begriffe soll es im folgenden gehen.

> Ortsnamen sind Bestandteile des Sprachlebens. Ihre Eigenart aber erwächst ihnen gerade dadurch, daß sie sich aus der sinngeladenen Rede isolieren, daß sie erstarren und

62 Vgl. Bach II/2 § 544.
63 S. NHGV § 1 Abs. 3.

> fest an einer bestimmten Stelle verhaftet sind. Durch solche Verfestigung erhalten sie aber auch gegenüber der sich wandelnden Sprache eine besondere Zählebigkeit und überdauern in vielen Fällen die Jahrhunderte, ja die Jahrtausende. (Zinsli 1973:213)

Zinsli weist hier auf verschiedene Charakteristika der Ortsnamen hin: sie sind sprachliche Zeichen, die im Laufe der Zeit ihre lexikalische Bedeutung verlieren. Durch einen Namengebungsakt sind die Namen mit einem bestimmten Ort fest verbunden, und auch wenn die Bewohner des Ortes, also die Namenbenutzer, im Laufe der Jahrhunderte wechseln, so halten sich die einmal vergebenen Namen in aller Regel doch. Was soll also der Begriff Kontinuität im Zusammenhang mit den Ortsnamen bedeuten? *Lintburc* wurde zu *Limburg*, *Hostedin* zu *Höchst* und hinter dem Gemeindenamen *Wuppertal* verschwanden u. a. die Namen *Barmen* und *Elberfeld.* Wann kann man hier noch von Kontiniutät sprechen, wie ist aus onomastischer Sicht der Begriff des Ortsnamenwechsels zu verstehen?

Kontinuität kann definiert werden als der lückenlose zeitliche Zusammenhang einzelner an einen bestimmten Ort gebundener Ortsnamen-Formen (Zinsli 1973:218f). Zum Bruch kommt es einesteils aufgrund von lautlichen Weiterentwicklungen oder volksetymologischen Umdeutungen, anderenteils beenden bewußte Umbenennungen eine Namenkontinuität. Welche Faktoren bestimmen die Namenstabilität? Der wohl beständigste Aspekt ist die Namenfunktion: In allen Zeiten diente der Ortsname der eindeutigen Kennzeichnung einer Siedlung, und solange ein Name diese Funktion erfolgreich erfüllt, wird er nur selten bewußt geändert. Ebenso trägt der bezeichnete Ort aufgrund seiner eigenen Festigkeit zur Namenskontinuität bei; sogar die Namen untergegangener Siedlungen können als Wüstungsnamen erhalten bleiben, sie tauchen manchmal in anderen Namenklassen wie z. B. den Flurnamen oder den Straßennamen wieder auf.[64] Weiterhin spielen der Geltungsraum und die Namenbenutzer im Zusammenhang mit der Namenkontinuität eine Rolle: "Je kleiner der Umkreis der Geltung, um so leichter kann der Name verschwinden" (Zinsli 1973:233). Die Namenbenutzer, zu denen nicht nur die Einwohner des bezeichneten Ortes zu zählen sind, sondern auch alle übrigen innerhalb des Geltungsraums lebenden Sprachteilnehmer, garantieren die Weiterverwendung eines Namens. Namen sterben erst dann aus, wenn sie aus dem kollektiven Namengedächtnis einer Sprachgemeinschaft verschwinden. Insgesamt wird im 20. Jahrhundert die Beständigkeit eines Ortsnamens durch die rechtlichen Bestimmungen gewährleistet.

---

64 Zum Thema Tradition, Wandel und Schwund von Wüstungsnamen s. Schuh 1985.

Wird die Namenkette durch einen offensichtlichen Wechsel der Ortsnamenform durchbrochen, so geht die historische Echtheit eines Namens verloren. Auf dieser These aufbauend hat Benson 1986 erstmalig eine onomastische Definition des Begriffs Ortsnamenwechsel vorgelegt:

> Sobald ein Namenglied eine solche Form bekommt, daß es durch das Sprachgefühl mit einem anderen Namenelement als dem ursprünglichen, noch lebenden Element assoziiert wird, hat eine Entgleisung stattgefunden. Ein Namenwechsel ist eingetreten. (Benson 1986:99)

Unter dem Begriff des Ortsnamenwechsel ist eine Umbenennung eines Ortes zu verstehen: Diese kann willentlich herbeigeführt werden oder unbewußt aufgrund lautlicher Veränderungen entstehen. Man muß hiervon die allmähliche, lautgeschichtlich bedingte Weiterentwicklung eines Namens unterscheiden; Namenwechsel bedeutet immer Traditionsbruch, d. h. der zeitliche Zusammenhang zwischen den Formen eines bestimmten Gemeindenamens wird eindeutig zerrissen. Dalberg definiert den Begriff Ortsnamenwechsel daher folgendermaßen:

> Unter Ortsnamenwechsel wird das Verhältnis zwischen zwei ON mit demselben Denotat verstanden, wenn ein ON im Sprachgebrauch den anderen ON abgelöst hat. Der ablösende Name darf weder als GW [Grundwort/K.S.] noch als BW [Bestimmungswort/K.S.] den Namen enthalten, der abgelöst wird. (Dalberg 1992:19)

Bei der auf einer Assimilation beruhenden Entwicklung des Ortsnamens *Lintburc* zu *Limburg* kann man daher nicht von einem Ortsnamenwechsel sprechen, dieser liegt aber bei der Neubenennung *Wuppertal* vor. Benson (1986:100) unterscheidet zwischen einer kulturbewahrenden und einer zentralistischen Linie beim Ortsnamenwechsel; ein Beispiel für die erste Kategorie ist die Neubildung *Wuppertal*, sie greift zum einen ein altes Bildungsmodell der Ortsnamen, nämlich die Kompositabildung, wieder auf. Zum anderen bezieht sich der Name *Wuppertal* auf eine lokale Besonderheit, nämlich auf die durch den Ort fließende Wupper. Neubenennungen, bei denen die Namen im Dienste einer Staatsideologie stehen, fallen unter den Begriff des zentralistischen Ortsnamenwechsels; Beipiele hierfür finden sich vor allem in der sozialistischen Namengebung (*Karl-Marx-Stadt*, *Wilhelm-Pieck-Stadt Guben*, *Leningrad)*. Ein besonders markantes Beispiel für zentralistischen Ortsnamenwechsel ist die Umbenennung der Südtiroler Ortsnamen unter der Führung von Ettore Tolomei. In mehreren Schritten wurden seit Ende des 19. Jahrhunderts die deutschsprachigen Namen ins Italienische übertragen. 1916 erreicht dieser politische Willkürakt seinen Höhepunkt: "In einer Rekordzeit von 40 Tagen waren 12.000 Südtiroler Ortsnamen italianisiert." (Kühebacher 1982:130). Von diesen Namenänderungen wurde zwar ein Großteil in den dreißiger Jahren wieder rückgängig gemacht. Doch per Dekret war ab 1940 die gesamte amtliche Nomenklatur in Südtirol italienisch. Die Umbenennungen Tolomeis sollten die irredentistische Forderung "Italia fino al Brennero!" auf sprachlicher Ebene untermauern, wissenschaftliche Korrektheit war dabei nicht gefragt. So entstanden zum Teil aufgrund mangelnder Dialektkenntnisse, zum Teil aufgrund fehlender "Archivalien zur Erfassung der urkundlichen Namenschreibung" (Kühebacher 1982:131) zahlreiche Fehlübersetzungen und Verballhornungen der indigenen Ortsnamen; *Magdfeld* wurde beispielsweise in *Campo della ragaza* übersetzt, "die ältere Form von *Magdfeld* ist aber *Magenfeld*, also *Mohnfeld*" (ebd.). Heute bemühen sich Sprachwissenschaftler und Politiker um die Wiederherstellung der alten Ortsnamen:

> Namen sind Kulturdenkmäler und haben deshalb ein Recht auf Schutz. Eine Übersetzung von Namen ist m. E. in wissenschaftlicher Hinsicht ein Unsinn und in rechtlicher Hinsicht steht sie mit Urkundenfälschung auf gleicher Stufe. (Kühebacher 1982:133)

Offizielle Umbenennungen im Straßen- und Ortsnamenbereich haben viele Ursachen. Sie können, wie das folgende Beispiel aus Halle zeigt, politisch bedingt sein: "Deutsche Vergangenheitsbewältigung liest sich dann so: *Waldstraße* (1905-1933), *Hindenburgstr.* (1934-1945), *Karl-Liebknecht-Str.* (1945-1963), *Otto-Kanning-Str.* (seit 1963)" (Kühn 1991:169). Wie das Beispiel *Chemnitz/Karl-Marx-Stadt* zeigt, werden Ortsnamen ebenfalls aus ideologischen Gründen umbenannt. Zu den politischen Namengebungen gehören auch die vor allem im sozialistischen Sprachgebrauch üblichen genitivischen Straßennamen des Typs *Straße der Jugend.* Historisch zurückführen lassen sich diese Bildungen auf französischen Einfluß; seit der französischen Revolution von 1789 waren Straßennamen, die mit Abstrakta gebildet wurden, auch in Deutschland häufiger.[65] Manchmal werden mittels einer Namenänderung anstößige Namen beseitigt: *Pissenheim* bei Godesberg a. Rhein wurde in *Werthoven* umbenannt, und aus der *Drecksgasse* in Köln wird 1863 die *Eintrachtstraße.*[66] Oft genügt hier auch eine minimale phonematische Veränderung: aus dem Ortsnamen *Diebesried* wird *Diebersried.*

---

65 Vgl. Bach II/2 § 548.
66 Vgl. Bach II/2 § 718.

Der wohl häufigste Grund für eine Umbenennung im Straßennamen-Bereich im 20. Jahrhundert ist die Ehrung einer Person. Im August 1993 wurde beispielsweise in Nürnberg der *Marienplatz* in *Willy-Brandt-Platz* umbenannt. Bereits während der Zeit des Nationalsozialismus war der *Marienplatz* für einige Jahre *Schlageterplatz* umgetauft worden.[67] Gerade während der Zeit des Nationalsozialismus und in der ehemaligen DDR war dieses Prinzip der Straßennamengebung sehr produktiv. In ehrender Absicht vergebene Ortsnamen werden im 20. Jahrhundert sehr selten vergeben; sie sind aber typisch für die Ortsnamengebung des 19. Jahrhunderts, in der vor allem dynastische Personennamen zur Benennung herangezogen wurden (*Friedrichshafen*, *Ludwigsburg*, *Theresienstadt*).[68]

Nicht alle toponymischen Namenklassen sind vom Phänomen der Namenänderung gleichermaßen betroffen. Aufgrund der rechtlichen Absicherung kommt es im Bereich der Ortsnamen nur sehr selten zu Umbenennungen, anders ist dies bei den Straßennamen: Das Interesse des Staates an der Kontinuität eines Straßennamens ist wesentlich geringer als an der eines Ortsnamens, daher werden erstere auch sehr viel häufiger geändert als die letztgenannten.

Der onomastische Begriff des Ortsnamenwechsels entspricht, wie man sieht, nicht dem juristischen Terminus der Namenänderung. Während in rechtlicher Hinsicht jede Veränderung des Ortsnamens, also auch die Abwandlung eines einzelnen Graphems, eine Namenänderung darstellt, verbirgt sich hinter dem Ortsnamenwechsel der Begriff der Umbenennung; diese ist für den Juristen eine Möglichkeit der Namenänderung. Die unterschiedliche Begriffsverwendung beruht darauf, daß Onomastiker und Juristen mit zwei verschiedenen Zielsetzungen arbeiten: Aus rechtlicher Sicht ist die eindeutige Fixierung der Schriftform das oberste Ziel, daher darf es auch keinerlei Abweichungen in der Schreibweise eines Orts- oder Straßennamens geben. In der Namenkunde hingegen geht es darum, differenzierter zu klassifizieren, um allgemein das Phänomen des Namenwandels beschreiben zu können. Ich schlage daher aus linguistischer Sicht vor, den Namenwandel in drei Kategorien einzuteilen:

1. Graphematische Veränderungen
2. Morphologische Veränderungen
3. Lexikalische Veränderungen (Ortsnamenwechsel)

---

67 Vgl. Nürnberger Nachrichten vom 31.8.1993, S. 9f.

68 Vgl. Puchner 1959 und 1961.

Ein Beispiel für eine graphematische Veränderung im Ortsnamenbereich ist die Ersetzung der <ei>-Schreibung durch <ai> (*Unterlaimbach* statt *Unterleimbach*) oder der Wegfall des <h> in der <th>-Schreibung (*-reut* statt *-reuth*). Zu den morphologischen Entwicklungen zählt beispielsweise die Anfügung eines unterscheidenden Zusatzes (*Marktzeuln*, *Neubiberg*), ein Ortsnamenwechsel liegt bei sämtlichen Umbenennungen vor (*Etzelwang* statt *Neidstein*).

Diese Formen des Namenwandels lassen sich auch im Bereich der bayerischen Ortsnamen nachvollziehen. Zu diesem Zweck habe ich die amtlichen bayerischen Ortsnamenänderungen der letzten 150 Jahre ausgewertet.[69] Statistisch betrachtet ergibt sich dabei folgendes Ergebnis:

69 Die Statistik beruht auf einer Auswertung der Angaben im bayerischen Gemeindeverzeichnis 1987 (S. 22ff).

Zeitraum	**Orthographie**	**Differenzierung**	**Entdifferenzierung**	**Austausch**	**Gesamtzahl**
1860 - 1869	32	13	4	7	56 (5,1%)
1870 - 1879	369	35	13	13	430 (39,0%)
1880 - 1889	10	14	0	1	25 (2,3%)
1890 - 1899	6	10	2	0	18 (1,6%)
1900 - 1909	20	17	1	5	43 (3,9%)
1910 - 1919	15	18	0	3	36 (3,3%)
1920 - 1929	10	72	1	8	91 (8,3%)
1930 - 1939	9	37	5	13	64 (5,8%)
1940 - 1949	1	4	0	4	9 (0,8%)
1950 - 1959	15	72	3	25	115 (10,4%)
1960 - 1969	7	50	4	13	74 (6,7%)
1970 - 1979	1	23	28	75	127 (11,5%)
1980 - 1989	1	2	2	10	15 (1,4%)
	496 (45%)	367 (33,3%)	63 (5,7%)	177 (16%)	1103 (100%)

Tabelle 3: Ortsnamenänderungen in Bayern seit 1870

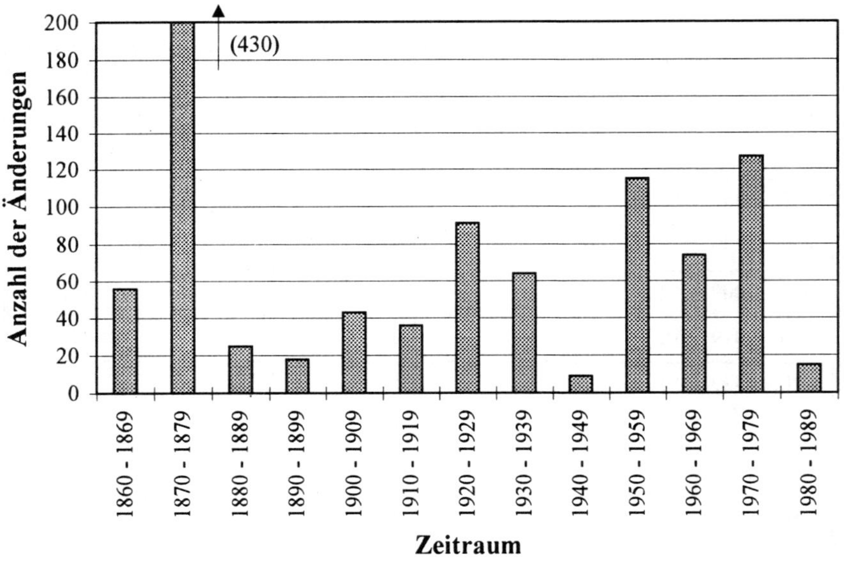

Abb. 7: Ortsnamenänderungen in Bayern seit 1870

Die Kategorie der graphematischen Veränderungen beschränkt sich im untersuchten Zeitraum auf bewußt durchgeführte orthographische Berichtigungen, daher wurde als Oberbegriff für diese Entwicklungen der Terminus *Orthographie* gewählt.[70] Der morphologische Wandel beruht auf den Prinzipien der Differenzierung und der Entdifferenzierung. Hinter dem Begriff *Austausch* verbirgt sich der Ortsnamenwechsel, wobei hier Kopulativbildungen und die vollständige Ersetzung eines Ortsnamens zusammengefaßt wurden. Die Kopulativnamen fallen unter diese Kategorie, weil sie einen neuen Namen für einen neuen Namenträger darstellen.

In der Zeit zwischen 1870 und 1879 wurden 39% aller Ortsnamenänderungen vorgenommen; Schwerpunkt der Änderungen war hier die Ortsnamenschreibung. Für die große Anzahl der orthographischen Änderungen kann es mehrere Gründe geben. Zum einen fällt in diese Dekade die Gründung des Deutschen Reiches (1871), "das zweifellos einen wichtigen Markstein auch für die Vereinheitli-

70 Ausführlicher dargestellt sind die orthographischen Aspekten im Ortsnamenbereich in Abschnitt 4.2.3.

chungsbestrebungen der deutschen Orthographie bedeutete" (Lohff 1980:311). Aufgrund der Reichsgründung wurde am 1. Dezember 1871 eine Volkszählung durchgeführt, das hierfür zusammengestellte Häuser- und Ortschaftenverzeichnis dürfte Anlaß für zahlreiche Änderungen gewesen sein. Zum anderen erschien 1877 erstmals ein vom Königlichen Statistischen Bureau erstelltes Ortschaftenverzeichnis für das Königreich Bayern.[71] Auch diese Erfassung könnte die Änderungen im orthographischen Bereich bewirkt haben.

Daneben fallen noch zwei weitere Jahrzehnte auf, in denen jeweils mehr als 10% der Ortsnamenänderungen stattfanden: die Zeit zwischen 1950 und 1959 und zwischen 1970 und 1979. Für die erste Dekade, den Zeitraum von 1950 bis 1959, lassen sich keine konkreten rechtlichen oder verwaltungspolitischen Gründe für die Namenänderungen finden. Vermutlich hängen die Ortsnamenänderungen mit der Entstehung der Bundesrepublik Deutschland und der damit verbundenen kommunalen Neugliederung zusammen. Im letztgenannten Jahrzehnt fand in der Bundesrepublik eine Gebietsreform statt, deren Ziel es war, die Gemeinden in der Weise neu zu strukturieren, daß sie ihre kommunalen Aufgaben effizienter erfüllen konnten.[72] Zu diesem Zweck wurden im Freistaat Bayern Kleingemeinden, die weniger als 5.000 Einwohner hatten, zu einer neuen Gebietskörperschaft zusammengelegt oder in eine größere Nachbarge-meinde eingemeindet.[73] Von diesen Veränderungen waren natürlich auch die Ortsnamen betroffen: Von den 127 Ortsnamenänderungen aus dieser Zeit beruhen 75 auf einem vollständigen Austausch des alten gegen einen neuen Namen, in 28 Fällen wurde der Name entdifferenziert. Die 23 Fälle, in denen es zur Differenzierung des alten Ortsnamens kam, hängen vermutlich nicht mit der Gebietsreform zusammen. Hierher gehören nämlich z. B. die Verleihung des Zusatzes *Bad* wie beispielsweise bei *Bad Feilnbach* oder die unverbundene Differenzierung des Typs *am + Seename* wie bei den Orten *Schönau a. Königssee* oder *Murnau a. Staffelsee*. Dieser letzte Typ der Ortsnamenänderung, die unverbundene Differenzierung, dominiert vor allem in

71 Ortschaftsverzeichnisse wurden, meist aus steuerlichen Gründen, auch vor 1877 erstellt, sie waren jedoch in der Regel territorial auf ein kleineres Gebiet begrenzt. So erschien z. B. 1812 von Fr. Knoblauch in Ansbach ein "Alphabetisches Verzeichnis über alle in dem Rezatkreise befindlichen Städte, Märkte, Dörfer, Weiler, Mühlen und Einöden mit den Steuerdistrikten und Landgerichten in welche selbige gehören."

72 Die Gebietsreform begann je nach Bundesland zwischen 1967 und 1968 und endete 1978 (vgl. Mattenklodt 1981:154). Zur Durchführung und den Ergebnissen der kommunalen Gebietsreform in der Bundesrepublik Deutschland vgl. Thieme/Prillwitz 1981.

73 In den anderen Bundesländern galt die Zahl 8.000 als nicht zu unterschreitende Grenze. Vgl. Thieme/Prillwitz 1981:43ff.

der Zeit zwischen 1950 und 1959; hier macht er einen Großteil der 115 Änderungen aus. Allein im Landkreis Rosenheim wurden in dieser Zeit neun unverbundene Differenzierungen vorgenommen; sechs davon beziehen sich auf den Inn oder den Chiemsee.

In allen übrigen Dekaden wurden Ortsnamen nur selten geändert. Faßt man die Änderungsarten zusammen, so zeigt es sich, daß 45% aller Ortsnamenänderungen im orthographischen Bereich stattfanden. Zur unverbundenen oder verbundenen Differenzierung kam es in 33,3% aller Fälle. 177 Mal wurde ein Name ausgetauscht (16%) und nur 5,7% der Gemeindenamen wurden entdifferenziert (vgl. Tabelle 3).

Die Untersuchung der Ortsnamenänderungen müßte natürlich im Einzelnen noch vertieft werden. Anhand der von den Gemeinden eingereichten Änderungsanträge wäre beispielsweise ersichtlich, aus welchem Grund die jeweilige Gemeinde eine Änderung ihres Ortsnamens anstrebte. Für die vorliegende Darstellung über den Zusammenhang von Eigennamen und rechtlichen Normierungen mag die hier vorgenommene Beschreibung der Veränderungen genügen. Es wurde deutlich, daß es auch im 20. Jahrhundert zu einem Wandel im Ortsnamenbereich kommt. Dieser beruht einesteils auf bewußten rechtlichen Grundlagen wie beispielsweise während der Gebietsreform, anderenteils ändern sich die Gemeindenamen auch ohne gezielten Eingriff des Staates. Während im 19. Jahrhundert überwiegend die Schreibweise der Namen verändert wurde, dominiert im 20. Jahrhundert das Prinzip der Differenzierung. Selten kommt es in unserem Jahrhundert zum Austausch oder zur Entdifferenzierung eines Ortsnamens.

4.3 Zusammenfassung

Kapitel 4 setzte sich mit den Orts- und Straßennamen auseinander, die beide in den Bereich des öffentlichen Rechts fallen. Das **Ortsnamenrecht** und die damit verbundenen Vorschriften finden sich in den Gemeindeordnungen der einzelnen Bundesländer: Namengeber bei neuen Ortsnamen ist juristisch gesehen der jeweilige Innenminister. Für die Namenänderung muß - wie bei den Anthroponymen - ein wichtiger Grund vorliegen, der nicht dem Gemeinwohl zuwiderläuft. Die Namenwahl z. B. bei Eingemeindungen oder Neubenennungen wird im Freistaat Bayern mittels diverser Verwaltungsvorschriften geregelt; so ist beispielsweise festgelegt, daß historisch gewachsenen Namen wie den Flur- oder Wüstungsnamen gegenüber Neubildungen der Vorzug gegeben werden soll. Rechtlich abgelehnt werden aufgrund ihrer Länge auch Kopulativkomposita.

Die **Straßenbenennung** fällt in den Zuständigkeitsbereich der einzelnen Gemeinde und ist daher nicht gesetzlich geregelt: Jede Gemeinde setzt ihre eigenen Benennungsnormen. Der Deutsche Städtetag hat die allgemeinen Grundsätze für die Straßenbenennung in "Muster-Verwaltungsvorschriften" zusammengefaßt. Die drei wichtigsten Prinzipien der Namenwahl sind in diesen Vorschriften die folgenden:

1. Innerhalb des Gemeindegebietes darf jeder Name nur einmal vorkommen.
2. Der Name muß einprägsam sein und darf daher nicht zu lang sein.
3. Grundsätzlich sollte nur nach bereits verstorbenen Persönlichkeiten benannt werden.

Ausgehend von diesen rechtlichen Normierungen stehen im linguistischen Teil des vierten Kapitels die Aspekte Namenbildung, Namengebung und Namenwandel im Zentrum.

In der **Ortsnamenbildung** des 20. Jahrhunderts haben sich verschiedene Modelle etabliert: Generell trennen muß man die Komposita von den Syntagmen. Zu den Zusammensetzungen gehören u. a. die Kopulativkomposita des Typs *Garmisch-Partenkirchen* und die Bildungen mittels Namen aus anderen Denotatsklassen wie im Fall des Ortsnamens *Wuppertal*. Eine zweite Unterscheidung muß gemacht werden zwischen Bildungen mit ortsgebundenem und ortsungebundenem Material. Trotz der rechtlichen Vorbehalte gegenüber den Kopulativkomposita und den freien Neuschöpfungen des Typs *Ahorntal* werden beide Bildungstypen verwendet; aus linguistischer Sicht spricht auch nichts gegen diese beiden Namenbildungstypen.

Die Klassifikation der **Straßennamenbildung** trennt ebenfalls einteilige und mehrteiligen Straßennamen. Zu den mehrteiligen Straßennamen zählen Bindestrichnamen (*Johann-Wolfgang-von-Goethe-Straße*), Präpositionalgefüge (*Am Steigacker*), Bildungen mit mehrteiligen Personennamen (*Sankt Johann*) und Bildungen mit dekliniertem Adjektiv bzw. Ortsnamen (*Breite Gasse, Erlanger Straße*).

Im Rahmen des in Abschnitt 2.2.3.1 aufgestellten Namengebungsmodells stellt die Vergabe von Orts- und Straßennamen eine aktive **Namengebung** 2. Grades dar: In beiden Fällen ist der Namengeber, der Innenminister bzw. der Gemeinderat, rechtlich festgelegt und hat direkten Einfluß auf die Namenwahl und Namengebung. Außerdem sind Namenträger und Namengeber nicht identisch: Namenträgerin ist einmal die Gemeinde als politische Einheit und einmal die Straße.

Eng verbunden mit Namenbildung und -gebung ist **das Phänomen des Namenwandels**, das in Abschnitt 4.2.5 erörtert wurde. Ein zentrales onomastisches Problem ist in diesem Zusammenhang die Definition des Begriffs Ortsnamenwechsel. In der vorliegenden Arbeit wurde dieser ausgehend von anderen onomastischen Ansätzen als der vollständige Austausch eines Ortsnamens definiert: Der Terminus *Ortsnamenwechsel* ist also gleichbedeutend mit dem Begriff *Umbenennung*. Der onomastische Begriff des Ortsnamenwechsels entspricht daher nicht dem juristischen Terminus der Namenänderung, da in rechtlicher Hinsicht jede Veränderung des Ortsnamens, also auch die Abwandlung eines einzelnen Graphems, eine Namenänderung darstellt. Der Prozeß des Namenwandels kann also verschiedene Veränderungen umfassen: 1. graphematische Veränderungen, 2. morphologische Veränderungen (partieller Ortsnamenwechsel) und 3. Ortsnamenwechsel.

5 Ergonyme: Namen im Handels-, Wettbewerbs- und Warenzeichenrecht

Aus juristischer Sicht sind der Handels- und der Warenname zwei Beispiele für geschäftliche Kennzeichen, daneben gibt es in diesem Bereich verschiedene andere Möglichkeiten der Kennzeichnung: Firmenschlagwort, Geschäftsbezeichnung oder die Ausstattung der Ware.[1] Die rechtliche Normierung aller dieser Kennzeichen fällt in den Bereich des gewerblichen Rechtsschutzes: Zu diesem gehört das Patentmustergesetz, das Gebrauchsmustergesetz, das Geschmacksmustergesetz, das Warenzeichengesetz (WZG) und das Gesetz gegen unlauteren Wettbewerb (UWG). Patent- und Gebrauchsmustergesetz schützen technische Erfindungen; Voraussetzung für den Schutz ist aber, daß sich in der Erfindung eine neuartige Komponente nachweisen läßt und daß die Erfindung gewerblich nutzbar ist. Das Geschmacksmusterrecht schützt im gewerblichen Bereich ästhetische Gestaltungsformen wie z. B. Stoffmuster oder bestimmte Formen von Schmuckstücken. Beim WZG handelt es sich um den Schutz der "Werbeleistung des Kaufmanns, die er beim Vertrieb von Waren und Dienstleistungen erbringt und die sich in der Warenbezeichnung und Dienstleistungsmarke niederschlägt" (Hubmann 1987:41) und das UWG schützt in erster Linie die unternehmerische Leistung und die Interessen der Allgemeinheit. In allen Fällen geht es um den Schutz geistiger Erfindungen oder Produkte, und daher sollte man in diesem Zusammenhang auch das Urheberrecht erwähnen, das intellektuelle Leistungen, die sich durch eine konkrete Formgebung und ein hohes Maß an Kreativität auszeichnen, schützt. In einem Streitfall stehen sich im gewerblichen Rechtsschutz die Parteien immer gleichberechtigt gegenüber, es handelt sich also um Privatrecht, und da der gewerbliche Rechtsschutz nur für bestimmte Personengruppen gilt, spricht man von einem Sonderprivatrecht.

---

1 Zur juristischen Definition der einzelnen Begriffe vgl. Hefermehl 1959, Baumbach/Hefermehl 1990 und Busse/Starck 1990.

5.1 Rechtliche Normierungen

5.1.1 Allgemeine zeichenrechtliche Prinzipien

5.1.1.1 Zum Begriff der Verwechslungsgefahr[2]

Um Rechtsunsicherheiten zu vermeiden und bestehende Kollisionsfälle lösen zu können, wurde im Zeichenrecht der Begriff der Verwechslungsgefahr eingeführt. Zentraler Paragraph im Zusammenhang mit diesem Begriff ist § 16 UWG. Dieser schützt in Verbindung mit anderen Paragraphen des Kennzeichenschutzes[3] alle Kennzeichen, die im geschäftlichen Bereich zur Individualisierung eines Objekts verwendet werden:

> Wer im geschäftlichen Verkehr einen Namen, eine Firma oder die besondere Bezeichnung eines Erwerbsgeschäfts, eines gewerblichen Unternehmens oder einer Druckschrift in einer Weise benutzt, welche geeignet ist, Verwechslungen mit dem Namen, der Firma oder der besonderen Bezeichnung hervorzurufen, deren sich ein anderer befugterweise bedient, kann von diesem auf Unterlassung der Benutzung in Anspruch genommen werden. (§ 16 I UWG)

Sofern das Zeichen von Haus aus unterscheidungskräftig ist, setzt der Schutz des § 16 I UWG mit der ersten Verwendung des Zeichens ein. Fehlende Kennzeichnungskraft kann durch eine Anerkennung im Verkehr ausgeglichen werden, d. h. die beteiligten Zeichenbenutzer - Verbraucher und Geschäftspartner - können über das Zeichen das betreffende Unternehmen identifizieren.[4] Das Problem der mangelnden Unterscheidungskraft stellt sich beispielsweise bei Abkürzungen wie *BMW*, *AEG* oder *Laubag*. Diese besitzen in zeichenrechtlicher Hinsicht keine Unterscheidungkraft, da es sich bei ihnen nach juristischer Auffassung nicht um selbständige Wörter handelt und sie vor allem nicht immer aussprechbar sind.[5] Abkürzungen wie *BMW* oder *VW* wurden erst im Laufe der Zeit zu individualisierenden Begriffen, hinter denen die Sprachteilnehmer die Unternehmen *Bayerische-Motorenwerke AG* und die *Volkswagen AG* sahen.

Insgesamt schützt § 16 I UWG folgende Benennungen: den bürgerlichen Namen, das Pseudonym, die Firma, den Namen juristischer Personen, besondere Ge-

---

2 Dieser Abschnitt beruht auf den bisher geltenden Richtlinien des § 16 UWG; dieser Paragraph wurde in das neue Markengesetz integriert. S. Exkurs in Abschnitt 5.1.3.1

3 In erster Linie sind dies § 12 BGB, §§ 18ff HGB und § 31 WZG.

4 Zur Rolle der Verkehrsgeltung im Zeichenrecht s. den folgenden Abschnitt 5.1.1.2.

5 Vgl. Fritze 1993 und Schickedanz 1990.

schäftsbezeichnungen und in weiterer Konsequenz - bei Vorliegen einer Individualisierungsfunktion - auch Wappen, Vereinsembleme, Waren- und Gebäudebezeichnungen, Abkürzungen und Schlagworte. Warenzeichen werden erst dann durch § 16 UWG vor Verwechslungen geschützt, wenn sie zur Unternehmensbezeichnung geworden sind, denn dann besitzen sie Namensfunktion im Sinne der §§ 12 BGB und 16 UWG.[6]

Wie bereits gezeigt, greifen bei den einzelnen Kennzeichen auch noch andere Rechtsvorschriften, auf die hier aber nicht weiter eingegangen werden soll. Mit § 16 UWG soll eine mögliche Verwirrung des Verkehrs, d. h. der Kunden oder Konkurrenten, verhindert werden: der Schutz des § 16 UWG setzt also eine potentielle Verwechslungsgefahr voraus und greift nur im geschäftlichen Bereich.

Der Begriff der Verwechslungsgefahr läßt sich zeichenrechtlich in zwei Kategorien unterteilen:

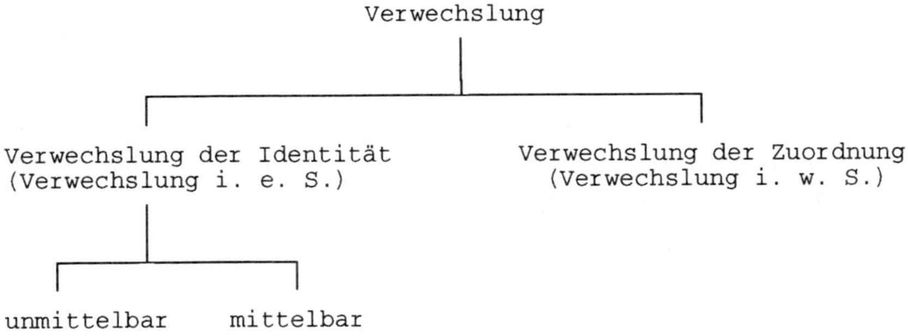

Abb. 8: Der Begriff der Verwechslungsgefahr

Schließt der Verkehr aufgrund der Ähnlichkeit zweier Kennzeichen fälschlicherweise auf ein und dasselbe Unternehmen, so liegt Verwechslung im engeren Sinne vor (Verwechslung der Identität). Hier wird nochmals zwischen der unmittelbaren und der mittelbaren Verwechslung differenziert. Eine unmittelbare Verwechslung erfolgt, wenn der Verkehr die Zeichen tatsächlich durcheinander bringt; eine mittelbare Verwechslung entsteht, wenn der Verkehr das eine Zeichen als gewollte Abwandlung des anderen Zeichens versteht. Verwechslung im weite-

6 Für die Warenzeichen gilt im Hinblick auf eine potentielle Verwechslungsgefahr § 31 WZG.

ren Sinne bedeutet, daß eine falsche Vorstellung über den Zusammenhang zweier Unternehmen entsteht (Verwechslung der Zuordnung).

Eine Verwechslung zweier Bezeichnungen kann nur vermieden werden, wenn beide über eine eigene individuelle Unterscheidungskraft verfügen. Zeichenrechtlich betrachtet sind Eigennamen beispielsweise im Gegensatz zu Appellativa prinzipiell kennzeichnungskräftig, wobei auch hier die Unterscheidungskraft unterschiedlich stark ausgeprägt sein kann. Sammelnamen wie *Müller* oder *Huber* stehen als wenig unterscheidende Eigennamen am einen Ende der Skala und Bindestrichnamen wie *Leutheusser-Schnarrenberger* oder Konstruktionen des Typs *Möbel-Meier* am anderen Ende. Wörter aus der Umgangssprache, Appellativa und geographische Bezeichnungen sind in der Regel vor Verwechslungen nicht schützbar: erst wenn die Wortverbindung vom Verkehr als neuartige Wortschöpfung aufgefaßt wird, gilt sie als individuelle Markierung. So haben Richter Handelsnamen wie *Kaufstätte für alle* oder *Fundgrube* aufgrund ihrer mangelnden Unterscheidungskraft abgelehnt.[7]

Im Zusammenhang mit der Feststellung einer möglichen Verwechslungsgefahr hat sich in der Rechtsprechung die Klassifizierung der Kennzeichen in vier Gruppen herausgebildet; Kriterium für die Klassifikation ist die unterschiedlich ausgeprägte Kennzeichnungskraft: So unterscheidet man zwischen schwachen, normalen, starken und überragenden Zeichen.[8] Für den Schutz nach § 16 UWG gelten folgende zwei Grundsätze:

> Je stärker sich ein Name im Verkehr durchgesetzt hat, desto weiter reicht der Schutz gegen Verwechslungsgefahr. (Baumbach/Hefermehl § 16 UWG Rn 58)

und:

> Je stärker die Kennzeichnungskraft eines Zeichens ist, desto leichter wird der Verkehr ein ähnliches Zeichen mit dem Erinnerungsbild, das er von jenem hat, in Verbindung bringen. (Hubmann 1987:255)

Zeichen mit starker oder gar überragender Kennzeichnungskraft genießen also einen größeren Schutzumfang als schwache oder normale Kennzeichen. Überragende Zeichen werden zusätzlich noch durch § 12 BGB gegen Verwässerungsge-

---

7 Vgl. Gloy 1986:790ff.

8 Da Schutzumfang, Kennzeichnungskraft und Verkehrsgeltung direkt voneinander abhängen, wird auf diese Einteilung im Zusammenhang mit dem Begriff der Verkehrsgeltung, der in Abschnitt 5.1.1.2. behandelt wird, noch einmal zurückzukommen sein.

fahr geschützt.[9] Im Bereich der Handelsnamen treten allerdings seltener überragende Zeichen auf, das Problem stellt sich hauptsächlich im Zusammenhang mit den Warenzeichen. Dort spricht man dann von notorischen oder berühmten Marken, die über den Rahmen des WZG (§§ 1, 24, 31 WZG) hinaus einen besonderen Schutz erfahren.[10]

5.1.1.2 Zum Begriff der Verkehrsgeltung

Der in der zeichenrechtlichen Literatur nur sehr ungenau erläuterte Begriff der Verkehrsgeltung gilt für das gesamte WZG und das Firmen- und Titelkennzeichnungsrecht des § 16 I und II UWG. Noelle-Neumann und Schramm verstehen unter dem Begriff der Verkehrsgeltung die Tatsache, daß "im Verkehr über einen bestimmten Tatbestand eine bestimmte Auffassung mit einer mehr oder minder großen Intensität" (Noelle-Neumann/Schramm 1966:71) herrscht. Damit ist aber noch nicht gesagt, welche Verkehrskreise entscheidend sind. Nimmt man die Gesamtbevölkerung der Bundesrepublik Deutschland als Maßstab oder nur bestimmte Ausschnitte aus dieser Gesamtmenge wie z. B. Käufer des betreffenden Produkts oder Kunden des jeweiligen Unternehmens? Bei Kollisionstatbeständen wird in der rechtswissenschaftlichen Literatur im Hinblick auf das neue Markengesetz vorgeschlagen, "nicht von einer allgemeinen Bekanntheit in der Gesamtbevölkerung (...) auszugehen, sondern sowohl auf die Käuferkreise des Zeicheninhabers als auch die Zielgruppe des Eingreifers abzustellen." (Rößler 1994:563)

Genießt ein Warenzeichen, eine Ausstattung, eine Firma oder ein Titel eine bestimmte Anerkennung beim Verkehr, so können sie trotz fehlender Unterscheidungskraft im Sinne des WZG bzw. UWG geschützt werden: Die Verkehrsgeltung wirkt also rechtserzeugend. Verliert ein Warenzeichen seine Verkehrsgeltung, so kann ihm auch sein zeichenrechtlicher Schutz aberkannt werden: Die Verkehrsgeltung beeinflußt somit den Schutzumfang, den das Kennzeichen genießt. Wie hoch muß nun die Verkehrsgeltung sein, damit ein Zeichen schutzfähig ist, und was versteht man unter dem Begriff Verkehr?

---

9 "Weithin bekannte und berühmte Unternehmenskennzeichen können deshalb nach § 12 BGB gegen Beeinträchtigung ihrer einmaligen Schlag- und Werbekraft durch Verwendung einer identischen oder nahezu identischen Bezeichnung geschützt werden." (Baumbach/Hefermehl § 16 UWG Rn 61).

10 Anspruchsgrundlagen im Falle einer Interessenverletzung sind die §§ 823 I und 1004 BGB.

Die Verkehrsgeltung kann an verschiedenen Variablen gemessen werden:
- dem Bekanntheitsgrad des Zeichens
- dem Kennzeichnungsgrad des Zeichens
- dem Zuordnungsgrad des Zeichens.[11]

Erkennen die Befragten eine Ware, ein Warenzeichen oder die Verpackung, so verfügt das Produkt über einen in Prozentzahlen bestimmbaren Bekanntheitsgrad. Können die Befragten aufgrund eines vorgegebenen Wort- oder Bildzeichens die Ware eines bestimmten Unternehmens identifizieren, so besitzt das Warenzeichen einen gewissen Kennzeichnungsgrad. Wenn die Befragten dann auch noch den richtigen Namen des Unternehmens nennen können, so erhält man den Zuordnungsgrad des Warenzeichens. Die drei Variablen stehen in einem besonderen Verhältnis zueinander:

> Ein hoher Bekanntheitsgrad, der den Grad der Kennzeichnnung oder Zuordnung weit übertrifft, deutet darauf hin, daß das Zeichen auch noch in anderem Zusammenhang benutzt wird oder einen sehr allgemeinen Charakter hat. Der Bekanntheitsgrad ist normalerweise größer, der Zuordnungsgrad kleiner als der Kennzeichnungsgrad. (Noelle-Neumann/Schramm 1966:72)

Zeichenrechtlich relevant ist in erster Linie die Unterscheidungskraft eines Warenzeichens, d. h. der Kennzeichnungsgrad; von diesem hängt wiederum die Verkehrsgeltung ab. Man muß hier unterscheiden zwischen der abstrakten Unterscheidungsfähigkeit eines Zeichens und der tatsächlichen Kennzeichnungskraft, die es auf dem Markt besitzt. Die einen Schutz begründende Verkehrsgeltung beginnt für Noelle-Neumann und Schramm erst, wenn mehr als 25% der Befragten hinter dem vorgelegten Warenzeichen das Produkt eines bestimmten Unternehmens erkennen: Der Kennzeichnungsgrad wird hier als erheblich bezeichnet, das Warenzeichen verfügt über eine normale Verkehrsgeltung.[12] Unerheblich ist der Kennzeichnungsgrad, wenn weniger als 15% der Befragten eine Identifizierung der Ware vornehmen können. Zwischen diesen beiden Kennzeichnungsgraden liegt der nicht unerhebliche Kennzeichnungsgrad.

Auch für die Verkehrsgeltung lassen sich Prozentzahlen angeben, die aber nur als ungefähre Richtzahlen verwendet werden sollten. Ab 35% spricht man von einer stärkeren, ab 50% von einer überragenden Verkehrsgeltung. Erkennen über

---

11 Vgl. Noelle-Neumann/Schramm 1966:72.
12 Vgl. Noelle-Neumann/Schramm 1966:81.

63% der Gesamtbevölkerung das Warenzeichen und können es einem bestimmten Produkt und womöglich auch dem Hersteller zuordnen, so spricht man von einer berühmten bzw. notorischen Marke. Diese wird, wie bereits angesprochen, nicht nur gegen Verwechslungen, sondern auch gegen eine potentielle Verwässerungsgefahr geschützt (vgl. Abschnitt 5.1.1.1).

Die Prozentzahlen hängen primär von der befragten Personengruppe und den Interviewmethoden und sekundär von dem vorgelegten Warenzeichen ab; Bildzeichen erreichen immer niedrigere Werte als Wortzeichen.[13] Der *Erdal-Frosch* verfügt beispielsweise 1966 als Bildzeichen über eine Verkehrsgeltung von über 75%, als Wortzeichen wurde er von 82% der Befragten erkannt. *VW* besaß zur gleichen Zeit als Bildzeichen eine Verkehrsgeltung von 71%, als Wortzeichen kam es immerhin schon auf 89% (vgl. Noelle-Neumann/Schramm 1966). Aus diesem Umstand erklärt sich auch die Tatsache, daß in zeichenrechtlicher Hinsicht die Aussprechbarkeit eines Zeichens eine so große Rolle bei der Anerkennung der Zeichenfähigkeit spielt.

Die Ermittlung der beteiligten Verkehrskreise stellt ein besonderes Problem im Zusammenhang mit der Verkehrsgeltung dar: Befragt man Personen, die die Ware bereits gekauft haben, oder potentielle Käufer? Doch wer gehört zu den möglichen Interessenten? Eine berufliche Gruppierung ist problemlos durchzuführen, schwieriger ist eine außerberufliche Einordnung. Immer jedoch handelt es sich beim Verkehrskreis um einen "Teilausschnitt aus dem geschäftlichen Verkehr" (Noelle-Neumann/ Schramm 1966:75), d. h. betroffen von möglichen Verwechslungen sind die Verbraucher, die Hersteller, die Händler und die Verarbeiter. Bei der Ermittlung der Verkehrsgeltung sind also unterschiedliche Aspekte zu beachten, die dem jeweiligen Fall angepaßt und somit unterschiedlich gewichtet werden müssen.

5.1.2 Der Handelsname

5.1.2.1 Rechtliche Einordnung: Handels- und Wettbewerbsrecht

Der rechtliche Rahmen, in dem sich der Handelsname bewegt, ist in erster Linie das Handelsrecht, das im Handelsgesetzbuch (HGB) kodifiziert ist. Das Handelsrecht stellt ebenso wie der gewerbliche Rechtsschutz ein Sonderprivatrecht dar; Zielgruppe sind die Kaufleute. Mit dem Begriff *Handelsname* werden im folgen-

---

13 Zur Problematik der Bestimmung der Verkehrsgeltung sei auf den hier ausführlich zitierten Aufsatz von Noelle-Neumann und Schramm verwiesen (Noelle-Neumann/ Schramm 1966).

den aus onomastischer Sicht alle Namen bezeichnet, die im geschäftlichen Bereich der Kennzeichnung eines Unternehmens dienen; unter diesen linguistischen Oberbegriff fallen also die *Firma* und die *Geschäftsbezeichnung*.

> Die Firma eines Kaufmanns ist der Name, unter dem er im Handel seine Geschäfte betreibt und die Unterschrift abgibt. (§ 17 I HGB)

Mit der Firma wird ein bestimmtes Unternehmen namensmäßig gekennzeichnet und somit individualisiert: Aus firmenrechtlicher Sicht stellt die Firma einen Personennamen dar, da dieser aber nur im geschäftlichen Bereich verwendet wird, erscheint die onomastische Zuordnung zu den Ergonymen gerechtfertigt. Neben dem Firmennamen führt der Kaufmann noch einen anderen, nämlich seinen bürgerlichen Namen. Die Firma ist ein Wahlpflichtname, der im gewerblichen Bereich vom Gesetzgeber für bestimmte Geschäftsformen vorgeschrieben ist: Vollkaufleute, Handelsgesellschaften (OHG, KG, AG, KGaA, GmbH) und eingetragene Gesellschaften führen eine Firma im Sinne des HGB, bei Minderkaufleuten und anderen Handelsformen ist dies nicht der Fall.[14] Der angenommene Handelsname wird durch die Eintragung ins Handels- bzw. Genossenschaftsregister (je nach Geschäftsform) schriftlich fixiert und gleichzeitig öffentlich bekanntgemacht. Die Firma stellt nicht den Namen eines Unternehmens, sondern den Namen des Inhabers dar, mit dem aber gleichzeitig das Unternehmen gekennzeichnet wird. Der allgemeine Sprachgebrauch, der den Begriff Firma synonymisch zu den Begriffen Betrieb oder Unternehmen verwendet, ist in firmenrechtlicher Hinsicht nicht zutreffend.

Von der Firma zu unterscheiden ist die Geschäftsbezeichnung und das Warenzeichen. Die Geschäftsbezeichnung, synonymisch hierzu wird auch der Begriff Etablissementbezeichnung (§ 16 UWG) verwendet, ist die nicht in die Firma aufgenommene Benennung eines Unternehmens; d. h. mit ihr wird lediglich ein bestimmter Teil des Betriebs gekennzeichnet. Die *Nürnberger Hotel GmbH* kann die Hotels *Albrecht Dürer Haus* und *Pegnitz-Hotel* führen, die erste Benennung stellt die Firma dar, bei den beiden letzteren Bezeichnungen handelt es sich um Geschäftsbezeichnungen. Der Warenname markiert als Teil des Warenzeichens das

---

14 Das HGB unterscheidet bei den Mußkaufleuten (gemäß § 1 II HGB) zwischen Vollkaufleuten und Minderkaufleuten. Erfordert der Gewerbebetrieb eines Mußkaufmanns nach Art und Umfang keinen in kaufmännischer Weise eingerichteten Betrieb, so ist sein Inhaber Minderkaufmann (§ 4 HGB). Das HGB gilt für ihn - wie man beispielsweise an den Vorschriften zur Namensführung sehen kann - nur teilweise.

Produkt eines bestimmten Unternehmens: Die *Henkel AG* stellt z. B. ein Waschmittel mit dem Warennamen *Persil* her.[15]

Da es sich bei der Firma um einen Namen handelt, greift bei Fällen des Namenschutzes auch § 12 BGB:

> Das Kennzeichenrecht der Persönlichkeit erstreckt sich deshalb nicht nur auf Namen, die dazu dienen, die eigene Person in ihrem natürlichen Dasein als dieselbe zu identifizieren, sondern auch auf Namen, welche die Persönlichkeit in ihrer Entfaltung und in ihren Leistungen innerhalb der Gemeinschaft individualisieren. (Hefermehl 1959:525)

Das Firmenrecht ist also ein dem Namenrecht wesensgleiches Recht, in beiden Rechtsbereichen gilt der Grundsatz der Namenseinheit. Das bedeutet für das Firmenrecht: Ein bestimmtes Handelsgeschäft darf nur unter dem einmal eingetragenen Handelsnamen geführt werden. Das grundlegende namenrechtliche Prinzip der Namenskontinuität gilt somit bei den Anthroponymen, den Toponymen und den Ergonymen.

Wie andere rechtlich normierte Namensformen auch muß die Firma aus Worten bestehen. Bildzeichen können zwar individualisieren, sie genügen aber nicht dem Kriterium der Aussprechbarkeit, welches in namenrechtlicher Hinsicht ein elementares Merkmal eines Namens ist.[16]

In Abhängigkeit von der Geschäftsform ist auch die inhaltliche Struktur der Firma geregelt: Für die Firma des Einzelkaufmanns beispielsweise schreibt § 18 I HGB die Führung des Familiennamens und mindestens eines ausgeschriebenen Vornamens vor. Der Paragraph regelt auch die Zulässigkeit einzelner Elemente der Firma:

> Der Firma darf kein Zusatz beigefügt werden, der ein Gesellschaftsverhältnis andeutet oder sonst geeignet ist, eine Täuschung über die Art oder den Umfang des Geschäfts oder die Verhältnisse des Geschäftsinhabers herbeizuführen. Zusätze, die zur Unterscheidung der Person oder des Geschäfts dienen, sind gestattet. (§ 18 II HGB)

---

15 Zur zeichenrechtlichen Definition der Begriffe Warenzeichen und Warenname s. Abschnitt 5.1.3.2.

16 "Der Name ist eine *wörtliche Bezeichnung*, die der Individualisierung einer Person oder eines Gegenstandes durch die Sprache dient. Als Kennwort muß der Name auch *aussprechbar* sein" (Baumbach/Hefermehl UWG § 16 Rn. 12. Hervorhebungen im Original/K.S.).

Die Bezeichnungen *deutsch* oder *international* dürfen beispielsweise nur verwendet werden, wenn es sich um ein führendes deutsches Unternehmen oder um ein Unternehmen mit vermehrten Auslandsgeschäften handelt. Begriffe wie *Fabrik* oder *Industrie* können nur zur Kennzeichnung industrieller Herstellungsbetriebe herangezogen werden. Die Bezeichnung *Werk* kommt hingegen nur für industrielle Großbetriebe in Frage, die über eine größere Arbeiterzahl, spezielle maschinelle Anlagen und ähnliche Charakteristika verfügen. Auch der Hinweis auf die Spezialisierung oder Größe des Geschäfts unterliegt bestimmten Richtlinien.[17]

Neben dem onymischen Kern, d. h. dem Familien- und Vornamen, können in der Firma Angaben über den Gegenstand des Unternehmens (*Schuhfabrik Alfred Müller*), über die Rechtsform (*OHG, GmbH*) oder über etwaige Inhaberwechsel (*ehemals Hans Weber AG*) gemacht werden; über die Zulässigkeit anderer Zusätze muß das Registergericht im Einzelfall entscheiden. In firmenrechtlicher Hinsicht bestehen zwischen den Zusätzen und dem Namenkern der Firma keine Unterschiede: Alle Teile der Firma sind gleichwertig. Rechtlich relevant ist, daß die Firma Kennzeichnungs- und Individualisierungsfunktionen erfüllen kann und nicht in täuschender Absicht verwendet wird. Der Grundsatz der Firmenwahrheit beruht auf dem Gebot des lauteren Wettbewerbs: In § 3 UWG werden irreführende Angaben verboten, und analog zu diesem Paragraphen untersagt § 4 WZG die Verwendung täuschender Zeichen.[18] Diese beiden Paragraphen bilden zusammen mit § 18 II HGB die rechtliche Grundlage bei der Beurteilung der Zulässigkeit einer Firma.

Zusammenfassend kann man sagen, daß die Firma einen besonderen Eigennamen darstellt, der im Gegensatz beispielsweise zum bürgerlichen Gesamtnamen nur in einem bestimmten Kommunikationsbereich, nämlich dem geschäftlichen Verkehr, verwendet wird. Die Firma kann sich aus verschiedenen Elementen zusammensetzen, die aber alle gleichwertig sind. In ihrer Bildung unterliegt sie zwei Grundsätzen: dem Prinzip der Firmeneinheit und der Firmenwahrheit. Mittels der Firma muß der Geschäftsinhaber eindeutig individualisiert werden, geschützt vor unbefugtem Gebrauch und Verwechslungen wird die Firma durch § 37 HGB, § 12 BGB und § 16 UWG.

---

17 Die Vorschriften für die einzelnen Firmenbezeichnungen kann man im Kommentar von Duden und Hopt zum Handelsgesetzbuch im Detail nachlesen (Duden/Hopt § 18).

18 § 4 WZG behandelt die Eintragungshindernisse bei Warenzeichen in die Zeichenrolle des Patentamtes; Absatz II Satz 4 schließt Angaben aus, "die ersichtlich den tatsächlichen Verhältnissen nicht entsprechen und die Gefahr einer Täuschung begründen".

5.1.2.2 Das Recht der Gleichnamigen

Im Zusammenhang mit dem Begriff der Verwechslung interessiert aus zeichenrechtlicher Sicht natürlich auch die Handhabung der Gleichnamigkeit. Was passiert, wenn neben eine bereits existierende Firma eine gleichlautende Firma tritt? Das Recht der Gleichnamigen[19] stellt eines der ältesten Probleme des Rechts des unlauteren Wettbewerbs dar, denn der Familienname war eines der ersten Kennzeichen, das nicht nur im privaten, sondern auch im gewerblichen Bereich zur Individualisierung verwendet wurde. Vor allem seit der im 19. Jahrhundert einsetzenden Industrialisierung, aber auch schon vorher, gebrauchen Handwerker, Kaufleute und Gewerbetreibende ihren Familiennamen zur Bezeichnung ihres Unternehmens und zur Markierung ihrer Waren: Der Familienname übernahm wettbewerbs- und markenrechtliche Funktionen.[20] Heute werden für Unternehmensbezeichnungen und Warenzeichen meist Phantasiebezeichnungen gewählt, so daß das Problem der Gleichnamigkeit nicht mehr so häufig auftritt. Doch bevorzugen noch immer manche Branchen den Familiennamen als Unternehmens- bzw. Warenbezeichnung; man findet ihn beispielsweise bei alkoholischen Getränken (*Deutz und Geldermann*, *Moët Chandon*, *Veuve Cliquot*), bei Musikinstrumenten (*Bechstein*) oder bei amerikanischen Automobilherstellern (*Chrysler*). Prinzipiell gilt im Zusammenhang mit dem Familiennamen, daß jeder Mensch das Recht hat, sich im Geschäftsverkehr seines bürgerlichen Gesamtnamens zu bedienen; § 18 I HGB schreibt ja sogar die Nennung des Familiennamens und mindestens eines Vornamens in der Firma des Vollkaufmanns vor. Doch die Verwendung des Familiennamens muß innerhalb der Richtlinien des lauteren Wettbewerbs erfolgen, d. h. Verwechslungen mit bereits bestehenden Kennzeichen müssen vermieden werden. Es gilt hier wie auch in anderen Verwechslungsfällen der Prioritätsgrundsatz: Die jüngere Bezeichnung muß also, wenn nötig, mit besonderen Unterscheidungsmerkmalen ergänzt werden. Diese können beispielsweise in der Unterstreichung des Vornamens, in einer andersarti-

---

19 "Das Recht der Gleichnamigen ist von der Rechtssprechung bekanntlich zur Lösung derjenigen Kollisionsfälle entwickelt worden, in denen sich zwei Unternehmenskennzeichen begegnen, die als einzigen unterscheidungskräftigen Bestandteil den gleichen (=identischen) Eigennamen enthalten oder diesen als schlagwortartige Firmenkurzbezeichnung führen." (Schultz 1992:488)

20 Zur historischen Entwicklung von gewerblichen Kennzeichen vgl. Dichtl 1992:2f. Im Mittelalter beispielsweise markierte der einzelne Handwerker seine Ware nicht nur mit seinem eigenen, in der Zunftrolle registrierten Zeichen, sondern auch mit den Gütemarken der Zunft und der jeweiligen Stadt.

gen Druckanordnung, der Beifügung eines Phantasiewortes oder in einer auffallenden Schreibweise des Namens bestehen. Bildliche Zusätze gelten nicht als unterscheidungskräftig, da "im mündlichen Verkehr nur aussprechbare Wörter geeignet sind, ein Unternehmen zu individualisieren" (Baumbach/Hefermehl § 16 UWG Rn 83). Das Recht der Gleichnamigen gilt nicht nur bei identischen, sondern auch bereits bei verwechselbaren Familiennamen.[21] Wie aber ist zeichenrechtlich zu entscheiden, wenn eine prioritätsältere Kennzeichnung ohne Namensfunktion mit einem Familiennamen kollidiert? Eine Bevorzugung des jüngeren Kennzeichens allein aufgrund seiner Namensfunktion wird in der Literatur abgelehnt:

> Die von der Rechtsprechung entwickelten Grundsätze zum Recht der Gleichnamigen finden im Grundsatz auf alle kennzeichnungsrechtlichen Kollisionen Anwendung, in denen eine prioritätsjüngere Kennzeichnung mit Namensfunktion einer älteren identischen oder nicht identischen, aber verwechselbaren Kennzeichnung mit oder ohne Namensfunktion gegenübersteht. (Schultz 1992:491)

Bei homonymen Kennzeichen, d. h. bei gleichlautenden und gleichgeschriebenen Bezeichnungen, kann also nur über das Kriterium des Alters der beiden Kennzeichen eine Entscheidung getroffen werden. Sind die beiden Zeichen nicht identisch, muß erst eine linguistische Analyse zeigen, ob sie verwechselbar sind (vgl. Abschnitt 5.2.5.2). Ist dies der Fall, muß die prioritätsjüngere Bezeichnung zurückgenommen werden.

5.1.3 Der Warenname

5.1.3.1 Rechtliche Einordnung: Das Warenzeichenrecht

Der Warenname stellt einen Teil des Warenzeichens dar und fällt somit in den Bereich des Warenzeichengesetzes (WZG).[22] Am 30. Mai 1874 wurde das erste deutsche Gesetz für den Schutz von Marken (RGBl. S. 143) erlassen, diesem folgte am 1. Oktober 1894 ein Gesetz zum Schutz der Warenbezeichnungen. Beide Gesetze sahen einen rechtlichen Zeichenschutz nur bei Eintragung der Marke in ein amtliches Register vor. In der Folgezeit wurde das Warenzeichenrecht noch

---

21 Vgl. "Merck"-Entscheidung BGH GRUR 1966:499. Hier standen sich die Familiennamen *Merck* und *Merckle* als verwechselbare Warenzeichen gegenüber.

22 Die Begriffe *Warenzeichen* und *Marke* werden im folgenden als Synonyme verwendet, unter den Begriff *Warenzeichen* fallen auch die *Dienstleistungsmarken*. Zur weiteren juristischen Begriffsklärung vgl. Neubauer 1983 und Henning-Bodewig/Kur 1988:25ff.

mehrfach geändert: 1964 wurde der Benutzungszwang eingeführt, 1979 ließ man Dienstleistungsmarken zur Eintragung zu, 1990 trat das Produktpirateriegesetz in Kraft und 1992 erfolgte die Aufhebung der Bindung der Marke an einen Geschäftsbetrieb.[23] Das derzeit geltende WZG beruht auf der Fassung der Bekanntmachung vom 2. Januar 1968 (BGBl. I S. 29) und wurde zuletzt durch das Gesetz vom 23. April 1992 (BGBl. I S. 938) geändert. Einen Abschluß finden die Reformen des Warenzeichenrechts im neuen Markengesetz, welches das derzeit herrschende Recht in diesem Bereich, das WZG, ablösen soll (s. Exkurs in diesem Abschnitt).

Die Registrierung und Prüfung der Warenzeichen wird vom Deutschen Patentamt, das in der Nachfolge des Reichspatentamtes (1877) am 1. Oktober 1949 gegründet wurde und seinen Sitz in München hat, durchgeführt. Streitfälle im Bereich des WZG kommen vor das Bundespatentgericht, ebenfalls mit Sitz in München.

Das Warenzeichen stellt, da es personenunabhängig ist, ein immaterielles Rechtsgut dar.[24] Das WZG weist privatrechtliche und öffentlich-rechtliche Aspekte auf: Ersteres zeigt sich daran, daß gegen die Eintragung eines Warenzeichens von Dritten Widerspruch eingelegt werden kann. Die Vorprüfung des Patentamtes, die Eintragung in die Zeichenrolle, der strafrechtliche Schutz bei Mißbrauch und die internationalen Bestimmungen zum Warenzeichen sind Charakteristika der öffentlich-rechtlichen Seite des WZG.

Für die Anmeldung von Warenzeichen gibt es im internationalen Vergleich verschiedene Verfahrenssysteme:
- das Anmeldeverfahren
- das Vorprüfungsverfahren
- das Aufgebotsverfahren.

Im Anmeldeverfahren, das unter anderem von den Benelux-Staaten und Rumänien durchgeführt wird, werden nur gewisse Formalien geprüft. Im Vorprüfungssystem prüft man formell und sachlich die Schutzfähigkeit des angemeldeten Warenzeichens hinsichtlich bestehender absoluter Eintragungshindernisse und möglicher Übereinstimmungen mit älteren Eintragungen. Beim dritten Verfahren, dem Aufgebotssystem wird das Zeichen vor der endgültigen Eintragung veröffentlicht,

23 Zur historischen Entwicklung des deutschen Markenrechts s. Kraft 1992 und den Gesetzentwurf der Bundesregierung zum MarkenG (BT 12/6581, S. 53).

24 Vgl. Baumbach/Hefermehl Einl. WZG Rn 27.

damit Dritte innerhalb einer bestimmten Frist dagegen Widerspruch einlegen können. In der Bundesrepublik Deutschland wird eine Kombination aus den beiden letzten Systemen durchgeführt: Die Marke wird dem Patentamt zur Eintragung vorgelegt, dieses prüft vorab, ob es sich hierbei um ein schutzfähiges Warenzeichen gemäß § 4 WZG handelt. Wenn dies der Fall ist und das Zeichen nicht mit einem bereits eingetragenen Warenzeichen kollidiert, so erfolgt die Veröffentlichung im Warenzeichenblatt Teil I. Jetzt kann jeder Dritte, der der Meinung ist, daß das neue angemeldete Zeichen mit einer auf sein Unternehnen eingetragenen Marke verwechselbar ist, innerhalb von drei Monaten nach der Bekanntmachung Widerspruch erheben. Wird kein Widerspruch eingelegt, so wird das Warenzeichen in die Zeichenrolle eingetragen und im Warenzeichenblatt Teil II veröffentlicht. Seit dem 2. Januar 1968 gilt in der Bundesrepublik außerdem der Benutzungszwang, d. h. angemeldete und eingetragene Zeichen müssen innerhalb der ersten fünf Jahre nach der Anmeldung benutzt werden, andernfalls ist das Zeichen löschungsreif und auf Antrag eines Dritten kann ein ordentliches Gericht über die Löschung des betreffenden Zeichens entscheiden. Der Schutz eines eingetragenen Warenzeichens dauert 10 Jahre, er kann aber beliebig oft verlängert werden.[25]

Ein Warenzeichen kann nur anmelden, wer Inhaber eines Gewerbebetriebs ist: Privatpersonen können also keine Marken eintragen lassen. Jeder Warenzeichenmeldung muß das komplette Verzeichnis derjenigen Waren beiliegen, für die das Zeichen angemeldet wird. Die Marke ist somit an eine bestimmte Ware gebunden, und wenn sie für eine andere Produkte verwendet werden soll, so muß sie erneut angemeldet werden. 1993 wurden beim Deutschen Patentamt 38.206 Marken, d.h. Warenzeichen und Dienstleistungsmarken, angemeldet. Von diesen wurden 26.540 Zeichen eingetragen, so daß Ende 1993 in der Zeichenrolle 354.872 Warenzeichen registriert waren; gelöscht wurden nach § 10 WZG 8.687 Einträge.[26] Zu den innerdeutschen Warenzeichen kommen schließlich noch die Schutzgesuche ausländischer Marken.

Die Anmeldegebühr für ein Warenzeichen betrug 1993 DM 300, zu dieser Gebühr kommen noch Einzelgebühren, die von der jeweiligen Warenklasse abhängen, für die das Warenzeichen angemeldet wird. Insgesamt werden die Waren in

---

25 Im Gegensatz dazu erlischt der Schutz beim Patent nach 20 Jahren, beim Geschmacksmuster nach 15 und beim Gebrauchsmuster nach 8 Jahren.

26 Die Zahlen sind dem Jahresbericht 1993 des Deutschen Patentamtes entnommen. Vgl. Deutsches Patentamt 1993:8 und 46ff.

34 Klassen eingeteilt: Klasse 3 umfaßt beispielsweise Wasch-, Putz, Schleifmittel, Parfümerien und Zahnputzmittel, in Klasse 33 fallen alle alkoholischen Getränke außer Bier, das zusammen mit Mineralwässern, Fruchtsaftgetränken, Fruchtsäften und Sirupen die Klasse 32 ausmacht.

Exkurs: Das neue Markenrecht[27]

Am 14. Januar 1994 veröffentlichte die Bundesregierung einen Gesetzentwurf[28] zur Reform des Markenrechts (BT-Drucks. 12/6581), der den Anforderungen der am 21. Dezember 1988 verabschiedeten Ersten Richtlinie zur Angleichung der Rechtsvorschriften der Mitgliedsstaaten über die Marken nachkommen soll. Ziel dieser europäischen Richtlinie ist die Harmonisierung des europäischen Waren- und Dienstleistungsverkehrs.[29] Bisher wurde die EU-Richtlinie, die u. a. die Einrichtung eines europäischen Markenamtes analog zu den nationalen Patentamten vorsieht, lediglich in Dänemark, Frankreich, Griechenland, Italien und Spanien umgesetzt, in der Bundesrepublik Deutschland schoben die deutsche Einheit und die damit aufgetretenen Rechtsunsicherheiten die Umsetzung hinaus. Ziel des neuen Markengesetzes (MarkenG) ist die Ablösung des bisher geltenden WZG und damit verbunden eine Vereinheitlichung des Zeichenrechts, das z. Z. nicht nur im WZG, sondern teilweise auch im UWG geregelt ist. So entfällt beispielsweise § 16 UWG, er wird ins neue MarkenG aufgenommen (§ 25 MarkenG BT-Drucks. 12/6581 S. 49). Das neue Gesetz umfaßt im Regierungsentwurf 164 Paragraphen, die u. a. den Anwendungsbereich des neuen Gesetzes, die Schutzbestimmungen, die Vorschriften für internationale Marken, die Straf- und Bußgeldvorschriften und die Übergangsregelungen umfassen.

Laut § 1 MarkenG fallen Marken, geschäftliche Bezeichnungen und geographische Herkunftsangaben in den Schutzbereich des MarkenG. Der Begriff der Mar-

---

27 Da das neue Markengesetz erst am 1. Januar 1995, also nach Abschluß dieser Arbeit, in Kraft trat und die juristischen Auslegungen und Kommentare zu diesem Gesetz nur teilweise vorlagen, konnte das Markengesetz nur in Form eines Exkurses in die Arbeit eingebracht werden.

28 Der genaue Titel dieses Entwurfs lautet: "Entwurf eines Gesetzes zur Reform des Markenrechts und zur Umsetzung der Ersten Richtlinie 89/104/EWG des Rates vom 21. Dezember zur Angleichung der Rechtsvorschriften der Mitgliedsstaaten über die Marken (Markenrechtsreformgesetz)".

29 Diese Erste Richtlinie des Europäischen Rates ist abgedruckt in GRUR Int. 1989, S. 294ff.

ke wird somit zum Oberbegriff für Waren-, Dienstleistungs- und Kollektivmarken; der Begriff des Warenzeichens wird im neuen MarkenG nicht übernommen. Unter die geschäftlichen Bezeichnungen fallen nicht nur Unternehmenskennzeichen, sondern auch Werktitel von Druckschriften und Filmen (§ 5 MarkenG).

> Als Marken können alle Zeichen, insbesondere Wörter einschließlich Personennamen, Abbildungen, Buchstaben, Zahlen, Hörzeichen, dreidimensionale Gestaltungen einschließlich der Form einer Ware oder ihrer Verpackung sowie sonstige Aufmachungen einschließlich Farben und Farbzusammenstellungen geschützt werden, die geeignet sind, Waren oder Dienstleistungen eines Unternehmens von denjenigen anderer Unternehmen zu unterscheiden. (§ 3 Abs. 1 MarkenG)

Anders als im WZG können nun also auch Buchstaben, Zahlen, Hörzeichen und dreidimensionale Gestaltungen als Marken registriert werden. Die Anerkennung der Buchstaben als vollwertige Warenzeichen mußte bereits im Zusammenhang mit den Grundsätzen des WZG gefordert werden (vgl. Abschnitt 5.2.2.1). Der Begriff der Ausstattung (§ 25 WZG) taucht im MarkenG nicht mehr auf, aber gemäß dem oben zitierten § 3 MarkenG sind sowohl die Verpackung als auch die Aufmachung der Ware markenrechtlich geschützt.

§ 4 WZG geht über in § 8 MarkenG, die absoluten Schutzhindernisse bleiben prinzipiell dieselben: Die Marke muß graphisch darstellbar sein und über Unterscheidungskraft verfügen. Von der Eintragung ausgeschlossen sind also wie bisher u. a. beschreibende Angaben, Marken, "die ausschließlich aus Zeichen oder Angaben bestehen, die im allgemeinen Sprachgebrauch oder in den redlichen und ständigen Verkehrsgepflogenheiten zur Bezeichnung der Waren oder Dienstleistungen üblich geworden sind" (§ 8 Abs. 2 Satz 3 MarkenG) und den Verkehr täuschende oder Ärgernis erregende Zeichen.

Anstelle von Verwechslungsgefahr ist im neuen MarkenG von Identität oder Ähnlichkeit der betreffenden Zeichen die Rede: "Für die Verwechslungsgefahr kommt es anders als nach dem geltenden Warenzeichenrecht nicht mehr auf die betriebliche Herkunftstäuschung an." (Rößler 1994:560).

5.1.3.2 Begriff und Funktionen des Warenzeichens

Eine Markierung der Waren durch ein besonderes Zeichen ist zeichenrechtlich nicht zwingend vorgeschrieben, der Kaufmann oder Hersteller kann sie vielmehr im eigenen Interesse anbringen und rechtlich schützen lassen:[30]

---

[30] Zu den Auflagen, die ein Warenzeichen erfüllen muß, s. Abschnitt 5.1.2.4.

> Wer sich in seinem Geschäftsbetrieb zur Unterscheidung seiner Waren von den Waren anderer eines Warenzeichens bedienen will, kann dieses Zeichen zur Eintragung in die Zeichenrolle anmelden. (§ 1 I WZG)

Wie alle Kennzeichnungsmittel muß auch das Warenzeichen in erster Linie eine individuelle Unterscheidungskraft besitzen. Als ersten Grundsatz kann man daher festhalten, daß nur ein sichtbar an der Ware angebrachtes Kennzeichen als Warenzeichen anerkannt wird. Dabei muß es sich außerdem um eine "flächenmäßig begrenzte Figur" (Busse/Starck § 1 WZG Rn 30) handeln, diese kann aus einem Wort- oder Bildzeichen oder einer Kombination der beiden bestehen: Das Warenzeichen ist also ein selbständiges Element der Ware. Plastische, d. h. dreidimensionale Gestaltungen sind nur als Ausstattung (§ 25 WZG), nicht aber als Warenzeichen schutzfähig; Beispiel hierfür ist die signifikante Form der Odol-Flasche. Abgelehnt werden auch willkürlich gebildete, d. h. sinnlose Buchstabenkombinationen oder eine Anhäufung mehrerer Bilder: Dies widerspricht dem "einheitlichen und individuellen Charakter des Warenzeichens" (Busse/Starck § 1 WZG Rn 31). Welche Funktionen erfüllt nun das Warenzeichen?

Unterscheiden muß man hier die wirtschaftlichen von den juristischen Funktionen: Bei den wirtschaftlichen Markenfunktionen geht es in erster Linie um den "tatsächliche(n) Effekt der Markierung auf dem Markt" (Henning-Bodewig/Kur 1988:5). In zeichenrechtlicher Hinsicht soll das Warenzeichen primär der Individualisierung dienen: Es übernimmt also Unterscheidungsfunktion. Von dieser Funktion lassen sich mehrere Sekundärfunktionen ableiten:

- die Herkunftsfunktion
- die Garantiefunktion
- die Wertfunktion
- die Kommunikationsfunktion.

Die Marke kann die Herkunft der Ware kennzeichnen - bei der Verwendung von Phantasienamen tritt diese Funktion meist in den Hintergrund.[31] Sie verkörpert in ihrer Kontinuität die gleichbleibende Qualität der Ware, gleichzeitig hat sie die "Aufgabe, die mit dem Produkt gemachten Erfahrungen und durch die zusätzlichen Kommunikationselemente vermittelten Erlebniswerte zu symbolisieren"

---

31 "Unter Phantasiebezeichnungen sind Zeichen zu verstehen, aus deren Sinn sich keine direkte Verbindung zur gekennzeichneten Ware ergibt, und die im übrigen eine gewisse Eigenheit und Originalität aufweisen." (Bitzi 1972:99).

(Oertli 1988:95). Für das Unternehmen stellt eine erfolgreiche Marke einen gewissen Kapitalwert dar und mit ihrer Hilfe entsteht eine Verbindung zwischen dem Hersteller, dem Verkäufer und dem Kunden: Die Marke ist ein fundamentales Element innerhalb des geschäftlichen Kommunikationsbereichs.[32] Rechtlich entscheidend ist aber einzig und allein die Unterscheidungsfunktion des Warenzeichens: Nur eindeutige, d. h. nicht verwechselbare Zeichen verhindern Rechtsunsicherheiten.

5.1.3.3 Zur Klassifikation von Warenzeichen

Warenzeichen können mit Hilfe von vier Kriterien klassifiziert werden, zeichenrechtlich relevant sind nur die Klassifikationen 1 und 4:

1. nach der Art der äußeren Form
2. nach dem Zeicheninhaber
3. nach der Anzahl der markierten Objekte
4. nach dem Gebrauchswillen des Zeicheninhabers.

(1) Gliedert man die Warenzeichen nach ihrem äußeren Erscheinungsbild, so hat man auf der einen Seite das *Wortzeichen* und auf der anderen Seite das *Bildzeichen*. In der Mitte steht das *Kombinationszeichen*, das aus Wort und Bild zusammensetzt. Wortzeichen können aus einem Einzelwort (*Persil*), einer Abkürzung (*BMW*) oder einem einprägsamen Satz (*Hoffentlich Allianz versichert*)[33] bestehen. Ein Bildzeichen ist beispielsweise der *Mercedes-Stern* oder der *Erdal-Frosch*. Bei den Kombinationszeichen muß mindestens ein Bestandteil im Sinne des WZG schutzfähig sein; ein Beispiel hierfür ist das sogenannte *Bayer-Kreuz*.

(2) Träger eines Warenzeichens ist das Unternehmen, welches das warenzeichenrechtliche Eigentum an einer Marke besitzt und Produkte oder Dienstleistungen unter dieser Marke vertreibt. Hier unterscheidet man zwischen Herstellermarken und Handelsmarken: Mit dem ersten Begriff werden Marken bezeichnet, mit denen alle Produkte eines Unternehmens (*Nestlé*, *Schwarzkopf*, *Beiersdorf*) benannt sind, unter einer Handelsmarke versteht man Marken, die von Handelsbetrieben verwendet werden, die entweder alle bei ihnen vertriebenen Waren oder nur gewisse Warengruppen mit einer einzigen Marke kennzeichnen wollen. Das Unternehmen *Quelle* führt z. B. die Handelsmarke *Universum*.

---

32 Zur Kommunikationsfunktion von Warenzeichen vgl. Henning-Bodewig/Kur 1988:7, Oertli 1988:100f und Hälty 1989:8.

33 In der Regel fallen Werbesprüche aber eher unter § 2 des Urhebergesetzes.

(3) Auch hinsichtlich der Anzahl der markierten Gegenstände können sich die Warenzeichen unterscheiden. Eine *Individualmarke* kennzeichnet ein "einzelnes Erzeugnis aus dem Produktionsprogramm eines Unternehmens" (Wich 1985:9); Beispiel hierfür sind die Warennamen *Odol*, *Nutella* oder *Golf*. Die *Sortiments-* oder *Dachmarken* stehen für die gesamte Produktpalette des Unternehmens. So laufen unter der Dachmarke *Nivea* Körperlotion, Aftershave, Sonnencreme, Shampoo und Duschbad und die Dachmarke *Melitta* vereinigt Luftfilter, Filtertüten, Kaffee, Frischhaltefolien und Brillentücher.

(4) Vom Benutzungszwang, der für ein angemeldetes Zeichen gilt, wurde bereits gesprochen. Nun kann ein Unternehmen aber auch vorab gewisse Zeichen registrieren lassen, ohne sie jemals benutzen zu wollen. Diese *Defensivzeichen* dienen der Absicherung des Hauptzeichens "gegen das Aufkommen ähnlicher Zeichen im Wettbewerb" (Hubmann 1987:221). Für das Hauptzeichen *Grammophon* wurden seinerzeit die Defensivzeichen *Grammofox*, *Grammognom*, *Grammola* und *Grammolette* eingetragen. Daneben hat der Anmelder eines Warenzeichens noch die Möglichkeit, *Vorratszeichen* registrieren zu lassen, die ihm für eine spätere Verwendung zur Verfügung stehen.

5.1.3.4 Absolute Eintragungshindernisse: § 4 WZG

Ausschlaggebend für die Eintragung des Warenzeichens ist dessen Unterscheidungskraft:

> Diese "besitzt ein Zeichen, wenn es geeignet ist, im Verkehr als zeichenmäßiger Hinweis auf die Herkunft der mit ihm gekennzeichneten Waren oder Dienstleistungen aus einem bestimmten Geschäftsbetrieb aufgefaßt zu werden." (Busse/Starck § 4 WZG Rn 18)

Diese Unterscheidungskraft wird vom Deutschen Patentamt vor einer Eintragung überprüft. Der grundlegende Paragraph für die Vorprüfung des angemeldeten Warenzeichens ist § 4 WZG: dieser schließt verschiedene Arten der Markierung von der Registrierung aus: Freizeichen, beschreibende Angaben, Buchstaben, Zahlen und Abkürzungen. Das *Freizeichen* ist ein Zeichen, das seine individualisierende Kennzeichnungskraft aufgrund einer allgemein üblichen, von einem Unternehmen unabhängigen Verwendung verloren hat. Die Bezeichnungen *Fürst Pückler Eis* oder *Bismarckhering* sind lediglich als Hinweise auf die Zubereitung des Produkts zu verstehen, als Markierung eines bestimmten Unternehmens scheiden sie daher aus. Freizeichen gibt es auch auf der Bildebene; so dürfen beispielsweise der Äskulapstab oder der Totenkopf nicht als Bildzeichen eingetragen werden, da beide in allgemeiner Weise für Apotheken bzw. Giftstoffe verwendet werden. Eine Untergruppe der Freizeichen stellen die freien Gattungsbezeichnungen dar, hierunter versteht man in zeichenrechtlicher Hinsicht Warennamen, die zu Appellativa werden und so ihre Schutzfähigkeit verlieren können. Beispiele für die appellativische Verwendung von Warennamen sind die Wortzeichen *Tempo*, *Nutella* oder *Tesa*: Sie werden heute synonymisch für Papiertaschentuch, Nuß-Nugat-Creme bzw. Klebestreifen verwendet und theoretisch bestünde die Möglichkeit, sie aus dem zeichenrechtlichen Schutz des WZG auszusperren. Daß diese Entwicklung vom Warennamen hin zum Appellativum nur bedingt im Interesse der Unternehmen ist, versteht sich von selbst: Die Kunden kennen zwar den Warennamen, sie kaufen aber nicht zwangsläufig auch das Produkt, das diesen Namen trägt.

Auch beschreibende Angaben sind als Wortzeichen nicht zulässig: Bestimmungsangaben wie *für's Herz* oder Preisangaben wie *billig* sind zu allgemein und damit ohne Unterscheidungskraft.[34] Das gleiche gilt für Beschaffenheitsangaben wie *leicht* oder *schwarz*; hier wird eine Ablehnung teilweise allerdings erschwert, da es sich bei diesen Angaben oft auch um Familiennamen (*Braun*, *Klug*, *Weis*) der Hersteller handeln kann, die zu Warennamen wurden. Die auf diese Weise entstandenen Warennamen können somit als Beschaffenheitsangaben nicht rigoros abgelehnt werden. Ebenfalls nicht eintragbar ist schließlich ein Teil der Toponyme: "ernsthafte Herkunftsangaben" (Busse/Starck § 4 WZG Rn 42) sind vom Zeichenschutz ausgeschlossen, da sie aus juristischer Sicht zum Gemeingut der Sprache gehören; dies bedeutet, daß für diese Toponyme ein sogenanntes Freihaltebedürfnis besteht. Andererseits dürfen Namen wie *Südpol*, *Montblanc* und *Olymp* als geschützte Warennamen verwendet werden, da diese Toponyme aus zeichenrechtlicher Sicht Phantasiecharakter haben und nicht den tatsächlichen Herstellungs- oder Vertriebsort darstellen.[35] Zahlen, Buchstaben und Abkürzungen sind ebenfalls nicht unterscheidungskräftig, da sie keine sinntragenden Wörter darstellen und oft als Sortenbezeichnung oder Größenangabe für Waren üblich sind.[36] Abkürzungen können in die Zeichenrolle aufgenommen werden, wenn sie das Kriterium der Aussprechbarkeit erfüllen und eindeutig unterscheidungskräftig sind.

---

34 Vgl. Busse/Starck § 4 WZG Rn 73/74.
35 Vgl. Busse/Starck § 4 WZG Rn 42.
36 Vgl. Busse/Starck § 4 WZG Rn 35.

Das Deutsche Patentamt prüft nicht nur formale Kriterien, es kontrolliert auch, ob das angemeldete Warenzeichen nicht mit einem bereits eingetragenen Zeichen kollidiert. Soll ein Warenzeichen vor der Verwechslung durch ein anderes Warenzeichen geschützt werden, so gelten §§ 5 und 31 WZG. Diese beiden Paragraphen des Warenzeichenrechts setzen allerdings voraus, daß die beiden betreffenden Warenzeichen Waren der selben Klasse markieren: Nur bei Warengleichartigkeit kann ein Zeichenschutz im Sinne des WZG erfolgen. Auf die zeichenrechtliche Untersuchung bei Kollisionsfällen wird detaillierter in Abschnitt 5.2.5.2 eingegangen.

5.2 Linguistische Grundlagen

5.2.1 Terminologie der Ergonyme

Unter dem Begriff *Ergonym* wurden in Abschnitt 2.2.1 alle Benennungen für die vom Menschen geschaffenen Produkte und Objekte zusammengefaßt. Unter diesen Begriff fallen aus onomastischer Sicht also
- Namen des geschäftlichen Bereichs (z. B. Handelsnamen, Warennamen)
- Namen für geistige Produkte (z. B. Buchtitel, Zeitungsnamen)
- Institutionsnamen (z. B. Schulnamen).

Während sich die Onomastik mit den letzten beiden Namenarten bis heute m.W. noch nicht beschäftigt hat, entstanden seit den sechziger Jahren einige Arbeiten[37] zu den Handels- und Warennamen. Alle diese Untersuchungen widmen sich in der Regel fast ausschließlich zwei Aspekten: der Warennamenbildung und dem linguistischen Status dieser Namen. Über eine eindeutige Begriffsverwendung herrscht in diesem Bereich der Onomastik kein Einvernehmen; Sialm-Bossard (1976:268) erklärt diesen Umstand mit der "umstrittenen Stellung", die Handels- und Warennamen im Gesamtwortschatz einnehmen. Insgesamt sechs verschiedene Begriffe werden nebeneinander gebraucht: Handelsname, Markenname, Markenartikelname, Produktname, Warenname und Wortzeichen. Nimmt man hierzu noch die juristischen Begriffe Firma, Marke, Warenzeichen und Dienstleistungsmarke, so ist die Verwirrung groß.

---

37 Die wichtigsten Arbeiten zu Handels- und Warennamen sind Gläser 1973a, Raible 1968, Römer 1968, Sialm-Bossard 1976, Schippan 1989 und Voigt 1985.

In Witkowskis "Grundbegriffe der Namenkunde" von 1964 sind bereits vier Begriffe für Namen aus dem geschäftlichen Sektor verzeichnet: Handelsname, Firma, Betriebsname und Markenname. Auch Witkowski trennt die einzelnen Begriffe nicht klar voneinander, und dies erklärt wohl auch das später entstandene Begiffswirrwarr. Der Handelsname meint zum einen die Benennung von Waren - hier verweist Witkowski auf den Eintrag Markenname -, zum anderen ist er gleichbedeutend mit dem Firmennamen. Die Firma wiederum bedeutet auf der einen Seite das Unternehmen (diese Bedeutung greift den umgangssprachlichen Gebrauch des Wortes Firma auf), auf der anderen Seite übernimmt Witkowski als zweiten Bedeutungsaspekt dieses Begriffs die Definition aus dem Duden-Lexikon (Bd. I, Mannheim 1961, S. 677) und versteht unter dem Firmennamen

> die im Handelsregister eingetragene und gegen Gebrauch durch Unbefugte oder Verwechslung geschützte Bezeichnung, unter der der Vollkaufmann, Einzelkaufmann oder die Gesellschaft ein Handelsgeschäft betreiben. (Witkowski 1964:29).

Hinter dieser Definition steht aber im Grunde genommen der in Kapitel 5.1.1.1 erläuterte § 17 HGB. Vom Firmennamen schließlich trennt Witkowski den Betriebsnamen: Mit dem ersten Begriff werden Handelsunternehmen benannt, mit dem zweiten Begriff nur Produktionsstätten.[38] Alle drei von Witkowski eingeführten Begriffe dienen der Benennung eines Unternehmens, eines Geschäfts oder Betriebs: Ein Terminus betont die wirtschaftliche Seite (Handelsname), ein Begriff stammt aus der juristischen Terminologie (Firma), der dritte Terminus (Betriebsname) weist schließlich auf die Unternehmensart hin. Da die Unterscheidung von Unternehmen des Dienstleistungssektors und produzierendem Gewerbe in der Regel für eine onomastische Untersuchung nicht relevant ist, kann auf diese Differenzierung verzichtet werden. Im folgenden wird der Begriff *Handelsname* als Oberbegriff für alle Namen verwendet, die im geschäftlichen Bereich der Kennzeichnung eines Unternehmens dienen; unter diesen linguistischen Oberbegriff fallen also die rechtlichen Begriffe *Firma* und *Geschäftsbezeichnung*. Die Verwendung des Begriffs Handelsname für Warenbenennungen sollte aus Verständlichkeitsgründen vermieden werden.

---

38 Auf dieser Differenzierung von Firmen- und Betriebsname beruht wahrscheinlich auch der bei Bauer (1985:55) verwendete Begriff Fabrikname.

Für die Produktbezeichnung bieten sich nun wieder mehrere Begriffe an: Produktname, Warenname oder Markenname.[39] Da die Bestimmungswörter der beiden erstgenannten Komposita als Synonyma anzusehen sind, sind auch die beiden Begriffe selbst synonymisch verwendbar. Hinter dem Terminus Markenname verbirgt sich eine Wertung der bezeichneten Ware. Unter einem Markenartikel versteht man in der Betriebswirtschaft nämlich

> ein industriell gefertigtes (standardisiertes) Produkt (...), das unter einer Marke vertrieben wird, ein (hohes und) gleichbleibendes Qualitätsniveau aufweist und sich hierdurch sowie durch die dafür betriebene Werbung Anerkennung bei den beteiligten Verkehrskreisen erworben hat. (Henning-Bodewig/Kur 1988:26)

Für eine onomastische Untersuchung ist diese Unterscheidung der Produktqualität aber nicht relevant. Das Stichwort Markenname bei Witkowski weist noch auf eine andere Besonderheit dieser Benennung hin: Es handelt sich um eine "eingetragene (und dadurch geschützte) Bezeichnung einer Ware" (Witkowski 1964:46). Zeichenrechtlich ist diese Eintragung nicht zwingend vorgeschrieben, es steht dem Hersteller oder Händler vielmehr frei, ob er seine Produkte markieren möchte. Beide Komponenten des Terminus Markenname sind also in einem onomastischen Kontext nicht von Interesse, so daß anstelle dieses Begriffs vielmehr von Waren- bzw. Produktname gesprochen werden sollte. Wie Abschnitt 5.1.3.3 gezeigt hat, machen die Warennamen zeichenrechtlich betrachtet den essentiellen Bestandteil des Warenzeichens aus: Sie stellen das sogenannte Wortzeichen dar.[40]

Zusammenfassend schlage ich daher in Verbindung mit den rechtlichen Normierungen für die Terminologie der Handels- und Warennamen folgendes vor:

Bedeutung	**onomastischer Begriff**	**juristischer Begriff**
Bezeichnung eines Unternehmens	Handelsname	Firma, Geschäftsbezeichnung
Bezeichnung einer Ware	Warenname (bzw. Produktname)	Wortzeichen

Tabelle 4: Terminologie der Ergonyme

39 Der oft vor allem in marketingorientierten Aufsätzen im Zusammenhang mit den Produktbenennungen verwendete Begriff des Kunstwortes bezieht sich aus onomastischer Sicht lediglich auf die Art der Warennamenbildung. Vgl. Abschnitt 5.2.2.

40 In der onomastischen Literatur taucht dieser Begriff lediglich bei Raible 1968 auf.

5.2.2 Prinzipien der Namenbildung

5.2.2.1 Das Kurzwort und sein linguistischer Status

Im Zusammenhang mit der zeichen- oder firmenrechtlichen Anerkennung eines Namens als einem schützenswerten geschäftlichen Kennzeichen wurde in Abschnitt 5.1 mehrfach deutlich, daß aus juristischer Sicht Kurzwörter wie *BMW* oder *BASF* diesen Schutz nicht von Haus aus, sondern erst aufgrund einer breiten Akzeptanz bei den Namenbenutzern erhalten. Hauptargument für diese Haltung ist das Kriterium der Aussprechbarkeit: Abkürzungen der eben genannten Art seien nicht aussprechbar, daher keine "wörtliche(n) Bezeichnung(en)" (Baumann/Hefermehl § 16 I UWG Rn 12) und deshalb als namensmäßige Kennzeichen nicht zulässig (vgl. Abschnitt 5.1.2). Dieser Ausschluß der Kurzwörter aus der Gruppe der sprachlichen Zeichen ist aus sprachwissenschaftlicher Sicht nicht zu rechtfertigen. Dies wird deutlich, wenn man sich eingehender mit dem linguistischen Status des Kurzwortes beschäftigt.

Historisch betrachtet gibt es schreibtechnische Kürzel bereits seit der Antike - es sei hier nur auf die Kreuzinschrift *INRI* für *I*esus *N*azarenus *R*ex *I*udaeorum verwiesen.[41] Bei Kurzwörtern handelt es sich nicht um lexikalische Neuschöpfungen, vielmehr liegt jedem Kurzwort ein meist sehr komplex strukturiertes Original zugrunde. Von der Kurzwortbildung sind daher meist Substantiva, und hier vor allem mehrgliedrige Komposita, Wortgruppenlexeme und mehrsilbige Fremdwörter, betroffen. Durch die Umwandlung in ein Kurzwort verändert sich das Original sowohl auf graphischer als auch auf phonischer Ebene, zusammengefaßt kann man das Kurzwort daher folgendermaßen definieren:

> Unter "Kurzwort" sei (...) eine graphisch und phonisch realisierbare Lexikoneinheit verstanden, die unter spezifischer Reduktion der Ausdrucksseite von einer zugehörigen originalen, d. h. ungekürzten Lexikoneinheit aus gebildet wird und mit diesem in der Regel weiter bestehenden Original in der Sprachverwendung variiert (Bellmann 1980:369)

Auf phonologischer Ebene sind mehrere Bildungsvarianten möglich: zum einen können leicht aussprechbare Formen der Abfolge Vokal - Konsonant - Vokal (*UNO*, *UFO*, *APO*) entstehen, zum anderen werden "phonetische Buchstabierformen" (Vieregge 1983:223) gebildet, die teils auch wortmäßig gesprochen werden. Zu dieser zweiten Gruppe gehören beispielsweise die *DAK* (Deutsche Angestellten-Krankenkasse), das *BKA* (Bundeskriminalamt), die *AEG* (Allgemeine Elektri-

41 Zur Geschichte der Kurzwörter vgl. Vieregge 1983:215ff.

zitätsgesellschaft), die *KKB* (Kundenkreditbank) oder die *AAA* (American Automobile Association). Kurzwörter können auch aus mehr als drei Phonemen gebildet sein: *NATO, OPEC, UNICEF.* Alle möglichen Phonemkombinationen sind realisierbar: die Palette reicht von rein konsonantischen bis hin zu vollständig vokalischen Kurzwörtern. Es läßt sich allerdings nicht entscheiden, nach welchen Kriterien ein Wort als silbische Phonemfolge oder als Wort gesprochen wird; ausgesprochen werden können Kurzwörter aber in jedem Fall. Bei Kurzwörtern des Typs *DRK* oder *UKW* liegt "ein Sonderfall in der Relation Schrift - Sprechsprache" (Kobler-Trill 1994:19) vor:

> Die schriftliche Fixierung dient bei diesen KW [Kurzwörtern/K.S.] nicht der Lautabbildung wie sonst. Das Verhältnis ist umgekehrt: Die in der Schrift gebildete und fixierte Kurzform muß in der mündlichen Verwendung erst sprechbar gemacht werden. (Kobler-Trill 1994:19)

Vieregge weist in diesem Zusammenhang auf das Entstehungsalter des Kurzwortes hin und kommt in seiner Untersuchung zu dem Ergebnis, daß "bei jüngeren Initialwörtern (...) die Lautketten sofort wortmäßig ausgesprochen" (Vieregge 1983:225) werden.[42] Oft wird die Schreibung der jeweiligen Aussprachеweise angepaßt und die als Wort gesprochenen Kurzwörter werden meist nur am Wortanfang groß geschrieben (*Nato*, *Radar*, *Unicef*).

Auf morphologischer Ebene unterscheidet man bei der Kurzwortbildung unisegmentale und multisegmentale Formen: "Unisegmentale Kurzwörter bestehen aus einem kontinuierlichen Segment der Vollform (*Kombi*), multisegmentale Kurzwörter aus zwei oder mehr diskontinuierlichen Segmenten der Vollform (*Tra+fo*)." (Fleischer/Barz 1992:220).[43] Bei den unisegmentalen Kurzwörtern werden also lediglich initiale oder finale Segmente des Originals weiter verwendet: die Wörter *Auto(mobil)*, *Foto(grafie)*, *(Auto)Bus* und *(Schall)Platte* sind auf diese Weise entstanden. Die bereits im Zusammenhang mit den phonologischen Veränderungen erwähnten Kurzwörter des Typs *DAK*, die sogenannten Initialwörter, zählen neben Silbenwörtern des Typs *Trafo* (entstanden aus *Transformator)*

---

42 Als Beispiele bringt Vieregge in diesem Zusammenhang den 1903 gegründeten *ADAC* und das 1953 entstandene Kurzwort IATA, letzteres als Wort gesprochen [ja:ta:].

43 Einen umfassenden forschungsgeschichtlichen Überblick über Arbeiten zur Typologie des Kurzwortes und einen eigenen typologischen Ansatz bietet Kobler-Trill 1994:33ff.

und Klammerformen zu den multisegmentalen Bildungen.[44] Die Initialwörter, um die es ja im Hinblick auf die Zulässigkeit von Abkürzungen als Handels- und Warennamen fast ausschließlich geht, stellen 80% aller Kurzwörter und somit den Prototyp eines Kurzwortes dar.[45] Insgesamt haben alle hier behandelten Kurzwortformen "Wortcharakter und finden als Benennungen Verwendung" (Fleischer/Barz 1992:218).

Warum werden nun Kurzwörter vor allem im geschäftlichen Bereich so gerne als Namen gewählt? Für die Verwendung von Kurzwörtern sprechen vor allem folgende drei Gründe:

- Kurzwörter entsprechen dem Prinzip der sprachlichen Ökonomie
- Kurzwörter sind leichter einprägsam, aussprechbar und lesbar als komplizierte Vollformen
- Kurzwörter dienen der Markierung einer bestimmten Gruppenzugehörigkeit.[46]

Die drei Buchstaben *DNS* dürfte sich fast jeder Sprachteilnehmer wesentlich leichter merken können als die Vollform *Desoxyribonukleinsäure*, sprachökonomischer ist es, vom Unternehmen *BASF* zu sprechen als von der *Badischen Anilin- und Soda-Fabrik.* Dies letzte Beispiel zeigt auch gleichzeitig, warum manches Unternehmen lieber zu einem Kurzwort greift. Die Namenoriginale sind oft veraltet: Aus der kleinen, auf einen regionalen Raum beschränkten Fabrik wurde nicht selten ein Weltunternehmen.

> Bei Firmennamen wird das Original, auch wenn es aus den genannten Gründen im öffentlichen Sprachgebrauch zugunsten der Kurzwortvariante nur mehr zurückhaltend verwendet wird, doch kaum jemals aufgegeben - aus Gründen der Firmentradition und aus juristischen Gründen. (Bellmann 1980:376)

Die Verwendung eines Kurzwortes ist primär prädikationsfrei, das bedeutet im Falle der Handels- und Warennamen, daß ein Unternehmen über die Marketingstrategie das gewählte Kurzwort mit den ihm genehmen Konnotationen füllen kann.

Wenn nun von juristischer Seite das Kurzwort als schützenswerter Name abgelehnt wird, so erinnert dies stark an manche sprachpflegerische Position: Sprach-

---

44 "Die Klammerformen entsprechen der Tendenz im Sprachgebrauch, drei- und polymorphemische Wortbildungskonstruktionen auf Wortbildungskonstruktionen mit zwei Grundmorphemen zu kürzen: Betriebs(wirtschafts)lehre." (Fleischer/Barz 1992:220)

45 Vgl. Starke 1987:63.

46 Vgl. Kobler-Trill 1994:187ff.

puristen sahen und sehen auch heute noch in der Verwendung von Kurzwörtern einen Verfall der deutschen Sprache.[47] Aus linguistischer Sicht nehmen Kurzwörter aber innerhalb der Möglichkeiten der Wort- und Namenbildung eine besondere, keineswegs negative Position ein: "Durch die Einführung und Verwendung von Kurzwörtern - als Appellative und als Namen - werden Mittel zu einer lexikalischen Variation besonderen Typs verfügbar gemacht." (Bellmann 1988:18). Kurzwörter sind der einzige produktive Bereich der Wortschöpfung, d.h. der Schaffung neuer Phonemkombinationen in der deutschen Sprache. Demgegenüber kommt es heute nur sehr selten noch zu onomatopoetischen Neubildungen.

5.2.2.2 Warennamenbildung

Die Warennamenbildung und ihre verschiedenen Muster wurden in der Vergangenheit in der Onomastik ausführlich behandelt, so daß sich dieser Abschnitt auf die Wiedergabe der wichtigsten Ergebnisse konzentrieren wird.[48] Von Interesse ist im Hinblick auf die Bildung dieses Namentyps, mit welchen sprachlichen Mitteln Produkte benannt werden und wie die morphologische Struktur der Warennamen im Einzelnen aussieht.

Als Benennungsmöglichkeiten bieten sich jedes bekannte sprachliche Zeichen, im besonderen auch Eigennamen, und Neologismen an. Die Sprachzeichen können dem Deutschen (*Gehwohl*, *nimm 2*) entnommen oder aus einer Fremdsprache (*Polycolor*, *Starmix*) übernommen worden sein. Bei den Eigennamen als Warennamen kommen sowohl Familiennamen (*Underberg*, *Oetker*, *Siemens*) als auch Rufnamen (*Mercedes*, *Arabella*), Ortsnamen (*Taunus*, *Olympia*) und fiktive Namen (*Ajax, Prometheus*) vor. Teilweise wird auch die Struktur des bürgerlichen Gesamtnamens nachgebildet und nicht wenige Raucher vermuten hinter *Peter Stuyvesant* den Besitzer der Zigarettenfabrik.[49] In der Bildung von Neologismen gibt es drei unterschiedliche Stufen: vorhandene Lexeme werden variiert (*Mild-essa*, *Schauma*), die Neubildung ist lediglich für den Fachmann transparent (*Persil* aus Perborat und Silikat) und in letzter Konsequenz kommt es zu "freien Schöpfungen" (Römer 1968:68) wie *Ata, Omo* oder *Pril,* d. h. die Bildungen sind für

---

47 Zur Wertung von Kurzwörtern vgl. Vieregge 1983:209.

48 Die folgenden Ausführungen stützen sich weitgehend auf die Arbeiten von Römer 1968, Schippan 1989 bzw. 1990 und Voigt 1985/1989.

49 Es handelt sich hier aber um den Namen des Generaldirektors der niederländischen Westindischen Kompagnie, der im 17. Jahrhundert im damaligen Neu-Amsterdam, dem heutigen New York, die Geschäfte dieser Kompagnie führte. Vgl. Lötscher 1987:183f.

alle Namenbenutzer undurchsichtig. Bei der Frage nach den in der Warennamenbildung benutzten sprachlichen Mitteln ergibt sich also folgendes Schema:

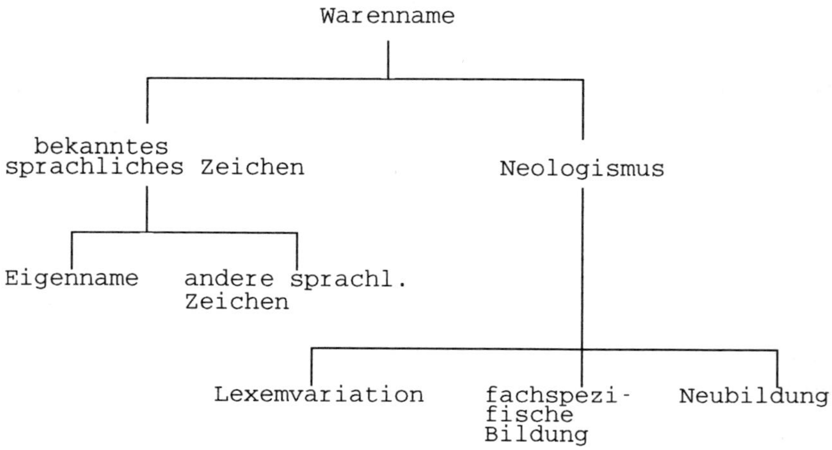

Abb. 9: Sprachliche Mittel in der Warennamenbildung

Je nach Intention des Namengebers wird der Warenname aus der einen oder anderen Gruppe gewählt werden: Jede Bildung zeichnet sich durch einen unterschiedlichen semantischen Bezug zum Produkt aus (vgl. Abschnitt 5.2.3).

Die morphologischen Muster der Warennamenbildung umfassen eingliedrige und mehrgliedrige Namen.[50] Meist wird der onymische Kern noch durch weitere appellativische Angaben, Zahlen oder Buchstabenkombinationen erweitert. Neben eingliedrigen Namen (*Korall*, Waschmittel) entstehen so zwei- oder mehrgliedrige Warennamen: *Dry Sack* (Sherry), *Aral Super* (Benzin), *Merz-Spezial-Cosmetic* (Kosmetik), *Bauknecht-Raumspar-Wasch-Vollautomat*. Für die Beifügung von Appellativa, die teilweise mit, teilweise ohne Bindestrich erfolgt, gibt es zwei Gründe: zum einen dienen sie der Abgrenzung eines Produkts gegenüber anderen Produkten des selben Unternehmens (*Bosch Kühlschrank* vs. *Bosch Waschmaschi-*

50 Im folgenden geht es lediglich um die Beschreibung der bei Warennamen möglichen morphologischen Strukturen. Welche Überlegungen seitens des Namengebers hinter dem einzelnen Namen stehen, kann hier nicht weiterverfolgt werden. Für die bekanntesten Warennamen läßt sich dies bei Lötscher 1987 nachlesen, aus dessen Lexikon auch die Beispiele dieses Abschnitts entnommen wurden.

ne), zum anderen kann wie im Falle der *Milkana Kräutercreme* eine neu eingeführte Ware, deren onymischer Teil (*Milkana*) des Warennamens nichts über das Produkt aussagt, auf diese Weise dem Kunden nähergebracht werden. Mehrgliedrige Warennamen enthalten aber meist noch weitere, teils für den Verkäufer, teils für den Kunden gedachte Informationen: der Name *Bosch Geschirrspüler SMS 4092* enthält nicht nur den Herstellernamen *Bosch* und das Appellativum *Geschirrspüler,* sondern auch eine Markierung des Warentyps *SMS 4092*. Die Kennzeichnung des Warentyps erfolgt auch in anderen Branchen durch Zahlen und Buchstaben oder eine Kombination aus beiden: Es gibt den *Mercedes 190 E*, den *BMW 750i* oder den Autoreifen *Pirelli P 7.* Ebenso wie in der allgemeinen Wortbildung gibt es auch in der Warennamenbildung reihenbildende Konstituenten wie beispielsweise für bestimmte Produkttypen charakteristische Suffixe und Morpheme wie "etwa -il und (a)x im Bereich der Reinigungsmittel, -dent/-dont für Zahnpflegemittel oder -tele, -mat und -tron für elektrische Geräte." (Voigt 1984:65).

Insgesamt kann man feststellen, daß die Wahl des jeweiligen Namenbildungstyps branchenabhängig ist: weibliche Vornamen kommen z. B. vor allem im Textilbereich bei Damenbekleidung oder bei der Benennung von Seifen und Porzellan vor.[51] Generell "im Rückgang sind eingliedrige Markennamen, meist aus Kurzwörtern oder Eigennamen gebildet. Diese Typen dominierten sowohl in den 20er als auch in den 50er Jahren." (Schippan 1990:36). Inwieweit diese Aussage Schippans gerechtfertigt ist, scheint mir angesichts der in den vergangenen Jahren sehr zahlreich entstandenen artifiziellen Namen des Typs *Mum* fragwürdig. Über den Warennamen *Mum* schreibt Lötscher in seinem Produktnamenlexikon: "Deodorant. Phantasiewort. Es ist ein typischer sinnloser Einsilbler, wie er bei Körperpflegemitteln häufig geworden ist, vgl. auch *Go*, *Bac*, *Fa*." (Lötscher 1987:153). Auch der seit kurzem vom Unternehmen *König* eingeführte Biername *Kelts* spiegelt z. B. diese Tendenz der Warennamenbildung wider. Die Marketingexperten, die sich mit der Entwicklung von Warennamen beschäftigen, sehen in den Neuschöpfungen gegenüber der Verwendung bekannter Sprachzeichen verschiedene Vorteile:

> Sie sind neuartig und lösen hohes Interesse aus, sie sind andersartig und differenzieren sich eindeutig von Wettbewerbsmarken, sie sind international einsetzbar und bieten Vorteile beim Warenzeichenschutz, sie können gezielt Assoziationen auslösen, die

---

51 Vgl. Koß 1976 u. 1991 und Lötscher 1987:320ff.

zum Produktkonzept passen, sie sind vor allem in der Lage, die Positionierung des neuen Produkts genau und unverwechselbar zu repräsentieren, unabhängig von den unterschiedlichen Ländern. (Gotta 1990 o.S)

Die Neuartigkeit der artifiziellen Namen bezieht sich meist auf phonotaktische oder graphematische Abweichungen vom deutschen Sprachsystem: weder der Warenname *Bac* mit dem finalen Graphem <c> noch der Warenname *Dash* mit der im Deutschen unüblichen Wiedergabe des /ʃ/- Lautes durch die Graphemkombination <sh> entsprechen der deutschen Orthographie. Die Regeln der Groß- und Kleinschreibung werden ebenso durchbrochen wie diejenigen des Getrennt- und Zusammenschreibens. In einer Analyse der Lautstruktur von Warennamen hat Schuhmacher herausgefunden, daß auf phonologischer Ebene vornehmlich Sequenzen wie /sk/, /sm/, /ks/ und /tʃ/ in der Warennamenbildung auftauchen.[52] Auffallend ist auch die häufige durch Lehnwörter aus dem Lateinischen, dem Französischen oder dem Italienischen beeinflußte Verwendung von Vollvokalen in unbetonter Silbe wie z. B. im Füllernamen *Geha* oder in *Arosana*, einem Namen für eine Sonnencreme; daneben werden häufig fremdsprachige Phoneme oder Phonemkombinationen übernommen. Alle Verfahren dieser Art verändern den Wortakzent. Die Akzentuierung der Warennamen folgt in der Regel dem Fremdwortakzent.[53] Prinzipiell kann man nach Schumacher (1969:69) im Hinblick auf die Verteilung von betonten und unbetonten Silben und die Silbenanzahl vier Typen von Warennamen unterscheiden:

- Typ *Lux* (eine betonte Silbe)
- Typ *Agfa* (auf eine betonte folgt mindestens eine unbetonte Silbe)
- Typ *Birkin* (vor der betonten steht mindestens eine unbetone Silbe)
- Typ *Eduscho* (vor und nach der betonten steht mindestens eine unbetonte Silbe).

5.2.2.3 Handelsnamenbildung

Der Bereich der Handelsnamenbildung wurde bisher in der Onomastik nicht explizit untersucht, was meiner Meinung nach vor allem daran liegt, daß bisher terminologisch kein Unterschied zwischen Handels- und Warennamen gemacht wurde und somit viele Namen des ersten Typs bei der Analyse der Warennamenbildung mitbehandelt wurden (vgl. Abschnitt 5.2.1). Oft ist die Trennung zwischen

52 Vgl. Schumacher 1969:72.
53 Vgl. Munske 1988b:55.

beiden Namenarten auch nicht einfach, da ein gut eingeführter Handelsnamen wie beispielsweise *Bosch*, *Siemens* oder *Mercedes-Benz* gerne auch zur Produktkennzeichnung herangezogen wird; in so einem Fall entstehen dann meist mehrgliedrige Warennamen. Der Gesetzgeber schreibt - anders als bei den Warennamen - für manche Art von Handelsnamen eine feste Struktur vor (vgl. Abschnitt 5.1.1.1). Da neuere empirische onomastische Untersuchungen zur Handelsnamenbildung meines Wissens nicht vorliegen, werde ich im folgenden nur exemplarisch auf einige morphologische Besonderheiten dieses Namentyps eingehen.[54]

Viele Handelsnamen enthalten einen onymischen Kern, dieser kann aus dem anthroponymischen oder aus dem toponymischen Bereich entnommen sein. In der ersten Gruppe finden sich sämtliche Kombinationen aus Vorname, Familienname und Namenszusätzen: *Robert Bosch GmbH*, *Siemens AG*, *H. Bahlsen Keksfabrik KG*, *Dr. Oetker Nahrungsmittel KG*. Bei den toponymischen Bildungen greifen die Namengeber in erster Linie auf Ortsnamen (*Bausparkasse Schwäbisch Hall AG, Dresdner Bank AG*, *Heidelberger Zement AG*) zurück. Der onymische Kern muß aber nicht zwingend vorhanden sein, wie die Handelsnamen *AEG Hausgeräte AG*, *Citibank AG* oder *Deutsche Bank AG* zeigen. Auf die Kurzwortbildung des Typs *AEG* wurde bereits an anderer Stelle eingegangen, oft steht das Kurzwort gleichberechtigt neben der Vollform (*BMW - Bayerische Motoren Werke Aktiengesellschaft*).

Neben der Verwendung von Kurzwörtern tauchen in vielen Handelsnamen appellativische Wortgruppen auf, die meist aus einem das Unternehmen charakterisierenden Appellativum (z. B. *Keksfabrik*) und der Angabe der Rechtsform (*AG*, *GmbH*, *KG* etc.) bestehen. Diese Ergänzung kann, wie die hier aufgeführten Beispiele zeigen, im Anschluß an einen onymischen Kern oder an ein Kurzwort verwendet werden, wobei die Angabe der Rechtsform immer am Schluß des gesamten Handelsnamens steht. Auffallend häufig werden auch charakterisierende Adjektive wie z. B. *international* in Handelsnamen gebraucht; ihre Verwendung richtet sich nach den Vorschriften des § 18 HGB und dem Prinzip der Firmenwahrheit. Besonders gern gewählt wird das Adjektiv *deutsch:*

---

54 Im Zusammenhang mit dem Aspekt der Kurzwortbildung entstanden in den achtziger Jahren unter der Leitung von Günter Bellman in Mainz zwei Examensarbeiten, die sich mit der Bildung von Firmennamen (Winter 1982) bzw. der Bildung von Messe- und Ausstellungsnamen (Mittrenga 1983) auseinandersetzten.

> In der BRD ist es normal, daß Institutionen, Vereinigungen und auch Unternehmen, die auf nationaler Ebene operieren oder den Anschein erwecken wollen, daß dies der Fall sei, in ihrem Namen das Attribut *deutsch* führen. Die Beispiele sind Legion. (Glück/Sauer 1990:14).

Namen des Typs *Deutsche Gesellschaft für Sprachwissenschaft* oder *Deutsche Bank AG* wurden aber auch in der ehemaligen DDR vergeben.

Während rein onymische Handelsnamen wie z. B. die Firma des Einzelkaufmanns in der Regel bereits aufgrund der Verwendung anderer Namenklassen als Propria erkennbar sind, werden appellativisch gebildete Handelsnamen erst durch die Eintragung ins Handelsregister, also durch die schriftliche Fixierung, zu Namen.

5.2.3 Orthographische Aspekte bei den Warennamen

Über die Schreibung von Warennamen läßt sich eigentlich nur eines sagen: Erlaubt ist, was gefällt. Diese Tatsache bräuchte man nicht weiter zu kommentieren, der Leser müßte nur seiner Phantasie freien Lauf lassen. Neugebildete Warennamen sollen sich nicht nur durch neuartige Bildungsmodelle, sondern auch durch eine von der gängigen Schreibnorm abweichende Orthographie auszeichnen: "Im Bereich der Schreibung werden periphere Möglichkeiten des graphemischen Systems genutzt, um die Markennamen auffällig werden zu lassen." (Voigt 1985/1989:168). Der Verzicht beispielsweise auf das Dehnungs-<h> oder <e> nach <i> und die Ignorierung der Regeln für die Groß- und Kleinschreibung oder für das Getrennt- und Zusammenschreiben stellen markante Schreibabweichungen dar (Voigt 1989:169). Anders als im Deutschen üblich wird beispielsweise das Phonem /k/ meist mit dem Graphem <c> wiedergegeben: *Bac* (Deodorant), *Calgonit* (Wasserenthärter), *Camel* (Zigarette), *Carina* (Zeitschrift). Diese Schreibung ist, wie man sieht, auch nicht auf eine bestimmte Branche festgelegt. Dies gilt auch für die Wiedergabe des Phonems / ʃ / mit der im Englischen üblichen Graphemkombination <sh>: *Sheba* (Katzenfutter), *Sham-tu* (Haarpflegemittel), *Sherpa* (Sonnenschutzcreme). Das Beispiel *Sham-tu* weist gleichzeitig auf eine andere Besonderheit der Warennamenschreibung hin. Der Bindestrich wird ebenso wie in anderen Neubildungen der deutschen Sprache im Warennamenbereich sehr häufig verwendet: *Dar-Vida* (Vollkorngebäck), *Eu-Med* (Schmerztablette), *Mezzo-Mix* (alkoholfreies Getränk).

Viele im Deutschen auffallende Schreibungen beruhen auf der Übernahme fremdsprachiger Wörter oder Elemente. So werden als Parfumnamen gerne Entlehnungen aus dem Französischen herangezogen: *Anaïs Anaïs*, *Arpège*, *J' ai osé*. Die hier vorkommenden Akzentzeichen sind im Deutschen ebenso unüblich wie beispielsweise das Graphem <ø> in *Børn*, dem Namen für Papierwindeln. Besonders großen Einfluß auf die Warennamenschreibung hat das Englische: Teilweise ist der Ursprung des Warennamens noch ersichtlich wie das Beispiel *Handy* (Geschirrspülmittel) zeigt, teilweise wird die Entlehnung wie im Fall *Kleenex* (abgeleitet aus engl. *clean*) durch Ersatz des im Deutschen geläufigeren <ee> graphisch integriert.

Neben all diesen hier nur kurz angedeuteten Orientierungen an fremdsprachigen Vorbildern gibt es natürlich auf der anderen Seite auch jede Menge Warennamen, die der deutschen Schreibkonvention entsprechen. Denn nicht immer wird mit Hilfe der Schreibung versucht, den Warennamen auffällig zu gestalten.

5.2.4 Semantik von Handels- und Warennamen

Nachtgesang

badedas placentubex
tai-ginseng panteen
thermofax wipp dentofix
anti-svet palmin

mondamin elastofix
fewa fa feh vlot
seiblank presto caro lux
maggi pez blett pott

alka-selzer seborin
mem pitrell grill-fix
tempo mempe aspirin
tampax atrix drix

hormocenta kukident
knorr pfaff tarr darmol
odorono chlorodont
fuß-frisch bac odol

mezzo-slbil wazzaba
abba dabba wabbaba
f-x k2r T2
$E = m c^2$

Auf den ersten Blick erinnert dieses 1968 enstandene Gedicht von Henry Jelinek an Texte des Dadaismus oder auch an sprachspielerische Gedichte von Ernst Jandl.[55] Beim zweiten Hinsehen wird der Leser aufgrund seiner Namenkompetenz auch heute 25 Jahre nach der Entstehung des Gedichts - noch erkennen, daß das Gedicht aus einer Aneinanderreihung von Warennamen besteht. Allein durch die Verwendung bekannter Produktnamen, es mögen auch manche Ad-Hoc-Erfindungen des Dichters (z.B. *wabbaba*) darunter sein, wird dem Leser ein bestimmter Ausschnitt der Welt dargeboten: die Warennamen werden zum Symbol des täglichen Lebens. In den fünf Strophen finden sich nicht nur Hinweise auf alltägliche Gebrauchsgegenstände wie beispielsweise die Nähmaschine von *Pfaff*, sondern auch auf Nahrungsmittel wie Speisestärke (*Mondamin*) oder Suppenwürze (*Maggi*) und auf Kosmetika (z. B. *Badedas*, *Kukident*, *Bac*). Abgerundet wird dieses Lebensbild schließlich durch die allumfassende physikalische Formel aus der Relativitätstheorie "$E = m c^2$" in der letzten Zeile.

Von Interesse ist dieses Gedicht aus linguistischer Sicht, weil einzig durch den Gebrauch von Warennamen in dem Text Sinn aufgebaut wird: Dies widerspricht eigentlich der These von der Bedeutungslosigkeit des Namens. Bereits bei der Erörterung der Anthroponyme und Toponyme hat sich allerdings gezeigt, daß Namen Assoziationen beim Namenbenutzer auslösen können, daß sie Symbolkraft haben (vgl. die Abschnitte 3.2.4 und 4.2.4). Bei den Warennamen, und in geringerem Maße auch bei den Handelsnamen, wird diese Tatsache erneut besonders deutlich: Warennamen symbolisieren nicht nur wie in dem zitierten Gedicht das betreffende Produkt, das sie benennen, aus Marketing-Sicht müssen sie vor allem werbewirksam sein.

> Die Definition des Namens im modernen Marketing kann wie folgt beschrieben werden: Der Name ist die Zusammenfassung einer Reihe von rationalen und nicht rationalen Werten, die ein Produkt, ein Unternehmen oder eine Dienstleistung einheitlich, eigenständig, unverwechselbar und warenzeichenrechtlich geschützt, national, europäisch oder international repräsentieren. (Gotta 1989b:241)

In diesem Zusammenhang spielt natürlich das Assoziationsfeld, innerhalb dessen sich ein Name bewegt, eine große Rolle. "Warennamen sind keine Zufallsprodukte" (Westphal 1987:22): Sie werden innerhalb eines bestimmten Marketing-Konzepts gezielt gebildet und vergeben. Fragen der Motivation stehen bei ihrer Bildung daher im Vordergrund.

---

55 Zitiert nach Voigt 1984:69.

"Eine Wortbildung gilt als motiviert, wenn sich ihre Gesamtbedeutung aus der Summe der Bedeutungen ihrer einzelnen Elemente ableiten läßt." (Bußmann 1990:507). Auch im Bereich der Handels- und Warennamen kann man - analog zum appellativischen Wortschatz - zwischen transparenten und undurchsichtigen Bildungen unterscheiden. Suggestivnamen wie *Nimm 2* (Bonbons) oder *Trink 10* (Multivitaminsaft mit 10 Vitaminen) gehören hier ebenso zu den für den Namenbenutzer motivierten Bildungen wie eingliedrige Warennamen des Typs *Hustinetten* (Hustenbonbons) und mehrgliedrige Warennamen, die Auskunft über die Serie, die Warenart oder den Warentyp geben. Völlig unmotiviert erscheinen hingegen Bildungen wie *Sony* (HiFi-Geräte), *Fa* (Seife) oder *Bac* (Deodorant). Zwischen diesen beiden Polen - Transparenz und Undurchsichtigkeit - liegen jene Namen, die nur für Eingeweihte, d. h. für Hersteller oder Verkäufer, zu durchschauen sind: Hinter *Eduscho* steckt beispielsweise der Firmeninhaber *Eduard Schopf*, der Name *Homa Gold* weist auf das Unternehmen *Homann* hin, das dieses Produkt herstellt. Im Warennamen versteckt sich also manchmal ein Hinweis auf den Produkthersteller, den Produktionsort (*Hansaplast* - Produktionsort ist die Hansestadt Hamburg), die Eigenschaften des Produkts (*Nutella* wird aus Haselnüssen hergestellt; engl. nut) oder auch den Verwendungszweck (*Fewa* = Feinwäsche).

Neben diesen Bildungen, in denen für die Namenbenutzer mehr oder weniger Informationen zu entdecken sind, gibt es zahlreiche Namen, die - man denke an die eben zitierte Definition des Namens aus Marketing-Sicht - gezielt im Hinblick auf bestimmte Assoziationen vergeben werden. Bestes Beispiel hierfür sind die vielen assoziativen Parfumnamen wie *Magie noire*, *Extase*, *Tabu* oder *Coolwater*.

Westphal (1987:23ff) unterscheidet in ihrer psychoonomastischen Untersuchung westdeutscher Warennamen vier Typen assoziativer Warennamen: die Suggestivnamen, die Elitenamen, die Exotismen und die Privatismen. Zu den Suggestivnamen gehören vor allem imperativische Bildungen des Typs *Trink 10* oder elliptische Konstruktionen wie *Nur die*; bei diesem Namen einer Strumpfhose schwingt ein unbewußtes "ich kaufe" mit. Der Schokoladeriegel *Primus*, die Kekse *Ohnegleichen* oder der Frischkäse *Exquisa* sind Beispiele für die sogenannten Elitenamen, sie vermitteln dem Käufer das Gefühl, ein völlig einmaliges Produkt zu erwerben. Die Namen *Rodeo* (Rasierwasser), *Le Tatare* (Käse) oder *Miracoli* (Nudelgericht) fallen in die Gruppe der Exotismen, hier werden entweder, wie bei den ersten beiden Beispielen, ganze Wörter aus einer fremden Sprache entnommen oder wie im letzten Fall nur bestimmte Bildungsmuster. Privatismen des

Typs *Mon chérie* werden als Warennamen immer dann vergeben, wenn eine besonders enge, d. h. familiäre Bindung zum Käufer aufgebaut werden soll; zu dieser Gruppe von Warennamen gehören auch die *Ferrero Küßchen* (Pralinen) und der *Uncle Ben's Reis*.

Wenn man sich nun vor Augen hält, daß ein Warenname in zeichenrechtlicher Hinsicht ausschließlich der Identifizierung eines Produkts dienen soll, und wenn man dann noch die absoluten Eintragungshindernisse des § 4 WZG betrachtet (keine beschreibenden, keine geographischen Namen etc.; vgl. Abschnitt 5.1.2.4), so gelangt man zu der Erkenntnis, daß es zeichenrechtlich am sinnvollsten wäre, den Produkten nur artifizielle Namen oder Personennamen zu geben, d. h. für jedes neue Produkt müßte entweder ein völlig neuer Name gebildet werden, oder man müßte Personennamen verwenden, die ja rechtlich betrachtet die Prototypen des Namens darstellen. Unmotivierte Namen, d. h. Namen, bei denen der Namenbenutzer zwischen dem Produkt und der Benennung keine sinnvolle Verbindung herstellen kann, oder auch Buchstaben und Zahlen erfüllen die Identifikationsfunktion am besten. Nun wird aber Kurzwörtern und auch Kombinationen aus Buchstaben und Zahlen, wie man gesehen hat, die rechtliche Anerkennung als Waren- oder Handelsnamen erst einmal abgesprochen: sie seien, da nicht aussprechbar, keine Wörter und daher als Namen nicht zulässig (vgl. Abschnitt 5.2.2.1). Im Zuge der zunehmenden Internationalisierung des Wettbewerbs setzt sich aber im Marketing die Tendenz hin zu artifiziellen Namen immer mehr durch. Während beschreibende Namen wie *Trink 10* meist nur in der betreffenden Nationalsprache zu verwenden sind, lassen sich Neuschöpfungen wie der Biername *Kelts* oder der Name *Twix*[56] für einen Schokoladeriegel weltweit einsetzen. Bei ihnen wird zielorientiert, d. h. abgestimmt auf die Verbraucher des jeweiligen Landes ein passendes Marketing-Konzept und damit auch ein bestimmtes Assoziationsfeld aufgebaut. Bildungen wie *BASF*, *Sony*, *Timotei* oder die eben zitierten Beispiele können sprachenunabhängig gebraucht werden und beweisen nur einmal mehr die Aussage Fleischers, daß Eigennamen eine "interlinguale Sprachschicht" (Fleischer 1964:373) darstellen. Gerade die Warennamen verdeutlichen m. E. diese Besonderheit der Propria am deutlichsten.

56 Bis vor einigen Jahren hieß dieser Schokoladeriegel in Deutschland noch *Raider*, die Umbenennung in *Twix* wurde durch eine gezielte Werbekampagnie mit dem Slogan "Raider heißt jetzt Twix." unterstützt. Der Name *Raider* rief im Englischen wahrscheinlich beim Namenbenutzer sofort das Appellativum *raid* ins Gedächtnis und dessen negative Bedeutungen ("Überfall, Streifzug, Razzia") galt es sicherlich zu vermeiden.

Bei den Handelsnamen kommt nun noch hinzu, daß der Gesetzgeber je nach Unternehmensart auch die Angabe charakterisierender Elemente im Namen fordert und gleichzeitig in § 18 HGB für die einzelnen möglichen Attribute wie *international* oder *deutsch* konkrete Anforderungen aufstellt. Die Firma ist als Name insofern motiviert, als sich aus ihr direkt der Inhaber des Unternehmens ableiten läßt. Andere Handelsnamen lassen aber ebenfalls Rückschlüsse auf das jeweilige Unternehmen zu: bei der *Deutschen Transport Compagnie GmbH* kann man davon ausgehen, daß es sich um ein größeres, d. h. bundesweit operierendes Transportunternehmen handelt, bei der *Dr. Oetker Nahrungsmittel KG* finden sich Hinweise auf die Branche und den Firmeninhaber. Ein Geschäft mit dem Namen *Der Frankenladen* verspricht dem Kunden wiederum fränkische Produkte. Auch die Angabe der jeweiligen Rechtsform stellt eine Charakterisierung des Unternehmens dar.

Angesichts dieser Besonderheiten bei Handels- und Warennamen stellt sich nun aus onomastischer Sicht die Frage, ob es sich hier überhaupt noch um Namen im linguistischen Sinne handelt. In Abschnitt 2.2.2 über den onomastischen Namenbegriff wurde der Eigenname als auf der Systemebene grundsätzlich bedeutungsloses sprachliches Zeichen definiert. Nach dem bisher Gesagten dürfte allerdings deutlich geworden sein, "daß der Warenname nicht nur eine Bezeichnungs-, sondern auch eine Bedeutungsfunktion hat" (Gläser 1973a:225), diese Aussage gilt nicht nur für Waren-, sondern auch für Handelsnamen. Die Bedeutungsfunktion zeigt sich sowohl auf semantischer als auch auf morphologischer Ebene, daher wurde den Warennamen in der onomastischen Literatur der Namensstatus immer wieder aberkannt:

> Akzeptiert man, daß es eine begrenzte Anzahl von Markennamen-Morphemen im Deutschen gibt, die eine das Referenzobjekt - wenn vielleicht auch nur vage - charakterisierende Funktion besitzen, so läßt sich für die Kunstwort-Markennamen die häufig vertretene Bestimmung des Markennamens als Eigenname nicht mehr aufrechterhalten. (Voigt 1985/1989:173)

Voigt bezieht sich hier auf reihenbildende Suffixe wie *-plast* für Kunststoffe, *-pren* für Elaste oder auch *-lan* für Kunstfasern und auf die These Fleischers (Fleischer 1964a:327), daß die Morpheme der Eigennamen durch Funktionslosigkeit markiert seien. Ich denke, diese Beispiele zeigen in erster Linie, daß in der Warennamenbildung das "Prinzip der durchsichtigen Motivation und gleichzeitig das Prinzip der Ökonomie" (Schippan 1990:33) gelten.[57] Wie bei anderen Namenarten auch erscheinen manche Bildungen für den Namenbenutzer transparent, manche bleiben unverständlich. Diese etymologische Ebene und der Grad der Motiviertheit einer Bildung ist allerdings für die Verwendung einer Benennung als Waren- oder Handelsname ebenso irrelevant wie bei den Familien- oder Vornamen. Gleich ob ein Waschmittel *Sunil* oder *Pril* heißt, viel wichtiger ist, daß die gewählte Benennung in einem Namengebungsakt einem Objekt zugeteilt und in allen weiteren Kommunikationssituationen in dieser spezifischen Zuordnung verwendet wird. Doch gerade an diesem Punkt setzt ein weiteres Argument gegen den Namenstatus von Warennamen an: Da ein Produktname nicht nur einem Exemplar des Produkts zugeordnet sei, sondern eine Vielzahl von Gegenständen kennzeichne, würden die Warennamen "eine Klasse der Appellativa, die jedoch propriale Eigenschaften besitzen" (Schippan 1989:50), darstellen; dies könne man außerdem daran erkennen, daß Warennamen mit bestimmtem und unbestimmtem Artikel oder mit Indefinitpronomen vorkommen könnten.[58] Für den Namenstatus von Warennamen spricht allerdings meiner Meinung nach die Tatsache, daß die Benennung gezielt von einem oder mehreren Namengebern für genau ein Produkt ausgewählt und nach dem Namengebungsakt schriftlich fixiert wird (vgl. Abschnitt 5.2.5.1).

Außerdem muß man festhalten, daß sich die einzelnen Waschmittelpakete, die beispielsweise den Namen *Dash 3* tragen, zumindest in der fortlaufenden Seriennummer unterscheiden. Daß es unendlich viele *Dash-3*-Pakete gibt, interessiert den Käufer, sprich Namenbenutzer, beim Kaufakt nicht, wichtig ist vielmehr, daß die Differenzen zwischen den angebotenen Waschmitteln sich in erster Linie in den unterschiedlichen Warennamen manifestieren. Ob ein Kunde zu *Persil*, *Fewa* oder *Storch*-Waschmittel greift, hängt davon ab, welches Interesse hinter dem Kauf steckt: Benötigt man ein für alle Temperaturen verwendbares Waschmittel, ein Feinwaschmittel, oder soll das Waschmittel parfumfrei sein? Betrachtet man das Konsumverhalten unserer Zeit, so wird man - auch an sich selbst - erkennen können, wie wichtig der Name beim Kauf ist. In vielen Branchen dominiert aufgrund eines gelungenen Werbekonzepts eine Zeit lang ein bestimmtes Unternehmen, dann kauft man eben *Nike*-Schuhe und nicht *Rebook*, *Puma* oder *Adidas*.

---

57 Außerdem finden sich in anderen Namenklassen ebenfalls reihenbildende Konstituenten, man denke nur an die Grundwörter in der Straßennamenbildung. Den Straßennamen hat man deshalb auch nicht den Namenstatus abgesprochen.

58 Vgl. Vater 1965:212.

Nur wer das Produkt mit dem "richtigen" Namen trägt, kann sicher sein, zu den Trendsettern zu gehören.

Die Handels- und Warennamen dienen also sehr wohl der eindeutigen Identifizierung. Da es sich bei ihnen um produktive Bildungen handelt, sind sie meist stark motiviert und übernehmen daher gleichzeitig symbolisierende und charakterisierende Funktionen.

5.2.5 Namenpragmatik

5.2.5.1 Prinzipien der Handels- und Warennamengebung

Jedes sprachliche Zeichen - ob im Wortschatz bereits vorhanden oder gezielt neu geschaffen - kann als Handels- oder Warenname verwendet werden.

Ausgehend von dem in Abschnitt 2.2.3.1 aufgestellten Namengebungsmodell findet bei Handels- und Warennamen eine aktive Namengebung statt, wobei anders als bei den Warennamen (aktive Namengebung 2. Grades) im Falle der Handelsnamen Namengeber und Namenträger identisch sind (aktive Namengebung 1. Grades).

Ein steuerndes Moment im Bereich der Namenwahl und Namengebung ist die zeichenrechtliche Forderung nach einer eindeutigen Identifizierung des Unternehmens oder des Produkts durch die neugewählte Benennung. Zu dieser expliziten Anforderung auf rechtlicher Seite, die teilweise auch Vorschriften für die äußere Form der Handels- und Warennamen umfaßt, treten die Prinzipien des Marketings, die m. E. die Handels- und Warennamenbildung entscheidend lenken, weshalb an dieser Stelle kurz auf sie eingegangen werden soll. An einen erfolgreichen Produktnamen werden aus der Sicht des Marketings verschiedene Anforderungen gestellt:

1. Er muß sich von allen Namen des Wettbewerbs unterscheiden.
2. Er muß einen Neuigkeitseffekt auslösen, um die Aufmerksamkeit auf sich zu lenken.
3. Er muß in der Lage sein, einen neuen Wert zu kommunizieren, der dem Wert der Wettbewerber überlegen ist.
4. Er muß auf unverwechselbare Art und Weise attraktiv wirken, um merkfähig zu sein.
5. Er muß schutzfähig sein, da er als Name sämtliche Investitionen repräsentiert. (Gotta 1989b:241)[59]

---

59 Gotta bezieht sich hier eigentlich auf Produktnamen, ich denke aber, daß diese fünf Punkte auch für die Namengebung von Handelsnamen gelten. Daher wird in den weiteren Ausführungen dieses Abschnitts nicht mehr explizit zwischen Handels- und Warennamen differenziert.

An erster Stelle steht also auch im Marketing die Unterscheidungskraft eines Namens: nur wenn der Name sich von den Namen der Konkurrenz abhebt, ist er als Benennung geeignet. Unterscheidungskraft allein reicht allerdings nicht aus, hinzu kommen muß ein "Neuigkeitseffekt": der Name soll die "Aufmerksamkeit" des Kunden auf sich lenken. Erreicht wird dieser Effekt meist durch morphologische, phonologische oder orthographische Abweichungen des Namens vom Gesamtsystem der jeweiligen Sprache. Ständig durchbrochen werden beispielsweise die Regeln der Groß- und Kleinschreibung - beliebt ist hier vor allem die Markierung einer semantischen Einheit durch Majuskel im Wortinneren wie im Namen *OptoVit-E-Salbe* für eine "Hautpflegesalbe mit Vitamin *E*, die *opt*imal die *Vit*alität der Haut fördert" (Lötscher 1987:169; Hervorhebung im Original/K.S.).

Im Mittelpunkt des betriebswirtschaftlichen Denkens steht im Hinblick auf die Tauglichkeit eines Namens dessen Kommunikationsfähigkeit: Der Name hat für das Unternehmen eine Transportfunktion zu erfüllen, denn nur mit seiner Hilfe kommunizieren Hersteller und Kunde miteinander. Zentraler Aspekt innerhalb dieser Kommunikationssituation ist die Merkfähigkeit des Namens. Oft werden in diesem Zusammenhang bewußt sprachliche Abweichungen wie die oben genannten als unterstützende Maßnahmen neben einer gezielten Werbestrategie eingesetzt. Aus linguistischer Sicht gilt hier: "Der Erinnerungswert der Namen ist größer, wenn sie sinnvoll sind, und er ist bei sinnfremden Gebilden um so größer, je weniger Glieder er hat" (Römer 1968:74); dabei darf man nicht vergessen, daß Neubildungen ebenfalls "an allgemeinen Assoziationsnetzen" (Lötscher 1987:288) teilhaben. Wichtig ist schließlich außerdem die morphologische Struktur eines Namens, so ist beispielsweise die Folge "Apposition + Eigennamen" (*Kaffee Hag*) im Gegensatz zur umgekehrten Reihenfolge "Eigennamen + Apposition" (*Nivea Hautcreme*) besser merkbar.[60]

Oberstes Ziel einer Marketing-Strategie ist die Erlangung des Rechtsschutzes, denn nur ein offiziell anerkannter Name ist vor einem Mißbrauch durch Dritte oder gegen Verwechslungsgefahr geschützt. Den Schutz durch das Zeichenrecht erhält ein Name allerdings erst, wenn er Unterscheidungskraft hat; womit wir wieder bei Punkt 1 unserer Ausführungen angelangt wären.

Zusammenfassend läßt sich im Hinblick auf die Prinzipien der Namengebung zweierlei festhalten. Zum einen sind die sprachlichen Qualitäten eines Namens

---

60 Allgemein zu Aspekten des Lernens und Vergessens von Eigennamen s. Koß 1988.

wie Aussprache, Schreibweise und Assoziationsgehalt, zum anderen die zeichenrechtliche Situation für die Namengebung ausschlaggebend. Es muß geklärt sein, ob es bereits ein ähnliches, vielleicht auch eingetragenes Zeichen gibt, und ob die Marke nur nationalen oder auch internationalen Schutz erhalten soll. Die sogenannte COVIUS-Formel faßt diese Anforderungen zusammen (vgl. Gotta 1989a o.S.):

C = Creativität
O = Originalität
V = Vitalität
I = Internationalität
U = Unverwechselbarkeit
S = Schutzfähigkeit

5.2.5.2 *Calimbo* vs. *CALYPSO* - Wann sind zwei Warennamen verwechselbar?

Nachdem in Abschnitt 5.1.1.1 der Begriff der Verwechslungsgefahr bereits als grundlegender Terminus des Zeichenrechts eingeführt wurde, interessiert den Linguisten im Zusammenhang mit namenpragmatischen Fragen die Handhabung dieses Begriffs in der Rechtspraxis. Die Verwechslungsgefahr stützt sich aus zeichenrechtlicher Sicht auf drei Aspekte des Warennamens: das "Klangbild", das "Wortbild" und den "Begriff" (Busse/Starck § 31 WZG Rn 48). Im Vordergrund steht bei zeichenrechtlichen Untersuchungen eindeutig die gesprochene Sprache:

> Gerade das Klangbild prägt sich dem Gedächtnis vieler Abnehmer stärker ein als das Schriftbild (...) Eine verschiedene Schreibweise ist zeichenrechtlich unerheblich. (Busse/Starck § 31 WZG Rn 48)

Als verwechselbar gelten daher beispielsweise *Arnaud* und *Arno*, *Honneur* und *Hohner*.

Wahrscheinlich aufgrund ihrer eigenen Fremdsprachenkenntnisse haben die Richter die beiden Warennamen *Arnaud* und *Honneur* als Wörter französischen Ursprungs erkannt und daher "französisch" ausgesprochen: [aʀ'no:] und [ɔn'œʀ]. Transkribiert man die beiden deutschsprachigen Wörter *Arno* ['arno] und *Hohner* ['ho:nɐ], so zeigt sich deutlich, daß die betreffenden Namenpaare auf phonematischer Ebene keineswegs verwechselbar sind: Markante Unterschiede zeigen sich erstens im konsonantischen Bereich, zweitens im vokalischen Bereich und drittens bei der Betonung. Während in den französischen Wörtern das Graphem <r> immer als [ʀ] realisiert wird - alle anderen Allophone des /r/-Phonems gelten in

Frankreich als sozial stigmatisierend[61] -, wird es in den deutschsprachigen Wörtern einmal in das Allophon [r] umgesetzt und einmal vokalisiert [ɐ]. Bei *Honneur/Hohner* kommt außerdem als signifikanter Unterschied die Realisierung das Graphems <h> hinzu: Im französischen Wort "honneur" wird dieses Graphem nicht gesprochen. Im Vokalbereich unterscheidet sich das Namenpaar *Arnaud/Arno* in der unterschiedlichen Längung des /o/-Phonems. Bei *Honneur/Hohner* wird das Graphem <o> einmal als offenes [ɔ], einmal als geschlossenes [o] realisiert; als weiterer Unterschied kommt bei *Honneur/Hohner* die Realisierung der Endsilbe hinzu: [œʀ] vs. [ɐ]. Schließlich ist als letztes signifikantes Merkmal die Betonung der einzelnen Wörter zu nennen. Das hier angesprochene Problem gehört in den Bereich des Fremdwortschatzes. Denn bei den beiden genannten Warennamen *Arnaud* und *Honneur* handelt es sich eindeutig um einen Fremdnamen und um ein Fremdwort, d. h. um Wörter, die aus einer anderen Sprache in das Deutsche übernommen wurden, die aber gleichzeitig noch bestimmte Fremdmerkmale z. B. in der Schreibung, der Aussprache oder der Wortbildung aufweisen. Ausgehend von dieser Erkenntnis muß man weiterhin festhalten, daß die beiden betreffenden Wörter bei einer Integration in das deutsche Sprachsystem im Phonem- und Graphembereich entweder den im Französischen geltenden Regeln folgen oder aber eingedeutscht werden können.[62] So wäre es doch z. B. durchaus denkbar, *Arnaud* als [aʀnaʊd] auszusprechen; diese graphophonemische Integration allerdings "wird in einer Sprachgemeinschaft, in der Französisch Schulsprache ist, als fehlerhaft stigmatisiert" (Munske 1983:583) und wurde daher von den Juristen auch nicht angenommen. Prinzipiell unterscheidet sich die Akzentuierung bei Fremdwörtern von der Betonung indigener Wörter dadurch, daß sie einer phonologischen Regel folgt: "den Hauptakzent erhält die letzte schwere Silbe. Schwere Silben sind solche mit Langvokal, Diphthong oder Kurzvokal+Konsonant" (Munske 1988:55). Im Deutschen wird ausgehend von der morphologischen Struktur des Wortes der erste Vokal des Basismorphems betont.

Die beiden Namenpaare zeigen gleichzeitig aber auch, daß die vollständige Ausklammerung der graphematischen Ebene linguistisch betrachtet nicht zu rechtfertigen ist: Die Aussprache der Graphemkombination <aud> als [o:] ist im Deutschen ebenso unüblich wie die Aussprache der Graphemfolge <eu> als [œ].

---

61 Vgl. Ternes 1987:84ff.

62 Zu Transferenz und Integration von Fremdwörtern im Deutschen s. Munske 1983 und 1988b.

Schreibweise und Aussprache stehen also immer in einem engen Zusammenhang zueinander und müssen daher bei einer Analyse unbedingt gemeinsam betrachtet werden. Verkompliziert wird dieser Zusammenhang noch zusätzlich, wenn, wie in den soeben genannten Beispielen, ein Warenname einer anderen Sprache entnommen ist. In einem solchen Fall muß der Fremdwortstatus des betreffenden Namens deutlich gemacht werden.

Oberstes Ziel der zeichenrechtlichen Lautanalyse ist es, herauszufinden, welchen Einfluß die abweichenden Laute auf den "Gesamtwortklang" (Busse/Starck § 31 WZG Rn 50) des betreffenden Warennamens haben, wobei allen Warennamen, auch den Phantasiezeichen (Busse/Starck § 31 WZG Rn 52), die im Deutschen übliche Aussprache und Betonung zugrunde gelegt wird.[63] Ein Vorgehen, das - wie die obigen Beispiele zeigen - erstens in den Kommentaren und Urteilen nicht immer durchgeführt wird und das zweitens linguistisch nicht gerechtfertigt ist.

Ebenfalls zweifelhaft sind folgende Klassifizierungsversuche der Zeichenrechtler: "Ähnlich klingende Anfangsbuchstaben sind z. B. B-P, D-T, F-PH-V, G-K, J-Y-Ü, V-W" (Busse/Starck § 31 WZG Rn 69).

Für die Verschlußlaute [b / p; d / t; g / k], die sich im Anlaut nur hinsichtlich der Lenis-Fortis-Korrelation unterscheiden, mag diese Zusammenstellung zutreffen. Auch die Zusammenfassung der Grapheme <f>, <v> mit dem Digraphen <ph> für den [f]-Laut und der Grapheme <v> und <w> für das Phonem /v/ ist zulässig, doch sollte bei einer derartigen "Liste" von "ähnlich klingende(n) Anfangsbuchstaben" immer ein Bezug zu den jeweiligen Lauten gemacht werden. Denn aus dem Graphem allein geht noch nicht hervor, wie das Wort auszusprechen ist: *Vase* und *Vater* - zweimal <v>, zwei unterschiedliche Aussprachen (/v/ vs. /f/). Die lautliche Gleichstellung der Grapheme <j>, <y> und <ü> funktioniert nun noch weniger als die bisher genannten. In der Anfangsposition wird <j> in unterschiedlicher Art und Weise realisiert: [j] in *Jahr* oder *Japan*, [ʒ] in *Jargon*, [dʒ] in *Jackpot* oder *Jersey* oder [ç] wie im Namen der spanischen Stadt *Jerez*. Auch für das <y> muß man mehrere Aussprachemöglichkeiten festhalten: [y] wie in *Ypsilon* oder *Pyramide*, [j] wie in *Yen* oder *Yard* und [i] wie in *Calypso*. Auch wenn es sich bei den Beispielen häufig um Fremdwörter handelt, können diese

63 Ein Hinweis für die Verwendung sprachwissenschaftlicher Termini sei an dieser Stelle gestattet: Wenn man das Klangbild eines Zeichens untersucht, kann man nicht gleichzeitig von abweichenden Buchstaben sprechen. Hier werden in der zeichenrechtlichen Literatur regelmäßig die Phonem- und die Graphemebene vermischt.

beiden Grapheme, wie man sieht, nicht so ohne weiteres mit dem <ü> gleichgesetzt werden.[64]

Im Zentrum der rechtlichen Prüfung steht meist nur der Wortanfang, die Wortausgänge sind mit Ausnahme der Endsilben bei medizinischen oder chemischen Ausdrücken - hier gilt die Endung als unterscheidungskräftig (Busse/Starck § 31 WZG Rn 73) - in der Regel zeichenrechtlich irrelevant. Aufgrund der unterschiedlichen Anfangssilben wurde z. B. die Verwechselbarkeit von *Biofix* und *Neofix*, von *Handelsgold* und *Angelgold* oder auch von *Unipor* und *Contipor* verneint (Busse/Starck § 31 WZG Rn 71); hingegen wurde bei *Dextraflex* und *Tesaflex* trotz unterschiedlicher Wortanfänge die Verwechselbarkeit bejaht (ebd.). In einer linguistischen Untersuchung würde man anstelle einer Silbenanalyse die Verwechselbarkeit besser im Hinblick auf die Namenbildung der betreffenden Warennamen untersuchen und eine Morphemanalyse durchführen. Die Wort- bzw. Namenbildung spielt im Zeichenrecht allerdings anscheindend keine Rolle, jedenfalls wurde in keinem zeichenrechtlichen Kommentar darauf hingewiesen. Für den Vergleich zweier Warennamen ist aber aus linguistischer Sicht eine Morphemanalyse unerläßlich, denn auch Übereinstimmungen im Wortbildungsmodell können eine Verwechslungsgefahr begründen.

Neben Schreibweise und Klang tritt in der rechtlichen Beurteilung die Begriffsebene, also die semantische Analyse eines Namens. "Der gleiche **Wortsinn** kann die Übereinstimmung begründen" (Busse/Starck § 31 WZG Rn 55; Hervorhebung im Original/K.S.)); daher gelten z. B. die Namen *Odin* und *Wotan* als verwechselbar. Ein "Wortsinn" ist nur bei den dem Namen zugrundeliegenden Appellativum zu untersuchen, bei den Namenbildungen ist deren Motiviertheit zu prüfen. Im diesem Zusammenhang wird aus zeichenrechtlicher Sicht stets der Wortanfang betont, so kann bei Determinativkomposita die Übereinstimmung des Bestimmungswortes eine Verwechslungsgefahr begründen. *Sängerfreund* und *Sängerlust* sind ebenso begrifflich verwechselbar wie *Jägerfürst* und *Jägermeister.* Diese Überbetonung des Wortanfangs, d. h. in diesem Fall der Bestimmungswörter, ist linguistisch nicht zu rechtfertigen, da die Bedeutung eines Kompositums prinzipiell auf dem zweiten Element, dem Grundwort, beruht.

---

64 Die Aussprache der einzelnen Grapheme und Graphemkombinationen findet man beispielsweise im Duden-Aussprachewörterbuch (Mannheim ^{3}1990) oder im "Großen Wörterbuch der deutschen Aussprache" (E. M. Krech et al., Leipzig 1982).

Eine semantische Sonderstellung unter den Warennamen nehmen die Vornamen ein: Sie gelten als nicht unmittelbar begrifflich verwechselbar, "da der Verkehr bei Namen, die zur Individualisierung von Personen bestimmt sind, auch kleinere Unterschiede bemerkt" (Busse/Starck § 31 WZG Rn 55). Als Warennamen können daher *Wera* und *Verena* trotz der Übereinstimmung der ersten drei Phoneme und des auslautenden /a/ nebeneinander in die Zeichenrolle des Patentamts eingetragen werden. Die Argumentation mit dem Hinweis auf die Semantik der Vornamen ist hier allerdings nicht angebracht: Die Abschnitte 2.2.2 und 3.2.4 haben gezeigt, daß Eigennamen - und somit auch Vornamen - keine auf Systemebene fixierbare Bedeutung besitzen. Sprachsystematisch begründet somit nichts die Wahl des Namens *Wera*; das Kind oder Produkt könnte auch beliebig anders heißen. Die Gruppe der Eigennamen hebt sich aber von den übrigen sprachlichen Zeichen durch ein anderes grundlegendes Merkmal ab: Mit Namen werden Einzelobjekte und keine ganze Gattung benannt. Die zeichenrechtliche Bevorzugung onymischer gegenüber appellativischen Benennungen beruht also auf den referentiellen und nicht den vermeintlich semantischen Eigenschaften der Namen. Aufgrund seiner Namenkompetenz weiß ein Sprecher, daß Namen üblicherweise eindeutig mit nur einem Gegenstand verbunden sind, und auf diesem Wissen beruht, denke ich, die soeben zitierte Aussage über die prinzipielle Unverwechselbarkeit von Vornamen.

Weitere Unstimmigkeiten und linguistische Unkorrektheiten in rechtlichen Beurteilungen über die Verwechselbarkeit von Warennamen zeigen sich, wenn man einzelne Urteile näher betrachtet.

Im Falle der beiden Wortzeichen *Calimbo* und *CALYPSO* entschied das Bundespatentgericht, daß zwei Wörter auch dann zeichenrechtlich übereinstimmen, wenn erst das Zusammenwirken von Ähnlichkeiten im Schriftbild, im Klang und im Begriffsgehalt zur Verwechslung führen kann.[65] Auf phonologischer Ebene argumentierte das Gericht, daß die beiden Namen zwar einen identischen Wortanfang (/k a l/) und die gleiche Vokalfolge (/a - i - o/) besitzen, sich aber in der Wortmitte grundlegend voneinander unterscheiden. "'Calimbo' ist ein weich

---

65 *Calimbo* wurde für "Fruchtnektare aus exotischen Früchten" angemeldet, das bereits eingetragene *CALYPSO* ist der Name für "Fruchtpulver und alkoholfreie Fruchtpräparate für die Zubereitung von alkoholfreien Getränken". Der Abstand zwischen beiden Waren war für das Gericht nicht so deutlich, daher werden "an die Annahme einer zeichenrechtlichen Verwechslungsgefahr ähnlicher Zeichen höhere Anforderungen gestellt" (GRUR 1994, H. 1, S. 291)

klingendes Wort, während in 'CALYP/SO' eine Fuge gesprochen wird, die das 'S' hervorhebt und die unterschiedliche Härte von 'P' und 'B' deutlicher macht." (GRUR 1994, H. 1, S. 291). Aus linguistischer Sicht muß man hier zweierlei anführen: Erstens kann man nicht prinzipiell davon ausgehen, daß die Grapheme <i> und <y> immer gleich ausgesprochen werden (s.o.). Im Urteil wird zwar auf den Duden und die dort angegebene Aussprache von Calypso (Tanz im Rumbarhythmus) hingewiesen (ebd.), doch erscheint es fraglich, ob den Käufern diese Aussprache des Wortes bewußt ist; eine Aussprache des <y> als [y] ist wahrscheinlicher.[66] Zweitens kann man nicht von einer "Fuge" im Namen *CALYPSO* sprechen, dieser linguistische Begriff gehört in den Bereich der Wortbildung.[67] Auf der Konsonantenebene unterscheiden sich die beiden Namen nur in zwei Phonemenpaaren: /m - b/ vs. /p - s/. Wenn man sich die Artikulation der einzelnen Laute näher betrachtet, stellt man fest, daß das Phonem /m/ zwar einerseits zu den Nasalen gehört, andererseits fällt es zusammen mit den Phonemen /b/ und /p/ in die Gruppe der bilabialen Laute. Einzig das Phonem /s/ hebt sich hinsichtlich seiner Artikulation eindeutig von den anderen Phonemen ab; hier handelt es sich um einen alveolaren Frikativ. Der fundamentalste Unterschied zwischen den beiden Phonempaaren liegt aber in der Stimmlosigkeit der einen (/p - s/) und der Stimmhaftigkeit der anderen Sequenz (/m - b/); hierzu kommen noch die zwei verschiedenen Artikulationsstellen der Phoneme /b/ und /s/. Die unterschiedliche Reihenfolge in den beiden Konsonantenverbindungen trägt ebenfalls zur eindeutigen Unterscheidung der zwei Namen bei. Auf phonematischer und phonotaktischer Ebene sind diese beiden Warennamen also nicht verwechselbar.

Beim Vergleich der Schriftbilder fehlt im Urteil meiner Meinung nach das hier grundlegendeste Unterscheidungskriterium: die Schreibung des einen Namens in Majuskeln. Für die zeichenrechtliche Analyse des Schriftbildes sind generell die "Zahl und Folge der identischen Buchstaben, die Wortlänge, die Schrifthöhe", der Wortanfang und das "Gesamtwortbild" (Busse/Starck § 31 WZG Rn 52) entscheidend.

Sieht man sich die semantische Analyse der Namen *Calimbo* und *CALYPSO* des Bundespatentgerichts näher an, so stellt man fest, daß verschiedene Ebenen durcheinander geraten sind. Zum einen wird auf die Nymphe Kalypso und das gleichnamige Schiff, also auf bestimmte Namenträger, verwiesen. Zum anderen

---

66 Vgl. Munske 1993:141.
67 S. Fleischer/Barz 1992.

sei *CALYPSO* auch die Bezeichnung für einen Tanz und in *Calimbo* verstecke sich ebenfalls ein Tanz, der Limbo. Der Hinweis auf die Namenträger hat mit der Bedeutung des Namens nichts zu tun: Die Namenträger prägen lediglich die Assoziationen, die der Name beim Benutzer hervorrufen kann. Die Bedeutsamkeit eines Namens muß von seiner - womöglich von seiner appellativischen Herkunft herstammenden - lexikalischen Bedeutung getrennt werden. Daher sind die zwei Namen höchstens deswegen begrifflich verwechselbar, weil sie beide direkt oder indirekt einen Tanz bezeichnen. Inwieweit dies den Käufern allerdings bewußt ist, sei dahingestellt.

Faßt man alles bisher Gesagte zusammen, so ergeben sich innerhalb eines linguistischen Modells zur Analyse eines Warennamens folgende fünf Ebenen:

1. die phonematische Ebene
2. die graphematische Ebene
3. die morphologische Ebene
4. die semantische Ebene
5. die pragmatische Ebene

Untersucht werden müssen also nicht nur die Phonem- und Graphemebene, die Morphologie und die Semantik des Warennamens, sondern auch die Namenbedeutsamkeit und die Namenverwendung. Es muß gefragt werden, ob dem Namenbenutzer der gewünschte Name bereits aus einem anderen Zusammenhang bekannt sein könnte; auf der pragmatischen Ebene spielen also auch etwaige Namenträger eine Rolle. Die Ebenen 4 und 5 können allerdings bei neugeprägten Warennamen nur bedingt untersucht werden: Die semantische Analyse wird sich in erster Linie mit den Assoziationen, die der Name hervorrufen könnte, beschäftigen müssen, und die Frage nach dem bisherigen Namengebrauch scheidet bei einem neugebildeten Warennamen von vornherein aus. Insgesamt kann eine wissenschaftlich korrekte Analyse eines Warennamens nur von einem Fachmann durchgeführt werden: Daher sollten insbesondere die mit diesen Fällen beschäftigten Patentanwälte linguistische Unterstützung akzeptieren.

5.3 Zusammenfassung

Im Hinblick auf den Zusammenhang von Eigennamen und Recht wurde der große Bereich der Ergonyme auf die Behandlung der Handels- und Warennamen eingeschränkt. Die rechtliche Situation der Handels- und Warennamen erscheint für den Nichtjuristen äußerst kompliziert, da die einzelnen relevanten Paragraphen auf mehrere Rechtsgebiete verteilt sind.

Die Normierungen des **Handelsnamens** finden sich weitgehend im Handelsgesetzbuch (HGB), für den Onomastiker interessant ist hier die detaillierte Regelung der Namensbildung und Namenverwendung in § 18 HGB. Nicht nur die eigentliche Namensstruktur ist gesetzlich fixiert - die Firma besteht beispielsweise aus mindestens einem ausgeschriebenen Vornamen und dem Familiennamen des Geschäftsinhabers - für eine Vielzahl von Adjektiva und Substantiva hat der Gesetzgeber auch den Namengebrauch genau festgeschrieben, so daß sich nicht jedes Unternehmen beliebig als *Werk* oder *Fabrik* bezeichnen darf.

Die **Warennamen** werden einesteils im Wettbewerbsrecht, andernteils im Warenzeichenrecht normiert. Diese Aufsplitterung auf zwei Rechtsgebiete endete mit dem 1. Januar 1995, an dem das neue im Rahmen der europäischen Harmonisierung entstandene Markengesetz in Kraft trat. Die rechtlichen Grundlagen zum Warennamen beruhen insgesamt weniger auf expliziten, vom Gesetzgeber erlassenen Paragraphen, als vielmehr auf zahllosen Einzelentscheidungen und den Kommentaren zum Warenzeichenrecht. Anders als die Handelsnamengebung ist die Warennamengebung fakultativ. Bei beiden Namenarten findet allerdings eine aktive Namengebung statt, wobei es sich bei den Warennamen um eine aktive Namengebung 2. Grades und im Falle der Handelsnamen - Namengeber und Namenträger sind identisch - um aktive Namengebung 1. Grades handelt. Genauso wie bei den Handelsnamen spielt auch bei den Warennamen die Semantik eine große Rolle; so dürfen z. B. beschreibende Angaben nicht als Warennamen benutzt werden. Gleichzeitig entscheidet bei der Warennamenbildung in letzter Instanz meist der assoziative Gehalt des Namens über dessen Verwendung.

Angesichts der hier dargestellten unterschiedlichen Rechtsgrundlagen sind die Handels- und Warennamen unbedingt auch in der onomastischen Literatur begrifflich voneinander zu trennen; bisher wurden diese Namen, wenn sie überhaupt Anlaß zu onomastischen Forschungen waren und nicht aus dem Namensystem ausgeklammert wurden, nicht konsequent differenziert. Ich denke, daß diese beiden Namengruppen aber am deutlichsten von allen Namenarten zeigen, daß jedes beliebige sprachliche Zeichen onymische Funktionen übernehmen kann. Das Besondere an diesen beiden Namentypen ist, daß bei ihnen zusätzlich zur reinen Identifikationsfunktion meist auch eine charakterisierende Funktion hinzukommt. Wir haben es also mit Eigennamen zu tun, die anders als z. B. Familien- oder

Ortsnamen, aber ebenso wie Straßen- und Institutionsnamen eine für den Sprecher noch erkennbare Primärmotivation besitzen. Diese Tatsache wurde in der **Eigennamentheorie** bisher meist ignoriert oder man hat den Warennamen gerade deswegen ihren Namensstatus abgesprochen. Unterstrichen wird die Stellung der Handels- und Warennamen innerhalb des Namenschatzes in meinen Augen noch durch die für alle amtlichen Namen charakteristische schriftliche Fixierung beider Namenarten im Handelsregister bzw. in der Zeichenrolle des Patentamtes.

Auch für die juristische Betrachtungsweise dieser beiden Namengruppen hat die vorliegende Arbeit neue Ergebnisse gebracht. So ist die Ablehnung der Kurzwörter als Handels- oder Warennamen linguistisch nicht gerechtfertigt: Kurzwörter stellen vollwertige sprachliche Zeichen dar. Für die Analyse verwechselbarer Warennamen wurde ein linguistisches Modell erarbeitet, das deutlich macht, daß die einseitige Konzentrierung auf die Lautebene in eine Sackgasse führt. Anstelle der zeichenrechtlichen Untersuchungskategorien "Klangbild, Schriftbild und Begriff" sind in einer linguistischen Analyse fünf Ebenen zu setzen: 1. die phonematische Ebene, 2. die graphematische Ebene, 3. die morphologische Ebene, 4. die semantische Ebene und 5. die pragmatische Ebene.

Im Bereich der Handels- und Warennamen hat sich der interdisziplinäre Blickwinkel somit als besonders fruchtbar herausgestellt, da er für beide Seiten zu neuen Erkenntnissen geführt hat.

6 Zusammenfassung

6.1 Die Ausgangslage

Mit den Hauptgruppen deutscher Eigennamen - den Anthroponymen, den Toponymen und den Ergonymen - setzt sich sowohl die linguistische Onomastik wie - hinsichtlich ihrer rechtlichen Normierung - auch die Jurisprudenz auseinander. Doch nehmen beide Wissenschaften trotz ihres gemeinsamen Gegenstandes nur wenig Notiz voneinander; und wenn dies geschieht, nicht immer fachkundig unter Bezug auf den aktuellen Forschungsstand. Mein Interesse richtet sich auf einen Vergleich der Klassifikation und auf die jeweilige Bedeutung der Ergebnisse der einen Disziplin für die andere. Innerhalb dieses interdisziplinären Ansatzes, der die Erkenntnisse der Rechts- und der Sprachwissenschaft miteinander verbindet, stellen sich drei grundlegende Fragen:

1. Welcher Namenbegriff liegt der jeweiligen Disziplin zugrunde?
2. Zu welchen Ergebnissen kommen die beiden Wissenschaften mit diesem Namenbegriff?
3. In welchem Verhältnis stehen die rechtlichen Vorschriften zu den vorhandenen linguistischen Modellen?

Die in den vorangegangenen vier Kapiteln auf diese Fragen gefundenen Antworten sollen in den folgenden drei Abschnitten noch einmal kurz zusammengefaßt werden: *Die rechtlichen Normierungen* (Abschnitt 6.2), *Juristische Probleme - Linguistische Lösungen* (Abschnitt 6.3), *Die onomastischen Ergebnisse* (Abschnitt 6.4).

6.2 Die rechtlichen Normierungen

Bevor auf die rechtlichen Normierungen der verschiedenen Namengruppen eingegangen werden konnte, mußte in Abschnitt 2.1 zuerst das derzeit gültige deutsche **Namenrecht** erläutert werden: Im Zentrum der Ausführungen stehen § 12 BGB, der juristische Namenbegriff und die Namensfunktionen. Im engeren Sinne umfaßt das Namenrecht die Normierungen des Personennamens; Ausgangspunkt der vorliegenden Arbeit ist jedoch das Namenrecht im weiteren Sinne, welches sämtliche Vorschriften erfaßt, die sich auf die Benennung von Personen oder Objekten beziehen. Zu diesen Normierungen zähle ich nicht nur das Gesetzes- und Richterrecht, sondern auch die für manche Namen bestehenden Verwaltungsvorschriften: Eigennamen können somit auf drei rechtlichen Ebenen normiert werden. Die in der vorliegenden Arbeit untersuchten sieben Namentypen - Familienname, Vorname, Pseudonym, Ortsname, Straßenname, Handelsname, Warenname - verteilen sich auf drei große Rechtsbereiche: das Zivilrecht, das öffentliche Recht und den gewerblichen Rechtsschutz. Verbindet man die Normierungsebene mit dem Ort der Normierungen und dem dazugehörigen Namentyp, so ergibt sich folgende Übersicht:

Normierungebene	**Ort der Normierung**	**Namentyp**
Gesetzesrecht	1. BGB 2. GO 3. HGB 4. WZG	1. Familienname 2. Ortsname 3. Handelsname 4. Warenname
Richterrecht	Gerichtsurteile	Vorname, Warenname
Verwaltungsvorschrift	1. DA 2. Kommunale Satzungen	1. Vorname 2. Straßenname

Tabelle 5: Übersicht der rechtlichen Normierungen

Diese Tabelle bietet nur eine grobe Übersicht, da eine Reihe von Namen wie z.B. die Warennamen in mehreren Rechtsgebieten und Gesetzesbüchern gleichzeitig normiert wird; dennoch erscheint mir die schwerpunktmäßige Zuordnung der einzelnen Namentypen auch aus juristischer Sicht zulässig. Die einzelnen Namen und ihre rechtlichen Normierungen ließen sich somit in drei Kapitel zusammenfassen: *Anthroponyme - Namen im Zivilrecht* (Kapitel 3), *Toponyme - Namen im öffentlichen Recht* (Kapitel 4), *Ergonyme - Namen im Handels-, Wettbewerbs- und Warenzeichenrecht* (Kapitel 5).

Im Bereich der **Anthroponyme** muß prinzipiell unterschieden werden zwischen dem Zwangsnamen, d. h. dem bürgerlichen Namen, und etwaigen Wahlnamen wie z. B. dem Pseudonym (Abschnitt 3.1). Die Normierung des aus mindestens einem Vornamen und dem Familiennamen bestehenden bürgerlichen Namens verläuft teilweise auf Gesetzesebene (Geburtsname, Ehename), teilweise auf der Ebene der Verwaltungsvorschriften (Vorname). Der offizielle Gesamtname eines Menschen wird immer im Personenstandsregister und in den Pässen eingetragen, die schriftliche Fixierung des Pseudonyms oder anderer Namenszusätze wie z. B. des Doktortitels bleibt dem Namenträger freigestellt.

Der Namenerwerb des Geburtsnamens richtet sich nach der Ehelichkeit des Kindes: Wird das Kind ehelich geboren, so erhält es nach § 1616 BGB den von beiden Eltern gemeinsam geführten Ehenamen als Geburtsname. Falls die Eltern sich bei der Eheschließung nicht für die Führung eines gemeinsamen Namens entschlossen haben, müssen sie sich bei der Geburt des ersten Kindes für einen der beiden Familiennamen entscheiden. Nichteheliche Kinder bekommen automatisch den Familiennamen, den die Mutter zum Zeitpunkt der Geburt führt (§ 1617 I 1 BGB).

Das Ehenamenrecht, das in § 1355 BGB festgelegt ist, wurde 1994 zum zweiten Mal reformiert: Jeder der beiden Ehepartner kann nach der Heirat seinen Familiennamen weiterführen, d. h. der Zwang zum gemeinsamen Ehenamen besteht nicht mehr. Entscheidet sich ein Paar für diese Lösung, so bietet ihm § 1355 III BGB die Möglichkeit, innerhalb von fünf Jahren doch noch einen gemeinsamen Ehenamen zu wählen. Auch die Doppelnamenbildung ist im neuen Ehenamenrecht weiterhin möglich, d. h. der Ehepartner, dessen Familienname nicht zum gemeinsamen Ehenamen bestimmt wurde, kann seinen alten Namen dem neuen entweder voranstellen oder an diesen anfügen.

Für die Vornamengebung liegen in der Bundesrepublik Deutschland lediglich verwaltungsinterne Vorschriften vor, die allerdings durch zahlreiche Gerichtsurteile ergänzt werden. In § 262 stellt die "Dienstanweisung für die Standesbeamten und ihre Aufsichtsbehörden (DA)" zwei grundlegende Prinzipien für die Vornamenwahl auf: 1. Die gewählte Bezeichnung muß ihrem Wesen nach ein Vorname sein. 2. Jeder Vorname muß geschlechtsmarkierend sein. Beide Grundsätze sind, wie sich in Abschnitt 3.2 mehrfach gezeigt hat, problematisch; mögliche linguistischen Lösungen für diesen namenrechtlichen Problembereich werden im folgenden Abschnitt 6.2 noch einmal kurz dargestellt.

Wahlnamen wie z. B. das in dieser Untersuchung behandelte Pseudonym werden namenrechtlich analog zum Familiennamen behandelt, so daß es für diese Namengruppe keine expliziten rechtlichen Normierungen gibt.

In der Gruppe der **Toponyme** werden die Orts- und Straßennamen in ihren rechtlichen Zusammenhängen untersucht (Abschnitt 4.1). Die Normierung der Ortsnamen findet in den Gemeindeordnungen der einzelnen Bundesländer statt, für die Straßennamengebung entwickelt jeder Gemeinderat seine eigenen Vorschriften. Alle Ortsnamen werden in das amtlichen Gemeindeverzeichnis aufgenommen, alle Straßennamen sind beim jeweiligen städtischen Katasteramt registriert. Im Freistaat Bayern garantiert Artikel 2 Abs. 1 der Gemeindeordnung allen Gemeinden "ein Recht auf ihren geschichtlichen Namen"; Umbenennungen sind nur daher zulässig, wenn ein wichtiger Grund vorliegt. Für die Ortsnamengebung und die Bildung neuer Namen wurden in den siebziger Jahren anläßlich der kommunalen Gebietsreform Verwaltungsvorschriften entwickelt, die die wichtigsten Benennungsprinzipien zusammenfassen; in Bayern sollen z. B. geschichtlich gewachsene Namen gegenüber etwaigen Neubildungen bevorzugt werden. Der kurze Einblick in die Entwicklung des bayerischen Ortsnamenschatzes im 20. Jahrhundert zeigt jedoch deutlich, daß die juristischen Grundsätze in der Praxis nicht immer durchgesetzt wurden (vgl. Abschnitt 4.2.5.2).

Bei den rechtlichen Normierungen im Bereich der **Ergonyme** habe ich mich auf die für die Handels- und Warennamen geltenden Vorschriften beschränkt (Abschnitt 5.1). Der wichtigste Paragraph für die Handelsnamengebung ist § 18 HGB: Er schreibt nicht nur die Namensstruktur, sondern teilweise auch den Nameninhalt vor. So muß sich die Firma aus mindestens einem ausgeschriebenen Vornamen und dem Familiennamen des Geschäftsinhabers zusammensetzen. Die Normierung der Warennamen findet teils im Wettbewerbsrecht, teils im Warenzeichenrecht ihren Platz; diese Aufsplitterung wurde durch das am 1. Januar 1995 in Kraft getretene neue Markengesetz beendet. (Auf dieses neue Gesetz und die damit verbundenen Änderungen konnte im Rahmen dieser Arbeit nur in Form eines Exkurses eingegangen werden. S. Abschnitt 5.1.3.1). Alle Handelsnamen werden automatisch im Handelsregister festgehalten, bei den Warennamen besteht die Möglichkeit, sie in der Zeichenrolle des Deutschen Patentamtes aufnehmen zu lassen.

Abschließend läßt sich also festhalten, daß alle in der vorliegenden Untersuchung dargestellten Eigennamen in rechtlicher Hinsicht zwei Eigenschaften gemeinsam haben:

1. Jeder rechtlich normierte Eigenname dient primär der eindeutigen Identifizierung einer Person bzw. eines Objekts.
2. Jeder rechtlich normierte Eigenname ist schriftlich fixiert.

6.3 Juristische Probleme - Linguistische Lösungen

Im wesentlichen gibt es nur bei drei Namengruppen im Bereich der Namenpragmatik rechtliche Probleme, die einer linguistischen Klärung bedürfen: Bei den Vor- und Ortsnamen müssen vor allem Fragen der Namengebung beantwortet werden, bei den Warennamen stehen Aspekte des Namengebrauchs im Vordergrund.

Für die Vornamenwahl ergeben sich ausgehend von den Forderungen des §262 DA und den zahlreichen Gerichtsurteilen mehrere Fragen: 1. Können neue Vornamen gebildet werden? 2. Ist jeder Vorname geschlechtsmarkierend? 3. Können Vornamen aufgrund ihrer Bedeutsamkeit abgelehnt werden? 4. Wieviele Vornamen darf ein Kind bekommen?

Seit einigen Jahren wird der deutsche Vornamenschatz nicht nur durch Entlehnungen aus anderen europäischen und außereuropäischen Sprachen ständig erweitert, auch innerhalb des Sprachsystems bieten sich Möglichkeiten, neue Vornamen zu bilden (Abschnitt 3.2.2.2). Diese Entwicklung hat dazu geführt, daß sich das Prinzip der Geschlechtseindeutigkeit nicht mehr aufrechterhalten läßt, eine Trennung von diesem Grundsatz ist daher unumgänglich. Ebenso muß man festhalten, daß das "Wesen" eines Vornamens nicht linguistisch greifbar ist. Auf juristischer Ebene ist dies anders: Hier wird der Vorname durch seine Beziehung zum Familiennamen definiert. Welcher Art dieser Name "vor" dem Nachnamen sein soll, läßt sich sprachimmanent allerdings nicht sagen: Prinzipiell kann jedes sprachliche Zeichen die Funktion eines Vornamens übernehmen. Daß dies nicht der Fall ist, liegt an den in unserer Gesellschaft geltenden sozialen Konventionen, die die rechtlichen Normierungen wesentlich beeinflussen.

Ein weiteres vornamenrechtliches Problem stellt der Umgang mit negativ assoziierenden Vornamen dar. Die Bedeutsamkeit eines Vornamens, d. h. sein Kommunikationswert, beruht zum einen auf kollektiven Erfahrungen der gesamten Sprechergemeinschaft, zum anderen auf der individuellen Namenkompetenz des einzelnen Sprechers. Über die Ablehnung eines Vornamens aufgrund seiner Bedeutsamkeit kann auch kein linguistisches Modell entscheiden. Prinzipiell sollten sich aber Richter und Standesbeamten vor Augen führen, daß Vornamenkonnotationen selten mit objektiven Maßstäben zu messen und zu begründen sind. Daher erscheint es mir als sinnvoll, gerade in diesem Zusammenhang das Kindeswohl als oberstes Prinzip der Vornamengebung anzusetzen.

Die Anzahl der zu vergebenden Vornamen läßt sich ebenfalls sprachsystematisch nicht festlegen. Für eine Begrenzung der offiziellen Individualnamen spricht auf der einen Seite die Sprachökonomie und auf der anderen Seite die Praxis des Standesbeamten: Ab einer bestimmten Anzahl reicht der in den Personenstandsregistern vorgesehene Platz nicht mehr aus.

Im Bereich der Ortsnamenbildung stellt sich aus rechtlicher Sicht die Frage, wie neue Ortsnamen gebildet werden dürfen. Die bayerischen Verwaltungsvorschriften bevorzugen in diesem Zusammenhang eindeutig die Wieder- und Weiterverwendung historisch gewachsener Namen, d. h., daß beispielsweise Flur- oder Wüstungsnamen gegenüber Neubildungen vorgezogen werden sollten. Kopulativnamen, die sich in dieses Prinzip der Erhaltung historischer Namen gut einfügen würden, lehnen die Verwaltungsvorschriften aufgrund ihrer Länge allerdings ab. Linguistisch betrachtet spricht weder etwas gegen die Ortsnamenneubildungen noch gegen die Kopulativnamen.

Als dritter großer Komplex, in dem nach meiner Meinung der linguistische Sachverstand am dringendsten benötigt wird, ist der Bereich des Warennamengebrauchs zu nennen: Im Zentrum steht hier die Frage nach der Verwechselbarkeit von Warenzeichen. Bisher beurteilen Patentanwälte, Richter und Sachbearbeiter des Deutschen Patentamtes dieses Problem und nicht selten wird hier mit pseudosprachwissenschaftlichen Begriffen argumentiert; zahlreiche Urteilsbegründungen würden einer linguistischen Prüfung nicht standhalten. In Abschnitt 5.2.5.2 wird ein linguistisches Modell zur Analyse eines Warennamens vorgestellt, das einen ersten Schritt zur Lösung dieses namen- und zeichenrechtlichen Problems darstellt. Jeder auf dem Prüfstand stehende Warenname muß auf fünf Ebenen untersucht werden: 1. auf phonematischer Ebene, 2. auf graphematischer Ebene, 3. auf morphologischer Ebene, 4. auf semantischer Ebene und 5. auf pragmatischer Ebene. So wie im Strafrecht teilweise die Hinzuziehung eines Psychologen oder Psychiaters bei der Untersuchung der Zurechnungsfähigkeit eines Angeklagten notwendig ist, so führt auch im Bereich der Warennamen die Anhörung eines sprachwissenschaftlichen Experten in Streitfällen zu einer eindeutigen Lösung.

6.4 Die onomastischen Ergebnisse

Der juristische Blickwinkel auf den deutschen Namenschatz erweitert den onomastischen Horizont und führt vor allem in drei Bereichen der Onomastik zu neuen Erkenntnissen.

Die **Terminologie** der Namenkunde zeichnet sich bis heute nicht durch eine eindeutige Begriffsverwendung aus. Das Lexikon der "Grundbegriffe der Namenkunde" von Witkowski stammt aus dem Jahre 1964 und bedarf, denke ich, dringend einer Aktualisierung. Für bestimmte Namengruppen ist die Suche nach einer einheitlichen Terminologie bereits abgeschlossen; exemplarisch sei an dieser Stelle auf die Arbeiten von Seibicke im Bereich der Personennamen hingewiesen (Abschnitt 3.2.1). Bei den Waren- und Handelsnamen wurde das Terminologie-Problem bisher nie diskutiert, da man in der onomastischen Literatur diese Namen entweder aus dem Namenschatz ausgliederte oder sich über die grundlegende funktionale Verschiedenheit der beiden Namentypen nicht im klaren war. In Abschnitt 5.2.1 plädiere ich ausgehend von den rechtlichen Normierungen für eine klare Trennung der beiden Termini: Der *Handelsname* stellt die Bezeichnung eines Unternehmens dar, der *Warenname* ist die Bezeichnung einer Ware.

Im Bereich der **Namentheorie** mußte sich die vorliegende Arbeit mit dem Namenbegriff zweier Wissenschaften auseinandersetzen. Im Namenrecht stellt jede Bezeichnung, die der eindeutigen Identifizierung einer Person oder eines Objektes dient, einen Namen dar: Hierzu gehören nicht nur Eigennamen, sondern im weiteren Sinne z. B. auch Zahlen und Wappen. In manchen Rechtsbereichen wie z. B. dem Wettbewerbsrecht übernehmen Namen nicht nur identifizierende, sondern auch charakterisierende Funktionen. In solchen Fällen spielt dann das namenrechtliche Prinzip der Namenswahrheit eine große Rolle; für die Handelsnamen schreibt beispielsweise § 18 HGB den genauen Verwendungsbereich einzelner Appellativa und Adjektiva vor. In der Namenkunde hingegen versteht man unter Namen sprachliche Zeichen, die in einem initialen Namengebungsakt mit einer bestimmten Entität verbunden werden, ohne daß sie über diese eine inhaltliche Aussage machen. Aufgrund dieser Namendefinition wurden in der Onomastik die Handels- und Warennamen bisher als Randgruppe des Namenschatzes betrachtet, in der sich appellativische und onymische Eigenschaften verbinden. Der onomastische Namenbegriff muß ausgehend von Ergebnissen des namenrechtlichen Bereichs differenziert werden: Auf der sprachsystematischen Ebene funktionieren Eigennamen prinzipiell, ohne lexikalischen Inhalt zu transportieren, auf der Gebrauchsebene können Namen aber durchaus charakterisierende Elemente aufweisen. Dies ist vor allem bei neugebildeten Namen wie z. B. den Warennamen der Fall. Die Trennung von produktiven und reproduktiven Namengruppen macht deutlich, daß die großen Unterschiede hinsichtlich der Motiviertheit von Namen lediglich in dem Umstand begründet sind, daß die einen

Eigennamen neu gebildet werden und deshalb überwiegend motiviert sind, die anderen Namen jedoch nicht. Der Eigennamenstatus ist aber generell nur am Vorhandensein eines initialen Taufaktes festzumachen, der im Falle der rechtlich normierten Namen explizit institutionalisiert, d. h. schriftlich fixiert wird. Die Frage, ob Eigennamen bedeutungslose oder bedeutungstragende sprachliche Zeichen sind, ist m. E. nur im Zusammenhang mit dem Namengebrauch relevant: Hier verbindet sich die womöglich vorhandene lexikalische Motiviertheit eines Namens mit den Konnotationen, die ein Name für einen Sprecher haben kann, zum Kommunikationswert des jeweiligen Namens.

Als drittes und letztes Forschungsfeld der Onomastik, in dem sich aufgrund des Ansatzes der vorliegenden Arbeit neue Erkenntnisse ergeben, ist die **Namengebung** zu nennen. Ausgehend von den rechtlichen Normierungen habe ich für den Teilbereich der offiziellen Eigennamen ein Modell entwickelt, das den Prozeß der Namengebung differenzierter erfaßt, als dies bisher in der onomastischen Forschung der Fall war (Abschnitt 2.2.3.1). Im Zentrum des Prozesses steht der Namengeber, der bei allen hier behandelten Namen gesetzlich festgelegt ist. Prinzipiell ist bei den rechtlich normierten Eigennamen die passive von der aktiven Namengebung zu trennen. Von einer passiven Namengebung spreche ich, wenn der Namengeber wie beim Geburtsnamen keinen Einfluß auf die Namenwahl hat; bei allen anderen rechtlich normierten Eigennamen wählt der Namengeber - teils frei, teils eingeschränkt - den neuen Namen selbst aus. Bei der aktiven Namengebung lassen sich hinsichtlich des Verhältnisses von Namengeber und Namenträger ebenfalls zwei Kategorien unterscheiden. Sind Namengeber und Namenträger identisch, so handelt es sich um eine aktive Namengebung 1. Grades; in diese Gruppe fallen der Ehename, das Pseudonym und der Handelsname. Bei den Vornamen, den Orts- und Straßennamen und schließlich auch den Warennamen ist diese Identität von Namengeber und Namenträger nicht gegeben, daher bezeichne ich diese Namengebung als aktive Namengebung 2. Grades.

Der interdisziplinäre Ansatz meiner Arbeit führt zwei Wissenschaften zu neuen Erkenntnissen: Mit der erstmaligen umfassenden Darstellung der rechtlichen Normierungen von bestimmten Eigennamengruppen und den daraus gewonnenen Ergebnissen hoffe ich, der Onomastik neue Impulse gegeben zu haben. Gleichzeitig hat diese Arbeit aber auch gezeigt, daß im Bereich des Namenrechts eine linguistische Fundierung unerläßlich ist: Die vorliegende Untersuchung möchte eine Grundlage schaffen für eine engere Zusammenarbeit von Juristen und Linguisten.

7 Anhang

Um dem Leser eine bessere Orientierung zu gewährleisten, werden im folgenden, nach den einzelnen Rechtsgebieten gegliedert, die wichtigsten von den für die vorliegende Arbeit relevanten rechtlichen Normierungen zusammengefaßt: Abschnitt 7.1 beinhaltet die Gesetzestexte, in Abschnitt 7.2 sind die Verwaltungsvorschriften vereint.

7.1 Gesetzestexte

7.1.1 Zivilrecht

BGB § 12:
Wird das Recht zum Gebrauch eines Namens dem Berechtigtem von einem anderen bestritten oder wird das Interesse des Berechtigten dadurch verletzt, daß ein anderer unbefugt den gleichen Namen gebraucht, so kann der Berechtigte von dem anderen Beseitigung der Beeinträchtigung verlangen. Sind weitere Beeinträchtigungen zu besorgen, so kann er auf Unterlassung klagen.

BGB § 1355:
(1) Die Ehegatten sollen einen gemeinsamen Familiennamen (Ehenamen) bestimmen, Die Ehegatten führen den von ihnen bestimmten Ehenamen. Bestimmen die Ehegatten keinen Ehenamen, so führen sie ihren zur Zeit der Eheschließung geführten Namen auch nach der Eheschließung.
(2) Zum Ehenamen können die Ehegatten durch Erklärung gegenüber dem Standesbeamten den Geburtsnamen des Mannes oder den Geburtsnamen der Frau bestimmen.
(3) Die Erklärung über die Bestimmung des Ehenamens erfolgt bei der Eheschließung. Wird eine Erklärung nach Satz 1 nicht abgegeben, kann sie binnen fünf Jahren nach der Eheschließung nachgeholt werden; in diesem Fall muß die Erklärung öffentlich beglaubigt werden. (...)
(4) Ein Ehegatte, dessen Geburtsname nicht Ehename wird, kann durch Erklärung gegenüber dem Standesbeamten dem Ehenamen seinen Geburtsnamen oder den zur Zeit der Erklärung über die Bestimmung des Ehenamens geführten Namen voranstellen oder anfügen. Dies gilt nicht, wenn der Ehename aus mehreren Namen besteht. Besteht der Name eines Ehegatten aus mehreren Namen, so kann nur einer dieser Namen hinzugefügt werden. Die Erklärung kann gegenüber dem Standesbeamten widerrufen werden; in diesem Fall ist eine erneute Erklärung nach Satz 1 nicht zulässig. Die Erklärung und der Widerruf müssen öffentlich beglaubigt werden.
(5) Der verwitwete oder geschiedene Ehegatte behält den Ehenamen. Er kann durch Erklärung gegenüber dem Standesbeamten seinen Geburtsnamen oder den Namen wieder annehmen, den er bis zur Bestimmung des Ehenamens geführt hat, oder seinen Geburtsnamen dem Ehenamen voranstellen oder anfügen. Absatz 4 gilt entsprechend.
(6) Geburtsname ist der Name, der in die Geburtsurkunde eines Ehegatten zum Zeitpunkt der Erklärung gegenüber dem Standesbeamten einzutragen ist.

BGB § 1616:
(1) Das eheliche Kind erhält den Ehenamen seiner Eltern als Geburtsnamen.
(2) Führen die Eltern keinen Ehenamen, so bestimmen sie durch Erklärung gegenüber dem Standesbeamten den Namen, den der Vater oder den die Mutter zur Zeit der Erklärung führt, zum Geburtsnamen des Kindes. Die ERklärung muß öffentlich beglaubigt werden. Die Bestimmung der Eltern gilt auch für ihren weiteren Kinder.
(3) Treffen die Eltern binnen eines Monats nach der Geburt des Kindes keine Bestimmung, überträgt das Vormundschaftsgericht das Bestimmungsrecht einem Elternteil. Absatz 2 gilt entsprechend. Das Vormundschaftsgericht kann den Elternteil für die Ausübung des Bestimmungsrechts eine Frist setzen. Ist nach Ablauf der Frist das Bestimmungsrecht nicht ausgeübt worden, so erhält das Kind den Namen des Elternteils, dem das Bestimmungsrecht übertragen ist.
(4) Ist ein Kind nicht im Inland geboren, so überträgt das Vormundschaftsgericht das Bestimmungsrecht einem Elternteil nach Absatz 3 nur dann, wenn ein Elternteil oder das Kind dies beantragen oder die Eintragung des Namens des Kindes in ein deutsches Personenstandsbuch oder ein amtlich deutsches Identitätspapier erforderlich wird.

BGB § 1617:
(1) Das nichteheliche Kind erhält den Familiennamen, den die Mutter zur Zeit der Geburt des Kindes führt. Als Familienname gilt nicht der gemäß § 1355 Abs. 4 dem Ehenamen hinzugefügte Name.
(2) Eine Änderung des Familiennamens der Mutter erstreckt sich auf den Geburtnamen des Kindes, welches das fünfte Lebensjahr vollendet hat, nur dann, wenn es sich der Namensänderung anschließt. Ein in der Geschäftsfähigkeit beschränktes Kind, welches das vierzehnte Lebensjahr vollendet hat, kann die Erklärung nur selbst abgeben; es bedarf hierzu der Zustimmung seines gesetzlichen Vertreters. Die Erklärung kann nur vor Eintritt der Volljährigkeit abgegeben werden. Die Erklärung ist gegenüber dem Standesbeamten abzugeben; sie muß öffentlich beglaubigt werden und bedarf, wenn das Kind das vierzehnte Lebensjahr nicht vollendet hat, der Genehmigung des Vormundschaftsgerichts.
(3) Eine Änderung des Familiennamens der Mutter infolge Eheschließung erstreckt sich nicht auf das Kind.
(4) Ist der frühere Geburtsname zum Ehenamen des Kindes geworden, so erstreckt sich die Namensänderung auf den Ehenamen nur dann, wenn die Ehegatten die Erklärung nach Absatz 2 Satz 1 und 3 gemeinsam abgeben.

BGB § 1618:
(1) Die Mutter und deren Ehemann können dem Kinde, das einen Namen nach § 1617 führt und eine Ehe noch nicht eingegangen ist, ihren Ehenamen, der Vater des Kindes seinen Familiennamen durch Erklärung gegenüber dem Standesbeamten erteilen. Als Familienname gilt nicht der gemäß § 1355 Abs. 4 dem Ehenamen hinzugefügte Name. Die Erteilung des Namens bedarf der Einwilligung des Kindes und, wenn der Vater dem Kinde seinen Familiennamen erteilt, auch der Einwilligung der Mutter.
(2) Ein in der Geschäftsfähigkeit beschränktes Kind, welches das vierzehnte Lebensjahr vollendet hat, kann seine Einwilligung nur selbst erteilen. Es bedarf hierzu der Zustimmung seines gesetzlichen Vertreters. Ein geschäftsfähiger Betreuer kann die Einwilligung nur selbst erteilen; § 1903 bleibt unberührt.
(3) Die Erklärungen nach Abs 1 und 2 müssen öffentlich beglaubigt werden.
(4) Ändert sich der Familienname des Vaters, so gilt § 1617 Abs. 2 bis 4 entsprechend.

BGB § 1757:
(1) Das Kind erhält als Geburtsnamen den Familiennamen des Annehmenden. Als Familienname gilt nicht der nach § 1355 Abs. 4 dem Ehenamen hinzugefügte Name.
(2) Nimmt ein Ehepaar ein Kind an oder nimmt ein Ehegatte ein Kind des anderen Ehegatten an und führen die Ehegatten keinen Ehenamen, so bestimmen sie den Geburtsnamen des Kindes vor dem Ausspruch der Annahme durch Erklärung gegenüber dem Vormundschaftsgericht; § 1616 Abs. 2 gilt entsprechend. Hat das Kind das fünfte Lebensjahr vollendet, so ist die Bestimmung nur wirksam, wenn es sich der Bestimmung vor dem Ausspruch der Annahme durch Erklärung gegenüber dem Vormundschaftsgericht anschließt; § 1616a Abs. 1 Satz 2, Satz 3 und Satz 4 zweiter Halbsatz gilt entsprechend.
(3) Die Änderung des Geburtsnamens erstreckt sich auf den Ehenamen des Kindes nur dann, wenn sich auch der Ehegatte der Namensänderung vor dem Ausspruch der Annahme durch Erklärung gegenüber dem Vormundschaftsgericht anschließt; die Erklärung muß öffentlich beglaubigt werden.
(4) Das Vormundschaftsgericht kann auf Antrag des Annehmenden mit Einwilligung des Kindes mit dem Ausspruch der Annahme Vornamen des Kindes ändern, ihm neue Vornamen beigeben oder seinem neuen Familiennamen dem bisherigen Familiennamen hinzufügen, wenn dies aus schwerwiegenden Gründen zum Wohl des Kindes erforderlich ist. § 1746 Abs. 1 Satz 2,3 ist entsprechend anzuwenden.

7.1.2 Öffentliches Recht

Artikel 2 BayGO
(1) Die Gemeinden haben ein Recht auf ihren geschichtlichen Namen.
(2) Wegen eines dringenden öffentlichen Bedürfnisses kann die Regierung nach Anhörung des Gemeinderats und der beteiligten Gemeindebürger den Namen einer Gemeinde oder eines Gemeindeteils ändern oder den Namen eines Gemeindeteils aufheben.
(3) Nach Anhörung der Bürger der beteiligten Gemeinden bestimmt die Regierung den Namen einer neu zu bildenden Gemeinde. Nach Anhörung des Gemeinderats und der beteiligten Gemeindebürger kann die Regierung einem bewohnten Gemeindeteil einen Namen geben.
(4) Mit Zustimmung der Regierung können Gemeinden ihrem Namen oder dem eines Gemeindeteils eine Bezeichnung beifügen, die auf deren Vergangenheit oder heutige Bedeutung oder auf deren Lage hinweist. Eine in Art. 7 Abs. 1 des Kommunalabgabengesetzes genannte Bezeichnung oder die Bezeichnung Bad kann eine Gemeinde ihrem Namen oder dem eines Gemeindeteils beifügen, wenn für die Gemeinde oder den Gemeindeteil die Anerkennung nach Art. 7 Abs. 4 des Kommunalabgabegesetzes erteilt ist.
(5) Die Entscheidung (Absätze 2 und 3) und Zustimmung (Absatz 4) sind im Bayerischen Staatsanzeiger bekanntzumachen.

7.1.3 Gewerblicher Rechtsschutz

HGB § 17:
(1) Die Firma eines Kaufmanns ist der Name, unter dem er im Handel seine Geschäfte betreibt und die Unterschrift abgibt.
(2) Ein Kaufmann kann unter seiner Firma klagen und verklagt werden.

HGB § 18:
(1) Ein Kaufmann, der sein Geschäft ohne Gesellschafter oder nur mit einem stillen

Gesellschafter betreibt, hat seinen Familiennamen mit mindestens einem ausgeschriebenen Vornamen als Firma zu führen.
(2) Der Firma darf kein Zusatz beigefügt werden, der ein Gesellschaftsverhältnis andeutet oder sonst geeignet ist, eine Täuschung über die Art oder den Umfang des Geschäfts oder die Verhältnisse des Geschäftsinhabers herbeizuführen. Zusätze, die zur Unterscheidung der Person oder des Geschäfts dienen, sind gestattet.

UWG § 3:
Wer im geschäftlichen Verkehr zu Zwecken des Wettbewerbs über geschäftliche Verhältnisse, insbesondere über die Beschaffenheit, den Ursprung, die Herstellungsart oder die Preisbemessung einzelner Waren oder gewerblicher Leistungen oder des gesamten Angebots, über Preislisten, über die Art des Bezugs oder die Bezugsquelle von Waren, über den Besitz von Auszeichnungen, über den Anlaß oder den Zweck des Verkaufs oder über die Menge der Vorräte irreführende Angaben macht, kann auf Unterlassung der Angaben in Anspruch genommen werden.

UWG § 16
(1) Wer im geschäftlichen Verkehr einen Namen, eine Firma oder die besondere Bezeichnung eines Erwerbsgeschäfts, eines gewerblichen Unternehmens oder einer Druckschrift in einer Weise benutzt, welche geeignet ist, Verwechslungen mit dem Namen, der Firma oder der besonderen Bezeichnung hervorzurufen, deren sich ein anderer befugterweise bedient, kann von diesem auf Unterlassung der Benutzung in Anspruch genommen werden.
(2) Der Benutzende ist dem Verletzten zum Ersatz des Schadens verpflichtet, wenn er wußte oder wissen mußte, daß die mißbräuchliche Art der Benutzung geeignet war, Verwechslungen hervorzurufen.
(3) Der besonderen Bezeichnung eines Erwerbsgeschäfts stehen solche Geschäftsbezeichnungen und sonstigen zur Unterscheidung des Geschäfts von anderen Geschäften bestimmte Einrichtungen gleich, welche innerhalb beteiligter Verkehrskreise als Kennzeichen des Erwerbsgeschäfts gelten. Auf den Schutz von Warenzeichen und Ausstattungen (§§ 1, 15 des Gesetzes zum Schutz der Warenbezeichnungen vom 12. 5. 1894, Reichsgesetzbl. S. 441) finden diese Vorschriften keine Anwendung.
(4) Die Vorschrift des § 13 Abs. 4 findet entsprechend Anwendung.

WZG § 4:
(1) Freizeichen können nicht in die Rolle eingetragen werden.
(2) Ferner sind von der Eintragung solche Zeichen ausgeschlossen,
1. die keine Unterscheidungskraft haben oder ausschließlich aus Zahlen, Buchstaben oder solchen Wörtern bestehen, die Angaben über Art, Zeit und Ort der Herstellung, über die Beschaffenheit, über die Bestimmung, über Preis-, Mengen- oder Gewichtsverhältnisse der Waren enthalten,
2. die Staatswappen, Staatsflaggen oder andere staatliche Hoheitszeichen oder Wappen eines inländischen Ortes, eines inländischen Gemeinde- oder weiteren Kommunalverbandes enthalten,
3. die amtliche Prüf- und Gewährzeichen enthalten, die nach einer Bekanntmachung im Bundesgesetzblatt im Inland oder in einem ausländischen Staate für bestimmte Waren eingeführt sind,
3a. die Wappen, Flaggen oder anderen Kennzeichen, Siegel oder Bezeichnungen der internationalen zwischenstaatlichen Organisationen enthalten, die nach einer Bekanntmachungen im Bundesgesetzblatt von der Eintragung als Warenzeichen ausgeschlossen sind,

4. die ärgerniserregende Darstellung oder solche Angaben enthalten, die ersichtlich den tatsächlichen Verhältnissen nicht entsprechen und die Gefahr einer Täuschung begründen.
5. die nach allgemeiner Kenntnis innerhalb der beteiligten inländischen Verkehrskreise bereits von einem anderen als Warenzeichen für gleiche oder gleichartige Waren benutzt werden.

(3) Die Eintragung wird jedoch in den Fällen des Absatzes 2 Nr. 1 zugelassen, wenn sich das Zeichen im Verkehr als Kennzeichen der Waren des Anmelders durchgesetzt hat.
(4) Die Vorschriften des Absatzes 2 Nr.2, 3 und 3a gelten nicht für einen Anmelder, der befugt ist, in dem Warenzeichen das Hoheitszeichen, das Prüf- und Gewährzeichen oder die sonstige Bezeichnung zu führen, selbst wenn es mit der Bezeichnung eines andern Staates oder einer anderen internationalen zwischenstaatlichen Organisation im Verkehr verwechselt werden kann. Die Vorschrift des Absatzes 2 Nr. 3 gilt ferner insoweit nicht, als die Waren, für die das Zeichen angemeldet ist, weder gleich noch gleichartig mit denen sind, für die das Prüf- und Gewährzeichen eingeführt ist.
(5) Die Vorschrift des Absatzes 2 Nr. 5 wird nicht angewendet, wenn der Anmelder von dem anderen zur Anmeldung ermächtigt worden ist.

7.2 Verwaltungsvorschriften

7.2.1 Dienstanweisung für die Standesbeamten und ihre Aufsichtsbehörden

DA § 262
(1) Das Recht zur Erteilung der Vornamen ergibt sich aus der Personensorge. Bei ehelichen Kindern steht dieses Recht den Eltern gemeinsam zu, in besonderen Fällen dem Ehegatten allein, der die Sorge für die Person des Kindes ausübt (...). Bei nichtehelichen Kindern steht dieses Recht der Mutter zu.
(2) Der Standesbeamte soll sich bei der Anzeige der Vornamen vergewissern, daß die Vornamen von den berechtigten Personen erteilt worden sind.
(3) Bezeichnungen, die ihrem Wesen nach keine Vornamen sind, dürfen nicht gewählt werden. Das gleiche gilt von Familiennamen, soweit nicht nach örtlicher Überlieferung Ausnahmen bestehen. Mehrere Vornamen können zu einem Vornamen verbunden werden; ebenso ist die Verwendung einer gebräuchlichen Kurzform eines Vornamens als selbständiger Vorname zulässig.
(4) Für Knaben sind nur männliche, für Mädchen nur weibliche Vornamen zulässig. Nur der Vorname *Maria* darf Knaben neben einem oder mehreren männlichen Vornamen beigelegt werden. Läßt ein Vorname Zweifel über das Geschlecht des Kindes aufkommen, so ist zu verlangen, daß dem Kinde ein weiterer, den Zweifel ausschließender Vorname beigelegt wird.
(5) Die Schreibweise der Vornamen richtet sich nach den allgemeinen Regeln der Rechtschreibung, außer wenn trotz Belehrung eine andere Schreibweise verlangt wird. Wird eine andere Schreibweise verlangt, so soll der Standesbeamte dies aktenkundig machen.

7.2.2 Verordnung über kommunale Namen, Hoheitszeichen und Gebietsänderungen (NHGV)

§ 1 [Schreibweise der Namen von Gemeinden und Gemeindeteilen]
(1) Die Schreibweise der Namen von Gemeinden und Gemeindeteilen richtet sich nach dem Amtlichen Ortsverzeichnis für Bayern in der jeweils geltenden Fassung.
(2) [1]Dem Namen beigefügte Bezeichnungen, die auf die geographische Lage hinweisen, sind Namensbestandteil. [2]Andere Bezeichnungen sind nur dann Namensbestandteil, wenn sie im Amtlichen Ortsverzeichnis (Absatz 1) als Namensbestandteil aufgeführt sind oder später ausdrücklich zum Namensbestandteil erklärt wurden.
(3) Staatlich Behörden und Körperschaften des öffentlichen Rechts haben im Schriftverkehr die amtliche Schreibweise zu verwenden.

§ 2 [Änderung der Namen von Gemeinden und Gemeindeteilen]
(1) Die Änderung des Namens einer Gemeinde und die Änderung und Aufhebung des Namens eines Gemeindeteils sind auf Antrag der Gemeinde oder von Amtswegen möglich.
(2) [1]Die nach Art. 2 Abs. 2 GO erforderliche Anhörung der beteiligten Gemeindebürger geschieht in einer Bürgerversammlung, in der über die beabsichtigte Namensänderung formlos abgestimmt wird. [2]Beteiligt und stimmberechtigt sind, sofern der Gemeindename geändert werden soll, alle Gemeindebürger, sofern nur der Name eines bewohnten Gemeindeteils geändert oder aufgehoben werden soll, die in diesem Gemeindeteil wohnenden Gemeindebürger. [3]Mit Zustimmung der Rechtsaufsichtsbehörde kann die Anhörung auch in anderer Weise stattfinden. [4]Die Gemeinde legt einen Bericht über die Anhörung zusammen mit einer beschlußmäßigen Stellungnahme des Gemeinderats der Rechtsaufsichtsbehörde vor.
(3) Stimmt der Name einer Gemarkung mit dem Namen einer Gemeinde oder eines Gemeindeteils überein und wird nur die Schreibweise dieses Namens oder ein Zusatz als Namenbestandteil geändert, so ist in der Entscheidung über die Namensänderung darauf hinzuweisen, daß sich der Gemarkungsname entsprechend ändert.
(4) Stimmt der Name einer Gemeinde mit dem eines Gemeindeteils überein, so ist bei einer Änderung in der Schreibweise des Gemeindenamens der Name des Gemeindeteils, bei einer Änderung in der Schreibweise des Namens des Gemeindeteils der Name der Gemeinde entsprechend zu ändern.
(5) [1]Stimmt der Name einer Gemeinde mit dem einer Verwaltungsgemeinschaft überein, so kann die Schreibweise der Namen nur gemeinsam geändert werden. [2]Wird der Name der Gemeinde geändert, so ist gleichzeitig der Name der Verwaltungsgemeinschaft zu ändern. [3]Wird der Name auf Antrag einer Körperschaft geändert, so hat diese der anderen auf Verlangen die notwendigen Kosten zu ersetzen, die aus der zugleich erforderlichen Änderung des Namens entstehen.
(6) [1]Stimmt der Name einer Gemeinde mit dem Namen eines Landkreises überein, so kann der Name der Gemeinde nur geändert werden, wenn zugleich der Name des Landkreises geändert wird. [2]Absatz 5 Satz 3 gilt entsprechend.

§ 3 [Erteilung von Namen für Gemeinden und Gemeindeteile]
(1) [1]Soll einer neu zu bildenden Gemeinde ein Name erteilt werden, so ist § 2 Abs. 2 sinngemäß anzuwenden. [2]An die Stelle der Bürgerversammlung tritt eine Versammlung der Bewohner der neu zu bildenden Gemeinde, die das 18. Lebensjahr vollendet haben; sie ist von einem Vorsitzenden zu leiten, der vom Landratsamt, wenn mehrere Landkreise beteiligt sind, von der Regierung zu bestimmen ist. [3]Findet vor der Neubildung der

Gemeinde eine geheime Abstimmung nach § 17 Abs. 3 statt, so können die Bewohner bei dieser Abstimmung gehört werden.
(2) Im Verfahren nach Art. 13 Abs. 1 Satz 1 GO kann die Regierung einer neu zu bildenden Gemeinde einen vorläufigen Namen erteilen.
(3) [1]Der Name für einen bewohnten Gemeindeteil wird auf Antrag der Gemeinde oder von Amtswegen erteilt. [2]Für das Verfahren gilt § 2 Abs. 2 entsprechend.

§ 4 [Zusätzliche Bezeichnungen von Gemeinden]
(1) [1]Der Antrag auf Zustimmung zur Beifügung einer Bezeichnung zum Namen einer Gemeinde oder eines Gemeindeteils (Art. 2 Abs. 4 Satz 1 GO) ist bei der Rechtsaufsichtsbehörde einzureichen. [2]Eine Abschrift des Gemeinderatsbeschlusses, der dem Antrag zugrundeliegt, ist beizufügen.
(2) [1]Soll eine Bezeichnung, die nach § 1 Abs. 2 Satz 1 Namensbestandteil wird, beigefügt werden oder soll eine Bezeichnung, die bisher nicht Namensbestandteil war, auf Antrag der Gemeinde zum Namensbestandteil erklärt werden, ist der Name der Gemeinde oder des Gemeindeteils nach § 2 zu ändern. [2]Die Schreibweise von Zusätzen, die Namensbestandteile werden, wird in einer Bekanntmachung des Staatsministeriums des Inneren geregelt.
(3) [1]Sind eine Gemeinde oder Teile von ihr nach Art. 7 des Kommunalabgabegesetzes (KAG) anerkannt worden oder liegt eine Bestätigung nach Art. 28 Abs. 7 KAG vor, so erklärt die Gemeinde gegenüber der Rechtsaufsichtsbehörde, daß sie die anerkannte Bezeichnung oder die Bezeichnung Bad führt. [2]Die Bezeichnung Bad kann dabei nur dann beigefügt werden, wenn die Anerkennung als Heilbad oder Kneippheilbad vorliegt. [3]Die Regierung macht die Erklärung der Gemeinde im Staatsanzeiger bekannt. [4]Sätze 1 und 3 gelten entsprechend, wenn die Gemeinde die Bezeichnung aufgeben will.

§ 5 [Städte und Märkte]
(1) Der Nachweis, daß eine Gemeinde die Bezeichnung Stadt oder Markt nach bisherigem Recht führt (Art. 3 Abs. 1 GO), wird insbesondere durch das Amtliche Ortsverzeichnis für Bayern von 1952 erbracht.
(2) [1]Das Staatsministerium des Inneren kann einer Gemeinde auf ihren Antrag die Bezeichnung Stadt oder Markt verleihen. [2]Der Antrag ist bei der Rechtsaufsichtsbehörde einzureichen. [3]Den Antrag sind Kartenblätter und Lichtbilder sowie eine Abschrift des Gemeinderatsbeschlusses, der dem Antrag zugrundeliegt, beizufügen.

7.2.3 Muster-Satzung über die Benennung von Straßen und das Anbringen von Straßennamenschildern

§ 1 [Grundsatz]
Die Benennung der Straßen, Wege, Plätze, Brücken und Grünanlagen ist Aufgabe der Stadt. Die Entscheidung trifft der Rat (alternativ: Hauptausschuß, Bezirksvertretung) auf Grund einer Empfehlung des zuständigen Fachausschusses.

§ 2 [Straßennamenschilder]
Alle benannten Verkehrsflächen werden durch weiße (alternativ: blaue) Namenschilder mit schwarzer (alternativ: weißer) Beschriftung gekennzeichnet. Die Schilder werden von der Stadt beschafft, angebracht und unterhalten.

§ 3 [Pflichten der Betroffenen]
Die Betroffenen (Eigentümer von grundstücksgleichen Rechten und Besitzer von Grundstücken und baulichen Anlagen aller Art) haben das Anbringen von Straßennamenschildern zu dulden. Vor Anbringen der Schilder sind die Eigentümer und die Inhaber von grundstücksgleichen Rechten zu benachrichtigen. Die Stadt bestimmt Art, Ort und Zeitpunkt der Anbringung der Straßennamenschilder. Schäden, die den Betroffenen durch diese Maßnahme entstehen, sind durch die Stadt zu beseitigen oder zu entschädigen. Straßennamenschilder dürfen durch die Betroffenen nicht geändert oder in ihrer Sichtbarkeit beeinträchtigt werden.

§ 4
Ordnungswidrig handelt, wer vorsätzlich den in § 3 dieser Satzung begründeten Verpflichtungen zuwiderhandelt. Ordnungswidrigkeiten können mit einer Geldbuße bis zur Höhe von 2.ooo DM geahndet werden.

§ 5
Der (Ober)Stadtdirektor regelt durch Verwaltungsvorschriften die Grundsätze der Benennung und die Art der Beschilderung der Straßen.

§ 6 [Inkrafttreten]
Diese Satzung tritt am Tage nach ihrer Veröffentlichung in Kraft.

7.2.4 Muster-Verwaltungsvorschriften für die Straßenbenennung

1. Grundsätze für die Straßenbenennung
1.1 Die Anzahl der Straßennamen ist möglichst gering zu halten. Jeder Straßenname darf nur einmal vorkommen. Kurze Stichstraßen und Wohnwege sind nur dann zu benennen, wenn es aus Gründen der öffentlichen Sicherheit und Ordnung erforderlich ist. Die Lagebezeichnung der an diesen Straßen stehenden Gebäude erfolgt in der Regel durch entsprechende Hausnumerierung von der Durchgangsstraße aus. Straßen von übergeordneter Bedeutung, wie Ausfallstraßen, Ringstraßen, Fernverkehrsstraßen und dgl. sollen in der Regel in ihrem ganzen zusammenhängenden Verlauf nur einen Namen erhalten. Werden Wohnstraßen von diesen Straßen oder Plätzen unterbrochen, soll der Name der Wohnstraße nicht über die trennende Straße hinweg geführt werden.
1.2 Der Straßenname soll möglichst klar und einprägsam sein. Gleichklingende Namen sind zu vermeiden. Aus EDV-technischen Gründen dürfen Straßennamen aus höchstens 25 Zeichen einschließlich der notwendigen Zwischenräume bestehen.
Für die Schreibweise der Namen gelten die Regeln der deutschen Rechtschreibung.
1.3 Je nach der Bedeutung, der Lage und dem Charakter der Straße sollen neben den allgemeinen Bezeichnungen "Straße" oder "Platz" auch die Bezeichnungen "Ring", "Damm", "Allee", "Weg", "Markt", "Au" usw. verwendet werden.
Durch Bebauung fortfallende historische Flur- und Gewannenbezeichnungen sollen nach Möglichkeit durch Straßennamen erhalten bleiben.
Zusammenhängende Baugebiete sollen nach einheitlichen Gesichtspunkten benannt werden (z. B. Malerviertel).
1.4 Für die Straßenbenennung nach Persönlichkeiten gelten folgende Regeln:
Grundsätzlich sind Straßen nur nach bereits verstorbenen Persönlichkeiten zu benennen. Persönlichkeiten der neueren Geschichte sollen nur dann verwendet werden, wenn ihr Geschichtsbild abgeklärt ist. Sollen Verdienste verstorbener Personen aus

neuer Zeit durch eine Straßenbenennung gewürdigt werden, so sind noch lebende Angehörige vorher möglichst zu hören. Bei der Auswahl der Straße ist darauf zu achten, daß die Straßenbenennung auch tatsächlich eine Ehrung darstellt.

1.5 Straßenumbenennungen sollen nur dann erfolgen, wenn diese aus Gründen der öffentlichen Sicherheit und Ordnung erforderlich ist.

2. Durchführung der Straßenbenennung

2.1 Neue Straßen sollen erst benannt werden, wenn ihre Lage festliegt und mit ihrem Bau in absehbarer Zeit zu rechnen ist.

2.2 Federführende Dienststelle in allen Straßenbenennungsangelegenheiten ist das ....amt.

2.3 Nach Beschlußfassung über den Straßennamen durch den Rat (alternativ: Bezirksvertretung) wird der Straßenname ortsüblich bekanntgemacht.

2.4 Für die Beschilderung der Straße ist das ....amt zuständig. Die Straßenschilder sind unmittelbar nach der Benennung in ausreichender Anzahl und so übersichtlich anzubringen, daß eine mühelose Orientierung möglich ist. An Straßen und Kreuzungen mit erheblichem Fahrverkehr richtet sich die Beschilderung nach § 42 StVO (Zeichen 437).

Bei Straßenumbenennung sind die alten Straßenschilder neben den neuen Schildern für eine Übergangszeit von einem Jahr zu belassen. Der alte Name ist rot zu kreuzen.

2.5 Soweit erforderlich, sind Straßennamen durch Zusatzschilder zu erläutern.

8 Literatur

Da die vorliegende Arbeit u. a. zum Ziel hat, Namenrechtler in die Onomastik und Namenkundler in das Namenrecht einzuführen, sind in der nachfolgenden Bibliographie neben den tatsächlich verwendeten und zitierten Titeln auch Beiträge und Monographien verzeichnet, die den hier behandelten Zusammenhang lediglich streifen, aber für den Leser trotzdem von Interesse sein können. Angesichts der Masse an Literatur, die in zwei Wissenschaften zum Thema *Eigennamen und Recht* vorhanden ist, erhebt diese Bibliographie allerdings keinen Anspruch auf Vollständigkeit.

Eine sinnvolle Trennung der juristischen von der linguistischen Literatur erschien mir nicht möglich, da sich zahlreiche Arbeiten nicht eindeutig einem der beiden Teilbereiche zuordnen lassen. So wird im folgenden die juristische und die onomastische Forschungsliteratur in alphabetischer Reihenfolge aufgeführt.

Agricola, Ernst et al. (Hg./1970): Deutsche Namenkunde. In: Die deutsche Sprache. Kleine Enzyklopädie in 2 Bänden. Leipzig. Bd. II. S. 639-751.

Almeida, Antonio/Braun, Angelika (1982): Probleme der phonetischen Transkription. In: Dialektologie. Ein Handbuch zur deutschen und allgemeinen Dialektforschung. Hg. v. Werner Besch et al. Berlin, New York. 1. Halbbd. S. 597-613.

Althaus, Hans Peter et al. (Hg./1980): Lexikon der Germanistischen Linguistik. 2., vollständig neu bearbeitete und erweiterte Auflage. Tübingen.

Andersson, Thorsten (Hg./1988): Probleme der Namenbildung. Rekonstruktion von Eigennamen und den ihnen zugrundeliegenden Appellativen. Akten eines internationalen Symposiums in Uppsala. 1.- 4. Sept. 1986. Uppsala.

Arndt, Jürgen (1954): Name und Wappen in ihrer Funktion als Familienkennzeichen. In: StAZ 1954. S. 40-42.

Aschenberg, Heidi (1991): Eigennamen im Kinderbuch. Eine textlinguistische Studie. Tübingen. (Tübinger Beiträge zur Linguistik; 351).

Bach, Adolf (1952): Deutsche Namenkunde. Bd I. Die deutschen Personennamen. 2 Teile. 2. Aufl. Heidelberg.

- (1953): Deutsche Namenkunde. Bd II. Die deutschen Ortsnamen. 2 Teile. Heidelberg.

Bahlow, Hans (1972): Deutsches Namenslexikon. Frankfurt am Main 1972.

Baldow, Johannes (1916): Das Pseudonym und sein Schutz. Halle.

Bartels, Erwin (1919): Der Schutz des Pseudonyms. Greifswald.

Barth, Erhard (1969): Zur Theorie der Struktur des Namens. In: Naamkunde 1 (1969). S. 41-44.

Barthel, Manfred (1986): Lexikon der Pseudonyme. Düsseldorf, Wien.

Barz, Irmhild (1988): Nomination durch Wortbildung. Leipzig.

Bauer, Gerhard (1985): Namenkunde des Deutschen. Bern u. a. (Germanistische Lehrbuchsammlung Band 21).

Baumann, Jürgen (1989): Einführung in die Rechtswissenschaft - Rechtssystem und Rechtstechnik. 8. Aufl. München.

Baumbach/Hopt 1985: Handelsgesetzbuch. Kommentar begründet v. Adolf Baumbach, fortgeführt v. Konrad Duden, erläutert von Klaus J. Hopt. 26., neubearbeitete und erweiterte Auflage. München.

-/Hefermehl 1990: Wettbewerbsrecht, Kommentar. 16. neubearb. Aufl. Stand vom 1. Januar 1990 des von Adolf Baumbach begründeten Werkes. Fortgeführt von Wolfgang Hefermehl. München.

Bayer, Wolfgang (1984): Der Name der Kindes im Internationalen Privatrecht - Geltendes Recht, Reformvorschläge, ausländische Lösungen. Regensburg.

Bebermeyer, Renate (1979): Alltägliche Namenspiele. In: Sprachspiegel 35 (1979). S. 9-15.

Beitzke, Günther/Lüderitz, Alexander (1992): Familienrecht. 26. Aufl. München.

Belen'kaja, V.D. (1975): Über die Kategorien der Toponomastik. In: Sowjetische Namenforschung. Hg. v. Ernst Eichler et al. Berlin 1975. S. 51-58.

Bellmann, Günter (1980): Zur Variation im Lexikon: Kurzwort und Original. In: Wirkendes Wort 6. S. 369-383.

- (1986): Aspekte der Eigennamenvariation. In: BzN N.F. 21. S. 272-277.

- (1988): Motivation und Kommunikation. In: Munske 1988a. S. 3-23.

- (1989): Zur Nomination und zur Nominationsforschung. In: Beiträge zur Erforschung der deutschen Sprache 9. S. 28-31.

Benson, Sven (1977): Namengeber und Namengebung. In: Onoma 21. S. 122-126.

- (1986): Ortsnamenwechsel - Interessenkonflikt und Kulturkonflikt. In: Ortsnamenwechsel. Bamberger Symposium vom 1. bis 4. Oktober 1986. Heidelberg. Hg. v. Rudolf Schützeichel. S. 96-106.

Berger, Dieter (1966): Name, Titel, Terminus - Gedanken zu ihrer Abgrenzung. In: Die wissenschaftliche Redaktion 3. S. 67-78.

- (1969): Sind Völkernamen und andere pluralische Personennamen Appellativa? In: Disputationes ad Montium Vocabula. 10. Internationaler Kongreß für Namenforschung I,1. Wien. S. 73-80.

- (1976): Zur Abgrenzung der Eigennamen von den Appellativa. In: BzN N.F. 11. S. 375-387.

Bergmann, Rolf (1978): Bibliographie zur Namenforschung. München.

Bering, Dietz (1987): Der Name als Stigma. Antisemitismus im deutschen Alltag 1812 - 1930. Stuttgart.

- (1994a): Das Gedächtnis der Stadt. Neue Perspektiven der Straßennamenforschung. In:

Akten des 18. Internationalen Kongresses für Namenforschung (Trier 1993). Im Druck.

- /Großsteinbeck, Klaus (1994b): Die Kulturgeschichte von Straßennamen. In: Muttersprache 2. S. 97-117.

- /Großsteinbeck, Klaus (1994c): "Unger Krönzele" oder: "Nennen Sie doch die Kammachergasse Hohenzollernstraße!" - Kölner Straßennamen in der Zeit der Weimarer Republik. Im Druck.

Besch, Werner et al. (Hg./1985): Sprachgeschichte. Ein Handbuch zur Geschichte der deutschen Sprache und ihrer Erforschung. 2 Halbbde. Berlin.

Bitzi, Bruno (1972): Der Familienname als Marke unter Berücksichtigung des amerikanischen, deutschen, englischen und französischen Rechts. Bern u. a.

Blanár, Vincent (1976): Gesellschaftliche Aspekte der Personennamen. In: Linguistische Studien A, Arbeitsberichte 30. Leipzig. S. 129-134.

Böhmer, Christof (1990): Die Rückübertragung der Namen deutscher Aussiedler in die ursprüngliche deutsche Form. In: StAZ 6. S. 153-157.

- (1991): Die Namensführung der Aussiedler - Das Dilemma mit den Friedlandrichtlinien. In: StAZ 8. S. 213-217.

Boesch, Bruno (1957): Die Eigennamen in ihrer geistigen und seelischen Bedeutung für den Menschen. In: Boesch 1981. S. 119-137.

- (1981): Kleine Schriften zur Namenforschung. Zum 70. Geburtstag. BzN N.F. Beih. 20. Heidelberg.

Bonacker, Wilhelm (1959): Die deutsche Ortsnamenschreibung. Berlin.

Braselmann, Petra (1991): Der Richter als Linguist. In: Sprache und Literatur in Wissenschaft und Unterricht H. 68, 22. Jg. S. 68-85.

Brexel, Richard (1962): Die Entwicklung des Namensgebrauchs zu einem Persönlichkeitsrecht. Berlin. (Diss.)

Büchner, Hermann (1991): Musterfälle zum Kommunalrecht. 2. Aufl. Kronach u.a.

Büky, Bela (1976): Namengebrauch - Namengebung. Funktionsparallelismus zwischen Eigennamen und Appellativen. In: BzN N.F. 11. S. 361-374.

Busse/Starck (1990): Warenzeichengesetz nebst Pariser Verbandsübereinkunft und Madrider Abkommen. Kommentar begründet von Rudolf Busse. 6., neubearb. Aufl. v. Joachim Starck. Berlin, New York.

Bussmann, Hadumod (1990): Lexikon der Sprachwissenschaft. 2., völlig neubearb. Aufl. Stuttgart.

Buyssens, Eric (1973): Les noms singuliers. In: Cahiers Ferdinand de Saussure 28. S. 25-34.

BzN: Beiträge zur Namenforschung. Heidelberg 1949-1965, Neue Folge (N.F.) 1966ff.

Clarke, Joseph F. (1977): Pseudonyms. London.

Coester, Michael (1986): Vornamensrecht - international. In: Internationales Handbuch der Vornamen. Hg. v. der Gesellschaft für deutsche Sprache und dem Bundesverband der deutschen Standesbeamten e.V., bearb. von Otto Nüssler. Frankfurt am Main. S. V-XLIX.

- (1990): Zur Reform des Kindesnamensrechts. In: StAZ 10. S. 287-292.

DA 1991: Dienstanweisung für die Standesbeamten und ihre Aufsichtsbehörden (DA). Herausgegeben von Helmut Schleicher, Erich Quester und Heinrich Bornhofen. Frankfurt am Main. (Loseblattwerk, mit Lfg. 16, 1991 eingestellt).

Dalberg, Vibeke (1992): Ortsnamenänderungen und Funktionalität. In: NI 61/62. S. 9-26.

Dallmeier, Martin (1979): Gemeindenamen und Gebietsreform in Bayern. In: Blätter für oberdeutsche Namenforschung. 16. Jg. S. 2-22.

Debus, Friedhelm (1966/1977): Aspekte zum Verhältnis Name - Wort. In: Probleme der Namenforschung im deutschsprachigen Raum. Hg. v. Hugo Steger. Darmstadt. S. 3-25.

- (1968): Soziologische Namengeographie. In: Wortgeographie und Gesellschaft. Festgabe für Ludwig Ernst Schmitt zum 60. Geburtstag. Hg. v. Walter Mitzka. Berlin. S. 28-48.

- et al. (1973): Namengebung und soziale Schicht. Bericht über ein Projekt zur Personennamenkunde. In: Naamkunde 5. Leuven. S. 368-405.

- (1974a): Deutsche Namengebung im Wandel. Dargestellt am Beispiel Schleswig-Holsteins. BzN N.F. 11. Heidelberg. S. 388-410.

- (1974b): Namengebung. Möglichkeiten zur Erforschung ihrer Hintergründe. In: Onoma 18. S. 456-469.

- (1976): Zu Namengebung und Namenverwendung in Mittelalter und Neuzeit. In: Festschrift für Gerhard Cordes zum 65. Geburtstag. Hg. v. Friedhelm Debus und Joachim Hartig. Neumünster. Bd. II. S. 56-67.

- (1977): Soziale Veränderungen und Sprachwandel. Moden im Gebrauch von Personennamen. In: Sprachwandel und Sprachgeschichtsschreibung im Deutschen (Jahrbuch 1976 des Instituts für Deutsche Sprache). Düsseldorf. S. 167-204.

- /Puchner, Karl (Hg./1978): Name und Geschichte. Henning Kaufmann zum 80. Geburtstag. München.

- (1980): Onomastik. In: Lexikon der Germanistischen Linguistik. Hg. v. Hans Peter Althaus et al. 2. Aufl. Tübingen. S. 187-198.

- (1985a): Zur Namengebungs-Norm in der DDR. In: Germanistische Linguistik 82/83. S. 141-168.

- (1985b): Zur Pragmatik von Namengebung und Namengebrauch in unserer Zeit. In: Der Eigenname in Sprache und Gesellschaft. XV. Internationaler Kongreß für Namenforschung, 13.-17. August 1984. Hg. v. Ernst Eichler et al. Leipzig. S. 49-75.

- (1987): Personennamengebung der Gegenwart im historischen Vergleich. In: LiLi H. 67. S. 52-73.

- (1988): Original und Variation. Zur Kreativität bei der Benennung von Personen. In:

Munske et al. 1988. S. 24-45.
- /Seibicke, Wilfried (Hg./1989): Reader zur Namenkunde I: Namentheorie. Hildesheim u.a. (Germanistische Linguistik, H. 98-100).
- /Seibicke, Wilfried (Hg./1993): Reader zur Namenkunde II: Anthroponyme. Hildesheim u.a. (Germanistische Linguistik, H. 115-118).

Dethloff, Nina/Walther, Susanne (1991): Abschied vom Zwang zum gemeinsamen Ehenamen. In: NJW H. 25. S. 1575-1580.

Deutsches Patentamt 1993: Jahresbericht 1993. Herausgegeben vom Referat für Presse- und Öffentlichkeitsarbeit. Verantwortlich für den Inhalt: Andreas Paetzold. Veröffentlicht München 1994.

Dichtl, Erwin/Eggers, Walter (Hg./1992): Marke und Markenartikel als Instrumente des Wettbewerbs. München.

Diederichsen, Uwe (1976): Der Ehe- und Familienname nach dem 1. EheRG. In: NJW H. 27. S. 1169-1177.
- (1981): Das Recht der Vornamensgebung. In: NJW H. 14. S. 705-713.
- (1987): Rechtsprobleme von Vornamengebung, Nachnamenserwerb und Namensänderung. In: LiLi H. 67. S. 74-85.
- (1989): Der Vorname - Identifikationssymbol oder Pseudonym? Vom Eigensinn und Tiefsinn bei der Vornamensgebung. In: StAZ 42. S. 337-342 u. 365-372.
- (1993): Funktionen des Namensrechts und das Funktionieren von Namen im Recht - Aspekte einer juristischen Onomastik. In: StAZ 11. S. 345-352.

Diewald, Gabriele/Kleinöder, Rudolf (1994): Zur Bedeutung der Eigennamen: Eigennamen als ikonische Symbole. In: NI 63. S. 5-19.

Dittfurth, Jutta (1994): Warum Esther Elisabeth hieß. In: Süddeutsche Zeitung. Magazin Nr. 22 (3.6.1994). S. 18-25.

Dobnig-Jülch, Edeltraud (1975): Über Eigennamenkompetenz. Beobachtungen zum Eigennamengebrauch als Grundlage neuer Eigennamenbeschreibungen. Salzburger Beiträge zur Linguistik. Bd. 1. Hg. v. Gaberell Drachman. Tübingen. S. 403-416.
- (1977): Pragmatik und Eigennamen. Tübingen. (RGL 9).

Dölker, Helmut (1972): Neue Ortsnamen für die neuen Gemeinden. In: Staatsanzeiger für Baden-Württemberg 11. S. 1-4.

Dörner, Heinrich (1973): Das elterliche Recht zur Wahl des Vornamens. In: StAZ 26. S. 237-239.

Dörner, Heinrich (1980): Timpe und die magische Sieben. Liberalisierungstendenzen im Vornamensrecht. In: StAZ 33/1980. S. 170-174.

DÖV: Die öffentliche Verwaltung (1/1948 ff.).

Domaschke, Gerhard (1938): Das Recht am Decknamen. Würzburg.

Drosdowski, Günter (1974): Lexikon der Vornamen. Herkunft, Bedeutung und Gebrauch von mehreren tausend Vornamen. Zweite, neu bearbeitete und erweiterte Auflage.

Mannheim, Wien, Zürich.

Droste, F. G. (1975): On proper names. In: Leuvense bijdragen 64. S. 1-14.

Duden 1990: Duden Aussprachewörterbuch: Wörterbuch der deutschen Standardaussprache bearb. von Max Mangold in Zusammenarbeit mit der Dudenredaktion. 3., völlig neu bearb. und erw. Aufl. Mannheim u. a.

Duden 1991: Duden "Rechtschreibung der deutschen Sprache". Hg. v. der Dudenredaktion auf der Grundlage der amtlichen Rechtschreibregeln. 20., neu bearb. und erw. Aufl. Mannheim u. a.

Eberhard-Wabnitz, Margit/Leisering, Horst (1984): Knaurs Vornamenbuch. Herkunft und Bedeutung von mehr als 10.000 altbekannten und modernen Namen. München.

Edlbacher, Oskar (1978): Das Recht des Namens in systematischer Darstellung. Ein Handbuch für die Praxis. Wien.

Eichler, Ernst et al. (1963): Städtenamen der DDR. Berlin 1963.

- (Hg./1973): Der Name in Sprache und Gesellschaft. Beiträge zur Theorie der Onomastik. Berlin.

- et al. (Hg./1975): Sowjetische Namenforschung. Berlin.

- (1978): Zur onomastischen Wissenschaftsmethodologie: Name, Appellativum und onymische Integration. In: NI 33. S. 4-13.

- /Walther, Hans (Hg./1980): Beiträge zur Onomastik. Linguistische Studien, Reihe A, Arbeitsberichte 73/I u. 73/II. Berlin.

- (1982): Zur Betrachtung der proprialen und appellativischen Nomination. In: Probleme der sprachlichen Nomination. Leipzig. S. 44-48.

- et al. (Hg./1985): Der Eigenname in Sprache und Gesellschaft. XV. Internationaler Kongreß für Namenforschung, 13.-17. August 1984. Leipzig.

Eis, Gerhard (1970): Vom Zauber der Namen. Berlin.

Eisenberg, Peter (1981): Substantiv oder Eigenname? Über die Prinzipien unserer Regeln zur Groß- und Kleinschreibung. In: Linguistische Berichte 72. S. 77-101.

Engelhardt, Rudolf (1961): Weibliche Vornamen für ein Kind männlichen Geschlechts. In: StAZ 7. S. 203.

Enste, Franz R. (1983): Die Namensänderung nach § 3 Abs. 1 NÄG unter besonderer Berücksichtigung der sogenannten Stiefkinderfälle. Münster. (Diss.)

Feldbusch, Elisabeth (1985): Geschriebene Sprache. Berlin, New York.

Ficker, Hans (1954): Das öffentliche Recht des Namens. Frankfurt am Main.

Fleischer, Wolfgang (1962): Zur Frage der Namenfelder. In: Wissenschaftliche Zeitschrift der Karl-Marx-Universität Leipzig, GSR 2. S. 319-326.

- (1964a): Zum Verhältnis von Name und Appellativum im Deutschen. In: Wissenschaftliche Zeitschrift der Karl-Marx-Universität Leipzig, GSR 13. S. 369-378.

- (1964b): Die deutschen Personennamen. Geschichte, Bildung und Bedeutung. Berlin.

- (1966): Zur Terminologie der Namenkunde. In: Forschungen und Fortschritte 40, H. 12.

Berlin. S. 376-379.

- (1967): Zur Funktion des Artikels in der deutschen Sprache der Gegenwart. In: Germanica Wratislaviensia XI (Nr. 60). S. 133-160.
- (1969): Zur Struktur des deutschen Namenschatzes. In: NI 15. S. 5-14.
- (1973): Variationen von Eigennamen. In: Der Name in Sprache und Gesellschaft. Beiträge zur Theorie der Onomastik. Hg. v. Ernst Eichler. Berlin. S. 52-63.
- (1982): Phraseologie der deutschen Gegenwartssprache. Leipzig.
- (1984): Aspekte der sprachlichen Benennung. Berlin.
- /Barz, Irmhild (1992): Wortbildung der deutschen Gegenwartssprache. Tübingen.

Földes, Csaba (1989): Onymische Phraseologismen als Objekt des Sprachvergleichs. In: Europhras 88. Phraseologie contrastive. Hg. v. Gertrud Graciano. Strasbourg. S. 127-140.

Frank, Irmgard (1977): Namengebung und Namenschwund im Zuge der Gebietsreform. In: Onoma 21. S. 323-337.

Frank, Rainer (1977): Zur Frage einer schichtenspezifischen Personennamengebung. Namenkundliche Sammlung, Analyse und Motivuntersuchung über den Kreis und die Stadt Segeberg. Neumünster. (Kieler Beiträge zur deutschen Sprachgeschichte, Bd. 1).

Frank, Rainer (1980): Das Image von Rufnamen. In: Onoma 24. S. 26-44.

Frauenstein, Ludwig (1980): Öffentlich-rechtliche Namensänderungen - Voraussetzungen und Verfahren. In: StAZ 10. S. 261-265.

Fuchshuber, Elisabeth (1983): Der Mann von der Straße und die Straßennamen. In: Der Deutschunterricht Jg. 35 H. 2. S. 22-36.

Fuchshuber-Weiß, Elisabeth (1990): Aspekte der Namenkunde. In: Heimat. Analysen, Themen, Perspektiven. Hg. von der Bundeszentrale für politische Bildung. Bonn. Bd. 2. S. 694-706.

- (1995): Straßennamen. In: Handbuch der Onomastik. Hg. von Heinrich Löffler und Hugo Steger. Im Druck.

Funke, Otto (1925): Zur Definition des Begriffs "Eigenname". In: Probleme der englischen Sprache und Kultur. Festschrift Johannes Hoops zum 60. Geburtstag. Hg. v. Wolfgang Keller. Heidelberg. S. 72-79.

Gaaz, Berthold (1992): Die neueste Rechtsprechung zur Namensführung der Aussiedler. In: StAZ 6. S. 166-170.

Gardiner, Alan (1954): The theory of proper names. 2. Aufl. Oxford.

Gemeindeverzeichnis 1987: Die Gemeinden Bayerns nach dem Gebietsstand 25. Mai 1987. Die Einwohnerzahlen der Gemeinden Bayerns und die Änderungen im Bestand und Gebiet von 1840 bis 1987. Heft 450 der Beiträge zur Statistik Bayerns. Herausgegeben vom Bayerischen Landesamt für Statistik und Datenverarbeitung. München o. J.

Gerhardt, Dietrich (1949): Über die Stellung der Namen im lexikalischen System.

In: BzN 1. S. 1-24.

Gernhuber, Joachim (1983): Kindeswohl und Elternwille im Recht des Vornamens. In: StAZ 36. S. 265-272.

Gläser, Rosemarie (1973a): Zur Namengebung in der Wirtschaftswerbung: Warenzeichen im britischen und amerikanischen Englisch. In: Der Name in Sprache und Gesellschaft. Beiträge zur Theorie der Onomastik. Hg. v. Ernst Eichler. Berlin. S. 220-237.

- (1973b): Zur Motivation und Form von Warennamen im britischen und amerikanischen Englisch. In: NI 22. S. 22-31.

- (1974): Sprachliche Probleme bei der Beurkundung englischer Vornamen im Deutschen. In: NI 25. S. 14-21.

Gloy, Klaus (1980): Sprachnorm. In: Lexikon der Germanistischen Linguistik. 2., vollständig neu bearbeitete und erweiterte Auflage. Hg. v. Hans Peter Althaus et al. Tübingen. S. 363-368.

Goebel (1959): Im Falle der Wahl eines männlichen Rufnamens für einen Knaben bestehen gegen die Beifügung eines Mädchennamens keine Bedenken. In: StAZ 5. S. 120-122.

Gotta, Manfred et al (1988): Brand News. Wie Namen zu Markennamen werden. Hamburg.

- (1989a): Europäische Dimension der Markenführung. In: w & v, Nr. 37, 15. September. o. S.

- (1989b): Wie stark sind artifizielle Namen? In: absatzwirtschaft Sondernummer Oktober 1989. S. 240-244.

- (1990): Anders als andere. Neue Maßstäbe durch Kelts. In: FAZ v. 15. Mai 1990. o. S.

Gottschald, Max (1982): Deutsche Namenkunde. Fünfte, verbesserte Auflage mit einer Einführung in die Familiennamenkunde von Rudolf Schützeichel. Berlin, New York. (Erstauflage 1932).

Greule, Albrecht (1978): Namenkunde im germanistischen Grundstudium. Fragen und Anregungen. In: Name und Geschichte. Henning Kaufmann zum 80. Geburtstag. Hg. v. Friedhelm Debus und Karl Puchner. München. S. 321-330.

- (1986): Altes und Neues zu den i-Wörtern. In: Der Sprachdienst Jg. XXX H. 5. S. 141-143.

- /Reuber, Angela (1988): Urteile deutscher Gerichte zur Vornamenwahl. In: LiLi H. 67. S. 86-98.

Grewendorf, Günther (Hg./1992): Rechtskultur als Sprachkultur. Frankfurt am Main.

Groebe, Klaus (1971): Neue Gemeindenamen im Landkreis Coburg. In: Jahrbuch der Coburger Landesstiftung. S. 279-283.

Grunewald, Barbara (1987): Der Schutz bekannter Marken vor dem Vertrieb branchen fremder Waren unter Benutzung übereinstimmender Zeichen. In: NJW 1987, H. 3. S. 105-112.

GRUR: Gewerblicher Rechtsschutz und Urheberrecht (1. 1896 - 49. 1944; 50. 1948 ff.)

Gyger, Mathilde (1991): Namen-Funktion im historischen Wandel. Beobachtungen zum Gebrauch von Personennamen in Pressetexten aus den Jahren 1865 bis 1991. Heidelberg. (Diss.)

Haack, Erfried (1972): Probleme der Aufstellung von Regeln für die Schreibweise geographischer Namen in Karten, dargestellt am Beispiel geographischer Namen in deutscher Sprache. In: NI 20. S. 18-23.

Hätty, Holger (1989): Der Markentransfer. Heidelberg.

Hahn, Alois et al. (1979): Gemeindesoziologie. Stuttgart u.a.

Hammann, Peter (1992): Der Wert einer Marke aus betriebswirtschaftlicher und rechtlicher Sicht. In: Dichtl/Eggers (Hg./1992). S. 205-246.

Hartig, Joachim (1983): Zur Terminologie in der deutschen Personennamenforschung. In: Personnamnsterminologi. Hg. v. Göran Hallberg et al. Uppsala. S. 38-49.

Hartmann, Torsten (1984): Untersuchung der konnotativen Bedeutung von Personennamen. Ein theoretischer und empirischer Beitrag zur Psychoonomastik mit Hilfe eines konzeptspezifischen semantischen Differentials. Neumünster. (Diss.)

Harweg, Roland (1983): Genuine Gattungseigennamen. In: Allgemeine Sprachwissenschaft, Sprachtypologie und Textlinguistik. Festschrift für Peter Hartmann zum 60. Geburtstag. Hg. v. Manfred Faust et al. Tübingen. S. 157-171.

Hauser, Wolf (1992): Der Familienname des nichtehelichen Kindes in Deutschland - Ein geschichtlicher Rückblick. In: StAZ 10. S. 297-303.

Hebeis, Norbert (1994): Verwechslungsgefahr bei Vergleichszeichen mit überwiegend übereinstimmenden Bestandteilen - Bemerkungen zu den Urteilen des Bundesgerichtshofs "Corvaton/Corvasal" und "Sana/Schosana". In: GRUR 1994 H. 7. S. 490-493.

Hefermehl, Wolfgang (1959): Der namensrechtliche Schutz geschäftlicher Kennzeichen. In: Festschrift für Alfred Hueck zum 70. Geburtstag. Hg. v. Rolf Dietz et al. München, Berlin. S. 519-542.

Hengst, Karlheinz (1976): Neologismen in der Toponymie der DDR - Namen der Gemeindeverbände. In: Linguistische Studien A, Arbeitsberichte 30. Leipzig. S. 102-109.

Henne, Helmut (1986): Jugend und ihre Sprache. Berlin, New York.

Henning-Bodewig, Frauke/Kur, Annette (1988): Marke und Verbraucher. Bd. I. Weinheim.

Hepting, Reinhard (1992): Der Name der ehelichen Familie in der Reform. In: StAZ 7. S. 201-211.

Hesterkamp, W. (1965): Einflüsse sozialer Verhältnisse auf die Namenwahl. In: Muttersprache 75. S. 33-40.

Hilgemann, Klaus (1974): Eigennamen und semantische Strukturen. In: BzN N.F. 9. S. 371-385.

- (1978): Die Semantik der Eigennamen - Untersuchungen zur Struktur der Eigennamenbedeutung anhand von norwegischen Beispielen. Göttingen.

Hoberg, Ursula und Rudolf (1976): Liebe Genossen An Einer Schönen Brust oder: Erfordert die Struktur der deutschen Sprache die Großschreibung? In: Festschrift für Hugo Moser zum 65. Geburtstag. Hg. v. Ulrich Engel u. Paul Grebe. Düsseldorf. 2. Teil. S. 154-171.

Hoboken, Monica van (1984): Familienname und Persönlichkeit. Eine namensrechtliche Untersuchung mit besonderer Berücksichtigung der Namensführung von Frau und Kind. Zürich. (Diss.)

Höfler, Otto (1954/1993): Über die Grenzen semasiologischer Personenamenforschung. In: Debus/Seibicke (Hg./1993). S. 15-44.

Hölzl, Josef (1963): Gemeindeordnung für den Freistaat Bayern. 4. Auflage des Kommentars von Hölzl-Rollwagen. München.

Hölzl/Hien (1992): Gemeindeordnung mit Verwaltungsgemeinschaftsordnung, Landkreisordnung und Bezirksordnung für den Freistaat Bayern. Kommentar begründet von Josef Hölzl, fortgeführt von Eckart Hien. 19. Erg.-Lief. März 1992. München.

Hofmann, Paul (1978): Handelsrecht. 2., überarbeitete Auflage Frankfurt am Main.

Hottenrott, August (1953): Straßennamen - Grundsätze für Wahl und Schreibung. Lüneburg.

HRG: Handwörterbuch zur deutschen Rechtsgeschichte. Hg. v. A. Erler u. E. Kaufmann. Lfg. 20. Berlin 1981.

Hubmann, Heinrich (1987): Gewerblicher Rechtsschutz. 5., neubearb. Aufl. München.

Huisman, Jan A. (1986): Gemeindenamengebung im Rahmen der Planverstädterung. In: Ortsnamenwechsel. Bamberger Symposium vom 1. bis 4. Oktober 1986. Hg. v. Rudolf Schützeichel. Heidelberg. S. 54-70.

Hymes, Dell (1979): Soziolinguistik. Frankfurt am Main.

Internationales Handbuch der Vornamen. Hg. von der Gesellschaft für deutsche Sprache und dem Bundesverband der deutschen Standesbeamten e.V., bearbeitet von Otto Nüssler. Frankfurt am Main 1986.

Kalverkämper, Hartwig (1976): Eigennamen und Kontext. Essen. (Diss.)

- (1978): Textlinguistik der Eigennamen. Stuttgart.

Kany, Werner (1992): Inoffizielle Personennamen. Bildung, Bedeutung und Funktion. Tübingen.

Karas, Mieczyslaw (1976): Vornamen, Familiennamen, Beinamen = Personennamen? In: Linguistische Studien A, Arbeitsberichte 30. Leipzig 1976. S. 135-152.

Katz, Rosa (1964): Psychologie des Vornamens. Bern, Stuttgart. (Beiheft zur Schweizerischen Zeitschrift für Psychologie und ihre Anwendungen 48).

Kaufmann, Henning (1958): Westdeutsche Ortsnamen mit unterscheidenden Zusätzen. Bd. I. Heidelberg.

Kaufmann, Henning (1973): Die Namen der rheinischen Städte. München.

Kersten, Otto (1948): Das Pseudonym und sein Recht. Köln. (Diss.).

Kloss, Heinz (1977): Über einige Terminologieprobleme der interlingualen Soziolinguistik. In: Deutsche Sprache 3. S. 224-237.

Klippel, Diethelm (1985): Der zivilrechtliche Schutz des Namens. Eine historische und dogmatische Untersuchung. Paderborn u. a.

- /Wohlrab, Klaus (1992): Die Linguistin als Richterin. In: Sprache und Literatur in Wissenschaft und Unterricht, 23. Jg., H. 69. S. 90-93.

Kleinöder, Rudolf (1994): Konfessionelle Namengebung in der Oberpfalz von der Reformation bis zur Gegenwart. Erlangen. (Diss.).

Klüber, Hans (1977): Straßennamen. In: Kommunalwirtschaft H.1. S. 1-3.

Knobloch, Johann (1989): Rechtsfragen sind Sprachfragen. Über die Verwechselbarkeit von Warenzeichen am Beispiel Diarent und Dilavert. In: Der Sprachdienst 5. S. 155-156.

Kobler-Trill, Dorothea (1994): Das Kurzwort im Deutschen. Eine Untersuchung zu Definition, Typologie und Entwicklung. Tübingen. (RGL 149).

Kohlheim, Rosa (1987): Regensburg. Ein frühes Beispiel für die Entstehung der Doppelnamigkeit im deutschsprachigen Raum. In: NI 52. S. 1-23.

Kohlheim, Volker (1977): Namenmode und Selektionsprinzipien. Zur Terminologie der Sozioonomastik. In: Onoma 21. S. 523-533.

Kohlheim, Volker (1988): Zur Verbreitung sprachlicher und onomastischer Neuerungen. In: BzN N.F. 23. S. 156-176.

Kölbel, Alfred (1907): Eigennamen als Gattungsnamen. Lexikographisch-semasiologische Studien zum französischen Wortschatz. Leipzig.

Koß, Gerhard (1970): Lagebezeichnungen in Ortsnamen des Coburger Landes. In: Jahrbuch der Coburger Landesstiftung 1970. S. 13-60.

- (1971a): Namenbenutzung und amtliche Ortsnamengebung. In: Blätter für oberdeutsche Namenforschung. 12. Jg. H.1/2. S. 22-27.

- (1971b): Strukturprobleme der Ortsnamendifferenzierung zwischen Thüringer Wald und Obermain. In: Jahrbuch für fränkische Landesforschung 31. S. 239-259.

- (1972): Motivationen bei der Wahl von Rufnamen. In: BzN N.F. 11. S. 159-175.

- (1975): Name und Prestige. In: Blätter für oberdeutsche Namenforschung 14. Jg. 1975/77. S. 26-30.

- (1976): Eigennamen als Warennamen. In: BzN N.F. 11. S. 411-424.

- (1978): Differenzierung und Lokalisierung als Strukturprinzip der Toponyme. In: Name und Geschichte. Henning Kaufmann zum 80. Geburtstag. Hg. v. Friedhelm Debus und Karl Puchner, Karl. München. S. 227-239.

- (1987): Über das Lernen und Vergessen von Eigennamen. In: LiLi H.67. S. 24-37.

- (1990): Namenforschung. Eine Einführung in die Onomastik. Tübingen. (Germanistische Arbeitshefte 34).

- (1991): Personennamen als Warennamen. In: NI 16. S. 139-148.

Kraft, Alfons (1992): Das Markenrecht in Deutschland und in der Europäischen Gemeinschaft. In: Dichtl/Eggers (Hg./1992). S. 247-268.

Kramer, Johannes (1980): Bemerkungen zur italienischen Ortsnamengebung in Südtirol. In: BzN N.F. 15. S. 342-347.

Krien, Roland (1966): Psychologische Tests in der Namenkunde. In: Muttersprache 76. S. 364-374.

- (1973): Namenphysiognomik. Untersuchungen zur sprachlichen Expressivität am Beispiel von Personennamen, Appellativen und Phonemen des Deutschen. Tübingen.

Krüger, Anke (1960): Der Schutz des Pseudonyms unter besonderer Berücksichtigung des Vornamens. In: Ufita 30. S. 269-279.

Krüger-Nieland, Gerda (1979): Anwendungsbereich und Rechtsnatur des Namensrechts. In: Festschrift für Robert Fischer. Hg. v. Marcus Lutter, Walter Stimpel, Herbert Wiedemann. Berlin, New York. S. 339-350.

Kubczak, Hartmut (1985): Eigennamen als bilaterale Sprachzeichen. In: BzN N.F. 20. S. 284-304.

Kühebacher, Egon (1982): Amtliche geographische Nomenklatur in Südtirol. In: Zur Situation des Deutschen in Südtirol. Unter Mitwirkung von Oskar Putzer hg. v. Hans Moser. Innsbruck. S. 129-139.

- (Hg./1986): Amtlicher Gebrauch des geographischen Namengutes. Beiträge der Toponomastiktagung in Bozen (29.9.-3.10.1985). Bozen.

- (1991): Ist eine Wiedergutmachung möglich? In: Südtirol in Wort und Bild, 35. Jg. S. 14-16.

Kühn, Ingrid (1991): Straßennamen nach der Wende. In: Der Sprachdienst, Jg. XXXV, H. 6. S. 169-172.

- (1992): Mit "Argus"-Augen - Decknamen für inoffizielle Mitarbeiter der Staatssicherheit. In: Der Sprachdienst, Jg. XXXVI, H. 6. S. 177-180.

Kurylowicz, Jerzy (1973): La position linguistique du nom propre. In: Ders.: Esquisses linguistiques. 2. Auflage München. S. 66-86.

Langendonck, Willy van (1971): Über die Theorie des Eigennamens. In: Onoma 16. S. 87-91.

- (1973): Zur semantischen Struktur des Eigennamens. In: NI 23. S. 14-24.

- (1974): Über das Wesen des Eigennamens. Zu zwei nichtgenerativen Theorien des Eigennamens. In: Onoma 18. S. 337-361.

- (1980): Über die Pragmatisierung der Namenkunde. In: BzN N.F. 15. S. 286-294.

Laur, Wolfgang (1989): Der Name. Beiträge zur allgemeinen Namenkunde und ihre Grundlegung. Heidelberg.

Lawson, Edwin D. (1987): Personal names and naming. An annotated bibliography. New York, Westport, London.

Leisi, Ernst (1978): Paar und Sprache: linguistische Aspekte der Zweierbeziehung. Heidelberg.

Leys, Odo (1966): Der Eigenname in seinem formalen Verhältnis zum Appellativ. In: BzN N.F. 1. S. 113-123.

- (1979): Was ist ein Eigenname? Ein pragmatisch orientierter Standpunkt. In: Leuvense bijdragen 68. S. 61-86.

Liess, Albrecht (1972): Gebietsreform und Gemeindenamen. In: Mitteilungen für die Archivpflege in Bayern. 18. Jg. S. 46-49.

Link, Bernhard (1966): Die Rufnamengebung in Honnef und Wermelskirchen von 1900 bis 1956. Köln. (Diss.).

Lockemann, U. (1981): Namensrecht. In: HRG. Sp. 836-843.

Löffler, Heinrich (1973): Probleme der amtlichen Flurnamengebung aus namenkundlicher Sicht. In: BzN N.F. 8. S. 26-37.

Lötscher, Andreas (1987): Von Ajax bis Xerox. Ein Lexikon der Produktnamen. Zürich, München.

Lohff, Christoph (1980): Zur Herausbildung einer einheitlichen deutschen Orthographie zwischen 1876 und 1901. In: Theoretische Probleme der deutschen Orthographie. Hg. v. Dieter Nerius und Jürgen Scharnhorst. Berlin. S. 306-329.

Loos, Wolfgang (1970): Namensänderungsgesetz. Gesetz über die Änderung von Familiennamen und Vornamen vom 5. Januar 1938 (RGBl I S. 9). Frankfurt am Main, Berlin.

Lührmann (1926): Straßenbenennung. In: Preußisches Verwaltungsblatt Bd. 46. S. 417-419.

Lukesch, H. (1981): Die Definition sozialer Beziehungen durch Namengebung - mit einem Exkurs über Schüler - und Lehrerrufnamen. Regensburg.

Luukainen, Matti (1985): Wortarten als grammatisch-didaktisches Problem unter Berücksichtigung der Beziehung zwischen Lexik und Grammatik. In: Grammatik im Unterricht. Hg. v. Kurt Nyholm. Abo. S. 105-132.

Mackensen, Lutz (1980): Das große Buch der Vornamen. Frankfurt u. a.

Mahlburg, Werner (1985): Die Vornamengebung im Nationalsozialismus. In: StAZ 9. S. 241-247.

MarkenG 1994: Entwurf eines Gesetzes zur Reform des Markenrechts und zur Umsetzung der Ersten Richtlinie 89/104/EWG des Rates vom 21. Dezember 1988 zur Angleichung der Rechtsvorschriften der Mitgliedsstaaten über die Marken (Markenrechtsreformgesetz). BT-Drucksache 12/6581.

Massfeller/Hoffmann (1963ff): Personenstandsgesetz. Kommentar. Frankfurt am Main.

Masson, Christoph/Samper, Rudolf (1986): Bayerische Kommunalgesetze. Kommentar. München.

Mattenklodt, Herbert-Fritz (1972): Gebiets- und Verwaltungsreform in der BRD. Münster.

- (1981): Territoriale Gliederung - Gemeinden und Kreise vor und nach der Gebietsreform. In: Handbuch der kommunalen Wissenschaft und Praxis. Hg. v. Günter Püttner unter Mitarbeit v. Michael Borchmann. 2., völlig neu bearb. Aufl. Berlin u. a. Bd. I: Grundlagen. S. 154-182.

Mattheier, Klaus (1980): Pragmatik und Soziologie der Dialekte. Heidelberg.

Maurer, Hartmut (1992): Allgemeines Verwaltungsrecht. 8. Auflage. München.

Meffert, Heribert (1992): Strategien zur Profilierung von Marken. In: Dichtl/Eggers (Hg./1992). S. 129-156.

Meinhold, Gottfried/Stock, Eberhard (1982): Phonologie der deutschen Gegenwartssprache. 2., durchgesehene Aufl. Leipzig.

Meister, Herbert E. (1994): Die Marke zwischen den Gesetzen. In: GRUR H. 3. S. 167-173.

Mentrup, Wofgang et al. (Hg./1979): Zur Reform der deutschen Orthographie. Heidelberg.

Meyers, Hans-Michael (1985): Der Künstlername. Mainz.

Meyer-Witting, Bernd (1990): Das Personennamensrecht in England - Geschichte und Gegenwart. Frankfurt am Main. (Schriftenreihe der wissenschaftlichen Gesellschaft für Personenstandswesen und verwandte Gebiete M.B.H. Neue Folge. Bd. 34).

Mitteis, Heinrich (1978): Deutsches Privatrecht. Neubearbeitet von Heinz Lieberich. 8., durchgesehene und ergänzte Auflage. München.

Moser, Hugo (1951): Ortsübernamen. In: BzN 2, S. 301-318 u. BzN 3, S. 39-69.

Müller, Friedrich (Hg./1989): Untersuchungen zur Rechtslinguistik. Berlin.

MünchKomm: Münchner Kommentar zum Bürgerlichen Gesetzbuch. Bd. 1: Einleitung und Allgemeiner Teil (§§ 1 - 240) - AGB-Gesetz. Redakteur: Dr. Dr. Franz Jürgen Säcker. Bd. 7: Familienrecht I (§§ 1297 - 1588) - VAHRG - VAÜG - EheG. Redakteur: Dr. Kurt Rebmann. 3. Aufl. München 1993.

Mulle (1951): In welcher Weise kann der Standesbeamte auf die Vornamensgebung Einfluß nehmen? In: StAZ 4. S. 62-64.

Munske, Horst Haider (1975): Was fehlt im Lexikon der Germanistischen Linguistik? In: Neuere Forschungen in Linguistik und Philologie. Aus dem Kreise seiner Schüler Ludwig Ernst Schmitt zum 65. Geburtstag gewidmet. Wiesbaden. S. 7-16.

- (1983): Zur Fremdheit und Vertrautheit der "Fremdwörter" im Deutschen. Eine interferenzlinguistische Skizze. In: Germanistik in Erlangen - Hundert Jahre nach der Gründung des Deutschen Seminars. Hg. v. Dietmar Peschel. Erlangen. S. 559-593. (Erlanger Forschungen Reihe A - Geisteswissenschaften Bd. 31).

- (1984): Zu den Prinzipien der deutschen Orthographie. In: Studia Linguistica et Philologica: Festschrift für Klaus Matzel zum 60. Geburtstag. Hg. v. Hans-Werner Eroms et al. Heidelberg. S. 235-251.

- et al. (Hg./1988a): Deutscher Wortschatz. Lexikologische Studien. Berlin, New York.

- (1988b): Ist das Deutsche eine Mischsprache? Zur Stellung der Fremdwörter im deutschen Sprachsystem. In: Deutscher Wortschatz. Lexikologische Studien. Hg. v. Horst Haider Munske et al. Berlin, New York. S. 46-74.

- (1993): Läßt sich die deutsche Orthographie überhaupt reformieren? In: Sprachgeschichte und Sprachkritik. Festschrift für Peter von Polenz zum 65. Geburtstag. Hg. v. Hans Jürgen Heringer und Georg Stötzel. Berlin, New York. S. 129-156.

Naumann, Horst (1973): Struktur und Funktion der Elemente in Teilsystemen der Onomastik (I). In: Onomastica Slavogermanica VII. Berlin. S. 57-63.

- (1975): Nummer und Name. In: NI 27. S. 6-16.

- (1976): Vornamen - Rufnamen - Übernamen. In: NI 29. S. 1-25.

- (1977): Vornamen - Rufnamen - Übernamen. In: NI 30. S. 1-18.

- (1980): Normen bei Personennamen. In: Beiträge zur Onomastik. Linguistische Studien, Reihe A, Arbeitsberichte 73/I u. 73/II. Hg. v. Ernst Eichler und Hans Walther. Berlin. S. 188-201.

- (1987): Familiennamenbuch. Leipzig.

- (1988): Eigennamen unter funktional-kommunikativem Aspekt. In: Potsdamer Forschungen, Reihe A, H. 89. Potsdam. S. 88-93.

Nerius, Dieter (1980a): Zu orthographischen Problemen der Eigennamen im Deutschen. In: ZPSK 33. S. 93-102.

- /Scharnhorst, Jürgen (Hg./1980b): Theoretische Probleme der deutschen Orthographie. Berlin.

- et al. (1987): Deutsche Orthographie. Leipzig.

- (1990): Zum Stand der Bemühungen um eine Reform der deutschen Orthographie. In: Zeitschrift für Germanistik, 11. Jg. H. 4. S. 433-446.

Neubauer, Hans (1983): Markenrechtliche Abgrenzungsvereinbarungen aus rechtsvergleichender Sicht. München.

Neubert, Gottfried (1980): Eigennamen als Bestandteil von Benennungen. In: Deutsch als Fremdsprache 17. Jg. S. 331-336.

Neumann, Ingeborg (1973): Offizielle und nichtoffizielle Personenbenennung. In: NI 23. S. 1-7.

Neumann, Isolde (1973): Zur Herausbildung des anthroponymischen Prinzips der Doppelnamigkeit. In: Der Name in Sprache und Gesellschaft. S. 192-202.

NI: Namenkundliche Informationen. Leipzig 1964ff. (bis 1968 unter dem Titel: Informationen der Leipziger namenkundlichen Arbeitsgruppe an der Karl-Marx-Universität).

NJW: Neue Juristische Wochenschrift. 1947/48 ff.

N.N. (1979): Gemeindenamen. In: Der Städtetag 8. S. 472.

Oertli, Reinhard (1988): Zweigleisiger Vertrieb von Markenartikeln. Zürich. (Diss.).

Palandt 1994: Bürgerliches Gesetzbuch. Bearbeitet von Peter Bassenge, Uwe Diederichsen, Wolfgang Edenhofer, Helmut Heinrichs, Andreas Heldrich, Hans Putzo, Heinz Thomas. 53., neubearbeitete Auflage. München.

Pappermann, Ernst (1976): Bahnhofsbezeichnung und gemeindliches Namensrecht - BVerwGE 44, 3 51ff. In: JuS H. 5. S. 305-309.

- (1980): Das Namensrecht der kommunalen Gebietskörperschaften. In: DÖV, H. 10. S. 353-358.

- (1981): Der Status der Gemeinden und Kreise als Gebietskörperschaften. In: Handbuch der kommunalen Wissenschaft und Praxis. Hg. v. Günter Püttner unter Mitarbeit v. Michael Borchmann. 2., völlig neu bearb. Aufl. Berlin u. a. Bd. I: Grundlagen. S. 299-320.

Personenstandsgesetz 1957: Personenstandsgesetz vom 15. August 1957. In: Bundesgesetzblatt Nr. 44 Teil I, S. 1125-1139.

Pösentrup, Heiner/Schade, Jürgen/Ströbele, Paul (1994): Aus der Rechtsprechung des Bundespatentgerichts im Jahre 1993. In: GRUR H. 6. S. 399ff.

Polenz, Peter von (1960/61): Name und Wort. Bemerkungen zur Methodik der Namendeutung. In: Mitteilungen für Namenkunde H. 8. S. 1-11.

Prell, Wolfgang (1989): Das Namensrecht der Gemeinden. Marburg.

Prenner, P. Robert (1991): Ortsnamenfälschung ist Denkmalfälschung. In: Südtirol in Wort und Bild. 35. Jg. S. 1-3.

Puchner, Karl (1959): Die amtliche bayerische Ortsnamengebung im 19. Jahrhundert. In: Blätter für oberdeutsche Namenforschung 2. Jg. H. 1/2. S. 1-22.

- (1961): Die amtliche bayerische Ortsnamengebung im 19. Jahrhundert. In: Bayern, Staat und Kirche, Land und Reich. Gedächtnisschrift für Wilhelm Winkler. München. S. 341-346.

Pulgram, Ernst (1954): Theory of names. In: BzN 5. S. 149-196.

Raible, Wolfgang (1968): Das Warenzeichen aus der Sicht des Sprachwissenschaftlers. Hinweise für die Benutzung und Gestaltung von Warenzeichen. In: Der Markenartikel 30. S. 598-604.

Raschauer, Bernhard (1978): Namensrecht. Eine systematische Darstellung des geltenden österreichischen und des geltenden deutschen Rechts. Wien, New York.

Reinhold, Frank (1992): Bemerkungen zu den gegenwärtigen Straßennamen in Jena. In: NI 61/62. S. 80f.

Reitzenstein, Wolf-Armin Frh. von (1972/74): Die Namen der bayerischen Landkreise nach der Gebietsreform. In: Blätter für oberdeutsche Namenforschung 13. S. 2-26.

- (1991): Lexikon bayerischer Ortsnamen. Herkunft und Bedeutung. Verbesserte und erweiterte Auflage. München.

Reuter, Monika (1991): Das neue Vornamenlexikon. Bindlach.

Richter, Helmut (1982): Darstellung und Verwendung verschiedener Transkriptionssysteme und -methoden. In: Dialektologie. Ein Handbuch zur deutschen und allgemeinen

Dialektforschung. Hg. v. Werner Besch et al. Berlin, New York. 1. Halbbd. S. 585-597.

Ris, Roland (1977): Nameneinschätzung und Namenwirklichkeit. In: Onoma 21. S. 557-576.

Römer, Ruth (1968): Die Sprache der Anzeigenwerbung. Düsseldorf.

Rößler, Bernd (1994): Die Ausnutzung der Wertschätzung bekannter Marken im neuen Markenrecht. In: GRUR H. 8/9. S. 559-569.

Rolland, Walter (1982): Das neue Ehe- u. Familienrecht. Kommentar. 2. Auflage Darmstadt.

Rosenkranz, Hans (1978): Personennamen als Appellativa in der Mundart. In: NI 33. S. 34-42.

Ruckriegel, Werner (1977): "Was ist ein Name?" In: ÖVD H. 9. S. 2-3.

Samwer, Klaus (1977): Der Rechtsschutz der berühmten Marke. Göttingen.

Schickedanz, Willy (1990): Buchstaben und Buchstabenkombinationen als Warenzeichen. In: GRUR H. 3. S. 153-159.

Schildberg-Schroth, Gerhard (1987): Zum Verhältnis von Eigenname und Lexikon. In: Fennistica Festiva in Honorem Goran Karlsson Septuagenarii. Hg. v. Mauno Koski et al. Abo. S. 116-141.

Schippan, Thea (1989): Markennamen - linguistische Probleme und Entwicklungstendenzen. In: Beiträge zur Erforschung der deutschen Sprache. Bd. 9. S. 48-55.

- (1990): Wortschatzentwicklung und neuere Fragestellungen in der Lexikologie - Reicht die Unterscheidung von Nomina propria und Appellativa als Nominationseinheiten aus? In: NI 57. S. 32-36.

Schmidt, Karsten (1980): Handelsrecht. Berlin u.a.

Schönfeld, Helmut (1985): Vornamengebung und Vornamengebrauch aus soziolinguistischer Sicht. In: NI Nr. 47. S. 21-29.

Schreiner, Rupert (1983): Die Dienstleistungsmarke. Typus, Rechtsschutz und Funktion. München.

Schröder, Marianne (1980): Zum Zusammenhang zwischen Benennungsmotiv, Motivbedeutung und Wortbedeutung. In: Deutsch als Fremdsprache 17. Jg. S. 327-330.

Schützeichel, Rudolf (Hg./1980): Erlanger Ortsnamen-Kolloquium. Ortsnamen als Ausdruck von Kultur. In: BzN N.F. Heidelberg. Beih. 18.

- (Hg./1985): Gießener Flurnamen-Kolloquium. 1. bis 4. Okt. 1984. Heidelberg.

- (Hg./1986): Ortsnamenwechsel. Bamberger Symposium vom 1. bis 4. Oktober 1986. Heidelberg.

Schuh, Robert (1985): Ortswüstungen und Flurnamen. Zu Tradition, Wandel und Schwund von Wüstungsnamen in Franken. In: Schützeichel 1985. S. 330-340.

Schuhmacher, W.W. (1969): Zur Typologie der Markenartikelnamen. In: Linguistics 48. S. 68-72.

Schultheis, Johannes (1973): Zum Namenrecht in der DDR. In: NI 22. S. 12-15.

Schultz, Detlef von (1992): Eigennamen contra prioritätsältere Phantasiebezeichnung. In: GRUR H. 8. S. 487-491.

Schwedt, Herbert (1973): Zum informellen Namensystem einer württembergischen Landgemeinde. In: Forschungen und Berichte zur Volkskunde in Baden-Württemberg. Hg. v. Irmgard Hampp u. Peter Assion. Stuttgart. S. 75-79.

Seibicke, Wilfried (1964): Karl-Ludwig ist e i n Vorname. In: StAZ 10/1964. S. 285f.

- (1968): Die Vornamen Mike und Maik (Meik). In: StAZ 3/68. S. 81-83.

- (1977): Käthe Müller ist nicht Kaethe Mueller. Ein internationales Abkommen zur Schreibung der Vor- und Familiennamen. In: Der Sprachdienst, Jg. XXI, H. 10. S. 149-150.

- (1978): Zur Geschichte der Bindestrich-Vornamen. In: Name und Geschichte. Henning Kaufmann zum 80. Geburtstag. Hg. v. Friedhelm Debus und Karl Puchner. München. S. 149-161.

- (1982a): Die Personennamen im Deutschen. Berlin, New York.

- (1982b): Rechtschreib-Probleme bei der Beurkundung französischer Vornamen. In: StAZ 1. S. 21-22.

- (1983a): Lexikographie deutscher Personennamen. In: Studien zur neuhochdeutschen Lexikographie Bd. III. Hg. v. H. E. Wiegand. Hildesheim. S. 275-306.

- (1983b): Anna, o Anna! In: Der Sprachdienst 7/8. S. 102-104.

- (1986): Einige Bemerkungen zur Vornamengebung aus sprachwissenschaftlicher Sicht. In: StAZ 6. S. 161-164.

- (1987a): Die Personennamen im gegenwärtigen Deutsch - Probleme der anthroponymischen Terminologie. In: NI Beiheft 11. S. 70-84.

- (Rez./1988a): Internationales Handbuch der Vornamen. Hg. von der Gesellschaft für deutsche Sprache und dem Bundesverband der deutschen Standesbeamten. In: Muttersprache 98. S. 170-174.

- (1990a): Personennamenwörterbücher. In: Wörterbücher/Dictionaries/Dictionnaires. Ein internationales Handbuch zur Lexikographie. Hg. v. Franz Josef Hausmann et al. Band II. Berlin, New York. S. 1267-1275.

- (1990b): Weitere Typen des Namenwörterbuchs. In: Wörterbücher/Dictionaries/Dictionnaires. Ein internationales Handbuch zur Lexikographie. Hg. v. Franz Josef Hausmann et al. Band II. Berlin, New York. S. 1291-1296.

- (1991a): Vornamen. 2., vollständig überarbeitete Aufl. Frankfurt am Main.

- (1991b): Dennis und Denise - zwei schwierige Vornamen. In: StAZ 11. S. 312.

- (1991c): Vornamenlexikographie - Geschichte, Funktionen, Perspektiven. In: NI 59/60. S. 1-18.

- (1992): Vornamen - Impressionen und Irritationen eines Germanisten. In: StAZ 9. S. 329-334.

- (1993): Die beliebtesten Vornamen des Jahres 1992. In: Der Sprachdienst 2. S. 41-48.
- (1994): Die beliebtesten Vornamen des Jahres 1993. In: Der Sprachdienst 1. S. 1-7.
Seiler, Hansjakob (1983): Namengebung als eine Technik zur sprachlichen Erfassung von Gegenständen. In: Allgemeine Sprachwissenschaft, Sprachtypologie und Textlinguistik. Hg. v. Manfred Faust et al. Tübingen. S. 150-156.
Shin, Kwang Sook (1980): Schichtenspezifische Faktoren der Vornamengebung. Empirische Untersuchung der 1961 und 1976 in Heidelberg vergebenen Vornamen. Frankfurt am Main, Bern, Cirencester/U.K. (Europäische Hochschulschriften Reihe I. Band 346).
Sialm-Bossard, Victor (1976): Spezifität und Klassifikationsprobleme der Markennamen. In: BzN N.F. 11. S. 268-276.
Siller, Karoline (1992): Gemeindenamen und Gebietsreform in Mittel- und Oberfranken. Erlangen. (unveröff. Magisterarbeit).
Simader, August/Diepold, Albert (1981): Deutsches Namensrecht. Kommentar. München.
- /Suppa (1977): ISO-Transliterationsnormen. Handakten für die standesamtliche Arbeit. Heft 15. Frankfurt am Main.
Simon, Michael (1989): Vornamen wozu? Taufe, Patenwahl und Namengebung in Westfalen. Vom 17. bis zum 20. Jahrhundert. Münster. (Diss.)
- (1992): Friedrich und Wilhelm - Vornamengebung im deutschen Kaiserreich. In: BzN N.F. 27. S. 301-310.
Sommerfeldt, Karl-Ernst (1988): Entwicklungstendenzen der deutschen Gegenwartssprache. Leipzig.
Sonderegger, Stefan (1985a): Namengeschichte als Bestandteil der deutschen Sprachgeschichte. In: Sprachgeschichte. Ein Handbuch zur Geschichte der deutschen Sprache und ihrer Erforschung. 2 Halbbde. Hg. v. Werner Besch et al. Berlin. S. 2039-2067.
- (1985b): Terminologie, Gegenstand und interdisziplinärer Bezug der Namengeschichte. In: Sprachgeschichte. Ein Handbuch zur Geschichte der deutschen Sprache und ihrer Erforschung. 2 Halbbde. Hg. v. Werner Besch et al. Berlin. S. 2067-2087.
- (1987): Die Bedeutsamkeit der Namen. In: LiLi H. 67. S. 11-23.
Sørensen, Holger (1963): The meaning of proper names. Kopenhagen.
Sornig, Karl (1975): Jack and Jill reconsidered. Zur Verwendung von Eigennamen in der Funktion von Gattungsnamen. In: Grazer Linguistische Studien 2. S. 146-192.
Sossau, Elisabeth (1980): Forschungen zum Bedeutungsgehalt althergebrachter und neugewählter Straßennamen am Beispiel Nürnberg. Nürnberg. (masch. Zulassungsarbeit).
Srámek, Rudolf (1976): Das onymische Merkmal. In: Linguistische Studien A, Arbeitsberichte 30. Leipzig. S. 123-128.
Starke, Gerhard (1987): Sprachliche Kurzformen. In: Sprachpflege 36. S. 61-64.
Staudinger 1978: J. von Staudingers Kommentar zum Bürgerlichen Gesetzbuch mit Einführungsgesetz und Nebengesetz. 12., neubearb. Aufl. Einleitung von Dr. Dr. h.c.

mult. Helmut Coing unter Mitwirkung von Dr. Harald Steindl und Assessor Norbert Habermann. Berlin.

- 1985: J. von Staudingers Kommentar Kommentar zum Bürgerlichen Gesetzbuch mit Einführungsgesetz und Nebengesetzen. Viertes Buch: Familienrecht, §§ 1589-1625. 12. Aufl. Berlin.

StAZ: = Das Standesamt. Zeitschrift für Standesamtswesen, Familienrecht, Staatsangehörigkeitsrecht, Personenstandsrecht, internationales Privatrecht des In- und Auslands. Hg. v. Bundesverband der deutschen Standesbeamten e. V. (früherer Titel: Der Standesbeamte 1877ff., Das Standesamt 1904ff., Zeitschrift für Standesamtswesen 1923ff., Das Standesamt 1947ff.).

Steger, Hugo (1976): Zur Motivik mittelalterlicher und neuzeitlicher Namengebung. In: Alemannisches Jahrbuch 1973/75. Festschrift für Bruno Boesch zum 65. Geburtstag. Bühl/Baden. S. 143-156.

Steiner, Karl-Ludwig (1982): Stadt "Lahn" und Gründungsverband. Frankfurt a.M., Bern.

Stenz, Heinz (1980): Zur Wahl ausländischer Vornamen. In: StAZ 7/8. S. 174-175.

- (1990): Eine Untersuchung über die Motive zur Ehenamenswahl mit einem historischen Rückblick auf das Ehenamensrecht. In: StAZ 4. S. 116-118.

Stetter, Christian (1990): Die Groß- und Kleinschreibung im Deutschen: Zur sprachanalytischen Begründung einer Theorie der Orthographie. In: Zu einer Theorie der Orthographie - Interdisziplinäre Aspekte gegenwärtiger Schrift und Orthographieforschung. Hg. v. Christian Stetter. Tübingen. S. 196-220.

Stöhr, Ute (1994): Der juristische "Bedeutungswandel" - Linguistische Überlegungen zu Stasis und Dynamik im Rechtssystem. Erlangen. (Diss.).

Sturm, Fritz (1993): Der Familienname des Kindes nach dem FamNamRG-E. In: StAZ 9. S. 273-280.

Superanskaja, A.V. (1975b): Personennamen in amtlicher und nichtamtlicher Verwendung. In: Sowjetische Namenforschung. Berlin. Hg. v. Ernst Eichler et al. S. 135-141.

Szalata, Manfred (1991): Der zivilrechtliche Schutz des Familiennamens im Rahmen von Werbemaßnahmen. Dortmund.

Ternes, Elmar (1987): Einführung in die Phonologie. Darmstadt.

Thieme, Werner/Prillwitz, Guenther (1981): Die kommunale Gebietsreform. Bd. I, 2. Baden-Baden.

Tilmann, Winfried (1981): Grundlagen und Reichweiten des Handelsnamensrechts. In: GRUR H. 9. S. 621-630.

Toorn, M.C. van den (1989): Eigennamen, Komposita und Grammatik. In: Studia onomastica. Festskrift till Torsten Andersson den 23 februari 1989. Hg. v. Lena Peterson. Stockholm. S. 395-404.

Treimer, Reinhard (1986): § 1666 BGB, Art. 2, 6 GG - "Shantala" kann als einziger weiblicher Vorname erteilt werden. In: StAZ 6. S. 169-173.

Trost, Pavel (1962): Der Gegenstand der Toponomastik. In: Wissenschaftliche Zeitschrift der Karl-Marx-Universität Leipzig, 11. Jg., H. 2. S. 275-277.

Ufita: Archiv für Urheber-, Film- (ab 18/1954:) Funk- und Theaterrecht (1/1928 - 17/1944; 18/1954).

Vater, Heinz (1965): Eigennamen und Gattungsbezeichnungen. Versuch einer Abgrenzung. In: Muttersprache Deutsch 75. S. 207-213.

Vieregge, Werner (1983): Zum Gebrauch von Kurzwörtern im Neuhochdeutschen. In: Sprachwissenschaft 8. S. 207-235.

Voigt, Gerhard (1984): Markennamen - die fremden Alltagswörter. In: Praxis Deutsch 67. S. 63-70.

- (1985/1989): Zur linguistischen Bestimmung des Markennamens. In: Grammatik, Semantik, Textlinguistik. Hg. v. Wilfried Kürschner/Rüdiger Vogt. Bd. 1. Tübingen 1985. S. 123-136. Zitiert nach Debus/Seibicke 1989. S. 167-180.

Wacke, Andreas (1994): Das neue Recht von Ehe- und Kindesnamen. In: StAZ H. 7. S. 209-214.

Walter, Heinz E. (1961): Recht und Rechtschreibung deutscher Vornamen. In: Der Sprachwart 11. S. 28-31.

Walther, Hans (1972): Soziolinguistisch-pragmatische Aspekte der Namengebung und des Namengebrauchs. In: NI 20. S. 49-60.

- /Schultheis, Johannes (1974): Soziolinguistische Aspekte der Eigennamen. In: Beiträge zur Soziolinguistik. Hg. v. Rudolf Große u. Albrecht Neubert. Halle. S. 187-205.

- (1976): Zu den kulturgeschichtlichen Grundlagen des deutschen Namenschatzes. In: Linguistische Studien A, Arbeitsberichte 30. Leipzig. S. 38-47.

Wassermann, Rudolf/ Petersen, Jürgen (1983): Recht und Sprache. Beiträge zu einer bürgerfreundlichen Justiz. Heidelberg.

Weinacht, Helmut (1985): Das Fortleben von Flurnamen in Straßennamen und Viertelsbezeichnungen von großstadtnahen ländlichen Neusiedelgebieten. In: Gießener Flurnamen-Kolloquium. 1. bis 4. Okt. 1984. Hg. v. Rudolf Schützeichel. Heidelberg. S. 316-329.

Wellmann, Hans (1982): Namenkunde. Ein Überblick zu neueren Büchern. In: Wirkendes Wort 32. S. 113-137.

Werner, Otmar (1974): Appellativa - Nomina Propria. Wie kann man mit einem begrenzten Vokabular über unbegrenzt viele Gegenstände sprechen? Bologna. S. 171-187.

Westphal, Helga (1987) Warennamen in der Sprache der bundesdeutschen Werbung. In: NI 51. S. 21-26.

Wiegand, Herbert Ernst (1970): Synchronische Onomasiologie und Semasiologie. Kombinierte Methoden zur Strukturierung der Lexik. In: Germanistische Linguistik 3. S. 247-384.

Willberg, Max (1965): Abgewertete Vornamen. Vom erhabenen Augustus zum dummen August - Vom Erzengel Michael zum teutschen Michel - Von der kampfesmächtigen Mechthild zur Metze. In: Muttersprache 75. S. 330-342.

Wimmer, Rainer (1972): Zur Theorie der Eigennamen. In: Linguistische Berichte 17. S. 70-75.

- (1973): Der Eigenname im Deutschen. Ein Beitrag zu seiner linguistischen Beschreibung. Tübingen.

- (1993): Zur Stellung der Eigennamen im Wortschatz. In: Sprachgeschichte und Sprachkritik. Festschrift für Peter von Polenz zum 65. Geburtstag. Hg. v. Hans Jürgen Heringer und Georg Stötzel. Berlin, New York. S. 46-51.

Winkelmann, Helmut (1984): Das Recht der öffentlich-rechtlichen Namen und Bezeichnungen - insbesondere der Gemeinden, Straßen und Schulen. Stuttgart u.a.

Witkowski, Theodolius (1964): Grundbegriffe der Namenkunde. Berlin (O). (Deutsche Akademie der Wissenschaften zu Berlin. Vorträge und Schriften, Heft 91).

- (1973): Personennamengebung und Personennamengebrauch in der DDR. In: NI 23. S. 7-14.

Wolf, Ursula (Hg./1985): Eigennamen. Dokumentation einer Kontroverse. Frankfurt. 2. Aufl. 1993.

Wotjak, Gerhard (1976): Zum Problem der Eigennamen aus der Sicht der Semantiktheorie. In: Linguistische Studien Reihe A, Arbeitsberichte 30. Leipzig. S. 22-37.

Zinsli, Paul (1973): Das Problem der Kontinuität in der Sicht der Ortsnamenkunde. In: Kontinuität - Diskontinuität in den Geisteswissenschaften. Hg. v. Hans Trümpy. Darmstadt. S. 213-242.